U0006571

法學的知識・民主的基石

Law
法律叢書

圖表說明

刑事訴訟法概論

法律人要做弱勢者的守護神，不可又聾、又瞎、
又啞，才不會淪為替不法政權服務。
許迺曼博士（Dr. Bernd Schunemann）2009.09.15在政治大學接受名譽博士演講

In criminalibus probationes debent esse luce clariores.
在刑事裁判，證據必須比天日還光亮。

The ignorance of a judge is the misfortune of the innocent.
法官的無知，對無辜者是一種災難。

By Dr. Zui-Chi Hsieh

謝瑞智 著

維也納大學法政學博士

臺灣商務印書館

序

　　從台灣統治的歷史言，政府遷台就實施戒嚴統治，究竟是如何審判、被告如何辯護？人民無從得知。而戒嚴法第 8 條規定：「戒嚴時期，接戰地域內，關於刑法上左列各罪，軍事機關得自行審判或交法院審判之。」直至 41 年 5 月 10 日為緩和社會之衝擊，乃公布「台灣省戒嚴時期軍法機關自行審判及交法院審判案件劃分辦法」，但其中犯戡亂時期檢肅匪諜條例、懲治叛亂條例、盜賣買受械彈軍油案件及懲治盜匪條例等罪，仍保留在軍法審判；而戒嚴竟至民國 76 年始行解除，其長達 38 年所實施之秘密審判制，以致民國 56 年政府遷台後第一次修訂之新刑事訴訟法，只能適用在一般犯罪上，當時的司法體系可謂並未完整。

　　軍法審判一如前述，一般審判制度亦均以職權主義為主。不僅司法體系已習慣於職權進行主義之運作，一般民間法曹亦不得不依順進行。

　　蓋政治社會之變遷，必然附隨著刑事訴訟法之改革修正，因刑訴法不論是實體法或程序法，常為統治階級所御用，此不僅我國如此，各外國亦不難發現其共通之法則。

　　為此，筆者乃於民國 73 年邀請日本前札幌高等法院院長橫川敏雄來台講授刑事訴訟上，職權主義與當事人進行主義之比較，以及日本起訴狀一本主義之特點，並舉行座談，深得司法界普遍的好評。橫川院長對筆者說：「當事人進行

主義，乃是民主國家未來發展之趨勢。希望你能把這一把火點著，不要讓它熄滅，有一天一定會成為光彩燦爛的火炬。」

筆者於是將橫川院長之手著："JUSTICE" 一書譯成中文，名為《公正的審判》，於民國 82 年在台出版，這一連串的努力，對司法體系產生影響，司法院乃於 88 年召開「全國司法改革會議」，並於 91 年 2 月 8 日修正刑事訴訟法，將先前實施的職權主義，改為「改良式當事人進行主義」，重點在貫徹無罪推定原則，檢察官應對犯罪負實質的舉證責任，法庭的證據調查，由當事人主導，法院只在必須澄清真相，或是為了維護公平正義及被告之重大利益時，才發揮職權調查證據。

因此，本書除了以解釋刑事訴訟法條文之重要內容外，並從統一性及體系性的方向，將各種問題從本質上加以說明，對於當前施行的缺失，仍不吝惜篇幅，以實例列舉說明，俾為今後改革之依據。

本書為使讀者易於掌握重點，其編章順序，均依實際刑事訴訟法規定之條文次序，分章節配合圖表簡明論述，使讀者能在最短時間內，洞悉刑事訴訟法複雜之全貌，在章節之後，附有歷年高普特考試題，而書後並附有 100 及 101 年之測驗題，以為讀者準備考試參考之用。

謝 瑞 智　謹識

2012 年 9 月

凡 例

少 5 之 1 ⋯⋯⋯⋯⋯⋯ 少年事件處理法第 5 條之 1

公選 100VI ⋯⋯⋯⋯⋯ 公職人員選舉罷免法第 100 條第 6 項

公辯 1 ⋯⋯⋯⋯⋯⋯⋯⋯ 公設辯護人條例第 1 條

日刑訴 20 ⋯⋯⋯⋯⋯ 日本刑事訴訟法第 20 條

民 8 ⋯⋯⋯⋯⋯⋯⋯⋯⋯ 民法第 8 條

司釋 165 ⋯⋯⋯⋯⋯⋯ 司法院大法官會議釋字第 165 號解釋

刑 9 ⋯⋯⋯⋯⋯⋯⋯⋯⋯ 刑法第 9 條

刑訴 27 ⋯⋯⋯⋯⋯⋯⋯ 刑事訴訟法第 27 條

刑訴施 2 ⋯⋯⋯⋯⋯⋯ 刑事訴訟法施行法第 2 條

刑訴事項 95 ⋯⋯⋯⋯ 法院辦理刑事訴訟案件應行注意事項第 95 條

法組 58 ⋯⋯⋯⋯⋯⋯⋯ 法院組織法第 58 條

律 23 ⋯⋯⋯⋯⋯⋯⋯⋯ 律師法第 23 條

洗 11V ⋯⋯⋯⋯⋯⋯⋯ 洗錢防制法第 11 條第 5 項

軍審 1 I ⋯⋯⋯⋯⋯⋯ 軍事審判法第 1 條第 1 項

旁 3 I ⋯⋯⋯⋯⋯⋯⋯⋯ 法庭旁聽規則第 3 條第 1 項

海巡 3 ⋯⋯⋯⋯⋯⋯⋯⋯ 海岸巡防法第 3 條

國安 5 之 1IV ⋯⋯⋯⋯ 國家安全法第 5 條之 1 第 4 項

移民署 2 I ⋯⋯⋯⋯⋯ 內政部入出國及移民署組織法第 2 條第 1 項

組犯 12 I ⋯⋯⋯⋯⋯⋯ 組織犯罪防制條例第 12 條第 1 項

貪 8 I ⋯⋯⋯⋯⋯⋯⋯⋯ 貪污治罪條例第 8 條第 1 項

赦 2 ⋯⋯⋯⋯⋯⋯⋯⋯⋯ 赦免法第 2 條

通監 5V ⋯⋯⋯⋯⋯⋯⋯ 通訊保障及監察法第 5 條第 5 項

速審 8 ⋯⋯⋯⋯⋯⋯⋯⋯ 刑事妥速審判法第 8 條

陸刑 6 ⋯⋯⋯⋯⋯⋯⋯ 陸海空軍刑法第 6 條

鄉調 27 I ⋯⋯⋯⋯⋯⋯ 鄉鎮市調解條例第 27 條第 1 項

槍 18 ⋯⋯⋯⋯⋯⋯⋯⋯ 槍砲彈藥刀械管制條例第 18 條

監行刑 90 ⋯⋯⋯⋯⋯ 監獄行刑法第 90 條

調組 14 ⋯⋯⋯⋯⋯⋯⋯ 法務部調查局組織法第 14 條

憲 73 ⋯⋯⋯⋯⋯⋯⋯⋯ 中華民國憲法第 73 條

憲修 4Ⅷ ⋯⋯⋯⋯⋯⋯ 中華民國憲法增修條文第 4 條第 8 項

總選 86IV ⋯⋯⋯⋯⋯ 總統副總統選舉罷免法第 86 條 4 項

證保 14II ⋯⋯⋯⋯⋯⋯ 證人保護法第 14 條第 2 項

警察 9 ③ ⋯⋯⋯⋯⋯⋯ 警察法第 9 條第 3 款

竊贓 6 ⋯⋯⋯⋯⋯⋯⋯ 竊盜犯贓物犯保安處分條例第 6 條

刑事訴訟法概論　目錄大綱　謝瑞智博士著

刑事訴訟法概論　目　錄　謝瑞智博士著

序

緒　論

第一編　總則

第二編　第一審

第四編　抗告

第六編　非常上訴

緒　　論

第一章　概　說

第一節　刑事訴訟與刑事訴訟法

一、刑事訴訟的意義

刑事訴訟就是國家為實行刑罰權所實施的程序謂。凡有犯罪行為，只要具備刑法處罰的條件，就要依照嚴格的法定程序加以實現，此稱為「刑事訴訟程序」。

因在民事方面，如要實現自己的權利，雖不一定要依據訴訟程序，但在刑事方面，如要實現刑罰權，就必須依據一定程序始可。通常這個程序有廣義及狹義：

㈠**廣義的刑事訴訟**：指國家為實行刑罰權，所為之全體訴訟行為，可分為偵查程序、審判程序及執行程序。

㈡**狹義的刑事訴訟**：係專指檢察官提起公訴或自訴人提起自訴，至裁判確定間的訴訟程序。

二、刑事訴訟與民事訴訟

	刑事訴訟	民事訴訟
㈠ 目的不同	刑事訴訟在確定國家對刑事被告之刑罰權，以維持社會秩序為目的。	以直接維護當事人間私權為目的。
㈡ 當事人不同	刑事訴訟之當事人為檢察官、自訴人及被告。原告以由檢察官代表國家提起公訴為原則，自訴為例外。	民事訴訟之當事人為原告及被告，兩造同為私人。
㈢ 標的不同	刑事訴訟之標的為公法上之權利（即國家刑罰權）此項權利非當事人所得自由處分。	民事訴訟之標的為私法上之權利，原則上當事人得自由處分。

四訴訟程序	刑事訴訟因事關公益，先則採職權進行主義，民國92年採改良式當事人進行主義。	民事訴訟原則上採當事人進行主義，以當事人意思之辯論主義。
五事實認定不同	刑事訴訟對事實的認定，必須依據證據法則，以確定刑罰權之有無及範圍。	民事訴訟在確定私權，故除人事訴訟外，原則上，依當事人之主義，當事人所未提出之事實及證據，法院以不干涉為原則。

習題：試述刑事訴訟與民事訴訟區別之重點。（66、70普書）

三、刑事訴訟法的意義

有實質的意義與形式的意義：

㈠**實質的意義**：即規定刑事程序之整體法律體系而言，其重要部分雖規定在刑事訴訟法內，但其他尚有各種刑事程序法規，也包括在內。即凡涉及偵查、審判、執行的一切有關的法規，均包括在內。即除了刑事訴訟法以外，如法院組織法、羈押法、監獄行刑法、提審法，都是關係到刑事訴訟的法規，凡此均屬實質的刑事訴訟法。

㈡**形式的意義**：乃專指刑事訴訟法的法典而言。

習題：試說明刑事訴訟法之意義。

第二節　刑事訴訟法之性質

一、**依法律關係的主體**

㈠公法：公法規律國家與個人關係之法律。如憲法、選罷法、行政法、刑法、訴訟法等均屬之。

㈡私法：私法係規律私人相互關係之法律。如民法、商事法等均屬之。

㈢**刑事訴訟法是公法**：刑事訴訟法是規定實施國家刑罰權之程序的法律，故屬公法。

二、**依法律規定的內容**

㈠實體法：即規定權利義務本體之法律。

㈡程序法（助法）：係規定行使權利或履行義務之手續的法律。

㈢**刑事訴訟法是程序法**：刑事訴訟法是規定國家刑罰權的行使，有關追訴、處罰及執行程序之法律，故為程序法。

三依法律適用的範圍
　㈠普通法：係適用於全國之法律。如憲法、民法、刑法等是。
　㈡特別法：係適用於特定人、特定時期、特定地區、特定事項的法律。如陸海空軍刑法、公司法、銀行法等是。
　㈢**刑事訴訟法是普通法**：刑事訴訟法是適用於全國人民及一般的刑事案件，故屬普通法。此與只適用於軍人之軍事審判法不同。

四依法律規定區域的不同
　㈠國內法：係規律一國內之政府與人民。
　㈡國際法：係規律國家間關係之法。
　㈢**刑事訴訟法是國內法**：刑事訴訟法的效力及於本國，故為國內法。

五依法律成立方式之不同
　㈠成文法：即由國家依公權力以一定的程序及形式制定公布的法律。又稱為制定法：如憲法、法律、命令、自治法規及國際條約等。
　㈡不成文法：凡未依一定程序制定公布，而由國家認許具有法律效力者，稱之。又稱為非制定法。不成文法包括習慣法在內，其他如判例、學說、解釋、條理等，均屬不成文法範圍。
　㈢**刑事訴訟法是成文法**：刑事訴訟法因係經立法院三讀通過，總統公布之法律，故為成文法。

六依法律效力之強弱
　㈠強行法：凡法律規定的內容，不許當事人以意思變更適用的法律，稱為強行法。
　㈡任意法：凡法律規定的內容，允許當事人得以意思變更適用的法律，稱為任意法。
　㈢**刑事訴訟法是強行法**：刑事訴訟法規定刑罰權之追訴、審判、執行之程序，政府之執法官員固應遵守，人民亦有服從之義務，故為強行法。

習題：刑事訴訟法之性質為何？試說明之。

第三節　刑事訴訟法之主義

即刑事訴訟法制定時，所採取之立法原則之謂：

關於追訴之各種主義
　一 彈劾主義與糾問主義
　二 國家追訴主義與私人追訴主義
　三 起訴法定主義與起訴便宜主義

$$
\text{關於審判之各種主義}
\begin{cases}
\text{四 職權主義與當事人主義} \\
\text{五 法定證據主義與自由心證主義} \\
\text{六 實體的真實主義與形式的真實主義} \\
\text{七 直接審理主義與間接審理主義} \\
\text{八 言詞辯論主義與書面審理主義} \\
\text{九 公開審理主義與秘密審理主義} \\
\text{十 當事人平等主義與當事人不平等主義} \\
\text{十一 自由序列主義、法定序列主義與同時提出主義} \\
\text{十二 法官審理主義與人民陪審主義}
\end{cases}
$$

一、彈劾主義與糾問主義

(一)**彈劾主義**（德：Akkusationsprinzip；法：procédure accusatoire）：即法院對於犯罪，必須有追訴權人的追訴，才得進行審判，此即「不告不理之原則」（拉：Nemo iudex sine actore, iudex ne procedat ex officio）。在彈劾主義，原告與被告地位對等，法院立於超然的立場，公正行使審判權。被告為訴訟當事人之一，得對於原告之攻擊，行使防禦權。彈劾主義又可分為：

1.國家追訴主義（由檢察官提起公訴）。

2.被害人追訴主義（由被害人逕向法院起訴）。

3.一般人追訴主義（允許一般人亦可逕向法院起訴）。

我國刑事訴訟法：以國家追訴主義為原則，以被害人追訴為例外。

(二)**糾問主義**（德：Inquisitionsprinzip；法：procédure inquisitoire）：其意義有下列多種闡釋：

1.法院對於犯罪，不待他人追訴，即可依職權進行之主義。

2.訴訟開始後，訴訟之主體為法院與被告之二面關係，故否定被告與原告立於平等對立之訴訟當事人的地位。

3.事實之發現，由法院擔任之主義；故又稱為「職權進行主義」，此係針對當事人進行主義而言。這一主義以在絕對主義的國家實施為多。法國在革命後，雖改為彈劾主義，但事實之發現，仍由法院負責處理。

我國刑事訴訟法：前係採糾問主義，其後雖採審檢分立原則，分別行使追訴及審判權，且刑事訴訟法第 1 條第 1 項也規定：「犯罪，非依本

法或其他法律所定之訴訟程序，不得追訴、處罰。」已改採彈劾主義，但職權主義之色彩仍相當濃厚，不過 71 年刑事訴訟法修正擴張辯護人制度，於偵查中得選任辯護人（刑訴 27），並於 91 年修正刑訴法，引進改良式當事人進行主義，足見已努力加強當事人進行主義之實現。

二、國家追訴主義與私人追訴主義

㈠**國家追訴主義**：即對犯罪之追訴權由國家行使（主要是由檢察官代表國家行使）之謂。即由國家機關擔任當事人提起公訴之意。

㈡**私人追訴主義**：即對犯罪之追訴權由私人行使之謂。私人追訴主義有二：

　　1.被害人追訴主義：即犯罪之追訴權，由犯罪之被害人行使之，非被害人不得行使追訴權。

　　2.一般人追訴主義：即犯罪之追訴權不限於被害人，一般人民對於犯罪均得行使追訴權之謂。

　　我國刑事訴訟法：採國家追訴主義為原則，兼採被害人追訴主義。即由檢察官代表國家，對於犯罪行使追訴權，向法院提起公訴（刑訴 251 I）。惟亦允許犯罪之被害人提起自訴，但無行為能力或限制行為能力或死亡者，得由其法定代理人、直系血親或配偶為之。

　　惟自訴之提起，應委任律師行之（刑訴 319 I，II）。如被害人不願自行提起自訴者，仍可向檢察官告訴，由檢察官偵查起訴。不過檢察官於開始偵查後，知悉有自訴在先或告訴乃論之情形者，應即停止偵查，將案件移送法院（刑訴 323 II）。

三、起訴法定主義與起訴便宜主義

㈠**起訴法定主義**（德：Legalitätsprinzip）：即檢察官認為犯罪具備起訴之要件時，必須向法院提起公訴，無自由裁量之餘地，稱為「起訴法定主義」，又稱為「勵行追訴主義」。這是針對起訴便宜主義而言。

㈡**起訴便宜主義**：即檢察官對於具備追訴條件之犯罪，得權衡刑事政策上之利害，決定起訴或不起訴之主義。

　　兩者利弊得失，議論不一，係由刑法理論上報應刑主義與目的刑主義之對立，反映於刑事訴訟所得之結果。

　　在報應主義之下，以爲對於犯罪科以一定之刑罰，係國家制定刑罰權之必然結果，因此刑罰之權利，應與刑罰之義務並存，始可保持法律之安定性，同時亦可貫徹一般預防之效。反之，依目的刑論者，認爲刑罰之施行，應以適合各人之特性爲主，刑罰之目的不在於報應，而在於使犯人改過遷善。何況在起訴法定主義之下，檢察官追訴犯罪毫無自由衡量之權，往往輕微之罪情可憫恕者，亦須追訴，似有過苛之嫌，因此在一定之情形下，除非科以刑罰，無以達成一定之目的時，固須將之起訴；反之，如以不起訴爲適當者，得不爲起訴之處分，則處以刑罰以外之方式，以貫徹特別預防之效。

　　我國刑事訴訟法：所採的刑事政策如下：

　　1.採起訴法定主義：檢察官依偵查所得之證據，足認被告有犯罪嫌疑者，應提起公訴。被告之所在不明者，亦應提起公訴（刑訴 151）。

　　2.採起訴便宜主義：

　　　⑴微罪不舉：第 376 條所規定之案件，檢察官參酌刑法第 57 條所列事項，認爲以不起訴爲適當者，得爲不起訴之處分（刑訴 253）。

　　　⑵緩起訴處分：被告所犯爲死刑、無期徒刑或最輕本刑 3 年以上有期徒刑以外之罪，檢察官參酌刑法第 57 條所列事項及公共利益之維護，認以緩起訴爲適當者，得定 1 年以上 3 年以下之緩起訴期間爲緩起訴處分，其期間自緩起訴處分確定之日起算。追訴權之時效，於緩起訴之期間內，停止進行。刑法第 83 條第 3 項之規定，於前項之停止原因，不適用之。第 323 條第 1 項但書之規定，於緩起訴期間，不適用之（刑訴 253 之 1）。

　　　⑶相對不起訴處分：被告犯數罪時，其一罪已受重刑之確定判決，檢察官認爲他罪雖行起訴，於應執行之刑無重大關係者，得爲不起訴之處分（刑訴 254）。

四、職權主義與當事人主義

㈠**職權主義**（德：Instrucktionsprinzip, Offizialmaxime, Offizialprinzip）：即訴訟之進行及其終結，由法院主導者，稱為「職權主義」。這是針對當事人主義而言。因大陸法系趨向於糾問主義，所以一向採濃厚的職權主義。至於民事訴訟是在保護私權，或其他私法上之權利義務關係，故對於訴訟標的及訴訟關係，多採當事人主義。

我國過去認為刑事訴訟之目的，既在確定刑罰權之有無及其範圍，關係社會公益，且以發現真實為必要，訴訟之進行自不應由當事人之自由變更，而應由法院依職權以為審判，所以是採取嚴格之職權主義。不過為符合世界司法改革潮流，自民國56年修正後之刑事訴訟法，為緩和職權進行主義，已酌採當事人主義之精神。

而到91年修正刑事訴訟法，將職權主義修改為「改良式當事人進行主義」，於是增訂強化辯護人之角色（刑訴31），並採行起訴猶豫制度（刑訴253之1）等。

㈡**當事人主義**（德：Parteiverfahren）：

1.概說：最先認為刑事訴訟具有當事人訴訟（Parteiprozeß）的結構，是由檢察官與被告參與當事人訴訟的程序。這在大陸法系及法國大革命以後就是這種想法，不過當時只是扮演法院之職權主義的補充而已。真正的當事人進行主義，是職權進行主義之對照語，即將訴訟的進行及終結賦予當事人主導決定之謂。

在英美法系之刑事訴訟，就是採當事人主義之訴訟制度，即訴訟在原則上是由當事人進行攻擊與防禦，職權主義只是一種補充性的制度而已。法官當不得以當事人濫用權利為藉口，而不當的限制當事人行使訴訟上之權利。目前鄰國的日本就是完全採取當事人主義之制度。

2.我國刑事訴訟法改革之經過：過去是採職權主義，至56年修正後，酌採當事人主義之精神，但仍以職權主義為主。迨民國82年**筆者出版《公正的審判》**一書，介紹日本實施當事人進行主義之情形，獲得法學

界極大的迴響。司法院於 88 年召開「全國司法改革會議」，乃決定引進當事人進行主義，遂於 91 年 2 月 8 日修正刑事訴訟法，修正先前實施的職權主義，改為「改良式當事人進行主義」，重點在貫徹無罪推定原則，檢察官應對犯罪負實質的舉證責任，法庭的證據調查，由當事人主導，法院只在必須澄清事實真相，或是為了維護公平正義以及被告之重大利益時，才發揮職權調查證據。

　　其後於 **92 年為改革**刑事訴訟之貪污腐化、濫權、誤判、拖延審判，致被批評不受人民信任，更擴大**引進若干當事人主義之精神**，其第 31 條（強制辯護案件與辯護人之指定），其修正的理由謂：「由於被告無論在法律知識層面，或在接受調查、被追訴的心理層面，相較於法律專業知識、熟悉程序之檢察官均處於較為弱勢之地位。因此訴訟程序之進行，非僅強調當事人形式上之對等，尚須有強有力的辯護人協助被告，以確實保護其法律上利益，監督並促成刑事訴訟正當程序之實現。對於符合社會救助法之低收入戶被告，因無資力而無法自行選任辯護人者，為避免因貧富的差距而導致司法差別待遇，自應為其謀求適當之救濟措施。」其後於 95 年再度修正增訂第 31 條第 5 項，關於智能障礙者強制辯護之規定，擴及於檢察官偵查階段。使因智能障礙無法為完全陳述之被告於檢察官偵查時，亦得有指定辯護規定之適用。並於第 253 條之 1 引進緩起訴制度，第 273 條之集

當事人進行主義之設計

法官

對等

檢察官 ←→ 被告　律師

緘默權之運用

中審理制，增訂第 166 條之 1 至 7 使當事人得依法交互詰問。

　　㈢**美國「史帝文斯貪污案」與當事人進行主義**：2009 年 4 月中旬，美國華府聯邦法院撤銷美國歷史上任期最久的共和黨參議員史帝文斯貪污有罪認定的轟動判決，尤對於近年來亞洲國家推動刑事司法當事人進行主義（adversarial system）有深遠的意義。因史帝文斯是政壇要角，必須追查到底，此為美國司法部追根究底的精神，足可為我國司法體系效法。

　　史帝文斯有罪判決之所以被聯邦法院撤銷，問題在於布希政府處理貪腐追訴的廉政部門違法。六位檢察官並未遵守當事人進行主義所重視之「公平戰鬥」（equal combat）的規範，只憑著蒐證的有力職權位置，故意不將有利於被告的資訊交給辯方，使得史氏落敗。2009 年 2 月歐巴馬政府任命新的檢察總長（司法部長）侯德（Eric Holder），挑選產生的新檢控小組發現前任故意隱匿足以憾動政府主要證人可信度的證據，於是侯德要求法院撤銷該有罪判決，也宣告撤回所有對史氏的控訴。主審史案的蘇利文法官（Emmet Sulliven），不僅同意政府當局的要求，也嚴斥司法部對案件的處理之後，採取了非尋常的方式，蓋對廉政部門失去公正性的信心，乃堅持指定一位獨立的律師為特別檢察官，獨立調查涉及此案的六位檢察官，是否應為其已坦承的屢次錯誤論以「藐視法庭罪」。蘇利文法官仍堅持對此執行獨立調查，這些檢察官的命運將取決於法官認定他們的錯誤，是否為謀勝而刻意為之，或如其所堅持僅是無心之過所犯下的錯誤。

　　本案亦顯示出當事人進行主義對抗該危險的兩個防護措施；第一能幹的辯護律師能無妨害地與其當事人溝通，自行調查，並於法庭中進行積極的攻防；第二一位有經驗的法官具有獨立性與自信，資以抨擊廉政部門名實不符的失職行為，撤銷有罪判決，對涉嫌藐視法庭的檢察官發出傳票，與指定特別檢察官去調查一個其自我調查不獲信任的政府[1]。

五、法定證據主義與自由心證主義

　　㈠**法定證據主義**（德：Prinzip der gesetzlichen Beweistregeln）：即證據之方法及其證明力，均受法律規定之拘束，稱為「法定證據主義」。此為自由心證主義之對立概念。譬如如有證據必須認定一定之事實（證據價值之法定），或某種事實必須使用一定的證據方法以為證明（證據方法之法定）是為適例。這有防止法官之恣意任性，但其反面，對實體真實之發現較為不便，為其缺失。

① 孔傑榮專欄，2009 年 4 月 16 日，追訴政治貪腐，公平很重要。金恒煒專欄，2009 年 4 月 21 日，從美國「史案」看台灣「扁案」。

(二)**自由心證主義**（德：Prinzip der freien Beweiswürdigung；法：système de preuves morales ou de l'intime conviction）：即法院基於證據資料認定事實之際，其範圍及其證明力不受法律之拘束，而得自由判斷之主義，稱爲「自由心證主義」。此爲法定證據主義之對立概念。這是爲彌補法定證據主義之缺陷，以提升法官素質爲背景，廣泛爲當今各國民事、刑事所採行。

　　我國刑事訴訟法：係採「自由心證主義」，其第 155 條第 1 項規定：「證據之證明力，採自由心證主義，將證據之證明力，委由法官評價，即凡經合法調查之證據，由法官依經驗法則及論理法則以形成確信之心證。」惟第 2 項規定：「無證據能力、未經合法調查之證據，不得作爲判斷之依據。」

習題：
一、我刑事訴訟法對證據之證明力採自由心證主義，試評論其利弊得失。（84 司）
二、何謂自由心證主義？試申論其意義。（96 檢）

六、實體的眞實主義與形式的眞實主義

　　(一)**實體的眞實主義**（德：materielles Wahrheitsprinzip）：即作爲裁判基礎之事實的認定，是以客觀之眞實的發現爲依據之主義，亦即由法院自行蒐集與調查之證據爲基礎，不受當事人所陳述之事實及提出之證據爲判決之基礎，稱爲「實體的眞實主義」。此爲形式的眞實主義之對立概念。在刑事訴訟法，因在性質上是加諸被告以刑罰處分，因此乃強調實體的眞實主義，但如過分強調實體的眞實主義，容易傾斜導致重視職權主義，

實體的眞實主義

憲法第 8 條
（正當法律程序之保障）

↓

刑事訴訟法第 1 條

消極面
防止無辜被告之誤判 ← **實體的眞實主義** → 積極面
犯罪者必須處罰

在藉發見眞相之名目下，允許公然刑求，致造成無辜者之受害，此以昔日之王迎先及江國慶等冤案之發生，如此恐將完全失去追求正義之刑事訴訟的原則。因此，在實體的眞實發見主義之外，也應注意對無辜者絕不造成危害，才是本主義之重點所在。因此，本主義有積極面與消極面：

　　1.積極面：對所有有罪的被告，就判爲有罪，故又稱爲必罰主義。

　　2.消極面：爲防止無罪之被告不致誤判爲有罪。

　　㈡**形式的眞實主義**（德：Prizip der formellen Wahrheit）：即作爲裁判基礎之事實的認定，對當事人間所不爭之事實則不依證據，竟行認定爲眞實，但對於系爭之事實，則以當事人之主張、所陳述之事實及所提出之證據爲認定爲眞實之事實，稱爲「形式的眞實主義」。此爲實體的眞實主義之對立概念。採用辯論主義之一般民事訴訟，就採形式的眞實主義。

　　我國刑事訴訟法：既在確定刑罰權之有無及其範圍，雖採實體的眞實主義；但仍注意消極面以防止無罪之被告不致被誤判。依刑訴法第156條第2項：「被告或共犯之自白，不得作爲有罪判決之唯一證據，仍應調查其他必要之證據，以察其是否與事實相符。」欲發見實質之眞實，自應於被告有利及不利之情形，一律注意（刑訴2Ⅰ）。

七、直接審理主義與間接審理主義

　　㈠**直接審理主義**（德：Unmittelbarkeitsgrundsatz）：即法院對於訴訟案件，在辯論庭上必須親自聽取口頭辯論，有關證據能力之證人，則必須出庭供述，以期發現眞實，並有助於自由心證之正確判斷。

　　㈡**間接審理主義**（德：Mittelbarkeitsgrundsatz, Prinzip der Mittelbarkeit）：即法院對於訟訴案件，在辯論庭不親自聽取口頭辯論，而委託其他機關擔任之謂。

　　我國刑事訴訟法：以採直接審理主義爲原則，間接審理主義爲例外：

　　㈠**直接審理主義**：法官應親自審理之規定：

　　　1.被告到庭之義務：審判期日，除有特別規定外，被告不到庭者，不得審判（刑訴281Ⅰ）。

　　　2.被告心神喪失或疾病：被告心神喪失者，應於其回復以前停止審

判（刑訴 294 I）。被告因疾病不能到庭者，應於其到庭以前停止審判（刑訴 294II）。

　　3.更新審判事由：審判期日，應由參與之推事始終出庭；如有更易者，應更新審判程序（刑訴 292 I）。

㈡間接審理主義：

　　1.代理人到庭：許被告用代理人之案件，得由代理人到庭（刑訴 281II）。

　　2.受命法官之指定：行合議審判之案件，為準備審判起見，得以庭員 1 人為受命法官，於審判期日前，行使準備程序，即訊問被告及蒐集證據或調查證據等。但此項獲得之證據，仍須於審判期日經合法之調查，始可採為證據。

八、言詞辯論主義與書面審理主義

㈠言詞辯論主義（德：Verhandlungsmaxime）：即依當事人的辯論而審理之主義。通常都稱為「當事人進行主義」。因此非以言詞辯論之訴訟行為，不得採為裁判之基礎。言詞辯論主義易於發現真實，法院蒐集證據資料，可藉直接詢問以防有偽證或不實之供述。

㈡書面審理主義（德：Schriftlichkeitsprinzip）：即關於訴訟審理之方式，當事人及法院之訴訟行為，尤其是辯論及證據之調查，均須依據所提出之文書或製作之筆錄為判決之基礎之謂。書面審理則不論時日之經過，而仍能長久保持原來的紀錄為其優點。

　　我國刑事訴訟法：採言詞辯論主義為原則，以書面審理主義為例外。

㈠言詞辯論主義：判決，除有特別規定外，應經當事人之言詞辯論為之（刑訴 221）：

　　1.對證人、鑑定人之詰問：當事人、代理人、辯護人及輔佐人聲請傳喚之證人、鑑定人，於審判長為人別訊問後，由當事人、代理人或辯護人直接詰問之。被告如無辯護人，而不欲行詰問時，審判長仍應予詢問證人、鑑定人之適當機會（刑訴 166 I）。

　　2.各種詰問：

　　　⑴主詰問（刑訴 166 之 1）；⑵反詰問（刑訴 166 之 2、166 之 3）；⑶覆

主詰問（刑訴 166 之 4）；(4)覆反詰問（刑訴 166 之 5）；(5)證人、鑑定人之訊問（刑訴 166 之 6）；(6)陪席法官之詢問（刑訴 170）。

3.言詞辯論：調查證據完畢後，應命檢察官、被告、辯護人應依次序就事實及法律分別辯論之，已辯論者，得再爲辯論（刑訴 289）。

㈡書面審理主義：

1.不經言詞辯論之審理（刑訴 307）：言詞辯論之例外。

(1)二次追訴防止之不受理之判決（刑訴 161IV）。

(2)免訴判決（刑訴 302）。

(3)不受理判決（刑訴 303）。

(4)管轄錯誤判決（刑訴 304）。

2.第三審法院之判決，不經言詞辯論爲之。但法院認爲有必要者，得命辯論（刑訴 389）。

3.非常上訴之判決，不經言論辯論爲之（刑訴 444）。

九、公開審理主義與秘密審理主義

㈠公開審理主義（德：Öffentlichkeit）：即法院審判案件時，法庭公開，允許一般大眾可以自由在場旁聽之主義。可免法官之威脅專橫，並強化裁判之公平，增進人民對司法權之信心，故爲各國所採行。

㈡秘密審理主義（德：Geheimsverfahren）：即法院審判案件時，除了當事人及訴訟關係人以外，不許第三人在場旁聽之謂。

我國刑事訴訟法：依法院組織法第 86 條：「訴訟之辯論及裁判之宣示，應公開法庭行之。但有妨害國家安全、公共秩序或善良風俗之虞時，法院得決定不予公開。」所以是採公開審理爲原則，秘密審理爲例外。但檢察官之偵查係採不公開之原則（刑訴 245）。至於自訴案件，法院或受命法官，得於第一次審判期日前，訊問自訴人、被告及調查證據，則不公開之（刑訴 326II）。

十、當事人平等主義與當事人不平等主義

㈠當事人平等主義（德：Prinzip der Parteigleichheit, Waffengleichheit）：即在訴訟上，檢察官、自訴人及被告的當事人，均立於平等的地位，在訴訟

進行中，相互擁有攻擊防禦之對等的手段，故又稱為「武器平等的原則」。從刑事訴訟之本質上言，要完全達到當事人平等是相當困難，但是只要確保被告之緘默權（刑訴 95 I ②），並強化律師之辯護制度（刑訴 95 I ③），就是強化當事人進行主義，就可以促進當事人平等主義之實現。

㈡**當事人不平等主義**（德：Prinzip der Parteiungleichheit）：即兩造當事人間不立於對等地位，而互有差異之謂。採職權進行主義，就是兩造的不平等。

我國刑事訴訟法：在偵查程序檢察官調查犯人之犯罪情形，蒐集證據得行使傳喚、拘提、逮捕、通緝、訊問、扣押等與被告均不對等，但在審判程序，當事人間的權利義務，大都相同，如聲請調查證據（刑訴 163），對證人、鑑定人之詰問（刑訴 166）及覆問（刑訴 166 之 1 至 7）、言詞辯論（刑訴 289）、上訴（刑訴 344）等，均採當事人平等之原則。

十一、自由序列主義、法定序列主義與同時提出主義

㈠**自由序列主義**（德：Prinzip der zwanglosen Reihenfolge）：即訴訟當事人所提出之訴訟資料，到訴訟辯論終結為止，得隨時提出之主義。這是法定序列主義或同時提出主義之對照語。

㈡**法定序列主義**（德：Prinzip der gesetzlichen Reihenfolge）：即訴訟當事人所提出之訴訟資料，須依法定順序之限制的主義。這是自由序列主義或同時提出主義之對照語。

㈢**同時提出主義**（德：Eventualmaxime）：即訴訟當事人所提出之攻擊防禦的訴訟資料，必須同時提出的主義。此為自由序列主義與法定序列主義之對照語。這主義有加重當事人責任，使訴訟資料複雜化，並有排除遲送訴訟資料之結果，不適合於真實之發現，因此在現在之訴訟法上原則已不被採用。

採用自由序列主義較易發現事實之真相，不過對訴訟之進行不無影響。

十二、法官審理主義與人民陪審主義

㈠**法官審理主義**：即由國家任命之法官負責犯罪事實的認定、審理及

適用法律科刑罰之裁判。此爲大陸法系之德、法國家所實施。

㈡**人民陪審主義**：即法院審理訴訟案件，依法由民間選出陪審員陪同法官聽訟之制度。此爲海洋法系之英、美國家所實施。

在英、美國家有決定起訴與否之起訴陪審或大陪審，與審理之時在法庭評決之公判陪審或小陪審之制度。但英國及美國之若干州，並無大陪審之情形，所謂陪審，以小陪審爲多。通常陪審員之任務，只在認定被告是否有罪，至適用法律及科處刑罰，由法官爲之。所以陪審制是典型的適用當事人進行主義。而法官審理主義，因訴訟由法官主導，是以適用職權主義。

我國刑事訴訟法：是採取法官審理主義，但近年來爲糾正司法之專橫枉斷，從職權進行主義，改採當事人進行主義，不過強化當事人間平等以後，將來應趨向於陪審主義改革才是最終目標。

第二章　刑事訴訟法之效力

即刑事訴訟法
適用所及的範圍
{
一、關於人之效力
二、關於地之效力
三、關於時之效力
四、關於事之效力
}

一、關於人之效力

　　刑事訴訟法關於人之效力，以採屬地主義為原則，即凡在中華民國領域內犯罪者，不論其國籍如何，或有無國籍，一律適用我國刑事訴訟法之規定。但如在中華民國領域外對於中華民國人民犯罪之外國人，如受我國刑法之支配，而在我國領域內實施追訴審判等刑事訴訟程序者，亦適用刑事訴訟法之規定。但在國內法及國際法之慣例上，其效力亦有若干之限制。茲分述之：

　　(一)國內法上之例外：

1. 軍人犯罪	依刑訴法第 1 條第 2 項：「現役軍人之犯罪，除犯軍法應受軍事裁判者外，仍應依本法規定追訴、處罰。」再依軍事審判法第 1 條規定：「現役軍人犯陸海空軍刑法或其特別法之罪，依本法之規定追訴審判之，其在戰時犯陸海空軍刑法或其特別法以外之罪者，亦同。」但如現役軍人所犯者為軍法以外之罪，則仍應依刑事訴訟法追訴、處罰（刑訴 1II）。惟如為戰時，就是犯軍法以外之罪，則仍應受軍法審判。
2. 國家元首	依憲法第 52 條：「總統除犯內亂或外患罪外，非經罷免或解職，不受刑事上之訴究。」然亦僅止於不罰而已，並非謂其行為不違法。如犯內亂或外患之重大犯罪，仍應受訴究。又雖非重大犯罪，在其退任後，元首身分已消滅，自得依法處罰。
3. 民意代表	(1)免責特權（Indemnität）：立法委員在院內所為之言論及表決，對院外不負責任（憲 73）。至於地方議會，依其組織法，亦有類似規定，蓋所以保障其獨立行使職權，以伸張民權。 　　惟此項免責特權，其言論必須與會議事項有關，始不負責，若超越執行職務之範圍，就無關會議事項所為顯然違法之言

論，仍難免責（司釋165）。嗣司法院又以第435號解釋謂：立法委員「在院會或委員會之發言、質詢、提案、表決以及與此直接相關之附隨行為，如院內黨團協商、公聽會之發言等均屬應予保障之事項。越此範圍與行使職權無關之行為，諸如蓄意之肢體動作等，顯然不符意見表達之適當情節致侵害他人法益者，自不在憲法上開條文保障之列。」此段解釋當可作為各級民意代表言論表決的依據。

(2)逮捕拘禁之限制（Immunität）：立法委員除現行犯外，在會期中，非經立法院許可，不得逮捕或拘禁（憲修4Ⅷ）。在解釋上當指立法委員只有在立法院開會期間，始享有免訴特權之保障。此雖不得逮捕拘禁，但刑事訴訟程序仍得開始偵查、審問，或依法為缺席之判決。但法院如為傳喚，其故意不到庭，法院仍不得逕予拘提到案。但如法院取得所屬院會之許可，自得加以逮捕或拘禁。

(二)**國際法上之例外**：國際法或國際慣例上，享有治外法權之人，不適用我國刑法之規定：

1. 外國元首	外國元首及其家屬隨從，均享有治外法權，不受駐在國法律之支配，此為敦睦邦交及維持國際和平所必需。惟如已遜位或卸職，即難享有治外法權。至隨從人員以外國人為限。
2. 外交使節	凡與本國有邦交之國家，其所派遣之大使、公使、特使及其家屬隨從，亦享有治外法權，故不受駐在國刑事追訴。惟隨從人員亦以外國人為限。惟外交官有違法行為者，駐在國可循外交途徑，通知其本國政府予以撤換，或通知其立即離境。 在國際上適用者為「維也納外交關係公約」（The Vienna Convention on Diplomatic Relations）[1]，其第22條規定，使館得不侵犯、接受國應保護使館，使館館舍及設備及其交通工具免受搜查、徵用、扣押或強制執行。第29條規定，外交代表人身不得侵犯、不受任何方式之逮捕或拘禁。第30條規定，外交代表之私人寓所不得侵犯，外交代表之文書及信件同樣不得侵犯。第31條規定，外交代表對接受國之刑事管轄享有豁免，並不得強迫其作證，對民事及行政管轄，除特定案件外，亦享有豁免權。

---

[1] 「維也納外交關係公約」係於1961年4月18日在維也納簽訂，「維也納領事關係公約」於1963年4月24日在維也納簽訂，關於外交人員當應適用該公約。

3.外國軍隊、軍艦、軍用飛機	外國之軍艦、軍用飛機，如獲允准而屯駐領域內者，依國際法上原則，為尊重外國，視為該國主權之延長，享有外交豁免權，不受我國刑法之支配。
4.外國領事	領事為外國商務代表，並負有管理僑民之責，原非為代表國之使節，故其身分與外交官不同，不能享有治外法權之優遇。惟依「維也納領事關係公約」，為便於其獨立行使職務，仍許其享有治外法權。
5.聯合國人員	聯合國組織派駐各國之工作人員，依「聯合國憲章」，亦享有特權及豁免[①]。

二、關於地之效力

　　刑事訴訟法關於地之效力雖未設明文，但刑事訴訟法係行使刑罰權之程序法規，依屬地主義之原則，其適用之土地範圍，自與刑法相同。

　　㈠**在我國領域內犯罪**：凡在中華民國領域內犯罪者，應適用刑事訴訟法。在中華民國領域外之我國船艦或航空器內犯罪者，不問犯罪人之國籍為何，均適用刑事訴訟法。如具有刑法第5條至第8條情形者，即使在中華民國領域外發生之案件，仍得依刑事訴訟法追訴、處罰。

　　㈡**中華民國駐外使館**：有二說：實務上雖採甲說，但一般學界傾向乙說。

　　1.甲說：各國駐外大使館、公使館，依國際法上之慣例，享有治外法權，原則上與軍艦同，但在慣例上本國對於在本國駐外使館內犯罪者，能否實施其刑事管轄權，常以駐在國是否同意放棄其管轄權為斷，是以對在我國駐外使領館內犯罪者，若有明顯之事證，足認該駐在國已同意放棄其管轄權者，自得以在我國領域內犯罪論（最高法院58.8.25決議）。

　　2.乙說：依國際法及1961年4月18日簽署之「外交關係公約」，我國則於58年10月24日經立法院通過，依該公約第29條外交代表之

---

① 聯合國憲章第105條規定：「本組織於每一會員國之領土內，應享受於達成其宗旨所必需之特權及豁免。聯合國會員國之代表及本組織之職員，亦應同樣享受於其獨立行使關於本組織之職務所必需之特權及豁免。為明定本條第一項及第二項之施行細則起見，大會得作成建議，或為此目的向聯合國會員國提議協約。」

人身不得侵犯，第 30 條寓所不得侵犯，第 31 條裁判權豁免，此即外交使節團之特權與豁免，此種外交特權並非對外交使節個人而設，而是國與國間之外交關係上接受國對派遣國所承認者，此稱為「治外法權」，故在使館之辦公處所與外交代表住宅內犯罪，視同在本國領域內犯罪，自得適用刑事訴訟法。

㈢**外國裁判服刑之效力**：同一行為雖經外國確定裁判，在我國仍無效力，仍得依我國刑法適用刑事訴訟法之規定，予以追訴、審判。但在外國已受刑之全部或一部執行者，得免其全部或一部之執行（刑9）。

三、關於時之效力

㈠**刑事訴訟法關於時之效力**：刑事訴訟法與一般法律相同，其效力始於公布施行，而終於失效或廢止。

㈡**程序從新原則**：修正刑事訴訟法施行前，已經開始偵查或審判之案件，除有特別規定外，其以後之訴訟程序，應依修正刑事訴訟法終結之（刑訴施2）。

㈢**公設辯護人及指定辯護人**：民國 92 年刑事訴訟法由「職權主義」調整為「改良式當事人進行主義」，乃對智能障礙之被告賦予公設辯護人之規定，以協助其訴訟；惟在未設公設辯護人之法院，修正刑事訴訟法第 31 條之辯護人，由審判長指定律師或推事充之（刑訴施3）。

㈣**羈押之延長及撤銷**：刑事訴訟法關於羈押之規定於中華民國 86 年修正施行前羈押之被告，其延長及撤銷羈押，依修正後第 108 條之規定，其延長羈押次數及羈押期間，連同施行前合併計算。

前項羈押之被告，於偵查中經檢察官簽發押票，或禁止接見、通信、受授書籍及其他物件，或命扣押書信物件，或核准押所長官為束縛被告身體之處分者，其效力不受影響（刑訴施4）。

㈤**程序從舊**：

1.上訴第三審與簡易程序案件：修正刑事訴訟法施行前，原得上訴於第三審之案件，已繫屬於各級法院者，仍依施行前之法定程序終結之。

修正刑事訴訟法施行前，已繫屬於各級法院之簡易程序案件，仍應

依施行前之法定程序終結之（刑訴施5）。

　　2.附帶民事訴訟案件：修正刑事訴訟法施行前，已繫屬於各級法院之附帶民事訴訟，仍應依施行前之法定程序終結之（刑訴施6）。

　　3.修正為改良式當事人進行主義之程序：中華民國 92 年 1 月 14 日修正通過之刑事訴訟法施行前，已繫屬於各級法院之案件，其以後之訴訟程序，應依修正刑事訴訟法終結之。但修正刑事訴訟法施行前已依法定程序進行之訴訟程序，其效力不受影響（刑訴施7之3）。

　　㈥**修正前不服地方法院第一審判決而上訴者之適用規定**：中華民國 96 年 6 月 15 日修正通過之刑事訴訟法施行前，不服地方法院第一審判決而上訴者，仍適用修正前第 361 條、第 367 條規定（刑訴施7之5）。

四、關於事之效力

　　刑事訴訟法關於事之效力，只適用於普通法院所管轄之刑事案件，依刑事訴訟法第 1 條第 1 項規定：「犯罪，非依本法或其他法律所定之訴訟程序，不得追訴、處罰。」因此並非所有刑事案件均適用刑事訴訟法，如其他法律另有規定者，則適用該其他法律所定之訴訟程序追訴、處罰。其種類如下：

　　㈠**少年事件**：對少年刑事案件之處理，適用少年事件處理法。

　　㈡**軍法案件**：現役軍人之犯罪，除犯軍法應受軍事裁判者外，仍應依本法規定處罰（刑訴1II）。因此軍法案件則適用軍事審判法。

　　㈢**特別法**：如竊盜犯、贓物犯，保安處分條例第 1 條後段規定：須本條例未規定者，始適用刑法及其他法律之規定。

　　㈣**特別法原因消滅後之適用**：因受時間或地域之限制，依特別法所為之訴訟程序，於其原因消滅後，尚未判決確定者，應依本法追訴、處罰（刑訴1III）。

第一編　總　則

第一章　法　例

一、犯罪之追訴處罰

㈠**犯罪應依本法規定之程序為之**：所謂「**法例**」，是規定法規之適用關係的一般原則，依刑訴法第 1 條第 1 項：「犯罪，非依本法或其他法律所定之訴訟程序，不得追訴、處罰。」依此共有三項：

　　1.依本法就是指刑事訴訟法：即警察、檢察官與法官所實施的偵查、審判與執行的三個程序，都應依刑事訴訟法所規定的程序進行，不得違反，如有違反，其不依法定程序所爲之追訴、處罰，該實施之公務員就構成瀆職之罪行。

　　至於其他法律係指特別法所定之訴訟程序而言。如少年事件應依少年事件處理法規定之程序進行。又如竊盜、贓物犯保安處分條例等，其有程序方面之規定就優先適用，其無規定時，才適用刑事訴訟法。

　　2.現役軍人犯罪：除犯軍法應受軍事裁判者外，仍應依本法規定追訴、處罰（刑訴 1 II）。

　　⑴所謂「現役軍人」，係指依兵役法或其他法律服現役之軍官、士官、士兵（陸刑 6）。此等人犯軍法之罪應依軍事審判法追訴、處罰。

　　⑵犯軍法以外之罪者：分平時與戰時。

　　　①平時：犯軍法以外之罪者，仍應依本法（刑事訴訟法）規定追訴、處罰。

　　　②戰時：現役軍人在戰時犯陸海空軍刑法或其特別法以外之罪者，亦依軍事審判法之規定追訴、處罰（軍審 1 I 後段）。

　　⑶非現役軍人不受軍事審判：但戒嚴法有特別規定者，從其規定

（軍審 1III）。因此，縱使非現役軍人，在戒嚴時期，依戒嚴法有特別規定時，仍依軍事審判法追訴、處罰，自無刑事訴訟法之適用。

　　3.依特別法之訴訟程序原因消滅後之處理：因受時間或地域之限制，依特別法所爲之訴訟程序，於其原因消滅後，尚未判決確定者，應依本法追訴、處罰（刑訴 1III）。如戒嚴時期受軍事審判，依軍事審判法所爲之訴訟程序進行中，遇戒嚴原因消滅，但軍事判決尚未確定時，則應依刑事訴訟法繼續訴訟程序之進行，以保障人權。

二、實施刑事訴訟程序之注意

　　㈠**對被告有利、不利一律注意**：刑事訴訟法第 2 條第 1 項：「實施刑事訴訟程序之公務員，就該管案件，應於被告有利及不利之情形，一律注意。」此係一種訓示規定，並非就證據判斷所設之限制，故該項情形是否足爲被告有利或不利之證明，仍屬於法院之自由判斷（28滬上 13）。

　　1.實施刑事訴訟之公務員：指實施偵查與審判之公務員。

　　⑴偵查：檢察官、檢察事務官及協助檢察官偵查之司法警察、司法警察官。

　　⑵審判：審理刑事案件之法官。

　　2.應對被告有利及不利情形一律注意：

　　⑴所謂「**被告**」（英：defendant；德：Beklagter）：即在刑事訴訟中，指有犯罪嫌疑而被偵審者而言；爲司法警察調查，或檢察官偵查之對象，係原告之對照語。在審判中則指原告之檢察官提起公訴，或自訴人提起自訴所指之犯罪嫌疑人。

　　⑵通常警察或檢察官都會朝向被告不利之罪證調查，而易於疏忽對被告有利之部分，很多因此發生不可彌補的冤案，往昔之王迎先案或最近轟動一時之江國慶案，就是調查人員刑求造成。有些檢察官更以羈押爲蒐集證據之手段，故爲社會所詬病。本法乃首揭此旨，以促公務員之注意。因此所謂有利及不利之情形，則不以認定事實爲限，凡有關訴訟資料及其他一切情形，

均應爲同等之注意。其不利於被告之情形有疑問者，倘不能爲不利之證明時，即不得爲不利之認定。

習題：刑事訴訟法第 2 條第 1 項規定：「實施刑事訴訟程序之公務員，就該管案件，應於被告有利及不利之情形，一律注意。」何謂「實施刑事訴訟程序之公務員」？何謂「有利及不利情形」？（95 特警）

三、刑事訴訟之當事人

本法稱「**當事人**」（拉：pars；英：party；德：Partei；法：partie）者，謂檢察官、自訴人及被告（刑訴 3）。

㈠**原告**：指起訴者，有檢察官或自訴人。

1. **檢察官**	係代表國家從事「偵查」、「訴追」、「執行」之職責，其目的係在達成刑事司法之任務（司釋 392）。檢察署係配置於各級法院及分院（法組 58）。檢察官之職務爲（法組 60）： ⑴實施偵查：檢察官因告訴、告發、自首或其他情事知有犯罪嫌疑者，應即開始偵查（刑訴 228）。 ⑵提起公訴：檢察官依偵查所得之證據，足認被告有犯罪嫌疑者，應提起公訴（刑訴 251 Ⅰ）。 ⑶實行公訴：審判長依第 94 條，對被告爲人別詢問後，檢察官應陳述起訴之要旨（刑訴 286）。 ⑷協助追訴：法院應將自訴案件之審判期日通知檢察官。檢察官對於自訴案件，得於審判期日出庭陳述意見（刑訴 330）。自訴案件之判決書，並應送達於該管檢察官。檢察官接受不受理或管轄錯誤之判決書後，認爲應提起公訴者，應即開始或續行偵查（刑訴 336）。即使該案件爲告訴乃論之罪，亦毋須另行告訴（院 1844）。 ⑸擔當自訴：自訴人於辯論終結前，喪失行爲能力或死亡者，得由第 319 條第 1 項所列得爲提起自訴之人，於 1 個月內聲請法院承受訴訟；如無承受訴訟之人或逾期不爲承受者，法院應分別情形，逕行判決或通知檢察官擔當訴訟（刑訴 332）。 ⑹指揮刑事裁判之執行：執行裁判由爲裁判法院之檢察官指揮之。但其性質應由法院或審判長、受命推事、受託推事指揮，或有特別規定者，不在此限。因駁回上訴抗告之裁判，或因撤回上訴、抗告而應執行下級法院之裁判者，由上級法院之檢察官指揮之。前二項情形，其卷宗在下級法院者，由該法院之檢察官指揮執行（刑訴 457）。

	(7)其他法令所定職務之執行：即除上述六項職權外，其他法令規定者均屬之。如民法總則上規定，檢察官得向法院聲請失蹤人為死亡之宣告（民8）。對於因精神障礙或其他心智缺陷，致不能為意思表示或受意思表示，或不能辨別其意思表示之效果者，法院得因檢察官之聲請，為監護之宣告（民14）。檢察官對於法人有違反法令或不依章程所定進行時，得聲請法院解散（民36、58）。如法人解散後，不定其清算人時，法院得因檢察官之聲請選任清算人（民38）。
2. 自訴人	我刑事訴訟法除採國家追訴主義之外，兼採私人追訴主義，故允許犯罪之被害人得提起自訴。 (1)自訴人之條件：自訴之提起，應委任律師行之（刑訴319II）。因此自訴係採強制律師代理制。 　(1)有行為能力之犯罪被害人得提起自訴（刑訴319I前段）。 　(2)無行為能力或限制行為能力或死亡者，得由其法定代理人、直系血親或配偶為之。 (2)自訴人之權利： 　①自訴，應向管轄法院提出自訴狀為之（刑訴320）。 　②告訴或請求乃論之罪，自訴人於第一審辯論終結前，得撤回其自訴（刑訴325I）。 　③檢察官於審判期日所為之訴訟行為，於自訴程序，由自訴代理人為之（刑訴329I）。 　④自訴人於辯論終結後，喪失行為能力或死亡者，得由第319條第1項所列為提起自訴之人上訴（刑訴344II）。 　⑤自訴人上訴者，得經檢察官之同意，撤回上訴（刑訴356）。 (3)自訴之限制： 　①對於直系尊親屬或配偶，不得提起自訴（刑訴321）。 　②告訴或請求乃論之罪，已不得為告訴或請求者，不得再行自訴（刑訴322）。 　③同一案件經檢察官依第228條規定開始偵查者，不得再行自訴。但告訴乃論之罪，經犯罪之直接被害人提起自訴者，不在此限（刑訴323I）。 　④犯罪是否成立或刑罰應否免除，以民事法律關係為斷，而民事未起訴者，停止審判，並限期命自訴人提起民事訴訟，逾期不提起者，應以裁定駁回其自訴（刑訴333）。 (4)自訴之反訴：所謂「反訴」（英：counterclaim；德：Widerklage；法：demande reconventionnelle），即在訴訟中被告以原告為對象，請求與

本訴合併審理而提起之訴訟。至於自訴之反訴，係指提起自訴之被害人犯罪，與自訴事實直接相關，而被告為其被害人者，被告得於第一審辯論終結前，提起反訴（刑訴 338）。反訴準用自訴之規定（刑訴 339）。

(5)適格之自訴人：犯罪之被害人得提起自訴。但無行為能力或限制行為能力或死亡者，得由其法定代理人、直系血親或配偶為之。此項自訴之提起，應委任律師行之（刑訴 319 I , II）。

(二)**被告**（英：defendant；德：Angeklagter；法：accusé）：在刑事訴訟上是指被動之當事人，即在刑事訴訟中，被追訴的犯罪人。接受公訴之提起，被列為犯罪偵查對象的嫌疑人，亦稱為被告。被告與原告恒立於相對峙之地位。

四、當事人能力與當事人地位之不同

	當事人能力	當事人地位
意　　義	即在刑事訴訟上合法之當事人資格。	即在刑事訴訟上所處之地位，即原告證明被告之犯罪，居於攻擊之地位，被告為證明其無辜，而居於防禦之地位。
法律問題或事實問題	當事人有無能力是為法律問題。即須合於一定條件，如自訴人須為完全行為能力人之被害人，被告須具有法律上人格。	有無當事人地位是為事實問題。當事人地位則因起訴而成立，起訴之檢察官或自訴人居於原告之地位，被告之人則為被告。
當事人能力之喪失	當事人能力喪失不影響當事人地位，自訴人於自訴後辯論終結前喪失行為能力或死亡者，雖喪失當事人能力，但並未喪失自訴人地位，得由第 319 條第 1 項之人承受訴訟（刑訴 332），被告死亡者，雖喪失當事人能力，但其當事人地位仍然存在，法院只得諭知不受理之判決（刑訴 303 ⑤）。	

習題：當事人能力與當事人地位之意義有何不同？試說明之。（81 律）

第二章　法院之管轄

第一節　法　院

一、法院之意義

法院（英：court；德：Gericht；法：tribunal）者，乃行使國家司法權之獨立機關。法院又可分為最廣義、廣義及狹義三種：

(一) 最廣義	指一切行使司法權之機關，不論司法、行政、軍事審判及官吏懲戒機關，均包括之。
(二) 廣義	指掌理審判民、刑事訴訟及非訟事件，並處理司法行政事務之總機關而言。亦即憲法第 82 條所指之法院，法院組織法第 1 條、第 2 條所指之法院。即法院分為地方法院、高等法院、最高法院三級（法組 1）。而法院審判民事、刑事及其他法律規定訴訟案件，並依法管轄非訟事件（法組 2）。法院管轄章所指之法院，則指廣義之法院。
(三) 狹義	僅指普通行使審判權之主體，即審判民、刑事訴訟之獨任法官或合議庭而言。獨任法官由法官 1 人行使審判權；合議庭由法官 3 人或 5 人集體行使審判權。訴訟法上所稱之法院多屬此。但法院組織法所稱之法院，則指廣義之法院。

二、法院之組織

(一) 制度	1.獨任制	由法官 1 人組織之，此法官稱為「獨任法官」。
	2.合議制	由法官 3 人或 5 人組織之（法組 3）。有審判長、陪席法官、受命法官及受託法官之別。合議庭係集體行使審判權，受命或受託法官僅受命或受託調查證據而已。
(二) 各級法院組織	地方法院	地方法院審判案件，以法官 1 人獨任或 3 人合議行之（法組 3 I）。
	高等法院	高等法院審判案件，以法官 3 人合議行之（法組 3II）。
	最高法院	最高法院審判案件，以法官 5 人合議行之（法組 3III）。

第二節　法院之管轄

一、法院之審判權與管轄權

㈠**審判權**（英：jurisdiction；德：Gerichtsbarkeit；法：juridiction）：即一國的法院對於法律上系爭之事件，可以審理裁判之權限，稱為審判權。因審判案件性質之不同，在普通法院得分為民事訴訟審判權、非訟審判權、刑事訴訟審判權。在特別法院之審判權有行政訴訟審判權、軍事審判權。

㈡**管轄權**（英：jurisdiction；德：Zuständigkeit；法：compétence）：即訴訟法上，就審判權之行使，分配於各法院，以定其審判案件之範圍，稱為法院之管轄。

二、審判權與管轄權之關係

以先有審判權，然後再定應由那一法院負責審判，因此如法院無管轄權，就應諭知管轄錯誤之判決，並同時諭知移送於管轄法院負責審判（刑訴304）。法院如無審判權，則應諭知不受理之判決（刑訴303Ⅰ⑥）。

第三節　審級管轄

所謂「審級」（德：Instanzenzug；法：hiérarchie judiciaire）：即訴訟事件在不同階級之法院反復審判之情形下，法院間審判次序之上下關係。所謂審級管轄，即法院依法律所定審級之不同而劃分審判之管轄。依法院組織法及刑事訴訟法以採三級三審制為原則，三級二審制為例外。

一、三級三審

不服地方法院之第一審裁判者，得上訴第二審之高等法院。不服高等法院之第二審裁判者，得上訴於第三審之最高法院。最高法院為終審法院，對其裁判不得再行上訴，此為原則。此第一、二、三級之審判，稱為審級。

二、三級二審

但依現行刑事訴訟法，亦有採二審而終結者。

㈠地方法院受理第一簡易程序判決之第二審案件（刑訴 449）。

㈡刑訴法第 376 條所列各罪案件以地方法院爲第一審，高等法院爲終審，不得上訴於第三審法院。

㈢內亂、外患、妨害國交罪之案件，以高等法院爲第一審，最高法院爲終審（刑訴4）。

	刑案之性質	地方法院或其分院		高等法院或其分院	最高法院
三級三審	通常程序之裁判	第一審		第二審	第三審
三級二審	(1)簡易程序之裁判（刑訴 449）	簡易庭第一審	合議庭第二審		
	(2)較輕之犯罪（刑訴 376）	第一審		第二審	
	(3)內亂、外患罪、妨害國交罪（刑訴4）			第一審	第二審

第四節　事物管轄

一、事物管轄之意義

所謂「**事物管轄**」（德：sachliche Zuständigkeit；法：compétence matérielle）：即以訴訟案件之不同性質爲標準，而定各級法院管轄之範圍也。即某種刑事案件，由某法院行使審判權之謂。又稱爲「**職務管轄**」。

二、事物管轄之範圍

茲將地方法院、高等法院、最高法院之事物管轄列表如下：

法院之事務管轄	管　轄　之　範　圍
㈠地方法院（法組9）	1.地方法院對於刑事案件有第一審管轄，惟高等法院有第一審管轄權之內亂、外患、妨害國交罪除外（刑訴4）。 2.不服地方法院及其分院之簡易判決，而上訴於合議庭之案件，

	地方法院有第二審管轄權（刑訴 455 之 1 I）。 3.不服地方法院及其分院簡易庭之刑事裁定，而抗告於合議庭之案件，有抗告審轄權（刑訴 455 之 1IV）。
(二) **高等法院** （法組 32）	1.對於內亂罪、外患罪、妨害國交罪有第一審管轄權（法組 32、刑訴 4）。 2.不服地方法院及其分院第一審判決而上訴之案件，有第二審管轄權（刑訴 361）。 3.不服地方法院及其分院之裁定而抗告之案件，有第二審管轄權（刑訴 403 I）。
(三) **最高法院** （法組 48）	1.不服高等法院及其分院第一審判決而上訴之刑事訴訟案件（刑訴 375 I）。 2.不服高等法院及其分院第二審判決而上訴之民事、刑事訴訟案件。 3.不服高等法院及其分院裁定而抗告之案件（刑訴 403、415 但）。 4.非常上訴案件（刑訴 441 I）。

第五節　土地管轄

一、土地管轄之意義

所謂「**土地管轄**」（德：örtliche Zuständigkeit；法：compétence territoriale）：即以土地區域，定訴訟案件之管轄範圍之謂。即訴訟案件在某一法院之管轄區域內者，應歸其審判是。又稱為「審判籍」（德：Gerichtsstand）。

二、土地管轄之劃分標準

關於土地管轄，各國立法例有以犯罪地為劃分之標準，有以犯人之逮捕地為準，有以被告之住所地為準，更有兼採數標準者。

我國刑事訴訟法：則兼採數標準，如第 5 條：「案件由犯罪地或被告之住所、居所或所在地之法院管轄。在中華民國領域外之中華民國船艦或航空機內犯罪者，船艦本籍地、航空機出發地或犯罪後停泊地之法院，亦有管轄權。」茲分述之：

㈠**犯罪地**：

1.犯罪地之學說：犯罪有行為與結果之不同，故犯罪地亦有行為地

與結果地之分。對於犯罪地之標準有四說，**我國刑法採折衷說**：

(1)**行爲地說**	以行爲地之法律爲準據法。
(2)**結果地說**	以結果發生地之法律爲準據法。
(3)**中間效力說**	以行爲與結果間所發生之中間現象或中間結果地之法律爲準據法。
(4)**折衷說**	即犯罪固須有行爲，亦因有結果而完成，故行爲地與結果地之法律，均可適用。我刑法採此說[①]。因此犯罪之行爲或結果，有一在中華民國領域內者，爲在中華民國領域內犯罪（刑4）。

2.犯罪地之認定：如犯罪行爲有數個或按其性質有即時完成，或完成時不甚清楚者，犯罪地究竟應以何種行爲地或結果地爲準，解釋難免混淆，茲說明之：

(1)**即成犯、單一犯、想像競合犯**		因犯罪行爲即時完成，其行爲地與結果地即爲犯罪地。
(2)**犯罪行爲有數個，或持續長時間完成者**	①繼續犯	其構成要件之行爲，須繼續相當時間之法益侵害而成立之犯罪。如私行拘禁罪（刑302），將被害人拘禁於汽車中，從台北駛往台南，途經新竹、台中、嘉義等地均認爲犯罪地。
	②結合犯	兩個獨立之犯罪，因法律之規定，結合另成一罪之謂。如犯強盜罪而擄人勒贖，其強盜行爲地在甲地，擄人行爲在乙地，則甲、乙兩地均爲犯罪地。
(3)**不作爲犯**		以消極的不作爲犯罪之內容者，則以不作爲之行爲地與發生之結果地爲犯罪地。如甲對乙有扶養之義務，共同居住台北，乙生病時甲棄之不顧而竟赴台南，乙扶病搭車前往找甲，行至嘉義而死亡，則台北與嘉義均爲甲之犯罪地。
(4)**陰謀犯、預備犯**		以陰謀或預備犯罪行爲地爲犯罪地。

[①] 70台上5753判例：上訴人辯稱其犯罪地點在美國，依刑法第6條、第7條規定，不適用刑法第241條第3項第1款規定處罰，經查上訴人違反監護權人即自訴人之意思，擅將陳某帶回台灣定居，所犯和誘罪爲繼續犯，其侵害自訴人監護權之犯罪行爲至提起自訴時仍在繼續中，依刑法第4條規定犯罪之行爲或結果有一在中華民國領域內者，爲在中華民國領域內犯罪，上訴人犯罪行爲既在中華民國領域內，自得依刑法規定追訴處罰。

⑸未遂犯	即以著手於犯罪行為之實行而未遂者（刑25），以實施犯罪行為地為犯罪地，其因而發生一部分之結果者，其結果發生地亦為犯罪地。
⑹教唆犯	教唆他人使之實行犯罪行為（刑29），稱為教唆犯。則以教唆行為地及被教唆人之實行犯罪之行為地及結果地為犯罪地。
⑺從犯	幫助他人實行犯罪行為為幫助犯（刑30），亦稱從犯。以幫助行為地，及正犯之行為地及結果地為犯罪地。
⑻間接正犯	即利用無責任能力人或無犯罪意思之人，實現其犯罪目的之謂。以利用者開始利用被利用人之行為地，及被利用者實行犯罪之行為地與結果地為犯罪地。

㈡被告之住所、居所或所在地之土地管轄：被告之住所、居所或其所在地，亦為土地管轄之標準（刑訴5I後段）。依「犯罪地」定土地管轄，係基於採證方便，則以「**以原就被**」之一般原則，定其土地管轄。

　　1.住所：即依一定事實，足認以久住之意思，住於一定之地域者，即為設定其住所於該地（民20）。則主觀上須有久住之意思，客觀上須有久住該地之事實。

　　2.居所：係自然人因一定之目的而暫時寄居之處所。與住所之區別在於住所有久住之意思，而居所則無。依法1人不得同時有兩個以上住所（民20II），但對居所並無限制。

　　3.所在地：即被告現時所在之地而言。此所在地係出於自願或被強制留住均非所問，如被告被羈押，則其羈押之地，就是所在地。被告之所在地，係以起訴時為標準，管轄之有無，應依職權調查之（48台上837）。

㈢在中華民國領域外之中華民國船艦或航空機內犯罪者：船艦本籍地航空機出發地或犯罪後停泊地之法院，亦有管轄權（刑訴5II）。如外國民用航空器降落於我國機場後，我國法院對其上發生之犯罪行為，享有刑事管轄權，殆屬無可置疑（79台非277）。

習題：
一、國人在國外實施犯罪，在國內予以審判時，應如何定其土地管轄，試說明之。（82司）
二、法院就刑事案件之管轄，有事物管轄與土地管轄之分，請分別說明其意義及內容。（89司㈡）

第六節 牽連管轄

所謂「**牽連管轄**」(德：Gerichtsstand des Sachzusammenhangs)：即依土地管轄或事物管轄而劃分管轄權，就同一案件常會遇二個以上的法院均有管轄權，對此牽連關係，爲節省時間及勞力經費，得合併由其中一個法院管轄，故牽連管轄，又稱爲「**合併管轄**」。茲就刑事訴訟法之規定，分述如下：

一、相牽連案件

即將數法院所管轄之相牽連案件，合併由一法院受理之謂 (刑訴 6 I)。下列情形之一者，爲相牽連之案件：

㈠**一人犯數罪者**：此項相牽連案件，又稱爲主觀的牽連或人之牽連。如一人犯殺人罪，又犯詐欺罪，又犯強盜罪，因數法院均有管轄權，故應認爲相牽連案件。

㈡**數人共犯一罪或數罪**：此項牽連案件，又稱爲客觀的牽連或事之牽連。本法所稱之數人共犯一罪或數罪，就是刑法上的共犯。原即包括共同正犯 (刑 28)、教唆犯 (刑 29)、幫助犯 (刑 30)、結夥犯 (刑 321 I ④)。不受刑法第四章規定「正犯與共犯」、「正犯或共犯」影響。此外，必要共犯 (如暴動內亂罪 (刑 101)、兩罰規定之人犯亦在內。如 3 人結夥殺人、強盜、竊盜) 等是。

㈢**數人同時在同一處所各別犯罪者**：即數人在無意思聯絡下，各別起意，偶然在同一時間至同一地點各別犯罪之謂。亦即刑法上稱爲同時犯。如甲、乙、丙 3 人均無意思聯絡，在同一時間至丁之住宅，分頭入內行竊，均構成牽連案件。

㈣**犯與本罪有關係之藏匿人犯、湮滅證據、偽證、贓物各罪者**：此亦因事之關係，而構成牽連關係，亦屬事之牽連。如：

甲犯強盜而擄人勒贖罪 (刑 332 I ③)。

乙將甲藏匿在自己之別墅 (藏匿人犯：刑 164)。

丙將有關證據湮滅 (刑 165)。

丁作偽證（刑168）。

戊將贓物介紹出售（刑349）。

以上均與本罪關係密切，認為係牽連案件。為便於偵查審判發現真相，故合併由一法院審判。

二、牽連案件合併管轄之要件

㈠**相牽連案件必須尚未經法院判決**：相牽連案件必須在法院受理前或受理中，方能合併審判，如一案已經法院判決，只能就餘案或其他被告另行審判，無合併之可言。如22上1804號：「牽連案件屬於二以上之不同級法院管轄者，依刑事訴訟法第十五條第一項（舊），雖得由上級法院併案受理，但以各案均在判決前者為限。若一案已經判決，其他案件受理在後，自應按其事物管轄之性質，由有管轄權之法院另為審判。」

㈡**必須法院對該案件均有審判權**：即該牽連案件，必須普通法院均有審判權，才可合併管轄，如法律規定其應歸軍法管轄者，則無合併之可能。如23上785號：「不屬於普通法院受理之違警案件，與竊盜部分並無牽連關係，即不能適用刑事訴訟法第十七條（舊）併案受理。」

㈢**各案件係屬數案而非屬同一案件**：如屬同一案件，無論是實質一罪（以一個犯意，為數行為而構成一罪：如結合犯）或裁判一罪（裁判時處罰其中較重之行為或罪名，即「從一重處斷」：如想像競合犯），依公訴不可分的原則，一部起訴視為全部起訴，當然由一法院一併審判，自無合併審判問題。

三、牽連案件之合併管轄（刑訴6）

㈠**牽連案件合併由其中一法院管轄**（刑訴6Ⅰ）：牽連案件，數同級法院管轄之案件相牽連者，得合併由其中一法院管轄。

1.一人犯數罪：如一人在台北犯擄人勒贖罪，在新竹犯強盜罪，則得由台北或新竹地方法院中之其中一法院合併管轄。

2.數人共犯一罪或數罪：如甲、乙、丙共同於台南犯強盜罪，甲住台南、乙住高雄、丙住台中，則台南、高雄、台中三地方法院，均得合併管轄此三被告之強盜罪。如28上3636號：「刑事案件除有特別規定外，

固由犯罪地或被告之住所、居所或所在地之法院管轄。但數同級法院管轄之案件相牽連而未繫屬於數法院者，自得依刑事訴訟法第六條第一項，由其中一法院合併管轄。本件自訴人向某地方法院自訴甲、乙、丙、丁共同背信，雖甲、乙、丙三人散居別縣，其犯罪地亦屬他縣轄境，而丁則仍居住該地方法院所轄境內，該地方法院依法既得合併管轄，即不能謂無管轄權，乃竟對於甲、乙、丙部分諭知管轄錯誤之判決，殊屬違誤。」

　　㈡**牽連案件已繫屬數法院者**：牽連案件，如各案件已繫屬於數法院者，經各該法院之同意，得以裁定將其案件移送於一法院合併審判之。有不同意者，由共同之直接上級法院裁定之（刑訴6II）。

　　㈢**不同級法院管轄者**：不同級法院管轄之案件相牽連者，得合併由其上級法院管轄。已繫屬於下級法院者，其上級法院得以裁定命其移送上級法院合併審判。但數人同時在同一處所各別犯罪者，不在此限（刑訴6III）。如：

　　　　1.甲犯內亂及強盜罪：內亂罪第一審由高等法院管轄，強盜罪第一審由地方法院管轄，因一人犯二罪爲牽連案件（刑訴7 I ①），此強盜罪可與內亂罪合併由高等法院管轄。但甲之強盜罪，如已在地方法院審判中者，則由其上級之高等法院裁定，命其移送上級法院合併審判。

　　　　2.數人同時在同一處所各別犯罪者，不在此限：如甲、乙兩人同時在同一處所，甲犯內亂罪，乙犯強盜罪，則甲由高等法院管轄，乙由地方法院管轄，當就不能將乙之強盜罪合併由高等法院管轄。因甲、乙既無犯意之聯絡及行爲之共同，合併並無程序利用之可能，故不能合併管轄（刑訴6III後段）。

四、牽連案件檢察官之管轄

　　牽連案件，得由一檢察官合併偵查或合併起訴；如該管他檢察官有不同意者，由共同之直接上級法院首席檢察官或檢察長命令之（刑訴15）。

習題：何謂相牽連案件？牽連管轄之偵查與起訴如何處理？試說明之。（95檢(偵查組)）

第七節　競合管轄

競合管轄，亦稱「**多數管轄**」，即在事物管轄或土地管轄之不同，對同一案件，數法院都具有管轄權時，就合併由其中一法院管轄之謂。依刑事訴訟法第8條：「同一案件繫屬於有管轄權之數法院者，由繫屬在先之法院審判之。但經共同之直接上級法院裁定，亦得由繫屬在後之法院審判。」

一、同一案件

所謂「同一案件」，係指被告及犯罪事實均屬相同之案件而言。在刑事訴訟法上用於管轄、起訴及判決之情形，其含義及效果均不同。茲分述之：

㈠**同一案件用在管轄上**：在土地管轄上，同一案件繫屬於有管轄權之數法院，因各該法院均有管轄權，為防止一案兩判，可分兩種情形說明：

1.數同級法院間：因依土地管轄，其犯罪行為地、結果地、被告之住所、居所、所在地及船艦之本籍地、航空機出發地及犯罪後停泊地之法院均可管轄，故有管轄權之法院常不止一個。此時即由繫屬在先之法院審判之，但經共同之直接上級法院裁定，亦得由繫屬在後之法院審判（刑訴8）。

2.數不同級法院間：因事物管轄之不同，如犯內亂罪及強盜罪，前者是繫屬於高等法院，另一是繫屬於地方法院，此時雖無前刑事訴訟法第18條設有「同一案件經二以上不同級法院受理時，由上級法院繼續受理之。」之規定，但適用時當應由上級法院審判之。

㈡**同一案件用在起訴上**：即不起訴處分已確定或緩起訴處分期滿未經撤銷者，非有下列情形之一，不得對於同一案件再行起訴（刑訴260）：

1.發現新事實或新證據者。

2.有第420條第1項第1款、第2款、第4款或第5款所定得為再審原因之情形者。

㈢**禁止二重起訴之範圍**：同一案件曾經判決確定，依一事不再理原則，

不得再爲受理，其重行起訴者，法院應論知免訴之判決（刑訴 302 I ①）。此即禁止二重起訴之範圍。亦即已經提起公訴或自訴之案件，在同一法院重行起訴者，法院應論知不受理之判決，以免重複訴訟程序（刑訴 303 I ②,⑦）。

習題：

一、甲在台北竊取轎車，又南下在台中、台南等地竊車，均經當地檢察官提起公訴，倘甲之竊車行爲屬於連續犯時，應由何地法院審判？（86 司）

二、何謂同一案件？試申其義。（85 司㈠）

二、牽連管轄與競合管轄之不同

	牽連管轄	競合管轄
㈠ 意義不同	即依土地或事物管轄而劃分管轄權，就同一案件常會遇二個以上法院均有管轄權，爲節省勞費，得合併由一法院管轄，故又稱爲「**合併管轄**」。	即在事物管轄或土地管轄之不同，對同一案件，數法院都有管轄權，就合併由其中一法院管轄，又稱爲「**多數管轄**」。
㈡ 規範對象不同	數同級法院管轄之案件相牽連而未繫屬於數法院者，得由其中一法院合併管轄。	同一案件繫屬於有管轄權之數法院者，就合併由其中一法院管轄。
㈢ 案件繫屬不同	1.繫屬前： 　(1)數同級法院得合併由其中一法院管轄（刑訴 6 I）。 　(2)不同級法院得合併由其上級法院管轄（刑訴 6III）。 　檢察官得依第 15 條合併偵查或合併起訴。 2.繫屬後： 　(1)數同級法院經各法院同意，得以裁定移送合併審判（刑訴 6II）。 　(2)不同意，由其共同之直接上級法院裁定（刑訴 6II 後段）。	同一案件繫屬於有管轄權之數法院者，由繫屬在先之法院審判之，則應以最初受理者，爲管轄法院。但經共同之上級法院裁定，亦得由繫屬在後之法院審判（刑訴 8）。

四處理不同	牽連管轄係法院得以裁定移送於一法院合併審判。	競合管轄如不符合規定，法院應諭知不受理之判決（刑訴303⑦）。
五結果不同	牽連管轄應以合併判決終結之。	競合管轄應以一個判決終結之。

習題：刑事訴訟法第 6 條規定之牽連管轄，與同法第 8 條規定之競合管轄有何不同？請詳述之。（80 司）

第八節　指定管轄

所謂「**指定管轄**」（拉：forum mandati seu delegationis；德：Gerichtsstand kraft Auftrags, gerichtlicher bestimmter Gerichtsstand；法：règlement de juges），乃刑事案件，因某種原因，致管轄法院不明時，由上級法院，以裁定指定該案件之管轄法院之謂（刑訴9）。或稱為「**裁定管轄**」。

一、指定管轄之原因

㈠**數法院於管轄權有爭議者**（刑訴9Ⅰ①）：此爭議有積極與消極之分：

1.積極爭議：即互爭該案件之管轄權，如某人犯強盜案，甲、乙兩法院均認為有管轄權。

2.消極爭議：即互認該案件並無管轄權，如上例甲、乙兩法院均認為無管轄權。

故由直接上級法院以裁定指定該案件之管轄法院。

㈡**有管轄權之法院，經確定裁判為無管轄權，而無他法院管轄該案件者**（刑訴9Ⅰ②）：有管轄權之法院，誤認對該案件無管轄權，而諭知管轄錯誤之判決確定者，公訴案件應同時諭知移送於管轄法院（刑訴304），自訴案件，非經自訴人聲明，毋庸移送案件於管轄法院（刑訴335）。惟如被移送之法院無管轄權，而該案件又無其他法院有管轄權，可由上級法院以裁定指定管轄法院。

㈢**因管轄區域境界不明，致不能辨別有管轄權之法院者**（刑訴9Ⅰ③）：被告之犯罪地，與其住所地不明確，致不能辨別應由何法院管轄者，應由其上級法院，指定其管轄法院。

㈣**由最高法院裁定指定管轄**：案件不能依前項及第 5 條之規定，定其管轄法院者，由最高法院以裁定指定管轄法院（刑訴 9 II）。

二、指定管轄之程序

㈠**聲請**：由當事人聲請外，原告訴人、告發人雖無聲請權，可請求檢察官聲請（刑訴 11）。關係法院亦得請求指定管轄。

㈡**程式**：當事人聲請者，應以書狀敘述理由向該管法院為之（刑訴 11）。所謂理由，指刑事訴訟法第 9 條列舉之原因。

㈢**裁定**：即由數地方法院之共同上級法院以裁定裁決之。如認為有理由，應即指定該案件之管轄法院，其無理由或程式不合法者，則駁回之。對此裁定不得抗告（刑訴 404 I）。

㈣**案件不能定管轄法院**：依第 9 條第 1 項及第 5 條土地管轄之規定，定其管轄法院者，由最高法院以裁定指定管轄法院（刑訴 9 II）：

　　1. 案件不能依第 9 條第 1 項定其管轄法院者：刑事訴訟法（舊）第 9 條第 2 項所謂案件不能依前項及第 5 條之規定定其管轄法院者，由最高級法院以裁定指定管轄法院，係指關係之數法院各有其直接上級法院，不相統屬，不能由其中之一個直接上級法院予以指定及不能依第 5 條之規定定其管轄法院者而言。至最高級法院指定管轄，除該案件合於不能依第 5 條之規定定其管轄法院外，仍須以具有第 9 條第 1 項所列各款情形之一，為其要件，此係當然之解釋（31 聲 29）。

　　2. 案件不能依第 9 條第 1 項及第 5 條土地管轄定其管轄法院者：由最高級法院指定管轄法院，須有不能依刑事訴訟法（舊）第 9 條第 1 項及第 5 條之規定定其管轄法院之情形，始得為之，此在同法第 9 條第 2 項有明文規定。倘被告之犯罪地，與其住所地，均屬明確，或雖有同法第 9 條第 1 項所列各款之情形，而可依該條項規定，定其管轄法院者，即無依同條第 2 項規定，由最高級法院指定管轄法院之餘地（43 台聲 3）。

習題：何謂案件不能依土地管轄（刑事訴訟法第 5 條）定其管轄法院之情形？試說明之。（85 律）

第九節　移轉管轄

所謂「**移轉管轄**」(英：change of venue；德：Übertragung der Zuständigkeit)，即有管轄權之法院因法律或事實不能行使，或因特別情形，不宜行使審判權時，由直接上級法院，以裁定將案件移轉於其管轄區域內，與原法院同級之他法院，稱爲「移轉管轄」(刑訴 10)。

一、移轉管轄之原因

(一)有管轄權之法院，因法律或事實不能行使審判權者：

1.因法律不能行使審判權：受理本件上訴之某高等法院分院，僅有推事兼院長 1 人及推事 2 人，其一既應迴避，不足組成 3 人之合議庭，而分院所在地之地方法院，亦僅推事 2 人，又曾參與前審，復另無其他可調人員，是本件有管轄權之原法院，顯因法律及事實不能組成合法之合議庭，以行使審判權，自得聲請移轉管轄 (31 聲 24)。

2.因事實不能行使審判權：因戰事、天災、交通梗阻，不能解送被告等是 (20 聲 18)。

(二)因特別情形，由有管轄權之法院審判，恐影響公安或難期公平者：

此係指該法院依其環境上之特殊關係，如進行審判，有足以危及公安之虞者而言，聲請人所稱個人安全問題，固應受法律之保護，但既無足以影響於公安之情形，即與上開說明不合 (30 聲 30)。所謂審判有不公平之虞，係指有具體事實，足認該法院之審判不得保持公平者而言，如僅空言指摘，即難據以推定 (49 台聲 3)。

二、移轉管轄之程序

(一) 聲請	以當事人爲限，當事人之範圍，以檢察官、自訴人及被告爲限，至告訴人或告發人並非該所稱之當事人，自不能聲請移轉管轄 (19 聲 6)，惟可請求檢察官聲請 (刑訴 11)。關係法院如認爲案件不適宜該院審理時，亦得聲請移轉管轄。
(二) 程式	當事人聲請者，應以書狀敘述理由向該管法院爲之 (刑訴 11)。所謂該管法院，係指直接上級法院，如向最高級法院聲請移轉管轄，須以移轉之法院，與有管轄權法院，不隸屬於同一高等法院或分院者，始得爲之 (34 聲 11)。其以書狀聲請後，法院駁回其聲請者，不得抗告 (刑訴 404)。

三、管轄之指定及移轉

管轄之指定及移轉，直接上級法院得以職權或據當事人之聲請爲之，並不限於起訴以後，在起訴以前，亦得爲之。其於起訴後移轉者，亦不問訴訟進行之程序及繫屬之審級如何。惟關於移轉裁定，直接上級法院不能行使審判權時應由再上級法院裁定之（刑訴 10II）。至於聲請指定或移轉時，訴訟程序以不停止爲原則。（刑訴 9,10，參照司法院院字第 55 號解釋）

四、聲請移轉管轄之效力

當事人於判決前雖可聲請移轉管轄，但繫屬之法院並不因當事人之聲請而停止審判，因此如聲請人向上級法院聲請後，原繫屬之法院即予判決者，當事人則應依上訴程序以爲救濟。

第十節　無管轄權案件之處理及其效力

所謂「**無管轄權**」（德；Unzuständigkeit；法：incompétence），指對於刑事案件法院依土地管轄、事物管轄規定，並無管轄權，又未依指定管轄、移轉管轄而取得管轄權者，謂之無權管轄，又稱爲「管轄錯誤」。對此：

一、無管轄權案件之處理

㈠**法院對管轄權之調查**：對刑事案件法院有無管轄權，法院不待當事人之聲請，且不問其訴訟程序進行之情形，均應依職權先予調查。但訴訟程序不因法院無管轄權而失其效力（刑訴 12）。

㈡**管轄錯誤之判決**：法院對於無管轄權之案件，應諭知管轄錯誤之判決，並同時諭知移送於管轄法院（刑訴 304）。但自訴案件，非經自訴人聲明，毋庸移送案件於管轄法院（刑訴 335）。

㈢**無管轄權時之通知與移送**：檢察官知有犯罪嫌疑而不屬其管轄或於開始偵查後，認爲案件不屬其管轄者，應即分別通知或移送該管檢察官。但有急迫情形時，應爲必要之處分（刑訴 250）。

㈣**第二、三審法院對於管轄錯誤之上訴的處理**：

1.第二審法院撤銷原判，自為判決或發回：
    ⑴第二審法院因原審判決諭知管轄錯誤係不當而撤銷之者，得以判決將該案件發回原審法院（刑訴 369 I 後段）。
    ⑵第二審法院因原審判決未諭知管轄錯誤係不當而撤銷之者，如第二審法院有第一審管轄權，應為第一審之判決（刑訴 369 II）。
2.第三審法院撤銷原判，發回更審或發交審判：
    ⑴發回更審：第三審法院因原審判決諭知管轄錯誤、免訴或不受理係不當而撤銷之者，應以判決將該案件發回原審法院。但有必要時，得逕行發回第一審法院（刑訴 399）。
    ⑵發交審判：第三審法院因原審法院未諭知管轄錯誤係不當而撤銷之者，應以判決將該案件發交該管第二審或第一審法院。但第 4 條所列之案件，經有管轄權之原審法院為第二審判決者，不以管轄錯誤論（刑訴 400）。

二、無管轄權案件法院訴訟之效力

㈠**訴訟程序仍然有效**：訴訟程序不因法院無管轄權而失效力（刑訴 12）。此所稱之訴訟程序包括拘提、羈押、搜索、扣押、鑑定、勘驗、傳訊被告證人等程序，其所製作之偵查審判筆錄，勘驗結果，均得採為證據，又如上訴人應向原審具狀提起上訴，而上訴人曾向其他無管轄權之地方法院提起上訴，如尚在法定上訴期限之內，自不能以法院無管轄權，而失其上訴之效力（22 上 4117）。

㈡**轄區外行使職務**：法院或檢察官，因發見真實之必要，須於管轄區域外進行訴訟調查時，如遇有急迫情形時，雖未囑託該管法院辦理，仍得於管轄區域外行使其職務（刑訴 13、16）。在此有二條件：

    1.**發見真實之必要**：刑事訴訟程序之目的在發見真實，管轄區域之職權行使雖為原則，但不宜過分堅持，以免有害於真實發現，且劃分管轄區域，乃為方便司法內部之分工，當不得過分強調而破壞真實之發見。

    2.**急迫情形**：為保全證據，有時具有急迫性，萬一非得於管轄外行使，將使證據保全喪失有利時機。

習題：

一、法院於何種情況得於管轄區域外行使其職務？試說明之。（90檢）

二、台北地方法院檢察署檢察官偵查李四「殺人」一案，認為應歸板橋地方法院管轄，且認為其與板橋地方法院檢察署檢察官係「檢察一體」，於是直接向板橋地方法院提起公訴，但板橋地方法院審理時卻發現被告李四是台北縣泰山鄉某部隊之現役軍人，請問依法應如何處理？（96檢-偵查組）

答：李四若係現役軍人，依本法第1條第2項規定：「現役軍人之犯罪，除犯軍法應受軍事裁判者外，仍應依本法規定追訴、處罰。」但釋字第436號解釋認為，現役軍人基於國家安全與軍事需要，對其犯罪行為得設軍事審判之特別訴訟程序，非謂軍事審判機關對於軍人犯罪有專屬之審判權。故本案依軍事審判法第1條規定：「現役軍人犯陸海空軍刑法或其特別法之罪，依本法之規定追訴審判之。」板橋地方法院應依本法第303條第6款規定，諭知不受理之判決。並由軍事檢察官提起公訴。

㈢**轄區內為必要之處分**：法院或檢察官雖無管轄權，如有急迫情形，為爭取時間，保全證據，應於轄區內為必要之處分，以免坐失良機，增加管轄法院受理後之困難（刑訴14、16）。

第三章　法院職員之迴避

第一節　法院之職員

一、法院職員之種類

茲依法院組織法、刑事訴訟法及有關法規列舉說明如下：

㈠**法官**（英：judge, justice；德：Richter；法：juge），即司法官吏，其意義有廣、狹義之分：

1.法官的意義：

⑴廣義的法官：係指擁有職權，對於紛爭或利害對立之雙方，依據法律解決下達是非判斷之人。其職權有基於公權力下達判斷之法官，也有基於仲裁契約而判定是非之仲裁人。在我國之司法制度，廣義的法官，則兼指檢察官在內。

⑵狹義的法官：專指擁有法官名稱之公務員而言，依釋字第 13 號之解釋：「限於各級法院之法官，而不包括檢察官在內。」

2.法官的種類：各級法院均設置法官，為法院中之主要組成份子，負責審判民、刑事訴訟事件及處理非訟事件。法官之種類如下：

⑴審判長：合議審判，以庭長充審判長；無庭長或庭長有事故時，以庭員中資深者充之，資同以年長者充之。獨任審判，即以該法官行審判長之職權（法組 4）。有指揮訴訟，訊問當事人，指定辯護人，指定受命法官及宣示裁判之權。

⑵陪席法官：在合議審判，除審判長外，其組織合議庭之法官，均為陪席法官。其對於訴訟之審理，裁判之評議均得參與。參與陪席之法官得於告知審判長後，訊問被告、證人或鑑定人（刑訴 170）。

⑶受命法官：在合議審判，審判長並得以法官 1 人，於審判期日前，行準備及調查證據程序（刑訴 279 I），此指定之法官，稱為

受命法官。

　　⑷受託法官：如囑託他法院法官代為某項訴訟行為，如訊問證人調查證據（刑訴 195 I），該受囑託而為某項訴訟行之他法院法官，稱為受託法官。該受託法官訊問證人者，與本案繫屬之法院審判長有同一之權限（刑訴 195III）。

　㈡**法官助理**：地方法院、高等法院、最高法院於必要時得設置法官助理，依聘用人員聘用條例聘用各專業人員充任之；承法官之命，辦理訴訟案件程序之審查、法律問題之分析、資料之蒐集等事務（法組 12VI、34IV、51III）。

　㈢**書記官**：各級法院均置書記官，並列職等，分掌紀錄、文書、研究考核、總務、資料及訴訟輔導等事務（法組 22、38、52）。

　㈣**通譯**：各級法院均置通譯（法組 23、39、53），以擔任言語或文字之傳譯。

　㈤**司法警察**：檢察官得調度司法警察，法官於辦理刑事案件時，亦同。調度司法警察條例另定之（法組 76）。

　㈥**觀護人**：地方法院及分院檢察署設觀護人室，置觀護人（法組 67）。

　㈦**法醫師、檢驗員**：高等法院以下各級法院及其分院檢察署，置法醫師、檢驗員（法組 68），檢察婦女身體，應命醫師或婦女行之（刑訴 215III），解剖屍體，應命醫師行之（刑訴 216III）。

　㈧**執達員、錄事、庭務員**：各級法院置執達員、錄事及庭務員（法組 23）。

　㈨**公設辯護人**：法院組織法並無公設辯護人之規定，但我國另有公設辯護人條例，即高等法院以下各級法院及其分院置公設辯護人（公辯 1）。刑事訴訟案件，除依刑訴法第 31 條第 1 項規定已指定公設辯護人者外，被告得以言詞或書面聲請法院指定公設辯護人為其辯護（公辯 2 I）。公設辯護人應在所屬法院管轄區域內執行職務（公辯 6）。公設辯護人之俸給，比照法官、檢察官俸給核給之（公辯 11）。

　㈩**少年調查官、少年保護官**：少年法院分設刑事庭、保護庭、調查保護處、公設輔佐人室，並應配置心理測驗員、心理輔導員及佐理員（少 5之 1）。少年調查官及少年保護官執行職務，應服從法官之監督（少 9III）。其職務如下：

1.少年調查官之職務：

(1)調查、蒐集關於少年保護事件之資料。

(2)對於少年觀護所少年之調查事項。

(3)法律所定之其他事務。

2.少年保護官之職務：

(1)掌理由少年保護官執行之保護處分。

(2)法律所定之其他事務。

第二節　法院配置之機關

一、檢察官與檢察事務官

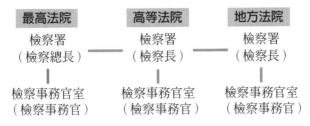

㈠**檢察署**：各級法院及分院各配置檢察署（法組58）。檢察署置檢察官，最高法院檢察署以1人為檢察總長，其他法院及分院檢察署各以1人為檢察長，分別綜理各該署行政事務（法組59 I）。

㈡**檢察事務官室**：各級法院及分院檢察署設檢察事務官室，置檢察事務官，並得視業務需要分組辦事（法組66之2），檢察事務官之職權，依法院組織法第66條之3第1項包括：

1.實施搜索、扣押、勘驗或執行拘提。

2.詢問告訴人、告發人、被告、證人或鑑定人。

3.襄助檢察官執行其他第60條所定之職權，即實施偵查、提起公訴、實行公訴、協助自訴、擔當自訴及指揮刑事裁判之執行，及其他法令所定職務之執行（法組66之3）。並依據同條第2項，其處理此類事務，視同為司法警察官。

二、檢察一體之原則

㈠檢察總長、檢察長之指揮監督權：

1.檢察總長依本法及其他法律之規定，指揮監督該署檢察官及高等法院以下各級法院及分院檢察署檢察官（法組63Ⅰ）。

2.檢察長依本法及其他法律之規定，指揮監督該署檢察官及其所屬檢察署檢察官（法組63Ⅱ）。

3.檢察官應服從檢察總長及檢察長之指揮監督長官之命令（法組63Ⅲ）。

㈡檢察總長、檢察長之介入權及移轉權：

檢察總長、檢察長得親自處理其所指揮監督之檢察官之事務，並得將該事務移轉於其所指揮監督之其他檢察官處理之（法組64）。

1.釋字第530號：「檢察官偵查刑事案件之檢察事務，依檢察一體之原則，檢察總長及檢察長有法院組織法第六十三條及第六十四條所定檢察事務指令權，是檢察官依刑事訴訟法執行職務，係受檢察總長或其所屬檢察長之指揮監督，與法官之審判獨立尚屬有間。關於各級法院檢察署之行政監督，依法院組織法第一百十一條第一款規定，法務部部長監督各級法院及分院檢察署，從而法務部部長就檢察行政監督發布命令，以貫徹刑事政策及迅速有效執行檢察事務，亦非法所不許。」

2. 30聲16號判例：「上級檢察官命令下級檢察官施行偵查，並不因檢察官分配配置於各級法院，必須受法院之土地或事務管轄之限制，此觀於法院組織法第三十一條、第三十二條之規定可以瞭然，誠以檢察官上下一體，與法院之因土地或事務管轄而各行其審判職權之情形不同，高等法院首席檢察官對於配置全省各級法院之檢察官既有其監督之權，則對於土地管轄不同之分院所屬案件，命令發交他分院所屬檢察官實施偵查，即不能謂為於法不合，而下級法院檢察官奉其命令以行偵查，尤不能謂為違法。」

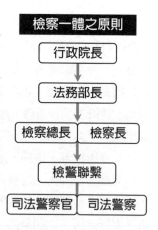

習題：試詳述檢察事務官在刑事訴訟法上之身分地位與依法得行使之職權為何？（93檢）

第三節　法院職員之迴避

　　所謂「迴避」（德：Selbstablehnung；法：abatention）是指法官、法院書記官或檢察官及辦理檢察事務書記官因特定原因，對特定案件，依法不得執行職務之謂。

一、法官之迴避

　　有下列三種情形：

（一） 自行迴避	法官於該管案件有下列情形之一者，應自行迴避，不得執行職務（刑訴17）： 1.法官為被害人者。 2.法官現為或曾為被告或被害人之配偶、八親等內之血親、五親等內之姻親或家長、家屬者。 3.法官與被告或被害人訂有婚約者。 4.法官現為或曾為被告或被害人之法定代理人者。 5.法官曾為被告之代理人、辯護人、輔佐人或曾為自訴人、附帶民事訴訟當事人之代理人、輔佐人者。 6.法官曾為告訴人、告發人、證人或鑑定人者。 7.法官曾執行檢察官或司法警察官之職務者。 8.法官曾參與前審之裁判者。
（二） 聲請迴避	1.聲請迴避之原因：當事人遇有下列情形之一者，得聲請法官迴避（刑訴18）： 　(1)法官有前條情形而不自行迴避者。 　(2)法官有前條以外情形，足認其執行職務有偏頗之虞者。 2.被聲請迴避法官之異議：被聲請迴避之法官如認為無理由者，得提出意見書（刑訴20III）。 3.聲請迴避之裁定：法官迴避之聲請，由該法官所屬之法院以合議裁定之，其因不足法定人數不能合議者，由院長裁定之；如並不能由院長裁定者，由直接上級法院裁定之（刑訴21I）。前項裁定，被聲請迴避之法官不得參與（刑訴21II）。被聲請迴避之法官，以該聲請為有理由者，毋庸裁定，即應迴避（刑訴21III）。經裁定駁回者，得於5日內提起抗告（刑訴23、406）。
（三） 職權迴避	該管聲請迴避之法院或院長，如認法官有應自行迴避之原因者，應依職權為迴避之裁定。此項裁定，毋庸送達（刑訴24）。

㈠**法官自行迴避**：法官於該管案件有下列情形之一者，應自行迴避，不得執行職務（刑訴17）；並將案件移交其他法官辦理：

1.法官爲被害人者：所謂「被害人」（英：victim；德：Verletzte；法：victime），指因侵權行爲或因犯罪，受侵害或有受侵害之危險者而言。在民事上乃發生損害賠償之請求權，刑事上擁有告訴權。

2.法官現爲或曾爲被告或被害人之配偶、八親等內之血親、五親等內之姻親或家長、家屬者：法官與被告或被害人既有親屬上密切之關係，自不應擔任審判。

3.法官與被害人訂有婚約者：指現仍存在婚約關係，如已解除婚約當不在此限。

4.法官現爲曾爲被告或被害人之法定代理人者：法官曾爲當事人之法定代理人足認關係密切，自應迴避。

5.法官曾爲被告之代理人、辯護人、輔佐人或曾爲自訴人、附帶民事訴訟當事人之代理人、輔佐人者：此所指之被告之代理人，係指第36條委任代理人而言。所謂辯護人、輔佐人及自訴之代理人係指第四章之情形而言。至於附帶民事訴訟當事人、輔佐人，則見刑訴法第九編附帶民事訴訟之說明。

6.法官曾爲告訴人、告發人、證人或鑑定人者：法官曾爲告訴人或告發人，其立場當與被告對立殆無疑義，又法官如曾爲證人或鑑定人，必將存有主觀之成見，凡此均有可能影響審判之公平，故予迴避。

7.法官曾執行檢察官或司法警察官之職務者：法官在偵查階段曾執行檢察官之職務或司法警察官之職務（刑訴229、230）。則與被告之立場相對立，故不得由其審判。

8.法官曾參與前審之審判者：依釋字第178號解釋：「*所稱推事曾參與前審之裁判，係指同一推事，就同一案件，**曾參與下級審之裁判而言。**」又29上3276號：「*所謂推事曾參與前審之裁判應自行迴避者，係指其對於當事人所聲明不服之裁判，曾經參與，按其性質，不得再就此項不服案件執行裁判職務而言，至推事曾參與第二審之裁判，經上級審發回更審後，再行參與，其前後所參與者，均為第二審之裁判，與曾參與當事人所不服之第一審裁判，而再參與其不服之第二審裁判者不同，自不在應自行迴避之列。*」

90 台上 7832 號：「法官曾參與前審裁判之應自行迴避原因，係指同一法官，就同一案件，曾參與下級審之裁定或判決者而言，如僅曾參與審判期日前之調查程序，並未參與該案之裁判，依法即毋庸自行迴避。」

（二）**當事人聲請迴避：**

1. 聲請迴避 之原因	當事人遇有下列情形之一者，得聲請法官迴避（刑訴 18）： (1)法官有前條自行迴避之原因，而不自行迴避者。 (2)法官有前條自行迴避以外之情形，足認其執行職務有偏頗之虞者：「所謂『**足認其執行職務有偏頗之虞者**』，係指以一般通常之人所具有之合理觀點，對於該承辦法官能否為公平之裁判，均足產生懷疑；且此種懷疑之發生，存有其完全客觀之原因，而非僅出諸當事人自己主觀之判斷者，始足當之。至於訴訟上之指揮乃專屬於法院之職權，當事人之主張、聲請，在無礙於事實之確認以及法的解釋適用之範圍下，法院固得斟酌其請求以為訴訟之進行，但仍不得以此對當事人之有利與否，作為其將有不公平裁判之依據，更不得以此訴訟之進行與否而謂有偏頗之虞聲請法官迴避。」（79 台抗 318）
2. 聲請迴避 之時期	(1)法官有第 18 條自行迴避之原因，而不自行迴避者，不問訴訟程度如何，當事人得隨時聲請法官迴避（刑訴 19 I）。此之當事人為檢察官、被告及自訴人。 (2)如當事人已就該案件有所聲明或陳述後，不得聲請法官迴避，但聲請迴避之原因發生在後或知悉在後者，不在此限（刑訴 19 II）。
3. 聲請迴避 之程序	聲請法官迴避，應以書狀舉其原因向法官所屬法院為之。但於審判期日或受訊問時，得以言詞為之（刑訴 20 I）。聲請迴避之原因及前條第 2 項但書之事實，應釋明之（刑訴 20 II）。被聲請迴避之法官，得提出意見書（刑訴 20 III）。
4. 聲請迴避 之裁定	法官迴避之聲請，由該法官所屬之法院以合議裁定之，其因不足法定人數不能合議者，由院長裁定之；如並不能由院長裁定者，由直接上級法院裁定之（刑訴 21 I）。前項裁定，被聲請迴避之法官不得參與（刑訴 21 II）。被聲請迴避之法官，以該聲請為有理由者，毋庸裁定，即應迴避（刑訴 21 III）。
5. 經裁定駁 回者	聲請法官迴避經裁定駁回者，得於送達裁定書後 5 日內提起抗告（刑訴 23、406）。

㈢**聲請迴避之效力**：法官被聲請迴避者，如認為有急速處分之必要，或以法官執行職務有偏頗之虞，而聲請迴避者外，應即停止訴訟程序之進行（刑訴 22）。所謂「急速處分」，如被告即將逃亡，而必須予以羈押，或如訊問瀕死之證人，或證據即將滅失而須急速扣押等。

如 28 抗 11 號判例謂：「查該條所謂訴訟程序，係指應急速處分以外之程序而言，本案第一審縣司法處審判官，雖經抗告人聲請迴避，但於抗告人羈押期間行將屆滿，認為有繼續羈押之必要，向原法院聲請延長，係一種急速處分，原法院據以裁定准予延長二月，於法並無不合。」

㈣**法院依職權裁定迴避**：該管聲請迴避之法院或院長，如認法官有應自行迴避之原因者，應依職權為迴避之裁定（刑訴 24 I）。此項裁定，毋庸送達（刑訴 24II）。

習題：案件經上訴後被上訴法院發回更審，原審判之法官對於發回案件之審判應否迴避？試說明之。（86 司）

二、書記官、通譯及檢察官之迴避

㈠ **書記官、通譯之迴避**	1.準用關於法官迴避之規定（刑訴 25 I）。 2.不得以曾於下級法院執行書記官或通譯之職務，為迴避之原因（刑訴 25II）。因此曾在下級法院執行書記官或通譯之職務者，仍得於上級法院執行書記或通譯之職務。 3.法院書記官及通譯之迴避，由所屬法院院長裁定之（刑訴 25 II）。 4.聲請迴避經裁定駁回者，得於 5 日內提起抗告（刑訴 406）。
㈡ **檢察官、辦理檢察官事務書記官之迴避**	1.準用法官迴避之規定：第 17 條至第 20 條及第 24 條關於法官迴避之規定，於檢察官及辦理檢察事務之書記官準用之。但不得以曾於下級法院執行檢察官、書記官或通譯之職務，為迴避之原因（刑訴 26 I）。 2.聲請迴避之決定：檢察官及前項書記官之迴避，應聲請所屬首席檢察官或檢察長核定之（刑訴 26II）。 3.首席檢察官之迴避：應聲請直接上級法院首席檢察官或檢察長核定之；其檢察官僅有 1 人者亦同（刑訴 26III）。 4.聲請迴避之效力：因無準用第 22 條法官被聲請迴避之規定，故在尚未核定應予迴避以前，仍得繼續執行職務，無須停止訴訟程序。

第四章　辯護人、輔佐人及代理人

第一節　辯護人

一、辯護人之意義

所謂「**辯護人**」（英：defense counsel；德：Verteidiger），即在刑事訴訟程序上為保護被告的利益，乃與原告對立，對於原告之攻擊，實施防禦之行為，並協助法院發現真實之人。為提升當事人進行主義之實質，具有重要之地位。因我刑事訴訟法原則上採國家追訴主義，檢察官代表國家追訴犯罪，檢察官與被告同為訴訟當事人，但檢察官具有法律知識與經驗，而居於被訴立場的被告又缺乏法律知識，在攻擊防禦中，往往處於不利之地位，故為補強被告之防衛力量，確保當事人地位之對等，乃設辯護制度。尤其我國已實施改良式當事人進行主義，更有普遍設置辯護制度之必要。

二、辯護人之分類

（一） 指定辯護 選任辯護	1.指定辯護：由審判長指定辯護人代被告而為辯護之謂。指定辯護人通常由公設辯護人充之。但審判中經審判長許可者，亦得選任非律師為辯護人（刑訴29）： (1)指定辯護之情形（刑訴31）： 　①為重罪辯護：最輕本刑為 3 年以上有期徒刑或高等法院管轄第一審案件（刑訴4）。 　②為智能不足辯護：被告因智能障礙無法為完全之陳述，於審判中未經選任辯護人者，審判長應指定公設辯護人或律師為其辯護。 　③為低收入戶辯護：其他審判案件，低收入戶被告未選任辯護人而聲請指定，或審判長認有必要者，亦同（刑訴31 I 後段）。 　④重罪之選任辯護人不到庭：第 31 條第 1 項案件，選任辯護人於審判期日無正當理由而不到庭者，審判長得指定公設辯護人（刑訴31 II）。

	⑤被告數人得指定 1 人辯護：被告有數人者，得指定 1 人辯護。但各被告之利害相反者，不在此限（刑訴 31III）。 (2)指定辯護人之撤銷：指定辯護人後，經選任律師為辯護人者，得將指定之辯護人撤銷（刑訴 31IV）。 (3)偵查中指定辯護人：被告因智能障礙無法為完全之陳述，於偵查中未經選任辯護人者，檢察官應指定律師為其辯護（刑訴 31V）。 　　偵查中之指定辯護亦有第 31 條第 2 項至第 4 項之情形，此時則第 5 項之規定準用之（刑訴 31VI）。 (4)協商程序之指定辯護人：協商之案件，被告表示所願受科之刑逾有期徒刑 6 月，且未受緩刑宣告，其未選任辯護人者，法院應指定公設辯護人或律師為辯護人，協助進行協商（刑訴 455之5I）。 2.選任辯護（刑訴 27）：辯護人應選任律師充之，但審判中經審判長許可者，亦得選任非律師為辯護人（刑訴 29）。 (1)被告得隨時選任辯護人。犯罪嫌疑人受司法警察官或司法警察調查者，亦同。 (2)被告或犯罪嫌疑人之法定代理人、配偶、直系或三親等內旁系血親或家長、家屬，得獨立為被告或犯罪嫌疑人選任辯護人。 (3)被告或犯罪嫌疑人因智能障礙無法為完全之陳述者，應通知前項之人得為被告或犯罪嫌疑人選任辯護人。但不能通知者，不在此限。
(二) **強制辯護** **任意辯護**	1.強制辯護： (1)意義：即訴訟法規定，某特種案件，於審判期日，必須有辯護人出庭為被告辯護，否則其判決當然違背法令（刑 379VII），得提起上訴（刑訴 377），或非常上訴（刑訴 441）之謂。 (2)強制辯護之情形：最輕本刑為 3 年以上有期徒刑或高等法院管轄第一審案件或被告因智能障礙無法為完全之陳述，於審判中未經選任辯護人者，審判長應指定公設辯護人或律師為其辯護；其他審判案件，低收入戶被告未選任辯護人而聲請指定，或審判長認有必要者，亦同。上項案件選任辯護人於審判期日無正當理由而不到庭者，審判長得指定公設辯護人（刑訴 31I,II）。 2.任意辯護：即強制辯護以外的案件，是否選任辯護人，由被告及其親屬自由決定，而審判長亦毋庸指定辯護人為其辯護，謂之任意辯護。

(三) 多數辯護 共通辯護	1.多數辯護：即一被告有二以上之辯護人爲其辯護之謂。但每一被告選任辯護人，不得逾 3 人 (刑訴 28)。 2.共通辯護：即數被告共同選任或指定一辯護人爲其辯護之謂。但各被告之利害相反者，不在此限 (刑訴 31III)。
(四) 公設辯護 非公設辯護	1.公設辯護： (1)意義：審判長指定公設辯護人爲被告辯護者，稱爲公設辯護(刑訴 31 I, II)。公設辯護人以指定之案件爲限，不得充選任辯護人 (公辯 4)。公設辯護人係地方法院及高等法院之編制內人員 (法組 17、37)，對於法院及檢察官，獨立行使職務。 (2)公設辯護人之職務： 　①爲重刑犯或智能障礙犯強制辯護：最輕本刑爲 3 年以上有期徒刑或高等法院管轄第一審案件或被告因智能障礙無法爲完全之陳述，於審判中未經選任辯護人者，審判長應指定公設辯護人或律師爲其辯護；其他審判案件，低收入戶被告未選任辯護人而聲請指定，或審判長認有必要者，亦同。此項案件選任辯護人於審判期日無正當理由而不到庭者，審判長得指定公設辯護人。被告有數人者，得指定一人辯護。但各被告之利害相反者，不在此限。指定辯護人後，經選任律師爲辯護人者，得將指定之辯護人撤銷。被告因智能障礙無法爲完全之陳述，於偵查中未經選任辯護人者，檢察官應指定律師爲其辯護。第 2 項至第 4 項之規定於前項之指定，準用之 (刑訴 31)。 　②因被告聲請而辯護：刑事訴訟案件，除依刑事訴訟法第 31 條第 1 項之規定已指定公設辯護人者外，被告得以言詞或書面聲請法院指定公設辯護人爲其辯護。因無資力選任辯護人而聲請指定公設辯護人者，法院應爲指定 (公辯 2 I, II)。最高法院命行辯論之案件 (刑訴 389 I)。被告因無資力，不能依刑事訴訟法第 389 條第 2 項之規定選任辯護人者，得聲請最高法院指定下級法院公設辯護人爲其辯護 (公辯 3)。 　③收集辯護資料：公設辯護人對於法院指定案件，負有辯護之責，因而就承辦之案件自應誠實處理之，盡量收集有利被告之辯護資料，製作辯護書提出於法院 (公辯 13、14、16)。 　④爲被告上訴：對其辯護之案件，經被告上訴者，因被告請求，應代作上訴狀、上訴理由書或答辯書 (公辯 17)。 2.非公設辯護：非由公設辯護人擔任辯護者，稱爲非公設辯護。

	在未設置公設辯護人之法院，修正刑事訴訟法第31條之辯護人，由審判長指定律師或法官充之者，亦非公設辯護（刑訴施3）。
(五) 律師辯護 非律師辯護	辯護人應選任律師充之，但審判中經審判長許可者，亦得選任非律師爲辯護人（刑訴29）。因此選任之辯護人有二種： 1.律師辯護：辯護人應選任律師擔任爲原則。 2.非律師辯護：即除由律師辯護之外，在審判中經審判長許可者，亦得選任非律師爲辯護人（刑訴29）。所謂審判中，指審判期日，以朗讀案由開始（刑訴285），至辯論終結爲止（刑訴290）。

習題：

一、下列第一審法院之判決是否適法？試具理由解答。（89律）

被告被起訴觸犯刑法第 305 條之恐嚇危害安全罪嫌，於審判中因智能障礙無法為安全之陳述，又未選任辯護人為己辯護，法院依憑卷證資料，認事實甚明，且案屬微罪，情節不重，爰就檢察官及被告之陳述辯論，逕行審理終結，諭知科處罰金之判決。

二、甲因殺人未遂罪名被檢察官提起公訴，甲選任 A 律師為辯護人。審判中，法院已經依法通知 A 到場，但 A 因疏於注意，未於審判期日到場。審判長遂當庭臨時指定公設辯護人 V 為到場的甲辯護，進行審判，並於該日辯論終結。試附具理由，說明本案所踐行之程序是否合法？若本案判決結果為被告無罪，試問情形有無不同？（95律）

答：本案犯殺人罪，依刑法第 25 條規定，依第 271 條屬於最輕本刑 10 年以上重罪，得按既遂犯之刑減輕。依本法第 31 條為強制辯護案件，依第 284 條規定：「無辯護人到庭者，不得審判。」否則其判決當然違背法令（刑訴379Ⅶ）。因強制辯護案件，原係為保護被告而設置，如辯護人未到場而法院擅自指定公設辯護，因欠缺被告與選任辯護人之信賴關係，解決之法可先指定公設辯護人作為準備，並另定審判期日，再通知被告及選任辯護人到場，如仍不到場，就由公設辯護人執行職務，以符合理之要求。

唯無判決結果是被告無罪，應符合保護被告之意旨，本案之程序當應符合法令之規定。

三、案件在何種情況下，無辯護人到場參與，刑事訴訟程序不得進行？（100三退除）

三、辯護人之內容

(一)辯護人之資格：

1.指定辯護人：由審判長指定公設辯護人充之（刑訴 31 Ⅰ ）。在未設

公設辯護人之法院，由審判長指定律師或法官充之（刑訴施3）。

　　2.選任辯護人：應選任律師充之。但審判中經審判長許可者，亦得選任非律師為辯護人（刑訴29）。至於第三審法院之判決，如法院認為有必要經言詞辯論者，則須以律師充之，不得以代理人或辯護人為之（刑訴389）。

　　㈡**辯護之內容為辯護及蒐集資料**：辯護人負辯護之責，並應盡量蒐集有利被告之辯護資料（公辯13）。辯護人就承辦案件，負誠實處理之責（公辯14），並應將訴訟進行情形及其他有關訴訟事項，製作紀錄（公辯15）。辯護人就因其業務所知悉有關他人秘密之事項受訊問者，除經本人允許者外，得拒絕證言（刑訴182）。

四、辯護人之權利義務

㈠ **固有權利**	1.辯護人閱卷、抄錄或攝影：辯護人於審判中得檢閱卷宗及證物並得抄錄或攝影（刑訴33Ⅰ）。 2.辯護人之接見、通信權：辯護人得接見羈押之被告，並互通書信。非有事證足認其有湮滅、偽造、變造證據或勾串共犯或證人者，不得限制之（刑訴34Ⅰ）。辯護人與偵查中受拘提或逮捕之被告或犯罪嫌疑人接見或互通書信，不得限制之。但接見時間不得逾1小時，且以一次為限。接見經過之時間，同為第93條之1第1項所定不予計入24小時計算之事由（刑訴34Ⅱ）。此項接見，檢察官遇有急迫情形且具正當理由時，得暫緩之，並指定即時得為接見之時間及場所。該指定不得妨害被告或犯罪嫌疑人之正當防禦及辯護人依第245條第2項前段規定之權利（刑訴34Ⅲ）。 3.辯護人之接見通信權之限制：限制辯護人與羈押之被告接見或互通書信，應用限制書（刑訴34之1）。 4.辯護人攜同速記之許可：辯護人經審判長許可，得於審判期日攜同速記到庭記錄（刑訴49）。 5.緊急拘提後之到場：檢察官、司法警察官或司法警察，依第1項規定程序緊急拘提之犯罪嫌疑人，應即告知本人及其家屬，得選任辯護人到場（刑訴88之1Ⅳ）。 6.辯護人之拒絕證言權：證人為辯護人，就其因業務所知悉有關他人秘密之事項受訊問者，除經本人允許者外，得拒絕證言（刑訴182）。

	7.偵查審判訊問被告時在場：
	(1)被告或犯罪嫌疑人之辯護人，得於檢察官、檢察事務官、司法警察官或司法警察訊問該被告或犯罪嫌疑人時在場，並得陳述意見。但有事實足認其在場有妨害國家機密或有湮滅、偽造、變造證據或勾串共犯或證人或妨害他人名譽之虞，或其行為不當足以影響偵查秩序者，得限制或禁止之（刑訴245Ⅱ）。
	(2)偵查中訊問被告或犯罪嫌疑人時，應將訊問之日、時及處所通知辯護人。但情形急迫者，不在此限（刑訴245Ⅳ）。審判期日應通知辯護人（刑訴271Ⅰ）。法院得於第一次審判期日前，傳喚被告，並通知辯護人（刑訴273Ⅰ）。
(二) 共有權利	即辯護人與被告共同具有之權利。 1.裁判正本之送達：裁判書應以正本送達於當事人及辯護人（刑訴227Ⅰ）。 2.不起訴、緩起訴或撤銷緩起訴處分書之送達：檢察官依第252條、第253條、第253條之1、第253條之3、第254條規定為不起訴、緩起訴或撤銷緩起訴或因其他法定理由為不起訴處分者，應製作處分書敘述其處分之理由。但處分前經告訴人或告發人同意者，處分書得僅記載處分之要旨。此項處分書，應以正本送達於被告及辯護人（刑訴255Ⅰ）。 3.聲明異議：當事人、辯護人對於審判長或受命法官有關證據調查或訴訟指揮之處分不服者，除有特別規定外，得向法院聲明異議（刑訴288之3Ⅰ）。 4.羈押事實之受告知：被告被羈所依據之事實，應告知被告及辯護人，並記載於筆錄（刑訴101Ⅲ、101之1Ⅱ）。 5.羈押押票之送達：偵查中或審判中執行羈押時，押票應分別送交檢察官、看守所、辯護人、被告及其指定之親友（刑訴103Ⅱ）。 6.羈押處所變更之聲請：偵查中檢察官、被告或其辯護人認有維護看守所及在押被告安全或其他正當事由者，得聲請法院變更在押被告之羈押處所。法院依此項聲請變更被告之羈押處所時，應即通知檢察官、看守所、辯護人、被告及其指定之親友（刑訴103之1Ⅰ,Ⅱ）。 7.得聲請法院撤銷羈押：被告、辯護人及得為被告輔佐人之人得聲請法院撤銷羈押。法院對於此項之聲請得聽取被告、辯護人或得為被告輔佐人之人陳述意見（刑訴107Ⅱ,Ⅲ）。 8.得隨時具保向法院聲請停止羈押：被告及得為其輔佐人之人或辯護人，得隨時具保，向法院聲請停止羈押（刑訴110Ⅰ）。

9. 有證據能力者：當事人、代理人或辯護人於法院調查證據時，知有第 159 條第 1 項不得爲證據之情形，而未於言詞辯論終結前聲明異議者，視爲有前項之同意（刑訴 159 之 5II）。

10. 證據調查之提出意見：當事人、代理人、辯護人或輔佐人應就調查證據之範圍、次序及方法提出意見。法院應依此項所提意見而爲裁定；必要時，得因當事人、代理人、辯護人或輔佐人之聲請變更之（刑訴 161 之 2 I，II）。

11. 聲請調查證據：當事人、代理人、辯護人或輔佐人得聲請調查證據，並得於調查證據時，詢問證人、鑑定人或被告。審判長除認爲有不當者外，不得禁止之（刑訴 163 I）。法院爲發見眞實，得依職權調查證據。法院爲此項調查證據前，應予當事人、代理人、辯護人或輔佐人陳述意見之機會（刑訴 163II,III）。

12. 得於搜索、扣押時之在場：當事人及審判中之辯護人得於搜索或扣押時在場。但被告受拘禁，或認其在場於搜索或扣押有妨害者，不在此限（刑訴 150 I）。搜索或扣押時，如認有必要，得命被告在場（刑訴 150II）。行搜索或扣押之日、時及處所，應通知前二項得在場之人。但有急迫情形時，不在此限（刑訴 150III）。

13. 調查證據聲請書狀：當事人、代理人、辯護人或輔佐人聲請調查證據應以書狀提出之（刑訴 163 之 1 I）。

14. 聲請播放審判期日之錄音或錄影：當事人、代理人、辯護人或輔佐人如認爲審判筆錄之記載有錯誤或遺漏者，得於次一期日前，其案件已辯論終結者，得於辯論終結後 7 日內，聲請法院定期播放審判期日錄音或錄影內容核對更正之。其經法院許可者，亦得於法院指定之期間內，依據審判期日之錄音或錄影內容，自行就有關被告、自訴人、證人、鑑定人或通譯之訊問及其陳述之事項轉譯爲文書提出於法院。

15. 普通物證之提示：審判長應將證物提示當事人、代理人、辯護人或輔佐人，使其辨認（刑訴 164 I）。

16. 書證之調查：卷宗內之筆錄及其他文書可爲證據者，審判長應向當事人、代理人、辯護人或輔佐人宣讀或告以要旨（刑訴 165 I）。此項文書，有關風化、公安或有毀損他人名譽之虞者，應交當事人、代理人、辯護人或輔佐人閱覽，不得宣讀；如被告不解其意義者，應告以要旨（刑訴 165II）。

17. 證物之辨認：錄音、錄影、電磁紀錄或其他相類之證物可爲證據者，審判長應以適當之設備，顯示聲音、影像、符號或資料，使當事人、代理人、辯護人或輔佐人辨認或告以要旨（刑訴 165 之 1II）。

18. 對證人、鑑定人之詰問：當事人、代理人、辯護人及輔佐人聲

請傳喚之證人、鑑定人，於審判長為人別訊問後，由當事人、代理人或辯護人直接詰問之。被告如無辯護人，而不欲行詰問時，審判長仍應予詢問證人、鑑定人之適當機會（刑訴 166 I）。詰問完畢後，得更行詰問（刑訴 166II）。法院依職權傳喚之證人或鑑定人，經審判長訊問後，當事人、代理人或辯護人得詰問之，其詰問之次序由審判長定之（刑訴 166 之 6 I）。當事人、代理人或辯護人詰問證人、鑑定人時，審判長除認其有不當者外，不得限制或禁止之（刑訴 167）。

19.聲明異議：當事人、代理人或辯護人就證人、鑑定人之詰問及回答，得以違背法令或不當為由，聲明異議（刑訴 167 之 1）。他造當事人、代理人或辯護人，得於審判長處分前，就該異議陳述意見（刑訴 167 之 2III）。證人、鑑定人於當事人、代理人或辯護人聲明異議後，審判長處分前，應停止陳述（刑訴 167 之 2IV）。

20.當事人及辯護人之在庭權：當事人、代理人、辯護人或輔佐人得於訊問證人、鑑定人或通譯時在場。此項訊問之日、時及處所，法院應預行通知之。但事先陳明不願到場者，不在此限（刑訴 168 之 1）。

21.就訊證人：證人不能到場或有其他必要情形，得於聽取當事人及辯護人之意見後，就其所在或於其所在地法院訊問之（刑訴 177 I）。此項情形，證人所在與法院間有聲音及影像相互傳送之科技設備而得直接訊問，經法院認為適當者，得以該設備訊問之（刑訴 177II）。當事人、辯護人及代理人得於前二項訊問證人時在場並得詰問之；其訊問之日時及處所，應預行通知之（刑訴 177III）。第 2 項之情形，於偵查中準用之（刑訴 177IV）。

22.鑑定留置之執行：
(1)執行鑑定留置時，鑑定留置票應分別送交檢察官、鑑定人、辯護人、被告及其指定之親友（刑訴 203 之 2II）。
(2)鑑定留置期間之延長及留置處所之變更，應通知辯護人及被告（刑訴 203 之 3）。

23.鑑定時在場：行鑑定時，如有必要，法院或檢察官得通知當事人、代理人或辯護人到場（刑訴 206 之 1）。

24.勘驗時之到場：檢察實施勘驗，如有必要，得通知當事人、代理人或辯護人到場（刑訴 214）。

25.聲請保全證據：
(1)告訴人、犯罪嫌疑人、被告或辯護人於證據有湮滅、偽造、變造、隱匿或礙難使用之虞時，偵查中得聲請檢察官為搜索、扣押、鑑定、勘驗、訊問證人或其他必要之保全處分（刑訴 219

之 1 I）。

(2)案件於第一審法院審判中，被告或辯護人認為證據有保全之
必要者，得在第一次審判期日前，聲請法院或受命法官為保
全證據處分。遇有急迫情形時，亦得向受訊問人住居地或證
物所在地之地方法院聲請之（刑訴 219 之 4 I）。

(3)告訴人、犯罪嫌疑人、被告、辯護人或代理人於偵查中，除
有妨害證據保全之虞者外，對於其聲請保全之證據，得於實
施保全證據時在場（刑訴 219 之 6 I）。

26.檢察書類及裁判正本之送達：

(1)不起訴、緩起訴或撤銷緩起訴處分書，應以正本送達於告訴
人、告發人、被告及辯護人（刑訴 255 II）。

(2)裁判製作裁判書者，除有特別規定外，應以正本送達於當事
人、代理人、辯護人及其他受裁判之人。此項送達，自接受
裁判原本之日起，至遲不得逾 7 日（刑訴 227）。

(3)審判期日傳喚並通知辯護人（刑訴 271）。

(4)準備程序之受通知並參與（刑訴 273）。

(5)審判期日前之舉證權利（刑訴 275）。

27.共同被告調查證據或辯論程序之分離或合併：法院認為適當
時，得依職權或當事人或辯護人之聲請，以裁定將共同被告之
調查證據或辯論程序分離或合併（刑訴 287 之 1）。

28.言詞辯論之參與：

(1)法院應予當事人、代理人、辯護人或輔佐人，以辯論證據證
明力之適當機會（刑訴 288 之 2）。

(2)當事人、代理人、辯護人或輔佐人對於審判長或受命法官有
關證據調查或訴訟指揮之處分不服者，除有特別規定外，得
向法院聲明異議。法院應就此項異議裁定之（刑訴 288 之 3）。

(3)調查證據完畢後，應命依下列次序就事實及法律分別辯論之
（刑訴 289）：

　①檢察官。

　②被告。

　③辯護人。

　　已辯論者，得再為辯論，審判長亦得命再行辯論。

　　依前二項辯論後，審判長應予當事人就科刑範圍表示意見
之機會。

(4)審判長於宣示辯論終結前，最後應詢問被告有無陳述（刑訴
290）。

	29.上訴： (1)原審之代理人或辯護人，得爲被告之利益而上訴。但不得與被告明示之意思相反（刑訴 346）。 (2)撤回上訴：爲被告之利益而上訴者，非得被告之同意，不得撤回（刑訴 355）。 最高法院開庭時爲辯論及陳述上訴意旨（刑訴 389Ⅱ、391Ⅱ）。 30.協商程序： (1)除所犯爲死刑、無期徒刑、最輕本刑 3 年以上有期徒刑之罪或高等法院管轄第一審案件者外，案件經檢察官提起公訴或聲請簡易判決處刑，於第一審言詞辯論終結前或簡易判決處刑前，檢察官得於徵詢被害人之意見後，逕行或依被告或其代理人、辯護人之請求，經法院同意，就下列事項於審判外進行協商，經當事人雙方合意且被告認罪者，由檢察官聲請法院改依協商程序而爲判決（刑訴 455 之 2Ⅰ）： ①被告願受科刑之範圍或願意接受緩刑之宣告。 ②被告向被害人道歉。 ③被告支付相當數額之賠償金。 ④被告向公庫或指定之公益團體、地方自治團體支付一定之金額。 (2)協商之案件，被告表示所願受科之刑逾有期徒刑六月，且未受緩刑宣告，其未選任辯護人者，法院應指定公設辯護人或律師爲辯護人，協助進行協商（刑訴 455 之 5Ⅰ）。辯護人於協商程序，得就協商事項陳述事實上及法律上之意見。但不得與被告明示之協商意見相反（刑訴 455 之 5Ⅱ）。
(三) **傳來權利**	即原屬被告之權利，而由被告傳受於辯護人，由辯護人代爲行使，故又稱代理權。但辯護人在行使原屬被告固有之權利，原則上應尊重被告之意思，則在不違反被告之意思下，應探究案情，搜求證據（律 23）。茲分述之： 1.聲請停止羈押：被告及得爲其輔佐人之人或辯護人，得隨時具保，向法院聲請停止羈押（刑訴 110Ⅰ）。 2.聲明異議權：當事人、代理人、辯護人或輔佐人對於審判長或受命法官有關證據調查或訴訟指揮之處分不服者，除有特別規定外，得向法院聲明異議（刑訴 288 之 3Ⅰ）。 3.上訴權：原審之代理人或辯護人，得爲被告之利益而上訴。但不得與被告明示之意思相反（刑訴 346）。

五、辯護人之義務

(一) 到庭或在 場之義務	1. 到庭之義務：選任辯護人於審判期日無正當理由而不到庭者，審判長得指定公設辯護人（刑訴 31 II）。又第 31 條第 1 項所定之案件無辯護人到庭者，不得審判。但宣示判決不在此限（刑訴 284）。 2. 到場之義務：偵查中訊問被告或犯罪嫌疑人，應將訊問之日、時及處所通知辯護人，辯護人就有義務到場（刑訴 245 III）。
(二) 為被告善 盡防禦之 義務	辯護人得聲請法院調查證據，為被告提出有利之證據（刑訴 161 之 1 至 2），對證人、鑑定人之詰問（刑訴 166）、聲明異議（刑訴 167 之 1）。聲請傳喚證人（刑訴 176 之 2）、鑑定人，或聲請保全證據（刑訴 219 之 1），以善盡為被告有利之防禦權之行使。
(三) 辯護之義 務	辯護人於審判期日，應就事實及法律為有利於被告提出辯護（刑訴 289），如係偵查中詢問被告時在場者，亦應提出維護被告利益之意見（刑訴 245 II）。
(四) 保守秘密 之義務	1. 辯護人於偵查中因執行職務所知悉之事項不得公開揭露（刑訴 245 III）。 2. 辯護人因業務上知悉有關他人秘密之事項受訊問者，除經本人允許者外，得拒絕證言（刑訴 182 後段）。
(五) 誠信執行 職務之義 務	1. 公設辯護人對於法院指定案件，負辯護之責，並應盡量蒐集有利被告之辯護資料（公辯 13）。 2. 公設辯護人就承辯案件，負誠實處理之責（公辯 14）。
(六) 服從訴訟 指揮之義 務	律師在法庭代理訴訟或辯護案件，其言語行動如有不當，審判長得加以警告或禁止其開庭當日之代理或辯護。非律師而為訴訟代理人或辯護人者，亦同（法組 92）。

第二節　輔佐人

一、輔佐人之意義

　　所謂「**輔佐人**」（德：Beistand；法：conseil des parties），即刑事案件起訴後與被告或自訴人有一定關係之人，得在法院輔佐被告或自訴人，陳述意見之人。

㈠**一般案件輔佐人之資格**（刑訴 35 I）：

　　1.被告或自訴人之配偶。

　　2.被告或自訴人之直系或三親等內旁系血親。

　　3.被告或自訴人之家長或家屬。

　　4.被告之法定代理人。

㈡**特定被告之輔佐人**：被告或犯罪嫌疑人因智能障礙無法為完全之陳述者，應有第 35 條第 1 項得為輔佐人之人或其委任之人或主管機關指派之社工人員為輔佐人陪同在場。但經合法通知無正當理由不到場者，不在此限（刑訴 35III）。

二、輔佐人之陳明

㈠**一般案件之輔佐人**：即具有第 35 條第 1 項之資格者，於起訴後，得向法院以書狀或於審判期日以言詞**陳明為被告或自訴人之輔佐人**。一經陳明，即取得輔佐人之地位，此與選任非律師為辯護人在審判中須經審判長許可者不同，故法院對於合法之聲明，應即准許，不得駁回[①]。

㈡**特定被告之輔佐人**：限於被告或犯罪嫌疑人，因智能障礙無法為完全陳述者，在警察之調查或檢察官之偵查中，即得由一般案件得為輔佐人之人或其委任之人或主管機關指派之社工人員為輔佐人陪同於偵訊時在場。但經合法通知無正當理由不到場者，不在此限（刑訴 35III）。

三、輔佐人之權限

㈠**在法院陳述意見**：得為刑訴法所定之訴訟行為，並得在法院陳述意見。所謂陳述意見，包括事實及法律上攻擊防禦意見。但不得與被告或自訴人明示之意思相反（刑訴 35II）。

㈡**接受文書之送達**：輔佐人為接受文書之送達，應將住、居所或事務所向法院或檢察官陳明。如在法院所在地無住所、居所或事務所者，應陳明以在該地有住所、居所或事務所之人為送達代收人（刑訴 55 I）。

---

① 褚劍鴻著，《刑事訴訟法論》五修版（上），頁 89。

㊂**羈押之撤銷**：被告羈押之原因消滅時，輔佐人得聲請法院撤銷羈押（刑訴 107 II）。

㊃**停止羈押**：被告之輔佐人得隨時具保，向法院聲請停止羈押（刑訴 110 I）。

㊄**責付停止羈押**：羈押之被告，得不命具保而責付於得爲其輔佐之人，停止羈押（刑訴 115 I）。

㊅**證據調查提出意見**：輔佐人應就調查證據之範圍、次序及方法提出意見（刑訴 161 之 2 I）。法院應依此項所提意見而爲裁定；必要時，得因輔佐人之聲請變更之（刑訴 161 之 2 II）。

㊆**聲請調查證據**：輔佐人得聲請調查證據，並得於調查證據時，詢問證人、鑑定人或被告。審判長除認爲有不當者外，不得禁止之（刑訴 163 I）。

㊇**調查證據聲請書狀**：輔佐人聲請調查證據，應提出書狀（刑訴 163 之 1 I）。

㊈**不必要證據之駁回**：輔佐人聲請調查之證據，法院認爲不必要者，應以裁定駁回之（刑訴 163 之 2 I）。

㊉**普通物證之辨認**：審判長應將證物提示輔佐人使其辨認。此項證物如係文書而被告不解其意義者，應告以要旨（刑訴 164）。

㊀**書證之調查**：卷宗內之筆錄及其他文書可爲證據者，審判長應向輔佐人宣讀或告以要旨（刑訴 165 I）。此項文書，有關風化、公安或有毀損他人名譽之虞者，應交輔佐人閱覽，不得宣讀；如被告不解其意義者，應告以要旨（刑訴 165 II）。

㊁**證物之辨認**：錄音、錄影、電磁紀錄或其他相類之證物可爲證據者，審判長應以適當之設備，顯示聲音、影像、符號或資料，使輔佐人辨認或告以要旨（刑訴 165 之 1 II）。

㊂**傳喚證人、鑑定人**：輔佐人得聲請傳喚證人、鑑定人以備詰問（刑訴 166 I）。

㊃**輔佐人之在庭權**：輔佐人得於訊問證人、鑑定人或通譯時在場（刑訴 168 之 1 I）。

㊄**促使證人到場之義務**：法院因輔佐人聲請調查證據，而有傳喚證人

之必要者，爲聲請之人應促使證人到場（刑訴 176 之 2）。

　　㈥**審判期日之通知**：

　　　　1.審判期日應通知輔佐人，使其到庭陳述意見（刑訴 271）。

　　　　2.法院得於第一次審判期日前，傳喚被告或其代理人，並通知輔佐人到庭，行準備程序（刑訴 273 I）。

　　㈦**證據證明力之辯論機會**：法院應予輔佐人，以辯論證據證明力之適當機會（刑訴 288 之 2）。

　　㈧**聲明異議**：輔佐人對於審判長或受命法官有關證據調查或訴訟指揮之處分不服者，除有特別規定外，得向法院聲明異議。法院應就此項異議裁定之（刑訴 288 之 3）。

　　㈨**聲請再審**：受判決人已死亡者，其具有輔佐人資格之人，得爲受判決人之利益聲請再審（刑訴 427 ④）。

第三節　代理人

一、代理人之意義

　　所謂「**代理人**」（英：agent；德：Stellvertreter, Bevollmächtigter；法：représentant），即受被告或自訴人之委任，於偵查中或審判中到場，代爲訴訟行爲之人。因此，其所爲訴訟行爲之效力，與被告或自訴人所自爲者，有同一之效力。代理人所爲之訴訟行爲，應以報告或自訴人之本人名義爲之。法院或檢察官，本其行爲所爲之處分或判決，仍應對被告或自訴人爲之。

二、委任代理人之要件

㈠ 被告代理人	最重本刑爲拘役或專科罰金之案件，被告於審判中或偵查中得委任代理人到場。但法院或檢察官認爲必要時，仍得命本人到場（刑訴 36）。 所謂本刑，係指法定之最高刑，因此類屬輕微案件，故許被告委任代理人到場。故如法定之最高刑爲有期徒刑以上之刑，即使宣告刑爲拘役或罰金，亦不許委任代理人到場。

| (二)
自訴代理人 | 自訴人應委任代理人到場。但法院認為必要時，得命本人到場。此項代理人應選任律師充之（刑訴 37）。 |

三、代理人之限制及權利

| (一)
被告或自訴之代理人 | 1.每一被告或自訴人之代理人，不得逾 3 人（刑訴 38 準 28）。
2.委任代理人，應提出委任書狀。此項委任書狀，於起訴前應提出於檢察官或司法警察官；起訴後應於每審級提出於法院（刑訴 38 準 30）。
3.被告或自訴人有數代理人者，送達文書應分別為之（刑訴 38 準 32）。
4.代理人於審判中得檢閱卷宗及證物並得抄錄或攝影（刑訴 38 準 33）。 |
| (二)
被告之代理人 | 第 36 條所定之輕微案件，代理人應選任律師充之。但審判中經審判長許可者，亦得選任非律師為辯護人（刑訴 38 準 29）。 |

第五章　文　書

　　所謂「**文書**」，大都以文字表示其意思，記載於紙張之上而言。訴訟行為除以言詞表示外，應以文書為之。刑事訴訟上之文書，係指公務員或非公務員因訴訟關係，依刑事訴訟法所製作之文書而言。

第一節　訴訟行為之文書

一、公務員製作之文書

　　㈠**公務員製作之普通文書**（刑訴 39、40）：

　　　1.應記載年、月、日及其所屬機關。

　　　2.應由製作人簽名：如檢察官以當事人資格提起上訴時，自應由檢察官在其提出之上訴書狀簽名，始為合法，否則即係違背法律上之程序（28 上 2233）。

　　　3.公務員製作之文書，不得竄改或挖補；如有增加、刪除或附記者，應蓋章其上，並記明字數，其刪除處應留存字跡，俾得辨認。

　　㈡**公務員製作之特定文書：**

　　　1.普通筆錄：即審判筆錄以外之筆錄。如搜索、扣押及勘驗筆錄（刑訴 42）、訊問筆錄（刑訴 100）。此項筆錄應由在場之書記官製作之。其行訊問或搜索、扣押、勘驗之公務員應在筆錄內簽名；如無書記官在場，得由行訊問或搜索、扣押、勘驗之公務員親自或指定其他在場執行公務之人員製作筆錄（刑訴 43）。

　　　　⑴訊問筆錄之製作（刑訴 41）：訊問被告（刑訴 94-100、171）、自訴人（刑訴 326）、證人（刑訴 171）、鑑定人（刑訴 171）及通譯（刑訴 211），應當場製作筆錄，記載下列事項：

　　　　　①對於受訊問人之訊問及其陳述。

　　　　　②證人、鑑定人或通譯如未具結（刑訴 186-189、202）者，其事由。

　　③訊問之年、月、日及處所。

　　　前項筆錄應向受訊問人朗讀或令其閱覽，詢以記載有無錯誤（刑訴 41 II）。

　　　受訊問人請求將記載增、刪、變更者，應將其陳述附記於筆錄（刑訴 41 III）。

　　　筆錄應命受訊問人緊接其記載之末行簽名、蓋章或按指印（刑訴 41 IV）。

　⑵搜索、扣押、勘驗筆錄之製作（刑訴 42）：搜索、扣押及勘驗，應製作筆錄，記載實施之年、月、日及時間、處所並其他必要之事項。扣押應於筆錄內詳記扣押物之名目，或製作目錄附後。勘驗得製作圖畫或照片附於筆錄。筆錄應令依本法命其在場之人簽名、蓋章或按指印。

㈢**審判筆錄**：

　1.審判筆錄之製作（刑訴 44）：審判期日應由書記官製作審判筆錄，記載下列事項及其他一切訴訟程序：

　　⑴審判之法院及年、月、日。

　　⑵法官、檢察官、書記官之官職、姓名及自訴人、被告或其代理人並辯護人、輔佐人、通譯之姓名。

　　⑶被告不出庭者，其事由。

　　⑷禁止公開者，其理由。

　　⑸檢察官或自訴人關於起訴要旨之陳述。

　　⑹辯論之要旨。

　　⑺第 41 條第 1 項第 1 款及第 2 款所定之事項。但經審判長徵詢訴訟關係人之意見後，認為適當者，得僅記載其要旨。

　　⑻當庭曾向被告宣讀或告以要旨之文書。

　　⑼當庭曾示被告之證物。

　　⑽當庭實施之扣押及勘驗。

　　⑾審判長命令記載及依訴訟關係人聲請許可記載之事項。

　　⑿最後曾與被告陳述之機會。

⒀裁判之宣示。

受訊問人就前項筆錄中關於其陳述之部分，得請求朗讀或交其閱覽，如請求將記載增、刪、變更者，應附記其陳述。

2.審判期日之錄音、錄影及轉譯文書：審判期日應全程錄音；必要時，並得全程錄影（刑訴44之1I）。當事人、代理人、辯護人或輔佐人如認為審判筆錄之記載有錯誤或遺漏者，得於次一期日前，其案件已辯論終結者，得於辯論終結後7日內，聲請法院定期播放審判期日錄音或錄影內容核對更正之。其經法院許可者，亦得於法院指定之期間內，依據審判期日之錄音或錄影內容，自行就有關被告、自訴人、證人、鑑定人或通譯之訊問及其陳述之事項轉譯為文書提出於法院（刑訴44之1II）。前項後段規定之文書，經書記官核對後，認為其記載適當者，得作為審判筆錄之附錄，並準用第48條之規定（刑訴44之1III）。

3.審判筆錄之整理及簽名：

⑴審判筆錄之整理：審判筆錄，應於每次開庭後3日內整理之（刑訴45）。

⑵審判筆錄之簽名：審判筆錄應由審判長簽名；審判長有事故時，由資深陪席法官簽名；獨任法官有事故時，僅由書記官簽名；書記官有事故時，僅由審判長或法官簽名；並分別附記其事由（刑訴46）。

4.審判筆錄之效力：審判期日之訴訟程序，專以審判筆錄為證（刑訴47）。審判筆錄內引用附卷之文書或表示將該文書作為附錄者，其文書所記載之事項，與記載筆錄者，有同一之效力（刑訴48）。

5.辯護人攜同速記之許可：辯護人經審判長許可，得於審判期日攜同速記到庭記錄（刑訴49）。

習題：審判筆錄固亦記載訊問及陳述之內容暨未具結之事由等（刑事訴訟法第44條第1項第7款），但就下列各點而言，訊問筆錄與審判筆錄仍有區別，試予比較析述：（97檢-偵查組）

⑴使用於何種期日

⑵由何人製作

⑶應否命受訊問人簽名、蓋章或按指印

⑷證明（效）力之規定

㈣裁判書：

1.裁判書之製作：裁判應由法官製作裁判書。但不得抗告之裁定當庭宣示者，得僅命記載於筆錄（刑訴 50）。

2.裁判書之程式：裁判書除依特別規定外，應記載受裁判人之姓名、性別、年齡、職業、住所或居所；如係判決書，並應記載檢察官或自訴人並代理人、辯護人之姓名。裁判書之原本，應由為裁判之法官簽名；審判長有事故不能簽名者，由資深法官附記其事由；法官有事故者，由審判長附記其事由（刑訴 51）。

3.裁判書、起訴書、不起訴處分書正本之製作：裁判書或記載裁判之筆錄之正本，應由書記官依原本製作之，蓋用法院之印，並附記證明與原本無異字樣。此項規定，於檢察官起訴書及不起訴處分書之正本準用之（刑訴 52）。

4.判決正本與原本錯誤之處理：刑事判決正本送達後，發現原本錯誤，不得以裁定更正，如係正本記載之主文（包括主刑及從刑）與原本記載之主文不符，而影響全案情節及判決之本旨者，亦不得以裁定更正，應重行繕印送達，上訴期間另行起算。至若正本與原本不符之情形如僅「顯係文字誤寫，而不影響於全案情節與判決本旨」者，始得以裁定更正之（72 台抗 518）。

習題：刑事判決正本送達後，發見原本錯誤或正本記載之主文與原本記載之主文不符時，可否以裁定更定？試說明之。（83 司）

二、非公務員製作之文書

文書由非公務員製作者，應記載年、月、日並簽名。其非自作者，應由本人簽名，不能簽名者，應使他人代書姓名，由本人蓋章或按指印。但代書之人，應附記其事由並簽名（刑訴 53）。

三、卷宗之編訂與滅失之處理

關於卷宗文書，法院應保存者，由書記官編為卷宗。卷宗滅失案件之處理，另以法律定之（刑訴 54）。

第六章　送　達

　　所謂「**送達**」（英：service；德：Zustellung；法：nōtification, signification），乃送達機關依一定之程序，將訴訟關係之文書交付於當事人或其他訴訟關係人之訴訟行為也。刑事訴訟之效力，每依送達而發生。經送達後各種法定期間開始起算，如不起訴處分書一經送達，聲請再議之期間開始起算，裁判書之送達，上訴、抗告之法定期間開始起算，傳票一經送達，無正當理由而不到場或出庭者，則生拘提之效果。送達除刑事訴訟法有特別規定外，準用民事訴訟法之規定（刑訴 62）。

第一節　送達之機關及受送達人

一、送達之機關

　　送達，由法院書記官交執達員或郵務機構行之。由郵務機構行送達者，以郵務人員為送達人（刑訴 62 準民訴 124）。

二、應受送達人

　　受送達人為被告、自訴人、告訴人、附帶民事訴訟當事人、代理人、辯護人、輔佐人或被害人為接受文書之送達。

第二節　送達之處所

一、陳明之住所、居所或事務所

　　即被告、自訴人、告訴人、附帶民事訴訟當事人、代理人、辯護人、輔佐人或被害人為接受文書之送達，應將其住所、居所或事務所向法院或檢察官陳明。被害人死亡者，由其配偶、子女或父母陳明之（刑訴 55 I 前段）。至如被告有數辯護人者，送達文書應分別為之（刑訴 32）。

二、陳明之代收人

上項之受送達人,如在法院所在地無住所、居所或事務所者,應陳明以在該地有住所、居所或事務所之人為送達代收人(刑訴55 I 後段)。上述兩項之陳明,其效力及於同地之各級法院(刑訴55 II)。

依 82 台上 2723 號:「刑事訴訟文書之送達,除刑事訴訟法之特別規定外,係準用民事訴訟法之規定,刑事訴訟法第六十二條定有明文。而送達於住居所、事務所或營業所不獲會晤應受送達人者,得將文書付與有辨別事理能力之同居人或受僱人,為民事訴訟法第一百三十七條前段所明文規定;此項規定依刑事訴訟法第六十二條規定於刑事訴訟程序,亦在準用之列。至所稱之『同居人』云者,雖不必有親屬關係,亦毋庸嚴格解釋為須以永久共同生活為目的而同居一家;然必係與應受送達人居住在一處,且繼續的為共同生活者,方為相當。」

送達代收人之效力:送達向送達代收人為之者,視為送達於本人(刑訴55 III)。惟以經本人依法陳明者為限(51 台上 2323)。

三、囑託送達

上述陳明住、居所或事務所及送達代收人的規定,如應受送達人在監獄服刑,或羈押於看守所者,不適用之。依刑訴法第 56 條規定,對於送達於監獄或看守所之人,應囑託該監所長官為之。

四、書記官知悉之處所

應受送達人雖未陳明自己之住所、居所或事務所,亦未陳明送達代收人時,如其住所、居所或事務所為書記官所知者,亦得向該處送達之;並得將應送達之文書掛號郵寄(刑訴57)。

五、對檢察官之送達

對於檢察官之送達,應向承辦檢察官為之;承辦檢察官不在辦公處所時,向首席檢察官為之(刑訴58)。依 73 台上 4164 號:「刑事訴訟法第五十八條所稱之承辦檢察官,基於檢察一體之原則,應不限於原起訴之檢察官。本件第一審法院之判決,因原起訴之陳檢察官職務調動,將之送達於蔡檢察官收受,而蔡檢察官曾於第一審審判期日到庭執行職務實行公訴,自屬刑事訴訟法第五十八條規定之承辦檢察官,收受送達當為合法。」

第三節　送達之方法

一、直接送達	送達文書由司法警察或郵政機關行之。此項文書爲判決、裁定、不起訴或緩起訴處分書者，送達人應作收受證書、記載送達證書所列事項，並簽名交受領人（刑訴61）。依75台上5951號：「送達證書與收受證書，俱爲送達之司法警察所製作，一在向命送達之機關陳明其送達之事實及時間，一在向收領人證明其爲送達之事實與時間，以杜送達不正確之流弊，原應兩相符合。如有不符，或無送達證書可稽，而依收受證書之記載，已足以證明收領人收受文書之時間及事實，自應據以認定其送達之效力。」
二、囑託送達	送達於監獄或看守所之人，應囑託該監所長官爲之（刑訴56II）。依44台抗3號：「法院對於羈押監所之人送達文件，不過應囑託監所長官代爲送達，而該項文件仍應由監所長官交與應受送達人收受，始生送達之效力。」
三、郵寄送達	應受送達人雖未爲第55條之陳明，而其住所、居所或事務所爲書記官所知者，亦得向該處送達之；並得將應送達之文書掛號郵寄（刑訴57）。但以掛號郵寄而能達到者爲限（刑訴59 I ②）。
四、公示送達	所謂「公示送達」（德：öffentliche Zustellung），即對特定之應受送達人，因無法依一般方式送達，乃將應送達之文書公示一定期間，不論該應受送達人是否已經收到或知道，則視爲已經送達之謂。此種送達，係爲補救前述無法送達之方式，實際上不能適用在刑事訴訟上。 ㈠**公示送達之要件**：被告、自訴人、告訴人或附帶民事訴訟當事人，有下列情形之一者，得爲公示送達： 　1.住所、居所、事務所及所在地不明者。 　2.掛號郵寄而不能達到者。 　3.因住居於法權所不及之地，不能以其他方法送達者。 ㈡**公示送達之程序**：公示送達應由書記官分別經法院或檢察長、首席檢察官或檢察官之許可，除將應送達之文書或其節本，張貼於法院牌示處外，並應以其繕本登載報紙，或以其他適當方法通知或公告之。此項送達，自最後登載報紙或通知公告之日起，經30日發生效力（刑訴60）。

第七章 期日及期間

第一節 期日及期間概說

一、期日及期間之意義

㈠**期日之意義**：所謂「**期日**」（英；date；德：Termin），一般是指一定的時點或時期之意。係對期間而言，但在訴訟上更有特殊之意義。刑事訴訟上是指法院審判長、受命法官、受託法官或檢察官會合訴訟關係人，於一定場所，為訴訟行為之時間。如審判期日（刑訴 271、391）又稱言詞辯論期日，調查證據期日又稱為詢問期日（刑訴 273 I、276、279）。搜索、扣押之期日（刑訴 150），宣示裁判期日（刑訴 224），執行期日（刑訴 456）等是。

㈡**期間之意義**：所謂「**期間**」（英：term, period；德：Frist；法：délai），一般是指某一時點至另一時點的間隔，而有法律上之意義者，稱為期間。如從現在起 10 日間，從明年起 10 年間是。如上訴期間為 10 日（刑訴 349），聲請再議期間為 7 日（刑訴 256）等是。

二、期日與期間之區別

期　　　日	期　　　間
㈠期日為法院、檢察官、當事人或其他訴訟關係人會合而為訴訟行為之時間。	㈠期間則為法院、當事人或其他訴關係人單獨而為訴訟行為之時間。
㈡期日以一定時日為準，故必指定特定之時日以為訴訟行為，行為完了就終結。	㈡期間有始期與終期，其訴訟行為就在此期間內為之，如上訴期間為 10 日，第 10 日為終期。
㈢期日由審判長、受命法官、受託法官或檢察官之指定。	㈢期間就有法定期間與裁定期間。
㈣期日於指定後，如有重大事由，得變更之。	㈣期間除裁定外，法定期間不得變更。

因期日指定後須預先告知。	因期間除判決時對上訴者告知外，其餘毋庸告知（刑訴 314 I）。
六遲誤期日，無回復原狀之規定。	六遲誤期間，如有法律上原因，得聲請回復原狀（刑訴 68 I）。

第二節　期日之指定、變更或延長

一、期日之指定

即審判長、受命法官、受託法官或檢察官欲使當事人或訴訟關係人會合為訴訟行為，所預先指定之時間。期日指定後應傳喚或通知訴訟關係人使其到場。

㈠**用傳票傳喚之對象**：對被告（刑訴71）、自訴人（刑訴327）、證人（刑訴175 I）、鑑定人（刑訴166 I）、代理人（刑訴36、37）、通譯（刑訴211 準197、175 I）。

㈡**用通知書通知之對象**：檢察官（刑訴330）、辯護人（刑訴273 I）、輔佐人（刑訴273 I）。

二、期日之傳喚通知、變更或延展

㈠**期日之傳喚通知義務**：審判長、受命法官、受託法官或檢察官指定期日行訴訟程序者，應傳喚或通知訴訟關係人使其到場。但訴訟關係人在場或本法有特別規定者，不在此限（刑訴63）。如審判期日（刑訴271）、訊問期日（刑訴273 I ②）、勘驗期日（刑訴214）、審判期日（刑訴271、391）、宣示裁判期日（刑訴224）、執行期日（刑訴456）。

㈡**期日之變更或延展**：期日，除有特別規定外，非有重大理由，不得變更或延展之。期日經變更或延展者，應通知訴訟關係人（刑訴64）。

　　1.特別規定：

　　　　⑴被告心神喪失者，應於其回復以前停止審判（刑訴 294 I）。

　　　　⑵被告因疾病不能到庭者，應於其能到庭以前停止審判（刑訴 294 II）。

　　2.重大理由：如天災、地變致法院臨時無法執行職務之情形。

三、遲誤期日之效果

㈠被告：

1. 被告到庭之義務：

(1)最重本刑爲拘役或專科罰金之案件，被告於審判中或偵查中得委任代理人到場。但法院或檢察官認爲必要時，仍得命本人到場（刑訴36）。

(2)審判期日，除有特別規定外，被告不到庭者，不得審判（刑訴281 I）。如被告未到庭而逕行審判，則當然違背法令（刑訴379 I ⑥）。

2. 傳喚之效力：被告經合法傳喚，無正當理由不到場者，得拘提之（刑訴75）。

3. 一造缺席判決：

(1)法院認爲應科拘役、罰金或應諭知免刑或無罪之案件，被告經合法傳喚無正當理由不到庭者，得不待其陳述逕行判決（刑訴306）。

(2)被告經合法傳喚，無正當理由不到庭者，得不待其陳述，逕行判決（刑訴371）。

㈡檢察官：檢察官遲誤審判期日，除有特別規定外，未經檢察官到庭陳述而爲審判者，則當然違背法令，足爲上訴及非常上訴之理由（刑訴379 I ⑧）。

㈢自訴人：

1. 自訴人未到庭陳述：自訴人遲誤審判期日未到庭陳述，其判決亦與檢察官之遲誤相同，其判決當然爲違背法令，足爲上訴及非常上訴之理由（刑訴379 I ⑧）。但自訴案件經自訴人委任代理人或檢察官到庭者，其訴訟程序當然有效。

2. 不受理判決：自訴代理人經合法通知無正當理由不到庭，應再行通知，並告知自訴人。自訴代理人無正當理由仍不到庭者，應諭知不受理之判決（刑訴331）。

3. 自訴人應委任代理人者：自訴人應委任代理人到場。但法院認爲必要時，得命本人到場（刑訴37）。

㈣**證人、鑑定人、通譯遲誤審判期日**：得科以新台幣三萬元以下罰鍰，證人並得拘提之（刑訴 178 I 、197、211、199）。

㈤**強制辯護案件**：選任辯護人未於審判期日出庭，審判長得指定公設辯護人辯護之（刑訴 31 II）。

第三節　期間之種類

一、依行為而分	㈠**行為期間**（德：Handlungsfrist）：為使訴訟手續迅速進行，法律規定於一定期間內，應為某種訴訟行為之謂。如上訴期間、抗告期間等，如不於該期間內為之，則不得復為該訴訟行為，而生失權效果。 ㈡**不行為期間**：即於一定期間內，不得為某種訴訟行為之謂，亦稱中間期間或猶豫期間。如傳喚證人之傳票至遲應於到場期日 24 小時前送達（刑訴 175 IV）。第一次審判期日之傳票，至遲應於 7 日前送達；刑法第 61 條所列各罪之案件至遲應於 5 日前送達（刑訴 272）。違反此項期間之規定，即為違背法令。
二、依期間產生之不同	㈠**法定期間**（德：gesetzliche Frist）：即法律規定之期間。如告訴乃論之告訴期間為 6 個月內（刑訴 237），聲請再議期間為 7 日（刑訴 256），上訴期間為 10 日（刑訴 349），抗告期間為 5 日（刑訴 406）或 3 日（刑訴 435 III），再審期間為 20 日（刑訴 424）。 ㈡**裁定期間**（德：richterliche Fristen）：即由法院或審判長以裁定所定之期間。其長短由裁定者定之。如起訴或其他訴訟行為，於法律上必備之程式有欠缺而其情形可補正者，法院應定期間，以裁定命其補正（刑訴 273 VI）。補正上訴不合法律上程式之期間（刑訴 362、367、384、394）。
三、依期間之性質的不同	㈠**失權期間**：即於法定期間內不為某種訴訟行為，而喪失其為該訴訟行為之權利。如告訴期間、聲請再議期間、上訴期間、抗告期間等是，逾此期間，即不得復為告訴、聲請再議、上訴、抗告等。此項期間大都為當事人而設，除有回復原狀之原因外，不得予以延長或縮短，故又稱為不變期間。 ㈡**訓示期間**：即為監督公務員或當事人而設，亦即公務員於一定期間內未為某種行為，而逾期為之，雖不發生失權效果，亦不發生違法問題，僅負行政上責任而已。如整理審判筆錄

	期間（刑訴45）、交付裁判書原本期間（刑訴226 I）、送達裁判書正本期間（刑訴227II）、宣示判決期間（刑訴311）、提出答辯書期間（刑訴383 I）、添具意見書期間（刑訴385II）、將抗告書狀送交抗告法院，並得添具意見書期間（刑訴408II）、抗告法院之裁定期間（刑訴410II）等。
四 依期間之效力而分	(一)**效力存續期間**：即在其存續期間內具有法律上效力，逾期即行失效之謂。如羈押被告，偵查中不得逾 2 月，審判中不得逾 3 月。在此期間內所實施之羈押，當具有法律上效力，逾此期間如未經裁定延長羈押，其羈押即行失效，應予開釋。 (二)**效力停止期間**：即在此期間內不發生法律上效力，必待其期滿才能生效。如公示送達，自最後登載報紙或通知公告之日起，經 30 日發生效力（刑訴60II）。

第四節　期間之計算

期間之計算依民法之規定（刑訴65）。此即民法第 120 條至 123 條之規定：

一、 期間之起算點	(一) 以時定期間	以時定期間者，即時起算（民120 I）。即自當時起算之意，如約定上午 8 時開始，工作 4 小時，即從 8 時起算至 12 時為止。此即自然計算法。
	(二) 以日、星期、月或年定期間	以日、星期、月或年定期間者，其始入不算入（民120II）。即指法律行為當日不算入，而自次日起算之意。如於 10 月 1 日起 20 日，即 10 月 2 日起，自至 20 日，應為 21 日止。
二、 期間之終止點	(一) 以日、星期、月或年定期間	以期間末日之終止，為期間之終止（民121 I）。所謂「期間末日」，乃指該期間最後 1 日而言。所謂「期間末日之終止」，乃指該期間最後 1 日之午夜 12 時而言。如於 5 月 1 日約定期間為 10 日，則應從 5 月 2 日起算，算至第 10 天，即 5 月 11 日之午夜 12 時之末，為期間末日之終止點。
	(二) 期間不以星期、月或年	以最後之星期、月或年與起算日相當日之前 1 日，為期間之末日。但以月或年定期間，於最後之月，無相當日者，以其月之末日，為期間之末日（民121II）。所謂「相

	之始日起算者	當日」，即指與起算日名稱或數目相同之日而言。如於星期一午後 3 時起算，約定一星期之期間，則從翌日星期二起算，以下星期二之前 1 日即相當日，為期間之末日，月或年之終止點準此計算。
	(三) 期日或期間終點之延長	於一定期日或期間內，應為意思表示或行為者，其期日或其期間之末日，為星期日、紀念日或其他休息日時，以其休息日之次日代之。
三、連續或非連續之計算	(一) 依曆計算	稱月或年者，依曆計算。即依國曆為計算之方法。
	(二) 自然計算	月或年非連續計算者，每月為 30 日，每年為 365 日。如 1 小時為 60 分鐘，1 日為 24 小時，1 週為 7 日是。

第五節　期間之扣除

即應於法定期間內為訴訟行為之人，其住所、居所或事務所不在法院所在地者，計算該期間時，應扣除其在途之期間。此項應扣除之在途期間，由司法行政最高機關定之（刑訴 66）。

一、扣除在途期間之意義

所謂「在途期間」，即計算法定期間附加由訴訟關係人住居所或事務所至法院途程所需之時間。

所謂「扣除」，並非在法定期間內扣除之意，而係在法定期間外另行附加途程所需之時間，以免剝奪訴訟關係人期間之利益。

二、法定期間

所謂「**法定期間**」（德：gesetzliche Frist），係指失權期間，不包括訓示期間。此項應扣除之在途期間，由司法行政最高機關定之。對此司法院以台廳民一字第 0990 022967 號修正公布「法院訴訟當事人在途期間標準」，頒布各級法院，以資適用；並自民國 99 年 12 月 25 日施行。

依 29 抗 75 號：「法院送達文書向本人之送達代收人為之者，依法固視為送達於本人，但法院向送達代收人送達文書，與本人之向法院為訴

訟行為，係屬兩事，前項文書由送達代收人收受後，而應於法定期間內為訴訟行為之本人，其住居所或事務所不在法院所在地者，計算該期間時，自應仍扣除在途之期間。」

<h2 style="text-align:center">第六節　回復原狀</h2>

所謂「**回復原狀**」（英：restitution；德：Wiederherstellung）；即在法定不變期間內，當事人如有遲誤，即發生逾期失權之效果，但有因不可歸責於當事人或訴訟關係人之事由，而致遲誤為某項訴訟行為者，在一定條件下，經其聲請，即可回復其因遲誤期間所喪失之權利，乃謂之「回復原狀」（刑訴 67）。茲分述之：

一、回復原狀之聲請

並不限於當事人，凡應於法定期間內為訴訟行為之人，非因自己之過失而遲誤期間者，均有回復原狀之權。依刑訴法第 67 條規定：「非因過失，遲誤上訴、抗告或聲請再審之期間，或聲請撤銷或變更審判長、受命法官、受託法官裁定或檢察官命令之期間者，於其原因消滅後五日內，得聲請回復原狀。許用代理人之案件，代理人之過失，視為本人之過失。」茲分述之：

(一)**聲請人**：

1.得提起上訴之人：當事人、自訴人、檢察官（刑訴 344）、被告之法定代理人或配偶（刑訴 345）、原審之代理人或辯護人（刑訴 346）及自訴案件之檢察官（刑訴 347）等是。

2.得提起抗告之人：當事人及證人、鑑定人、通譯及其他非當事人受裁定者（刑訴 403 II）均得提起抗告。

3.得聲請再審之人：

　(1)為受判決人之利益聲請再審：管轄法院之檢察官、受判決人、受判決人之法定代理人或配偶、受判決人已死亡者，其配偶、直系血親、三親等內之旁系血親、二親等內姻親或家長、家屬

（刑訴 427）。

　　⑵爲受判決人之不利益聲請再審：得由管轄法院之檢察官及自訴

　　　人爲之（刑訴 428）。

　4.得聲請撤銷或變更審判長、受命法官、受託法官裁定或檢察官處

分之人（刑訴 416）。

　5.得聲請再議之人（刑訴 70）：告訴人（刑訴 256）、被告（刑訴 256 之 1）。

㈡聲請之條件：

　1.須非因自己之過失：即應於法定期間內爲訴訟行爲之人，非因自

己之過失遲誤期間者，均有聲請回復原狀之權；如由於自己之過失而遲

誤者，則不得聲請回復原狀，許用代理人之案件，代理人之過失視爲本

人之過失。所謂「過失」，即應注意並能注意而不注意者，而此過失指

一般人之注意力爲準。而此過失非因自己之過失所致，如天災、事變及

其他不可抗力等情事爲限。

　2.所遲誤者須爲期間而非期日：只有期間可回復原狀，期日則不許

回復原狀。依 22 抗 23 號判例：「當事人非因過失不能遵守期限者，始得

聲請回復原狀，此在刑事訴訟法第二百零八條第一項（現行法第六十七條）

規定甚明，至遲誤審判日期與不守法定期限，情形不同，自無聲請回復原

狀之餘地。」

　3.須爲遲誤上訴、抗告或聲請再審之期間，或聲請撤銷或變更審判

上、受命法官、受託法官裁定或檢察官命令之期間。其情形爲：

　　⑴上訴期間：自送達判決後起算 10 日（刑訴 349）。

　　⑵抗告期間：自送達裁定後起算 5 日（刑訴 406）或 3 日（刑訴 435III）。

　　⑶聲請再審期間，送達判決書後 20 日（刑訴 424）或經過刑法第 80

　　　條第 1 項期間二分之一（刑訴 425）。

　　⑷聲請撤銷或變更審判長、受命法官、受託法官或檢察官之處分

　　　有不服者，處分後或送達後 5 日（刑訴 416III）。

習題：試說明聲請回復原狀之要件。（84 律）

㈢**聲請之程序**：

1. **聲請之期間**	聲請回復原狀，應於其非因過失遲誤之原因 5 日內爲之（刑訴67 I）。依 31 抗 21 號判例：「聲請回復原狀，原為救濟遲誤法定期間之一種程序，故當事人提起上訴後，縱經上訴法院認為逾越上訴期間而駁回，仍得以非因過失遲誤上訴期間為理由，而聲請回復原狀。」
2. **受聲請之機關**	(1)因遲誤上訴、抗告或聲請再審期間而聲請回復原狀者：應以書狀向原審法院爲之（刑訴 68 I 前段）。「所謂原審法院，係指原判決之法院而言，換言之，即遲誤第二審上訴期間者，第一審法院為原審法院，遲誤第三審上訴期間者，第二審法院為原審法院，不因管轄上訴之法院對其上訴曾否加以裁判而有異，縱使管轄上訴之法院曾因其上訴逾期將其上訴駁回，而該上訴人以其逾期非因其本人或代理人之過失所致，聲請回復原狀，其原審法院仍係原為第一審或第二審判決之法院，而非因其上訴逾期予以駁回之上訴法院。」（30 聲 12） (2)因遲誤聲請撤銷或變更審判長、受命法官、受託法官裁定或檢察命令之期間而聲請回復原狀者，應向管轄該聲請之法院爲之（刑訴 68 I 後段）。所謂「管轄該聲請之法院」，指原爲處分審判長、受命法官、受託法官所屬之法院，及原處分之檢察官，所屬檢察署配置之法院而言（刑訴 416 I）。 (3)因遲誤聲請再議期間而聲請回復原狀者：應向原不起訴處分或緩起訴處分之檢察官爲之（刑訴 70）。
3. **聲請之程式**	(1)應以書狀爲之（刑訴 68 I），並釋明非因過失遲誤期間之原因，及該原因消滅之時期（刑訴 68 II）。 (2)應同時補行期間內應爲之訴訟行爲（刑訴 68 III）。如聲請回復上訴期間，應同時補具上訴理由書是，依 17 抗 16 號判例：「本件抗告人聲請回復原狀，並未同時補具上訴理由書，按之法定程序，固有未合，惟查該聲請狀內有請求俯准回復原狀以便補呈上訴理由等語，意以須俟准許回復原狀後，方能補具理由書，自係不諳訴訟程序致此誤會，原審應明白指示，令其補具，然後再就障礙原因予以審究，始臻允當。」
4. **聲請之裁判**	(1)回復原狀之聲請，由受聲請之法院與補行之訴訟行爲合併裁判之（刑訴 69 I 前段）。如受聲請之法院（即原審法院）認爲有下列情形之一，即①聲請不合法定程序；②聲請已逾期；③聲請無理由者，應將其聲請與補行之訴訟行爲，合併以裁定

駁回之。

(2)上級法院之裁判：如原審法院認其聲請為有理由，應行許可者，應繕具意見書，將該上訴或抗告案件送由上級法院合併裁判（刑訴 69 I 後段）。依 28 上 4166 號判例：「聲請回復原狀，縱使原審法院認為應行許可，上級法院合併裁判時，如認為不應許可者，仍可予以駁回。」依 25 抗 277 號判例：「當事人遲誤第二審之上訴期間回復原狀，非經由原第一審法院認為應行許可，附具意見書，送交第二審法院後，第二審法院不得逕行裁判，本件抗告人等均因遲誤第二審之上訴期間聲請回復原狀，該項聲請狀，雖誤向第二審法院提出，該法院自應將其送交第一審，按照刑事訴訟法第六十九條所定之程序辦理，方屬正當，原院遽認為聲請之理由不能成立，逕予駁回，於法殊有未合。」

(3)停止執行之裁定：受聲請之法院於裁判回復原狀之聲請前，得停止原裁判之執行（刑訴 69 II）。

(4)檢察官之處理：遲誤聲請再議之期間者，準用刑訴法第 67、68、69 條之規定，由原檢察官准予回復原狀。因此其准許或駁回之權，由原檢察官決定之，如原檢察官准予回復原狀，自應依刑訴法第 257 條之規定處理。

第八章　被告之傳喚及拘提

第一節　令狀主義

即對人民實施強制處分時，必須有法院或法官核發之令狀為必要之處分。依憲法第 8 條：「人民身體之自由應予保障，除現行犯之逮捕由法律另定外，非經司法或警察機關依法定程序，不得逮捕拘禁。非由法院依法定程序，不得審問處罰。非依法定程序之逮捕、拘禁、審問、處罰，得拒絕之。」依司法院釋字第 384 號解釋：「係指凡限制人民身體自由之處置，不問其是否屬於刑事被告之身分，國家機關所依據之程序，須以法律規定，其內容更須實質正當，並符合憲法第二十三條所定相關之條件。」即司法或警察機關之法院、檢察機關或警察機關行使逮捕、拘禁、審問、處罰之職權時，須依照法律所規定之程序；此即刑事訴訟法第 1 條所規定：「犯罪，非依本法或其他法律所定之訴訟程序，不得追訴處罰。」因此凡是傳喚、拘提、羈押、被告或實施搜索或扣押，均須運用法定程序的令狀執行。

第二節　被告之傳喚

一、傳喚之意義

所謂「**傳喚**」（德：Ladung；Ladungsschrift）者，即命被告於一定時日親赴一定處所就訊之謂。被告經合法傳喚，無正當理由不到場者，得拘提之（刑訴 75）。傳喚除被告外，對於證人（刑訴 175）、鑑定人（刑訴 197）、通譯（刑訴 211）、自訴人（刑訴 327）、代理人（刑訴 271），亦以傳喚命其到場。

二、傳喚之機關

傳票，於偵查中由檢察官簽名，審判中由審判長或受命法官簽名（刑訴 71IV）。

（一）偵查中	由檢察官簽發，司法警察官或司法警察，只有協助檢察官偵查犯罪之職權，並不得簽發傳票。惟司法警察官或司法警察，因調查犯罪嫌疑人犯罪情形及蒐集證據之必要，得使用通知書，通知犯罪嫌疑人到場詢問。經合法通知，無正當理由不到場者，得報請檢察官核發拘票。此項通知書，由司法警察機關主管長官簽名，其應記載事項，準用第 70 條第 2 項第 1 款至第 3 款之規定（刑訴 71 之 1）。
（二）審判中	由審判長、受命法官或受託法官爲之（刑訴 153、195、197、211）。

三、傳喚之方法

（一）**應用傳票傳喚**：傳喚被告，應用傳票。

　　1.傳票之記載事項：傳票應記載下列事項（刑訴 71 II）：

　　　⑴被告之姓名、性別、年齡、籍貫及住所或居所。被告之姓名不明或因其他情形有必要時，應記載其足資辨別之特徵。被告之年齡、籍貫、住所或居所不明者，得免記載（刑訴 71 III）。

　　　⑵案由。

　　　⑶應到之日、時、處所。

　　　⑷無正當理由不到場者，得命拘提。

　　2.傳票簽發人：傳票，於偵查中由檢察官簽名，審判中由審判長或受命法官簽名（刑訴 71 IV）。如漏未簽名，則傳票無效。

（二）**傳票之送達**：

　　1.傳票應送達於被告：傳票應合法送達於被告，始能生效，即應向其住所、居所或事務所爲之。

　　2.共同被告應分別送達：共同被告若不止一人，仍應作成傳票分別予以傳喚，始爲合法，如果僅向共同被告中之一人送達傳票，縱令該傳票內載有其他被告之姓名，而其對於未受送達之被告，並不發生合法傳喚之效力（28 上 1747）。

　　3.對在監所被告之傳喚：傳喚在監獄看守所之被告，應通知該監所長官，囑託其送達（刑訴 73）。

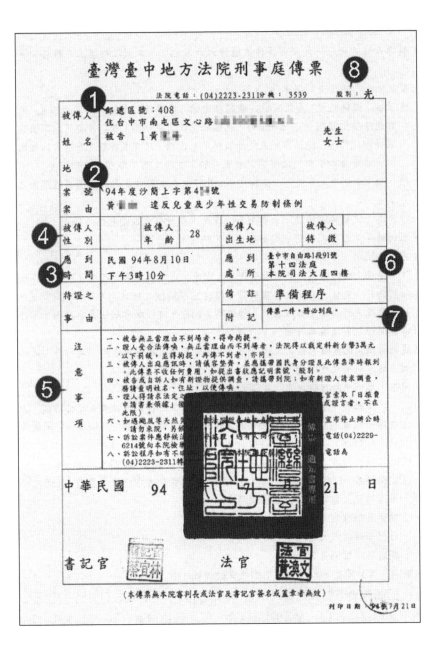

刑事庭傳票─被告

1. 被傳人姓名地址：記載本件傳票被傳人姓名地址，本例之被傳人為被告：黃○○。

2. 案號：○○年度交訴字第○○○○號。

   (1)案號：或稱文號，是政府行政機關在受理人民聲請之案件時所定的編號，除方便法院依類別保存及調閱外，也助於管理上之效率，所以只要想詢問法院案件辦理情形、提出書狀或是聲請調閱卷宗時，只要在書狀、聲請書註明案號，或是告知承辦股法院書記官案件的案號（文號）即可迅速辦理。

   (2)字號：本例中之字號為：交訴字。由此可知本例案件是因為交通事故所生之訴訟。

   案由：記載訴訟種類，如本例為：違反少年及兒童性交易防治條例。

3. 應到時間：當事人應到法院出庭日期、時間。

4. 被傳人性別、年齡、籍貫、特徵。

5. 注意事項：出庭當天應攜帶身分證件、印章、出庭通知書、證據資料等等訴訟相關物件、文件（參閱文件說明第七點注意事項欄之記載），務必準時到庭，到庭後應先行向法警辦理報到，靜候唱名開庭。請仔細參閱注意事項內容，若有疑問可致電法院聯合服務中心詢問。

6. 應到處所：記載被告應到之法院地址及法庭名稱，本例被告應到處所為：第十六法庭，司法大樓四樓。

7. 附記：本例中附記欄記載「準備程序」。

   『準備程序』：刑事訴訟準備程序，就是在檢察官對被告提起公訴後，法院在第一次審判期日前傳喚被告或其代理人，並通知檢察官、辯護人、輔佐人到庭，針對以下事項為言詞辯論前之準備，以利訴訟程序進行（刑訴273條）：

   (1)起訴效力所及之範圍與有無應變更檢察官所引應適用法條之情形。

   (2)訊問被告、代理人及辯護人對檢察官起訴事實是否為認罪之答辯，及決定可否適用簡式審判程序或簡易程序。

   (3)案件及證據之重要爭點。

   (4)有關證據能力之意見。

   (5)曉諭為證據調查之聲請。

8. 股別：案件承辦單位，也是承辦法官的代號。

　　(二)口頭傳喚：對於到場之被告，經面告以下次應到之日、時、處所及如不到場得命拘提，並記明筆錄者，與已送達傳票有同一之效力（刑訴72）。

　　自訴人之傳喚，依刑事訴訟法第327條第3項準用同法第72條之規定，對於到場之自訴人必經面告以下次應到之日、時、處所，及如不到場得命拘提，並記明筆錄者，始與已送達傳票有同一之效力，核閱原審筆錄僅有「上訴人（按即自訴人）不另傳」字樣，並無如不到場得命拘提之記載，不能謂上訴人已受合法之傳喚（63台上2071）。

　　㈢**書狀陳明到場**：被告經以書狀陳明屆期到場者，與傳票已經送達有同一之效力（刑訴72後段）。此項陳明必須以書狀爲之，就是被告只有口頭陳述並記明筆錄，亦無傳喚之效力。

習題：傳喚被告原則上須用傳票，但亦有不須送達傳票，亦生送達效力者，
　　　　試說明之。（82司）

四、傳喚之效力

　　㈠**按時訊問**：被告因傳喚到場者，除確有不得已之事故外，應按時訊問之（刑訴74）。

　　㈡**不到場即拘提**：被告經合法傳喚，無正當理由不到場者，得拘提之（刑訴75）。

　　㈢**逕行判決**：

　　　　1.一造缺席判決：被告雖經合法傳喚，因心神喪失或疾病不能到庭，如顯有應諭知無罪或免刑判決之情形者，得不待其到庭，逕行判決（刑訴294 II）。

　　　　2.輕罪之缺席判決：法院認爲應科拘役、罰金或應諭知免刑或無罪之案件，被告經合法傳喚無正當理由不到庭者，得不待其陳述逕行判決（刑訴306）。

第三節　刑事訴訟中之強制處分

一、強制處分之意義

　　在刑事訴訟法上廣義是指，包含強制要素之一切處分之謂。狹義是除了勘驗、證人訊問、鑑定、通譯等以外之處分。狹義之強制處分是由

法院或法官所實施。茲分述之：

（一）**須有令狀之強制處分**：藉以防止強制處分之濫用。

　　1.傳喚被告，應用傳票（刑訴 71）。

　　2.拘提被告，應用拘票（刑訴 77）。

　　3.羈押被告，應用押票（刑訴 102）。

　　4.搜索、扣押應用搜索票（刑訴 128）。

（二）**須注意受處分人之身體名譽**：實施強制處分時，應注意受處分人之身體及名譽。

　　1.拘捕之注意：執行拘提或逮捕，應注意被告之身體及名譽（刑訴 89）。

　　2.搜索之注意：搜索應保守秘密，並應注意受搜索人之名譽（刑訴 124）。

（三）**須注意不逾必要之程度**：使用強制力時，應注意不得逾必要之程度。

　　1.強制拘捕：被告抗拒拘提、逮捕或脫逃者，得用強制力拘提或逮捕之。但不得逾必要之程度（刑訴 90）。

　　2.強制搜索：抗拒搜索者，得用強制力搜索之。但不得逾必要之程度（刑訴 132）。

　　3.強制扣押：應扣押物之所有人、持有人或保管人無正當理由拒絕提出或交付或抗拒扣押者，得用強制力扣押之（刑訴 138）。

（四）**須注意不問背景公正處理**：林益世貪瀆案與陳明文及張花冠的貪瀆嫌疑案，在金額上差異甚大，林益世涉嫌收賄至少 6,300 萬及索賄 8,300 萬，而陳明文及張花冠，收受投標廠商數百萬元至數千萬元不等賄款，但檢調卻動員 26 名檢察官及 400 多名幹員，搜索嘉義縣政府，但林益世原任行政院秘書長，檢調如果基於相同的辦案標準，是不是也應該動員百名幹員搜索行政院？又如「夢想家案」一夜花了二億多元，檢調有無動作？雖然刑事訴訟法賦予檢察官有選擇「強制處分」手段的權限，但檢察官依法應保持政治中立，辦案標準也應有一致性，不得因為政治考量，影響強制處分的手段與辦案的時機[1]。

黃帝穎

――――――――――――――――

[1]作者，黃帝穎，「讓你看看法院是誰開的」，2012 年 8 月 2 日，自由時報 A15。

二、執行逮捕、拘提、扣押物之處理

㈠**即時訊問、聲請羈押**：被告或犯罪嫌疑人因拘提或逮捕到場者，應即時訊問。偵查中經檢察官訊問後，認有羈押之必要者，應自拘提或逮捕之時起 24 小時內，敘明羈押之理由，聲請該管法院羈押之（刑訴 93）。

㈡**扣押物之發還**：扣押物若無留存之必要者，不待案件終結，應以法院之裁定或檢察官命令發還之；其係贓物而無第三人主張權利者，應發還被害人。扣押物因所有人、持有人或保管人之請求，得命其負保管之責，暫行發還（刑訴 142）。

習題：刑事訴訟程序中之強制處分，乃對於受處分者行使強制力或使其負擔法律上之義務。為保障人權計，刑事訴訟法遂對於強制處分設有相當之限制，試就有關規定說明之。（83 律）

第四節　犯罪嫌疑人之詢問通知

一、詢問通知之意義

詢問通知又稱為「**約談**」。即司法警察或司法警察官，受檢察官之指揮偵查犯罪，因調查犯罪嫌疑人犯罪情形及蒐集證據之必要，得使用通知書，通知犯罪嫌疑人到場詢問之意（刑訴 71 之 1 I）。

二、詢問通知之方式

詢問通知書應記載下列事項（刑訴 71 之 1 II 後段）：
㈠被告之姓名、性別、年齡、籍貫及住所或居所。
㈡案由。
㈢應到之日、時、處所。

三、詢問犯罪嫌疑人之錄音、錄影

㈠**錄音、錄影之必要性**：傳統刑事訴訟有關刑案之偵查，以「案重初供」為取證之重點，而司法警察官或司法警察之訊問筆錄，在訴訟程序中，時有被告或辯解非其真意，或辯解遭受刑求，屢遭質疑。為建立訊問筆錄之公信力，以擔保程序之合法，所以訊問過程應全程連續錄音，

必要時並應全程錄影。但有急迫情況且經記明筆錄者，不在此限（刑訴 100 之 1 I）。此項錄音、錄影應於一定期間內妥爲保存，偵審機關如認爲有必要時，即可調取勘驗，以期發現眞實，並確定自白之任意性。

如筆錄內容所載之被告陳述與錄音或錄影之內容不符者，除有前項之急迫情形外，其不符之部分，不得作爲證據（刑訴 100 之 1 II）。

（二）**錄音、錄影資料之保管**：錄音、錄影資料之保管方法，分別由司法院、行政院定之（刑訴 100 之 1 III）。錄音及錄影之資料由所屬機關另行保管，避免由原承辦人員保管而易發生遺失或竄改之流弊。

四、夜間詢問犯罪嫌疑人

（一）**夜間詢問之禁止**：司法警察官或司法警察詢問犯罪嫌疑人，不得於夜間行之（刑訴 100 之 3 I 前段）。稱夜間者，即爲日出前，日沒後（刑訴 100 之 3 III）。所謂「夜間」的算法如下：

1.以中央氣象局公布之夜間時間。以 2011 年四季節氣爲例，如下表：

據天文台說明，每年相差僅數秒而已

節氣	日期 (國曆)	日出時刻 hh:mm	方位角	過中天 hh:mm	仰角	日沒時刻 hh:mm	方位角
立春	02/03 (星期四)	06:36	108	12:08	48S	17:40	252
	02/04 (星期五)	06:36	108	12:08	49S	17:40	252
	02/05 (星期六)	06:35	107	12:08	49S	17:41	253
立夏	05/05 (星期四)	05:16	72	11:51	81S	18:26	288
	05/06 (星期五)	05:15	71	11:51	81S	18:26	289
	05/07 (星期六)	05:15	71	11:51	82S	18:27	289
立秋	08/07 (星期日)	05:24	71	12:00	81S	18:35	289
	08/08 (星期一)	05:24	72	12:00	81S	18:35	288
	08/09 (星期二)	05:25	72	12:00	81S	18:34	288
立冬	11/07 (星期一)	06:05	107	11:38	49S	17:10	252
	11/08 (星期二)	06:05	108	11:38	49S	17:10	252

2.曙暮光：曙暮光是依據太陽的幾何中心在地平線下的太陽高度角 θ s 來定義的，並且有三個被廣泛接受的子項定義：民用曙暮光（最亮）、

航海曙暮光、和天文曙暮光（最暗）。

　　其中民用曙暮光引用在法律上，不是太陽在地平線下多少度，而是大約在日出前或日落後 30 分鐘左右的時段。民用曙暮光也可以被描述爲照明充足的極限，在早晨是民用曙暮光始，在黃昏是民用曙暮光終。因相差 30 分鐘，訊問筆錄者往往爲偏袒一方，有時**會在筆錄上誤差 30 分鐘之情形。**

　　㈡**夜間得詢問之情形**：有下列情形之一者，夜間亦得詢問犯罪嫌疑人（刑訴 100 之 3 I）：

　　　1.經受詢問人明示同意者。

　　　2.於夜間經拘提或逮捕到場而查驗其人有無錯誤者。

　　　3.經檢察官或法官許可者。

　　　4.有急迫之情形者。

　　㈢**犯罪嫌疑人請求立即詢問**：犯罪嫌疑人請求立即詢問者，應即時爲之。這時就不論日間或夜間，均應依嫌疑人之要求，即時詢問（刑訴 100 之 3 II）。

習題：准許夜間詢問之情形有幾種？試說明之。（95 檢）

五、詢問犯罪嫌疑人之效力

　　犯罪嫌疑人經司法警察官或司法警察通知到場詢問，經合法通知，無正當理由不到場者，得報請檢察官核發拘票（刑訴 71 之 1 I 後段）。依民國 31 年司法院院字第 2383 號(九)之解釋認爲：「司法警察官僅有協助檢察官偵查犯罪之職權，除對於被通緝人或現行犯得拘提或逕行逮捕者外，在偵查中如認爲有傳拘被告之必要時，其傳票拘票均應由檢察官簽發。」可供參考。

六、交通事故之處理與夜間之關係（**汽車駕駛人特別要注意本節之敘述**）

　　通常交通事故發生後第一線抵達現場的警察人員就會就地繪製現場圖，但往往與事實有出入，影響到車禍責任的判定。如下圖是民國 98 年

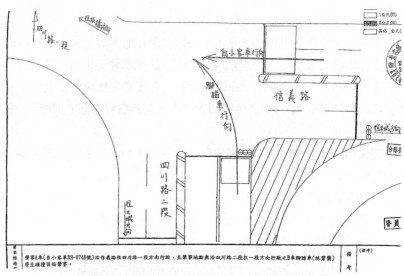

肇事Ａ車（自小客車RH-8748號）沿信義路往四川路一段方向行駛，至肇事地點與沿四川路二段往一段方向行駛之Ｂ車腳踏車（林碧蘭）發生碰撞因而肇事。

11 月 1 日下午 6 時發生之車禍，結果板橋分局派員前往現場，所繪之現場圖，明顯與 Google 的空照圖不同，當然就會扭曲事實真相。又車禍發生時是下午 6 時左右，但警察的調查紀錄是 17 時 30 分。何以會有如此不同，因這是白天與夜間的分際點，蓋依「道路交通安全規則」規定（道交 109 I ①），所稱「夜間」之定義，係以中央氣象局公布之夜間時間，依刑訴法規定：「稱夜間者」為日出前，日沒後，爰同安全規則第 128 條規定，慢車在夜間應開啟燈光之「夜間」界定，所以從 5 時 30 分至 6 時中間有民用曙暮光之概念。

這個概念也被引用在法律上，汽車駕駛必須開亮車頭燈的時間，或是犯罪行為的竊盜是在白天或夜間的認定，刑責也不同。但是法律上所應用的大約在日出前或日沒後 30 分鐘左右的時段。民用曙暮光也可以被描寫為照明充足的極限。這點執法人員就要特別注意。

第五節　被告之拘提

一、拘提之意義

所謂「**拘提**」（德：Vorführung），乃法院或檢察官，拘束被告之自由，強制其到達一定場所接受訊問之謂。拘提以防止被告逃亡及湮滅、偽造、變造證據或勾串共犯或證人為目的。

二、傳喚與拘提之不同

	傳　　喚	拘　　提
(一) 目的不同	傳喚則專在使被告受訊問而已。	拘提除了強制被告到場就訊外，並有防止被告逃亡及湮滅、偽造、變造證據或勾串共犯或證人之虞等之效用。
(二) 手段不同	傳喚則無強制力，只為傳票之送達。	拘提須為強制被告到場之強制行為。
(三) 期日不同	傳喚須指定一定期日，使被傳喚人自動到場。	拘提則無法指定一定期日，以拘提後解送一定處所就訊為主。

三、一般拘提

(一)一般拘提之要件：

1. 傳喚無正當理由不到場：被告經合法傳喚，無正當理由不到場者，得拘提之（刑訴 75）。

2. 逕行拘提：被告犯罪嫌疑重大，而有下列情形之一者，得不經傳喚逕行拘提：

   (1)無一定之住所或居所者。

   (2)逃亡或有事實足認為有逃亡之虞者。

   (3)有事實足認為有湮滅、偽造、變造證據或勾串共犯或證人之虞者。

   (4)所犯為死刑、無期徒刑或最輕本刑為 5 年以上有期徒刑之罪者。此所指之刑，以法定刑為準，不包括處斷刑。

(二)一般拘提之機關：

1. 一般拘提：拘提被告之權，偵查中為檢察官，審判中為審判長或受命法官，如認有拘提之必要，由上項人員簽發拘票拘提之（刑訴 77III準 71IV）。

2. 囑託拘提：審判長或檢察官得開具拘票應記載之事項，囑託被告所在地之檢察官拘提被告；如被告不在該地者，受託檢察官得轉囑託其所在地之檢察官（刑訴 82）。

(三)一般拘提之程式：拘提被告，應用拘票（刑訴 77 I）。拘票，應記載下列事項（刑訴 77 II）。

1. 被告之姓名、性別、年齡、籍貫及住、居所。但年齡、籍貫、住、居所不明者，得免記載。

2. 案由。

3. 拘提之理由。

4. 應解送之處所。

拘票，於偵查中由檢察官簽名，審判中由審判長或受命法官簽名（刑訴 77III準 71IV）。

第六節　緊急拘提

一、緊急拘提之意義與性質

(一)**緊急拘提之意義**：即檢察官、司法警察官或司法警察偵查犯罪，因情況急迫，具一定之原因下，得不用拘票逕行拘提，以防人犯逃匿之強制處分。為無令狀之拘提（刑訴 88 之 1）。

(二)**一般拘提與緊急拘提之不同**：

	一般拘提	緊急拘提
須否拘票	必須持有拘票，才能拘提使其接受詢問。	不須持有拘票，得逕行強制拘提，使其接受詢問。
拘提要件	被告犯罪嫌疑重大，為免逃匿及保全證據所採之處分。	即以情況急迫，不及取得拘票為要件。如檢察官、司法警察官執行時，時間稍有延誤（如檢察官完成拘票之手續、司法警察官因情況急迫不及報告檢察官），人犯可能脫逃。
拘提性質	一般拘提係純粹的拘提，因此自須持有拘票始得執行。	緊急拘提在性質上遲於逮捕之一種，因此將其列在現行犯（刑訴 88）之後，此緊急拘提在日本刑訴法則稱為緊急逮捕，因此有學者將其列在逮捕之後而為講述。

二、緊急拘提之機關

得行使緊急拘提權者，為下列人員（刑訴 88 之 1）：

(一)**檢察官**：緊急拘提由檢察官親自執行時，得不用拘票（刑訴 88 之 1 II）。惟檢察官緊急拘提後，應否補行發給拘票，雖有肯定與否定二說，但為符合憲法第 8 條第 2 項規定：「人民因犯罪嫌疑，被逮捕拘禁時，其逮捕拘禁機關，應將逮捕拘禁原因，以書面告知本人及其本人指定之親友，並至遲於二十四小時內移送該管法院詢問。」而刑事訴訟法第 79 條規定：「拘票應備二聯，執行拘提時，應以一聯交被告或其家屬。」此規定正符合憲法以書面告知本人及其本人指定之親友之規定。因此在實務上，

亦採肯定說之論點[1]：

㈡**司法警察官或司法警察**：刑事訴訟法第 88 條之 1 第 2 項規定：「前項拘提，由司法警察官或司法警察執行時，以其急迫情況不及報告檢察官者爲限，於執行後，應即報請檢察官簽發拘票。如檢察官不簽發拘票時，應即將被拘提人釋放。」

三、緊急拘提之要件

㈠**檢察官、司法警察官或司法警察偵查犯罪**：有下列情形之一而情況急迫者，得逕行拘提之。在此所謂「情況急迫」，係指不及報告檢察官取得拘票而言。依「檢察機關辦理刑事訴訟案件應行注意事項」第 14 點，如不及時拘提，人犯即有逃亡之虞或偵查犯罪顯有重大困難者而言。

1.因現行犯之供述，且有事實足認爲共犯嫌疑重大者：所謂「現行犯」，指刑訴法第 88 條第 2 項：「犯罪在實施中或實施後即時發覺者，爲現行犯。」至於第 88 條第 3 項之準現行犯，依該注意事項第 15 點亦包括在內。檢察官如認犯罪嫌疑人所犯之罪情節輕微或顯係最重本刑爲拘役或專科罰金之罪者，即令因現行犯之供述，且有事實足認爲共犯嫌疑重大，亦不得逕行拘提。

2.在執行或在押中之脫逃者：所謂在執行中脫逃者，依該注意事項第 16 點：「係指經依刑事法律指揮在監獄、看守所、少年輔育院、少年矯正學校或其他保安處分處所執行中脫逃者而言。所謂在押中脫逃者，係指經依刑事法律逮捕、拘提、羈押或收容中脫逃者而言。」

3.有事實足認爲犯罪嫌疑重大，經被盤查而逃逸者。但所犯顯係最重本刑爲 1 年以下有期徒刑、拘役或專科罰金之罪者，不在此限。

4.所犯爲死刑、無期徒刑或最輕本刑爲 5 年以上有期徒刑之罪，嫌疑重大，有事實足認爲有逃亡之虞者。所謂「有事實足認爲」，依該注意事項第 17 點，係指必先有具體事實之存在，且據此事實客觀上顯可認爲犯罪嫌疑人，有逃亡之虞，有湮滅、偽造、變造證據或勾串共犯或證

---

[1] 褚劍鴻著，《刑事訴訟法論》，上冊，頁 146。

人之虞，或所犯之罪確有重大嫌疑等情形而言，檢察官應慎重認定，且應於卷內記明其認定之依據。本法第 88 條之 1 第 1 項第 3 款所謂有事實足認爲，尤應注意不得僅憑主觀認定其行跡可疑或未帶身分證，即遽予盤查及逕行拘提。

(二)緊急拘提之特別執行程序：

1.檢察官親自執行及由司法警察執行：前項拘提，由檢察官親自執行時，得不用拘票；由司法警察官或司法警察執行時，以其急迫情況不及報告檢察官者爲限，於執行後，應即報請檢察官簽發拘票。如檢察官不簽發拘票時，應即將被拘提人釋放（刑訴 88 之 1 II）。

檢察官親自實施逕行拘提犯罪嫌疑人時，依該注意事項第 18 點，應出示證件，並告知其本人及以電話或書面告知其指定之家屬，得選任辯護人到場，並將訊問之時間、處所一併告知，如辯護人不到場者，仍應即時訊問。

此之「急迫情形不及報告檢察官者」，依該注意事項第 14 點，係指檢察事務官、司法警察官或司法警察遇有情況急迫情事而不及報告檢察官簽發拘票者而言。

2.執法人員逮捕犯罪嫌疑人之搜索：第 130 條及第 131 條第 1 項之規定，於第 1 項情形準用之。但應即報檢察官（刑訴 88 之 1 III）。

3.緊急拘提時應告知選任辯護人：檢察官、司法警察官或司法警察，依第 1 項規定程序拘提之犯罪嫌疑人，應即告知本人及其家屬，得選任辯護人到場（刑訴 88 之 1 IV）。

依該注意事項第 19 點：此項「告知被拘人，應將告知事由，記明筆錄，交被拘人簽名、蓋章或按指印後附卷。告知其家屬者，如以電話行之，應將告知人、受告知人之姓名、住址、電話號碼及告知之時間，記載於公務電話記錄表，層送檢察長核閱後附卷，如以書面行之，應將送達證書或收據附卷。」

習題：刑事訴訟法第 88 條之 1 規定：檢察官、司法警察官或司法警察偵查犯罪，有左列情形之一而情況急迫者，得逕行拘提之：一、因現行犯之供述，且有事實足認為共犯嫌疑重大者（第 1 項第 1 款）。……

前項拘提，由檢察官親自執行時，得不用拘票；由司法警察官或司法警察執行時，以其急迫情況不及報告檢察官者為限，於執行後，應即報請檢察官簽發拘票。如檢察官不簽發拘票時，應即將被拘提人釋放（第2項）。試依上開規定詳答：（98檢-財經組）

(一)何謂現行犯？何謂準現行犯？上開第1款所規定之「現行犯」有無包含「準現行犯」在內？

(二)何謂「情況急迫」？何謂「不及報告檢察官」？

四、拘提之執行

(一) 執行機關	拘提，由司法警察或司法警察官執行，並得限制其執行之期間（刑訴78 I）。
(二) 管轄區域外之拘提	司法警察或司法警察官於必要時，得於管轄區域外執行拘提，或請求該地之司法警察官執行（刑訴81）。
(三) 拘票之複製	拘票得作數通，分交數人各別執行（刑訴78 II）。如被告之住、居所不定，或已逃亡，即可複製數通拘票，分由數人包抄各別執行。
(四) 拘提之執行程序	拘票應備二聯，執行拘提時，應以一聯交被告或其家屬（刑訴79）。如未交付拘票，被告得拒絕拘提，並得主張防衛權。
(五) 拘提之注意	執行拘提，應注意被告之身體及名譽（刑訴89）。不得逾越適當之範圍。如有故意妨害被告之身體及名譽，並可構成妨害自由，或公然侮辱傷害等罪責。
(六) 對現役軍人之拘提	被告為現役軍人者，其拘提應以拘票知照該管長官協助執行（刑訴83）。
(七) 強制拘提	被告抗拒拘提或脫逃者，得用強制力拘提之。但不得逾必要之程度（刑訴90）。
(八) 拘提執行後之處置	執行拘提後，應於拘票記載執行之處所及年、月、日、時；如不能執行者，記載其事由，由執行人簽名，提出於命拘提之公務員（刑訴80）。

五、拘提之效果

(一)拘捕被告之解送：拘提或因通緝逮捕之被告，應即解送指定之處所；如24小時內不能達到指定之處所者，應分別其命拘提或通緝者為法院或

檢察官，先行解送較近之法院或檢察機關，訊問其人有無錯誤（刑訴91）。

㈡**即時訊問、聲請羈押**：被告或犯罪嫌疑人因拘提或逮捕到場者，應即時訊問（刑訴93 I）。偵查中經檢察官訊問後，認有羈押之必要者，應自拘提或逮捕之時起24小時內，敘明羈押之理由，聲請該管法院羈押之（刑訴93 II）。前項情形，未經聲請者，檢察官應即將被告釋放。但如認有第101條第1項或第101條之1第1項各款所定情形之一而無聲請羈押之必要者，得逕命具保、責付或限制住居；如不能具保、責付或限制住居，而有必要情形者，仍得聲請法院羈押之（刑訴93 III）。前三項之規定，於檢察官接受法院依少年事件處理法或軍事審判機關依軍事審判法移送之被告時，準用之（刑訴93 IV）。法院於受理前三項羈押之聲請後，應即時訊問。但至深夜仍未訊問完畢，或深夜始受理聲請者，被告、辯護人及得為被告輔佐人之人得請求法院於翌日日間訊問。法院非有正當理由，不得拒絕（刑訴93 V）。此項但書所稱深夜，指午後11時至翌日午前8時（刑訴93 VI）。

第七節　被告之通緝

一、被告之通緝概說

㈠**通緝之意義**：所謂「**通緝**」（德：Steckbriefe），係因被告逃亡或藏匿，由特定機關通知其他機關拘提或逮捕，解送指定處所，所為之強制處分之謂。因係經通知或公告方式拘捕被告，與拘提是使用拘票不同。被告一旦被通緝，即可不必使用拘票，即可逮捕，且各處檢察官及司法警察官員均可逕行逮捕。其有關規定為：

㈡**通緝之要件**：通緝必須被告逃亡或藏匿始得為之（刑訴84）。此與拘提之要件必須被告犯罪嫌疑重大逃亡或有事實足認有逃亡之虞者，得予拘提之情形不同（刑訴76 I ②），通緝只須被告有逃亡或藏匿就可通緝，但本條雖無犯罪嫌疑重大之要件，在法理上通緝較拘提之情形嚴重，但其逮捕之要件反而寬大，所以從法理上被告必須犯罪嫌疑重大，才較為合理。

二、通緝之機關、程式與方法

㈠**通緝之機關**：通緝被告，應用通緝書，通緝書於偵查中由檢察長或首席檢察官簽名，審判中由法院院長簽名（刑訴 85Ⅲ）。蓋通緝之結果，對於被告之損害，較傳喚與拘提嚴重，因此由司法機關之行政長官負責簽署發布。

㈡**通緝之程式**：

1. 通緝被告，應用通緝書（刑訴 85Ⅰ）。

2. 通緝書之記載：通緝書，應記載下列事項（刑訴 85Ⅱ）：

　(1)被告之姓名、性別、年齡、籍貫、住、居所，及其他足資辨別之特徵。但年齡、籍貫、住、居所不明者，得免記載。

　(2)被訴之事實。

　(3)通緝之理由。

　(4)犯罪之日、時、處所。但日、時、處所不明者，得免記載。

　(5)應解送之處所。

3. 通緝書之簽署：通緝書，於偵查中由檢察長或首席檢察官簽名，審判中由法院院長簽名（刑訴 85Ⅲ）。

㈢**通緝之方法**：通緝，應以通緝書通知附近或各處檢察官、司法警察機關；遇有必要時，並得登載報紙或以其他方法公告之（刑訴 86）。

三、通緝之效力

㈠**檢警得拘捕之**：通緝經通知或公告後，檢察官、司法警察官得拘提被告或逕行逮捕之（刑訴 87Ⅰ）。至於本項規定司法警察官得拘提或逮捕被告，在此之司法警察官依第 78 條之規定，應包括司法警察在內。

㈡**利害關係人得逕行逮捕**：利害關係人，得逕行逮捕通緝之被告，送交檢察官、司法警察官或請求檢察官、司法警察官逮捕之（刑訴 87Ⅱ）。所謂「**利害關係人**」，指與被告之案件有利害關係之人而言。如被害人、告訴人、自訴人等是。

四、通緝之撤銷

通緝於其原因消滅或已顯無必要時，應即撤銷（刑訴 87Ⅲ）。

㈠**通緝之原因消滅**：如被告已被緝獲，檢察官於第一審辯論終結前撤回起訴（刑訴 269 I）、案經赦免、追訴權或行刑權時效已經消滅等，應即將被告之通緝撤銷，以保障人權。

㈡**撤銷通緝通知或公告**：撤銷通緝之通知或公告，準用第 86 條之規定（刑訴 87IV）。即應以撤銷通緝書通知附近或各處檢察官、司法警察機關；遇有必要時，並得登載報紙或以其他方法公告之。

第八節　被告之逮捕

一、被告之逮捕概說

㈠**逮捕之意義**：所謂「逮捕」（英：arrest），即偵查機關或私人以強制力拘束嫌疑犯之身體自由，並解送至一定處所之謂。

㈡**逮捕與拘提之不同**：

	逮　　捕	拘　　提
1. 須否拘票	不須有拘票。	應持有拘票，並以一聯交付被告或家屬。
2. 要式方面	逮捕為不要式之行為。	拘提也是逮捕，但也是要式行為。
3. 執行人	不限於特定之人，現行犯不論何人均得逮捕之；通緝犯則利害關係人亦得逮捕。	由司法警察或司法警察官執行之。

二、逮捕之要件

刑事訴訟法第 88 條規定，現行犯不問何人得逕行逮捕之。所謂現行犯依釋字第 90 號解釋：「係指刑事訴訟法第八十八條第二項之現行犯，及同條第三項以現行犯論者而言。」所以現行犯又可分為現行犯及準現行犯：

㈠ 現行犯	即犯罪在實施中或實施後即時發覺者為現行犯。所謂「犯罪在實施中」，係指犯罪行為尚在實行之中而言；所謂「實施後即時發覺」，指犯罪行為雖已實行完畢，而其犯罪情況尚屬顯著，而被人

知覺之謂。所謂「即時」，係指犯罪實施中或犯罪實施後之當時而言（36 院解 3395）。

1. 共犯之問題：未參與實施行為之共同正犯、教唆犯或從犯是否亦可視為現行犯。學者間雖有可視為現行犯，亦不可視為現行犯等正反二說；但共犯並非在犯罪之實施中或實施後即時被發覺，自以採否認說為宜。

2. 告訴乃論之罪：在未經合法告訴前，如係現行犯，是否任何人都可逮捕，或只有告訴權人才可逮捕，這也有正、反二說；肯定說者認為對現行犯之逮捕，係為防止犯人逃亡，並為保全證據為目的，與當事人是否告訴無關。否定說者認為告訴乃論之罪，既以告訴為追訴刑事責任之要件，既未告訴，即欠缺追訴要件，自不得予以逮捕。對此實務上是採肯定說，依 32 院 2505：「告訴乃論罪之現行犯，不問何人，均得依刑事訴訟法第八十八條第一項之規定逕行逮捕。」

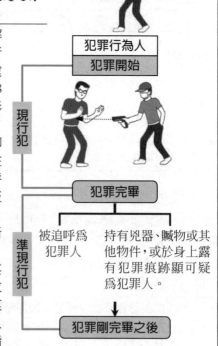

現行犯與準現行犯

犯罪行為人
犯罪開始

現行犯

犯罪完畢

被追呼為犯罪人

持有兇器、贓物或其他物件，或於身上露有犯罪痕跡顯可疑為犯罪人。

準現行犯

犯罪剛完畢之後

(二) 準現行犯	雖非刑事訴訟法上嚴格解釋之現行犯，但視為現行犯，而允許任何人均可逮捕之謂。依刑訴法第 88 條第 3 項規定，下列情形之一者，以現行犯論：

1. 被追呼為犯罪人者：即(1)有逃跑者，(2)須有在後追跡者，(3)須追者呼喚逃跑者為犯罪人，至其是否確有犯罪行為，而為犯罪人，並非所問。

2. 因持有兇器、贓物或其他物件，或於身體、衣服等處，露有犯罪痕跡，顯可疑為犯罪人者：所謂「持有」，係指

對物之事實上支配管領關係。如持在手中固爲持有，將兇器收藏屋內，亦屬持有。至於其他物件，指兇器、贓物以外顯露有犯罪痕跡之物件而言。如車禍撞壞之車輛等是。所謂「**身體、衣服等處，露有犯罪痕跡**」，如身上之傷痕、血跡等是。有上述徵候之後，尚須顯可疑爲犯罪人之要件，始可認定爲準現行犯。

此外，依釋字第 90 號之解釋：「犯瀆職罪收受之賄賂，應認爲刑事訴訟法第八十八條第三項第二款所稱之贓物。賄賂如爲通貨，依一般觀察，可認爲因犯罪所得，而其持有並顯可疑爲犯罪人者，亦有上述條款之適用。」

三、逮捕之執行

(一) **現行犯之逮捕**	現行犯，不問何人得逕行逮捕，因此逮捕時不須講究程序，也不須持有拘票，只要發現有現行犯，人人都可逕行逮捕。現行犯於逮捕後脫逃者，即犯刑法第 162 條普通縱犯或便利脫逃罪，如爲公務員縱放或便利脫逃時，即犯刑法第 163 條公務員縱放或便利脫逃罪。
(二) **逮捕之注意**	逮捕與執行拘提相同，均應注意被告之身體及名譽（刑訴 89）。
(三) **強制逮捕**	被告抗拒逮捕或脫逃者，得用強制力逮捕之。但不得逾必要之程度（刑訴 90）。

四、逮捕之效果

(一) **逮捕通緝犯之處理**	被告因通緝被逮捕者，應即解送指定之處所，由法院或檢察機關先訊問其姓名、年齡、籍貫、職業、住居所，以查驗其人有無錯誤，如係錯誤應即釋放（刑訴 94）。
(二) **逮捕現行犯之處理**	無偵查犯罪權限之人逮捕現行犯者，應即送交檢察官、司法警察官或司法警察（刑訴 92 I）。此所謂「應即送交」，係指逮捕後即時爲之，不得遲延。如故延不送，即應負妨害自由之罪責。
(三) **逮捕現行犯應解送檢察官**	司法警察官、司法警察逮捕或接受現行犯者，應即解送檢察官。但所犯最重本刑爲 1 年以下有期徒刑、拘役或專科罰金之罪、告訴或請求乃論之罪，其告訴或請求已經撤回或已逾告訴期間者，得經檢察官之許可，不予解送（刑訴 92 II）。並對逮捕現行犯之人，應詢問其姓名、住居所及逮捕之事由（刑訴 92 III）。以查察逮捕人有無挾嫌誣陷，並備日後傳喚作證。

五、檢察官對逮捕人犯之處理

㈠**應即時詢問被告**：被告或犯罪嫌疑人因拘提或逮捕到場者，應即時訊問（刑訴93Ⅰ）。

㈡**羈押權在法院**：偵查中經檢察官訊問後，認有羈押之必要者，應自拘提或逮捕之時起 24 小時內，敘明羈押之理由，聲請該管法院羈押之（刑訴93Ⅱ）。

㈢**檢察官對被告之處理**：前項情形，未經聲請者，檢察官應即將被告釋放。但如認有第 101 條第 1 項或第 101 條之 1 第 1 項各款所定情形之一而無聲請羈押之必要者，得逕命具保、責付或限制住居；如不能具保、責付或限制住居，而有必要情形者，仍得聲請法院羈押之（刑訴93Ⅲ）。

㈣**少年事件及軍法事件之準用**：前述第 93 條第 1 項至第 3 項之規定，於檢察官接受法院依少年事件處理法或軍事審判機關依軍事審判法移送之被告時，準用之（刑訴93Ⅳ）。

㈤**法院應對羈押之聲請即時詢問**：法院於受理前三項羈押之聲請後，應即時訊問。但至深夜仍未訊問完畢，或深夜始受理聲請者，被告、辯護人及得為被告輔佐人之人得請求法院於翌日日間訊問。法院非有正當理由，不得拒絕。此項但書所稱深夜，指午後 11 時至翌日午前 8 時（刑訴93Ⅴ,Ⅵ）。

習題：
一、逮捕被告或現行犯後應如何處理？（84 司）
二、拘提或逮捕被告或犯罪嫌疑人後，應踐行何等程序。（96 檢-財經組）

六、移送之法定障礙時間的扣除

因拘提或逮捕之被告，應於24 小時解送至指定之處所。偵查中經檢察官訊問後，認有羈押之必要者，應自拘提或逮捕之時起24 小時內，敘明羈押之理由，聲請該管法院羈押之（刑訴93Ⅱ）。此法定之 24 小時，有下列情形之一者，其經過之時間不予計入。但不得有不必要之遲延（刑訴93之1）：

㈠因交通障礙或其他不可抗力事由所生不得已之遲滯。
㈡在途解送時間。

㈢依第 100 條之 3 第 1 項規定不得爲詢問者。

㈣因被告或犯罪嫌疑人身體健康突發之事由，事實上不能訊問者。

㈤被告或犯罪嫌疑人表示已選任辯護人，因等候其辯護人到場致未予訊問者。但等候時間不得逾 4 小時。其因智能障礙無法爲完全之陳述，因等候第 35 條第 3 項經通知陪同在場之人到場致未予訊問者，亦同。

㈥被告或犯罪嫌疑人須由通譯傳譯，因等候其通譯到場致未予訊問者。但等候時間不得逾 6 小時。

㈦經檢察官命具保或責付之被告，在候保或候責付中者。但候保或候責付時間不得逾 4 小時。

㈧犯罪嫌疑人經法院提審之期間。

前項各款情形之經過時間內不得訊問。

因第 1 項之法定障礙事由致 24 小時內無法移送該管法院者，檢察官聲請羈押時，並應釋明其事由。

第九章　被告之訊問

第一節　被告之訊問概說

一、訊問之意義

　　所謂「**被告之訊問**」，即向被告訊問促其陳述事實之謂。訊問被告之目的，有四種不同學說：

(一) 自白說	即訊問被告，在使被告自白犯罪之事實。往往訊問者爲達自白之目的，而有屈打成招之情事，今日之刑訴法，既認被告有訴訟防禦權，自白之說已不成立。
(二) 發現事實 真相說	因被告除確無無辜外，對於犯罪事實的真相最爲了解，因此被告如能據實陳述，當可獲取自由心證之資料，但被告往往避重就輕，多所隱瞞，而訊問者爲獲取資料，難免採詐欺或其他不正方法，反而誤導真相之發掘，故此說亦不足採。
(三) 賦予被告 陳述有利 事實機會 說	謂訊問被告，在給予被告陳述有利事實之機會，即讓被告有辯解之機會。但事實上被告之陳述，除了爲自己辯解之外，也有自白犯罪之部分，也有供述共犯之情形，如自白非以強暴、脅迫、利誘、詐欺、疲勞訊問、違法羈押或其他不正之方法，且與事實相符者，尚可採爲證據（刑訴 156 I）。因此訊問被告並非全在賦予被告陳述有利事實機會。
(四) 折衷說	此說兼採發現事實真相及賦予被告陳述有利事實機會之二說。因此，訊問被告其目的在發現事實之真相，且賦予被告以行使防禦權之機會，使其陳述有利事實，並提出相當之證據。

二、訊問之機關

(一) 偵查中	由檢察官訊問。
(二) 審判中	由審判長訊問被告爲原則（刑訴 287），至受命法官（刑訴 279 II）或參與合議之陪席法官，得於告知審判長後，訊問被告或訊問證人、鑑定人（刑訴 170 準 166 IV、166 之 6 II）。

三、律師免費陪偵

即指「檢警偵訊、律師在場」的意思。只要符合第一次被訊問、被拘提逮捕、涉嫌本刑 3 年以上重罪等要件，即可申請免費義務律師到場陪偵服務。依法律扶助法第 14 條規定：

（一）**申請法律扶助**：有下列情形之一者，得申請法律扶助，無須審查其資力：

1.涉犯最輕本刑為 3 年以上有期徒刑或高等法院管轄第一審案件，於審判中未經選任辯護人者。

2.因智能障礙致未能為完全陳述，於審判中未經選任辯護人或代理人，審判長認有選任辯護人或代理人之必要者。

3.符合社會救助法所規定之低收入戶者。

（二）**偵訊時謹記四可二不**：

1.**四可**：可知道罪名是什麼；可以不回答問題；可請求律師到場；可請求偵查對自己有利的證據。

2.**二不**：律師到場前，不可以訊問；不接受夜間訊問（除法律例外的情況以外）。

（三）**陪偵律師可以幫什麼忙**：提供法律諮詢與建議；提醒可以不回答問題；對不妥當的訊問可以提出異議；確保你是基於自己的意願而陳述；維護你受證人指證時應有的合法權益；確認筆錄內容就是你要表達的意思。（法律扶助基金會提供）

四、訊問之程序

（一）**人別訊問**	訊問被告，應先詢其姓名、年齡、籍貫、職業、住所或居所，以查驗其人有無錯誤，如係錯誤，應即釋放（刑訴 94）。
（二）**應先告知事項**	訊問被告應先告知下列事項（刑訴 95）： 1.犯罪嫌疑及所犯所有罪名。罪名經告知後，認為應變更者，應再告知（§95 ①）。 2.得保持緘默，無須違背自己之意思而為陳述（§95 ②）。此即不受強迫供述對自己不利之權利。又稱為「不自證己罪特權」或**「緘默權」**。又稱為**「默秘權」**。所謂**「不利」**，是指負擔刑事責任，或加重刑事責任之意。但不包括一般之不利，譬如不

包括民事上之損害賠償責任等。至於供述之證據在美國應包括因被告之供述而成為證據，致遭受不利之刑事責任等兩種情形。在日本被告對事實之報告，最高法院認為並不侵犯緘默權，如發生交通事故時，駕駛人有義務報告事故發生之內容。此外，對自己之姓名亦無緘默權。

　　不過被告亦可放棄緘默權。在刑事訴訟法上包括事前權利的確認，以及事後證據禁止手段以檢驗權利是否落實；其規定內容為：

報告事故經過是沒有緘默權！

(1)事前權利的確認：如刑事訴訟法第 287 條規定：「檢察官陳述起訴要旨後，審判上應告知被告第九十五條規定之事項。」以宣示權利之保障。另外刑事訴訟法第 98 條規定：「訊問被告應出以懇切之態度，不得用強暴、脅迫、利誘、詐欺、疲勞訊問或其他不正之方法。」

(2)事後檢驗權利是否落實：如刑事訴訟法第 156 條第 1 項：「被告之自白，非出於強暴、脅迫、利誘、詐欺、疲勞訊問、違法羈押或其他不正之方法，且與事實相符者，得為證據。」第 2 項規定：「被告或共犯之自白，不得作為有罪判決之唯一證據」，以限制法官之自由心證。

3.得選任辯護人（§95③）。除此之外，第 88 條之 1 檢察官、司法警察官或司法警察，逕行緊急拘提犯罪嫌疑人時，應即告知其本人及其家屬，得選任辯護人。

4.得請求調查有利之證據（§95④）。本款亦同樣適用於司法警察官或司法警察訊問犯罪嫌疑人（刑訴 100 之 2）。

(三) 應讓被告以罪嫌辯明之機會	訊問被告，應與以辯明犯罪嫌疑之機會；如有辯明，應命就其始末連續陳述；其陳述有利之事實者，應命其指出證明之方法（刑訴 96）。
(四) 隔別訊問與對質	被告有數人時，應分別訊問之；其未經訊問者，不得在場。但因發見真實之必要，得命其對質。被告亦得請求對質。對於被告之請求對質，除顯無必要者外，不得拒絕（刑訴 97）。
(五) 不正方法訊問之禁止	訊問被告應出以懇切之態度，不得用強暴、脅迫、利誘、詐欺、疲勞訊問或其他不正之方法（刑訴 98）。

(六) 通譯之使用	被告為聾或啞或語言不通者，得用通譯，並得以文字訊問或命以文字陳述（刑訴99）。

習題：
一、試就刑事訴訟法規定，說明訊問被告之方法及訊問後可生如何之效力？
　（85 司(二)）
二、訊問被告應先行告知何種事項？（90 檢）

五、緘默權（英：right to silence）

即犯罪嫌疑人或被告在接受檢察官或法庭訊問時，有不受強迫供述對自己不利之權利。又稱為「不自證己罪特權」（Privilege against self-incrimination）或「默秘權」，在我國規定在刑訴法第 95 條第 2 款。所謂「不利」，是指負擔刑事責任，或加重刑事責任之意。但不包括一般之不利，如不包括民事上之損害賠償責任等。

此源於米蘭達警告（Miranda warning），又譯為米蘭達忠告，是指美國警察（包括檢察官），根據美國聯邦最高法院在 1966 年米蘭達訴亞利桑那州案（384 U.S. 436-1966）一案的判例中，最終確立的米蘭達規則。即在訊問刑事嫌疑人之前，必須告知嫌疑人有權援引憲法第五修正案，嫌疑犯有「不被強迫自證其罪的特權」，而行使緘默權和要求得到律師協助的權利。這項警告保障了嫌疑犯避免被屈打成招的危險，因此，今日歐陸法系的國家也逐漸採用。

第二節　訊問之筆錄、錄音及錄影

一、被告陳述之記載

訊問筆錄之製作於第 41、42 條已有明文規定，本條係為促使法院與書記官更加注意而已。即被告對於犯罪之自白及其他不利之陳述，並其所陳述有利之事實與指出證明之方法，應於筆錄內記載明確（刑訴100）。

二、訊問被告之錄音、錄影

訊問被告，應全程連續錄音；必要時，並應全程連續錄影。但有急迫情況且經記明筆錄者，不在此限（刑訴 100 之 1 I），本項錄音、錄影資料之保管方法，分別由司法院、行政院定之（刑訴 100 之 1 III）。筆錄內所載之被告陳述與錄音或錄影之內容不符者，除有前項但書情形外，其不符之部分，不得作為證據（刑訴 100 之 1 II）。

> **習題**：筆錄內所載被告之陳述與錄音之內容不符者，其不符之部分可否採為證據？試說明之。（90 律）

三、犯罪嫌疑人之詢問

㈠**準用本章有關之規定**：本章有關詢問被告之規定，於司法警察官或司法警察詢問犯罪嫌疑人時，準用之（刑訴 100 之 2）。

㈡**夜間詢問之禁止與例外**：司法警察官或司法警察詢問犯罪嫌疑人，不得於夜間行之。但有下列情形之一者，不在此限（刑訴 100 之 3 I）：

1.經受詢問人明示同意者。此時應在筆錄上記明，以備查考。

2.於夜間經拘提或逮捕到場而查驗其人有無錯誤者。此為人別詢問（刑訴 94）。

3.經檢察官或法官許可者。惟仍應兼顧人權之維護。

4.有急迫之情形者：對緊急拘提尤其適用，如共犯在逃，犯罪之侵害有擴大等，而有必要立即詢問之情形。

5.犯罪嫌疑人請求立即詢問者，應即時為之（刑訴 100 之 3 II）。

㈢稱夜間者，為日出前，日沒後（刑訴 100 之 3 III）。本項見第八章第二節。

> **習題**：
> 一、刑事訴訟法第 100 條之 3 第 1 項第 4 款規定「有急迫之情形者」，司法警察人員例外的得於夜間詢問犯罪嫌疑人，所謂有急迫之情形所指為何？（94 檢）
> 二、准許夜間詢問之情形有幾種？試說明之。（95 檢-偵查組）

第十章　被告之羈押

第一節　羈押概說

一、羈押之意義

羈押（德：Verhaftung；法：mandat de dépôt et mandat d'arrêt）者，乃審判長、受命法官爲防止被告逃亡，保全事證之眞實，完成追訴、審判、執行之目的，拘束被告於一定處所之強制處分。羈押與拘提固同爲拘束被告自由之強制處分，但在性質上兩者仍有不同。

二、拘捕前置原則

又稱爲「拘捕前置主義」。則在刑事訴訟法上對嫌疑犯之羈押，須先經拘捕程序爲前提，始有移送法官審查拘捕是否合法和有無羈押之必要，此即拘捕前置原則之要求（刑訴93）。一般學者認爲只要形式上認定，有合法之令狀拘提嫌疑犯，即可據以羈押，然而，如拘提所使用拘票的犯罪嫌疑，與其後聲請羈押之犯罪嫌疑有不同時，是否仍符合拘捕前置原則，就有疑義。

一般認爲不能以 A 的事實拘捕嫌犯，然後以 B 的事實羈押嫌犯。不過相反的，如以 A 的事實羈押嫌疑犯，一併的將 B 的事實一起羈押，應該是准許的。無論如何這個原則，並不允許違法與無效之拘捕，而接續的羈押被告之作法。

三、拘提與羈押之不同

	拘　提	羈　押
(一) 拘束時間 不同	拘提爲暫時之行爲，時間較短，僅能於到場之 24 小時以內行之（刑訴91）。因此拘提到場者，應即時詢問（刑訴93）。	在偵查中不得逾 2 月，審判中不得逾 3 月，必要時，得由法院裁定延長之（刑訴108 I）。

(二) 處所不同	係將被告解送至指定之處所（刑訴91）。	係將被告解送至指定之看守所（刑訴103）。
(三) 目的不同	以使被告就訊為目的。	其目的在保全證據、完成訴訟、審判、執行之目的。

四、羈押之機關

羈押被告之權，無論偵查中或審判中，均屬於審判長或受命法官。茲分述之：

(一) 偵查中	偵查中經檢察官訊問後，認有羈押之必要者，應自拘提或逮捕之時起24小時內，敘明羈押之理由，**聲請該管法院羈押之**（刑訴93Ⅱ）。
(二) 審判中	被告經法官訊問後，認為犯罪嫌疑重大，非予羈押，顯難進行追訴、審判、執行或有事實足認為有反覆實施同一犯罪之虞，而有羈押之必要者，得羈押之（刑訴101、101之1）。

第二節　羈押之要件

羈押處分，剝奪人民身體之自由，嚴重影響人民權益，因此刑事訴訟法分為一般犯罪案件及特種犯罪案件之羈押，應具備要件而為規範：

有羈押必要	一、一般犯罪之羈押要件	(一)**犯罪嫌疑重大亞須羈押**：被告經法官訊問後，認為犯罪嫌疑重大，而有下列情形之一，非予羈押，顯難進行追訴、審判或執行者，得羈押之（刑訴101Ⅰ）： 1.逃亡或有事實足認為有逃亡之虞者：所謂有逃亡之虞，必須事實上足認被告釋放後確有逃亡之危險，並非漫無限制，祇須被告犯罪嫌疑重大，均可視為有逃亡之虞，而概予羈押（23抗106）。 2.有事實足認為有湮滅、偽造、變造證據或勾串共犯或證人之虞者。 3.所犯為死刑、無期徒刑或最輕本刑為5年以上有期徒刑之罪者。 (二)**羈押理由之提出**：法官為前項之訊問時，檢察官得到場陳述聲請羈押之理由及提出必要之證據（刑訴101Ⅱ）。 (三)**羈押之事實應告知被告及其辯護人**：第1項各款所依據之事實，應告知被告及其辯護人，並記載於筆錄（刑訴101Ⅲ）。

二、特種犯罪之羈押要件（預防性羈押）		(一)犯罪嫌疑重大，有反覆實施同一犯罪之虞：被告經法官訊問後，認爲犯下列各款之罪，其嫌疑重大，有事實足認爲有反覆實施同一犯罪之虞，而有羈押之必要者，得羈押之（刑訴101之1Ⅰ）： 　1.刑法第 174 條第 1 項、第 2 項、第 4 項、第 175 條第 1 項、第 2 項之放火罪、第 176 條之準放火罪。 　2.刑法第 221 條之強制性交罪、第 224 條之強制猥褻罪、第 224 條之 1 之加重強制猥褻罪、第 225 條之乘機性交猥褻罪、第 227 條之與幼年男女性交或猥褻罪、第 277 條第 1 項之傷害罪。但其須告訴乃論，而未經告訴或其告訴已經撤回或已逾訴期間者，不在此限。 　3.刑法第 302 條之妨害自由罪。 　4.刑法第 304 條之強制罪、第 305 條之恐嚇危害安全罪。 　5.刑法第 320 條、第 321 條之竊盜罪。 　6.刑法第 325 條、第 326 條之搶奪罪。 　7.刑法第 339 條、第 339 條之 3 之詐欺罪。 　8.刑法第 346 條之恐嚇取財罪。 (二)第 101 條第 2 項、第 3 項規定之準用。 　1.羈押理由之提出：法官爲前項之訊問時，檢察官得到場陳述聲請羈押之理由及提出必要之證據（刑訴101Ⅱ）。 　2.羈押之事實應告知被告及其辯護人：第 1 項各款所依據之事實，應告知被告及其辯護人，並記載於筆錄（刑訴101Ⅲ）。
無羈押必要	三、具保、責付、限制住居	被告經法官訊問後，雖有第 101 條第 1 項或第 101 條之 1 第 1 項各款所定情形之一而無羈押之必要者，**得逕命具保、責付或限制住居**；其有第 114 條各款所定情形之一者，非有不能具保、責付或限制住居之情形，不得羈押（刑訴 101 之 2）。

見 2011 年 7 月 15 日，自由時報 A22。何瑞玲、王定傳、吳仁捷報導

見 2011 年 7 月 16 日，自由時報 A20。楊國文、何瑞玲、王定傳綜合報導

習題：
一、試說明羈押之原因。（101 身障四）
二、刑事訴訟法第 101 條第 1 項第 3 款「三、所犯為死刑、無期徒刑或最輕本刑為五年以上有期徒刑之罪者。」能否單獨作為羈押被告之事由？適用上有那些應注意之處？（100 高三法政風）
三、何謂拘捕前置原則？何謂羈押三要件？停止羈押與撤銷羈押有何不同？並舉例說明之。（99 檢-財經組）

第三節　羈押之程序

一、押票之簽發

羈押被告，應用押票。押票應由法官簽名（刑 102 I ,IV）。

二、押票之記載

押票，應按被告指印，並記載下列事項（刑 102 II）：

㈠被告之姓名、性別、年齡、出生地及住所或居所。被告之姓名不明或因其他情形有必要時，應記載其足資辨別之特徵。被告之年齡、籍貫、住所、或居所不明者，得免記載（刑 102 III 準 71 III）。

㈡案由及觸犯之法條。

㈢羈押之理由及其所依據之事實。

㈣應羈押之處所。

㈤羈押期間及其起算日。羈押之期間，偵查中不得逾 2 月，審判中不得逾 3 月（刑 108 I）。

㈥如不服羈押處分之救濟方法。即對於審判長、受命法官、受託法官或檢察官所爲之羈押處分有不服者，受處分人得聲請所屬法院撤銷或變更之（刑訴 416 I）。

延長羈押期間，偵查中不得逾 2 月，以延長一次爲限。審判中每次不得逾 2 月，如所犯最重本刑爲 10 年以下有期徒刑以下之刑者，第一審、第二審以三次爲限，第三審以一次爲限（刑 108 V）。並記載其起算日。因起算自簽發押票之日起算。但羈押前之逮捕、拘提期間，以一日折算裁判確定前之羈押日數一日（刑 108 IV）。審判中之羈押期間，自卷宗及證物送交法院之日起算。起訴或裁判後送交前之羈押期間算入偵查中或原審法院之羈押期間（刑 108 III）。

習題：實施羈押應用押票，偵查中押票由何人簽發？其記載事項有哪些？（89 檢）

三、羈押之執行

㈠**執行羈押之指揮**：執行羈押，偵查中依檢察官之指揮；審判中依審判長或受命法官之指揮，由司法警察將被告解送指定之看守所，該所長官查驗人別無誤後，應於押票附記解到之年、月、日、時並簽名（刑 103 I）。

㈡**押票之送達**：執行羈押時，押票應分別送交檢察官、看守所、辯護人、被告及其指定之親友（刑 103 II）。

㈢司法警察官或司法警察於執行羈押時，應注意下列事項（刑訴 103 III）：

　　1.於必要時，得於管轄區域外執行（刑訴 103 III 準 81）。

　　2.執行羈押，應注意被告之身體及名譽（刑訴 103 III 準 89）。

　　3.被告抗拒羈押或脫逃者，得用強制力，但不得逾必要之程度（刑訴 103 III 準 90）。

第四節　羈押之處所與管理

一、羈押處所之變更

㈠**羈押處所變更之聲請**：偵查中檢察官、被告或其辯護人認有維護看

守所及在押被告安全或其他正當事由者，得聲請法院變更在押被告之羈押處所（刑訴 103 之 1 I）。依 86 年增訂之立法理由謂：「關於羈押之處所，涉及被告之防禦，看守所之管理等問題，故增訂本條文，規定法院得依檢察官、被告或其辯護人之聲請，將在押之被告移送其他看守所執行羈押。」

㈡**法院應通知相關人**：法院依前項聲請變更被告之羈押處所時，應即通知檢察官、看守所、辯護人、被告及其指定之親友（刑訴 103 之 1 II）。因法院變更被告之羈押處所時，不僅涉及被告防禦權之行使，及辯護人與家人之接見通信，更關係檢察官職務之執行，看守所也應作提解之準備，所以應分別通知，使當事人能有所準備。

二、羈押之管理

羈押被告，係拘禁被告於看守所，藉束縛被告之自由，以保全訴訟程序得順利進行，並可防範湮滅證據或有勾串共犯或證人之虞，所為之必要處分。為防止檢察官或看守所人員濫用職權，或侵害被告的人權等情事，以保障被告之合法權益，刑事訴訟法第 105、106 條及羈押法所作規定如下：

㈠**羈押之目的**：管束羈押之被告，應以維持羈押之目的及押所之秩序所必要者為限（刑訴 105 I）。

㈡**被告得自備生活必需品**：被告得自備飲食及日用必需物品，並與外人接見、通信、受授書籍及其他物件。但押所得監視或檢閱之（刑訴 105 II）。

㈢**法院為防止被告違反羈押規定得禁止或扣押**：法院認被告為前項之接見、通信及受授物件有足致其脫逃或湮滅、偽造、變造證據或勾串共犯或證人之虞者，得依檢察官之聲請或依職權命禁止或扣押之。但檢察官或押所遇有急迫情形時，得先為必要之處分，並應即時陳報法院核准（刑訴 105 III）。

㈣**審判長及受命法官之職權**：依前項所為之禁止或扣押，其對象、範圍及期間等，偵查中由檢察官；審判中由審判長或受命法官指定並指揮看守所為之。但不得限制被告正當防禦之權利（刑訴 105 IV）。

㈤**束縛被告身體之限制**：被告非有事實足認爲有暴行或逃亡、自殺之虞者，不得束縛其身體。束縛身體之處分，以有急迫情形者爲限，由押所長官行之，並應即時陳報法院核准（刑訴 105 V）。

㈥**檢察官對押所之視察**：羈押被告之處所，檢察官應勤加視察，按旬將視察情形陳報主管長官，並通知法院（刑訴 106）。

第五節　羈押之期間

一、羈押之期間與延長

	偵　查　中	審　判　中
㈠羈押之期間	偵查中不得逾 2 月。	審判中不得逾 3 月。所謂「審判中」，其始期之計算，應以案件繫屬於法院開始審判之日爲準（院 1506）。
㈡羈押之延長	但有繼續羈押之必要者，得於期間未滿前，經法院依第 101 條或第 101 條之 1 之規定訊問被告後，以裁定延長之（刑訴 108 I）。延長羈押期間，偵查中不得逾 2 月，以延長一次爲限（刑訴 108 V）。	但有繼續羈押之必要者，得於期間未滿前，經法院依第 101 條或第 101 條之 1 之規定訊問被告後，以裁定延長之（刑訴 108 I）。延長羈押期間，審判中每次不得逾 2 月。如所犯最重本刑爲 10 年以下有期徒刑以下之刑者，第一審、第二審以三次爲限，第三審以一次爲限（刑訴 108 V）。
㈢羈押延長之聲請	在偵查中延長羈押期間，應由檢察官附具體理由，至遲於期間屆滿之 5 日前聲請法院裁定（刑 108 I 後段）。	審判中法官認爲有繼續羈押之必要者，應於未屆滿期前，聲請法院以裁定延長之（19 抗 135）。
㈣羈押期間之起算	羈押期間自法官簽發押票之日起算。但羈押前之逮捕、拘提期間，以一日折算裁判確定前之羈押日數一日（刑 108 IV）。	審判中之羈押期間，自卷宗及證物送交法院之日起算。起訴或裁判後送交前之羈押期間算入偵查中或原審法院之羈押期間（刑 108 III）。

二、法院延長羈押裁定之送達

法院延長羈押之裁定，除當庭宣示者外，於期間未滿前以正本送達

被告者，發生延長羈押之效力。羈押期滿，延長羈押之裁定未經合法送達者，視爲撤銷羈押（刑108 II）。此時檢察官應將被告釋放，釋放時應通知法院，以保障被告之權益。

三、發回更審羈押期間之計算 4

案件經發回者，其延長羈押期間之次數，應更新計算（刑108 VI）。此發回指第三審發回第二審，或第二審發回第一審，則前第二審或第一審所羈押之期間，概不連續計算，而自卷宗及證物發交原審法院之日起，重新計算其羈押期間及延長羈押之次數。

四、其他羈押期間之計算

㈠**聲請延長羈押裁定抗告期間之計算**：即在偵查中或審判中，如羈押期間屆滿，被告經裁定延長羈押期間。該被告對裁定不服，提起抗告被駁回者，其因抗告所經過之羈押日數，應算入延長期間之內，如此當可以羈押之日數抵有期徒刑或拘役一日，或裁判所定之罰金額數（刑46），以保護被告利益。惟如期滿未經另爲延長之裁定者，不得繼續羈押（19院338）。又如延長羈押之裁定，經抗告法院撤銷者，自應撤銷其羈押。如檢察官聲請延長時，經法院裁定駁回，檢察官不服提起抗告中，而原羈押期間已滿，如未經起訴或裁判者，視爲撤銷羈押，檢察官應將被告釋放，並通知法院（刑訴108 VII）。

㈡**停止羈押後再執行羈押期間之計算**：如係同一案件，於停止羈押後，發生有再執行羈押之必要者，其先後羈押之期間，應合併計算。如停止羈押後，發現被告另犯他罪而有繼續羈押之必要時，則因其案由不同，自無從爲合併計算，而應分別計算其羈押期間。

所謂「停止羈押」，係指刑訴法所規定因聲請具保（刑訴110）、責付（刑訴115）或限制住居（刑訴116）。而許可停止羈押之情形而言。「重行發生羈押之原因」，乃指刑訴法第117條再行羈押事由之規定而言。

㈢同一案件，因移轉管轄、指定管轄或合併管轄，在同一審級之不同法院先後羈押之日期，應合併計算其羈押期間。

習題：

一、試說明羈押之期間。（101 身障四）

二、可能發生違法羈押之情形有那些？試列舉之。（85 司㈠）

　　答：發生違法羈押之情形，可分為二類：

　　　　一不合羈押之要件與程式者：

　　　　　㈠被告經法官訊問後，認為犯罪嫌疑重大，而有本法第 101 條
　　　　　　第 1 項情形之一，非予羈押，顯難進行追訴、審判或執行者，
　　　　　　得羈押之。

　　　　　㈡羈押被告應用押票，押票並由法官簽名（刑訴 102）。

　　　　二羈押期間之遵守：依本法第 108 條規定，羈押有期間之限制，有
　　　　　延長之必要時，由法院裁定延長之。在偵查中延長羈押期間，應
　　　　　由檢察官附具體理由，至遲於 5 日前聲請法院裁定。

第六節　羈押之撤銷

一、撤銷羈押之意義

　　稱羈押之撤銷，指被羈押之被告，因羈押原因消滅，法院應即以裁
定撤銷羈押，將被告釋放之謂。因此羈押之撤銷，乃使羈押之效力歸於
消滅之意。

二、撤銷羈押之原因

　　撤銷羈押之原因，有法定撤銷與擬制撤銷等兩種，茲分述之：

㈠法定撤銷：

　　1.羈押之原因消滅：羈押於其原因消滅時，應即撤銷羈押，將被告
釋放（刑訴 107 I）。原來被告之所以被羈押是因具有刑訴法第 101 條或第
101 條之 1 所定之情形，經法官訊問後，認為犯罪嫌疑重大，必須予以
羈押，才得以進行追訴、審判或執行，才予羈押。如嗣後該羈押之原因
已經消滅，當應將被告釋放。

　　又所謂「應即撤銷羈押」，因只有法官才有羈押被告之權，因此無
論當事人或辯護人及輔佐人，應聲請法院裁定之，但偵查中經檢察官聲
請者，得先行釋放被告（刑訴 107 II,IV）。

　　2.撤銷羈押之聲請：

⑴被告、辯護人及輔佐人之聲請：被告、辯護人及得爲被告輔佐人之人得聲請法院撤銷羈押。檢察官於偵查中亦得爲撤銷羈押之聲請（刑訴107Ⅱ）。

⑵檢察官之聲請：偵查中經檢察官聲請撤銷羈押者，法院應撤銷羈押，檢察官得於聲請時先行釋放被告（刑訴107Ⅳ）。

3.法院聽取意見：

⑴聽取被告、辯護人及輔佐人之意見：法院對於前項之聲請得聽取被告、辯護人或得爲被告輔佐人之人陳述意見（刑訴107Ⅲ）。

⑵聽取檢察官之意見：偵查中之撤銷羈押，除依檢察官聲請者外，應徵詢檢察官之意見（刑訴107Ⅴ）。

㈡**擬制撤銷**：

1.羈押期滿延長裁定未合法送達：羈押期滿，延長羈押之裁定未經合法送達者，視爲撤銷羈押（刑訴108Ⅱ）。

2.羈押期滿未經起訴或裁判者：羈押期間已滿未經起訴或裁判者，視爲撤銷羈押，檢察官或法院應將被告釋放；由檢察官釋放被告者，並應即時通知法院（刑訴108Ⅶ）。

3.被告上訴羈押之期間已逾刑期者：案件經上訴者，被告羈押期間如已逾原審判決之刑期者，應即撤銷羈押，將被告釋放。但檢察官爲被告之不利益而上訴者，得命具保、責付或限制住居（刑訴109）。

4.被告受不起訴或緩起訴處分者：羈押之被告受不起訴或緩起訴之處分者，視爲撤銷羈押，檢察官應將被告釋放，並應即通知法院（刑訴259Ⅰ）。

5.案經諭知無罪等之判決者：羈押之被告，經諭知無罪、免訴、免刑、緩刑、罰金或易以訓誡或第303條第3款、第4款不受理之判決者，視爲撤銷羈押。但上訴期間內或上訴中，得命具保、責付或限制住居；如不能具保、責付或限制住居，而有必要情形者，並得繼續羈押之（刑訴316）。

習題：若羈押中被告，經第一審法院判決無罪，法院應如何處理？（101身障四）

第七節　停止羈押

一、停止羈押概說

㈠**停止羈押之意義**：所謂「停止羈押」，係指被羈押之被告因具一定之原因，得向法院聲請暫時停止其羈押，而恢復其自由之謂。停止羈押之方法有三種，即具保、責付及限制住居。

㈡**撤銷羈押與停止羈押之不同**：

	撤銷羈押	停止羈押
1. 意義不同	被羈押之被告，因羈押原因消滅，法院應即以裁定撤銷羈押，將被告釋放之謂。	被羈押之被告因一定之原因，得向法院聲請暫時停止羈押，而恢復其自由之謂。
2. 原因不同	使羈押之效力確定消滅。	羈押之原因雖仍存在，但已無羈押之必要，乃以具保、責付或限制住居等代替羈押，僅使羈押之效力暫時停止。
3. 效力不同	(1)羈押之原因消滅（刑訴107）。 (2)羈押期間已滿，延長羈押之裁定未經合法送達（刑訴108Ⅱ）。 (3)羈押期滿未經起訴或裁判者（刑訴108Ⅳ）。 (4)被告上訴羈押之期間已逾刑期者（刑訴109）。 (5)羈押之被告受不起訴或緩起訴處分者（刑訴259Ⅰ）。 (6)案經諭知無罪、免訴、免刑、緩刑、罰金或易以訓誡或第303條第3款、第4款不受理之判決者（刑訴316）。	(1)聲請停止羈押：被告及得為其輔佐之人或辯護人，得隨時具保，向法院聲請停止羈押（刑訴110Ⅰ）。 (2)職權停止羈押：羈押之被告，得不命具保而責付於得為其輔佐之人或該管區域內其他適當之人，或限制其住居而停止羈押（刑訴115、116）。

習題：
一、試述撤銷羈押及停止羈押之意義及事由。（68司特）
二、撤銷羈押與停止羈押有何不同？除羈押原因消滅應予撤銷羈押外，法律有何擬制撤銷羈押之規定？（100軍法）

二、具保

（一）**具保之意義**：又稱爲「保釋」。即由被告及得爲其輔佐之人或辯護人，提出保證書或保證金，向法院聲請停止羈押之謂。

（二）**具保之程序**：

　1.聲請具保人：

　　⑴被告及得爲其輔佐人之人或辯護人，得隨時具保聲請停止羈押（刑訴110 I）。

　　⑵檢察官於偵查中得聲請法院命被告具保停止羈押（刑訴110II）。

　　⑶聲請之程式，以書面爲原則，言詞亦可。以言詞爲之者，應記明筆錄。

　2.具保之審查：

　　⑴具保停止羈押之審查，法院得聽取被告、辯護人或得爲被告輔佐人之人陳述意見（刑訴110III準107III）。

　　⑵偵查中法院爲具保停止羈押之決定時，除有第114條不得駁回之情形或檢察官聲請法院命被告具保停止羈押者外，應徵詢檢察官之意見（刑訴110IV）。

（三）**聲請具保之裁處**：對於聲請具保停止羈押，是否准駁，由法院審酌裁定之。如許可具保者，具保人就依法辦理具保手續，如不服法院對於具保之裁定（刑訴404 I②），或對於審判長、受命法官、受託法官或檢察官關於具保之處分有不服者得提起抗告，或聲請所屬法院撤銷或變更之（刑訴416 I①）。其准駁之情形爲：

1. 駁回聲請	⑴聲請違背法律上程式：如非刑訴法第110條之人，而爲被告聲請停止羈押者。 ⑵聲請無理由者：如認爲羈押之原因仍未消除，有繼續羈押之必要是。
2. 許可具保 停止羈押	⑴認其聲請有理由者： ⑵羈押之被告，有下列情形之一者，如經具保聲請停止羈押，不得駁回（刑訴114）： 　①所犯最重本刑爲3年以下有期徒刑、拘役或專科罰金之罪者。但累犯、常業犯、有犯罪之習慣、假釋中更犯罪或依第101條之1第1項羈押者，不在此限。

款所明定，抗告人以患有痼疾等情，向原法院聲請停止羈押，②懷胎5月以上或生產後2月未滿者。

③現罹疾病，非保外治療顯難痊癒者。依29抗6：「羈押之被告如有現罹疾病，恐因羈押而不能治療之情形，如經具保聲請停止羈押，不得率予駁回，為刑事訴訟法第一百十四條第三究竟所稱患病是否屬實，以及所患疾病有無因羈押而不能治療之虞，自應由原法院切予查明，以定其應否許可停止羈押，乃原法院迄未一查，竟謂抗告人所患痼疾非因羈押而不能治療，與上開條款不符，遽將其聲請駁回，自有未合。」

㈣許可具保之手續：

1.提出保證書及保證金額：許可停止羈押之聲請者，應命提出保證書，並指定相當之保證金額（刑訴111 I）。保證書以該管區域內殷實之人所具者為限，並應記載保證金額及依法繳納之事由（刑訴111II）。被告係犯專科罰金之罪者，指定之保證金額，不得逾罰金之最多額（刑訴112）。依32抗69號：「法院於許可停止羈押時，所指定之保證金額是否相當，應由法院斟酌案內一切情節，自由衡定，並非以罪名輕重為保證金額多寡之標準，被告所犯雖係殺人罪，然其犯罪情狀甚輕，且有減輕之原因，原審判決僅處有期徒刑三年，其羈押期間又已與刑期相當，縱聲請人為該被告不利益而上訴，然將來審判結果所處之刑是否必較原刑為重，究不可知，原裁定指定四百元金額之保證書，即不能謂為不當。」

2.指定之保證金額，如聲請人願繳納或許由第三人繳納者，免提出保證書（刑訴111III）。繳納保證金，得許以有價證券代之（刑訴111IV）。依22抗18號：「如法院審核案情，認為確有繳納現金之必要，自得命其繳納全部或一部之現金。」

㈤具保之效力：

1.許可停止羈押之聲請者，應於接受保證書或保證金後，停止羈押，將被告釋放（刑訴113）。

2.許可停止羈押之聲請者，得限制被告之住居（刑訴111V）。

㈥具保責任之發生：具保之被告逃匿者，應命具保人繳納指定之保證金額，並沒入之。不繳納者，強制執行。保證金已繳納者，沒入之（刑訴118 I）。所謂「逃匿者」，指逃亡與藏匿而言。此指被告於具保停止羈

押後故意逃匿者爲限，如因不可抗力發生阻礙，未能如期到案，即非故意逃匿，自不得依據該規定，沒入其保證金（27 抗 150）。此項沒入，以法院之裁定或檢察官之命令行之（刑訴 121 I, IV）。偵查中檢察官得爲沒入保證金之命令（刑訴 118 II）。在審判中逃匿者，由法院裁定之。案件在第三審上訴中，而卷宗及證物已送交該法院者，前項處分、羈押及其他關於羈押事項之處分，由第二審法院裁定之（刑訴 121 II）。第二審法院於爲前項裁定前，得向第三審法院調取卷宗及證物（刑訴 121 III）。

(七)**具保責任之免除與退保：**

1. 具保責任之免除	撤銷羈押、再執行羈押、受不起訴處分或因裁判而致羈押之效力消滅者，免除具保之責任（刑訴 119 I）。 (1)撤銷羈押：乃指羈押之原因消滅，法院應以裁定撤銷羈押，爲刑訴法 107 I、108 II, VII、109、259 I、316 之情形。 (2)再執行羈押：乃指刑訴法 117 之情形。 (3)不起訴處分：指刑訴法 259 I，羈押之被告受不起訴處分者。 (4)因裁判而致羈押之效力消滅：如被告受無罪、免訴、免刑、緩刑、罰金或易以訓誡之判決，則羈押之效力自然消滅。
2. 退保	具保證書或繳納保證金之第三人，將被告預備逃匿情形，於得以防止之際報告法院、檢察官或司法警察官而聲請退保者，法院或檢察官得准其退保。但另有規定者，依其規定（刑訴 119 II）。
3. 免保與退保	免除具保之責任或經退保者，應將保證書註銷或將未沒入之保證金發還（刑訴 119 III）。

三、責付

(一)**責付之意義**：乃法院將羈押之被告，得不命具保而交付於得爲其輔佐人之人或該管區域內其他適當之人，停止或免予羈押之謂（刑訴 115 I）。

(二)**責付與具保之不同：**

	責　付	具　保
1. 聲請不同	責付則由法院依職權爲之。	具保原則上須經聲請（亦有命令具保者）。
2. 保證內容不同	受責付者，應出具證書，載明如經傳喚應令被告隨時到場（刑 115 II）。	具保應提出保證書並指定相當之保證金額（刑訴 111 I）。

| 3. 負責人不同 | 受責付者，得為其輔佐人之人或該管區域內其他適當之人（刑訴115 I）。 | 具保由該管區域內殷實之人所具有（刑111 II）。 |
| 4. 負責內容不同 | 責付之被告逃匿者，僅得令其負追查找回被告，並無其他制裁方法。 | 具保之被告逃匿者，應命具保人繳納指定之保證金額，並沒入之。不繳納者，強制執行，保證金已繳納者，沒入之（刑訴118 I）。 |

習題：具保與責付有何不同？

㈢責付之程序：

　1.受責付人（刑訴115）：

　　⑴得為其輔佐人者：所謂「輔佐人」，即被告之配偶、直系或三親等內旁系血親或家長、家屬或被告之法定代理人。

　　⑵該管區域內其他適當之人。此指適合交付，得令被告出庭之人。即有正當職業、相當地位或信用者，均可認為適當之人，惟須由法院或檢察官斟酌定之。

　2.責付之命令：

　　⑴法院之裁定：有關刑訴法第115條之責付，由法院之裁定行之（刑訴121 I）。

　　⑵檢察官之聲請：檢察官於偵查中得聲請法院命被告責付停止羈押（刑訴116之1準110 II）。

㈣責付準用具保有關規定：羈押之被告經命責付者，準用刑訴法第110條第2項至第4項之規定。

　1.檢察官於偵查中，得聲請法院命被告責付停止羈押（準第2項）。

　2.法院對聲請責付停止羈押之審查，得聽取被告、辯護人或得為被告輔佐人之人陳述意見（準第3項）。

　3.偵查中法院為責付停止羈押之決定時，除有第114條經具保聲請停止羈押不得駁回，及檢察官於偵查中聲請法院命責付停止羈押之情形者外，應徵詢檢察官之意見（準第4項）。

㈤責付之效力：

　　1.停止羈押：羈押之被告，經責付於得爲其輔佐人之人或該管區域內其他適當之人，應停止羈押（刑訴 115 I）。

　　2.免予羈押：未羈押之被告，雖有羈押之原因，而無羈押之必要者，得因責付，而免予羈押（刑訴 101 之 2、93III、228IV）。

　　㈥**責付責任之免除**：撤銷羈押、再執行羈押、受不起訴處分或因裁判而致羈押之效力消滅者，免除責付責任（刑訴 119IV）。

四、限制住居

　　㈠**限制住居之意義**：即法院就羈押之被告，或有羈押之原因而無羈押必要之被告，不令具保，亦不責付，僅就被告現在之住居所，或限制其遷移，或指定相當處所，而限制被告住居於該處，以停止羈押之謂（刑訴116）。限制住居通常適用於具有身分或地位之人，或外來觀光之人，或身體衰弱不能移動之被告，且顯無逃亡或藏匿之虞者。

　　㈡**限制住居之情形**：有二種情形：

1. 單獨限制住居	(1)羈押之被告，得不命具保而限制其住居，停止羈押（刑訴 116）。 (2)被告經法官訊問後，雖有第 101 條第 1 項或第 101 條之 1 第 1項各款所定情形之一而無羈押之必要者，得逕命具保、責付或限制住居；其有第 114 條各款所定情形之一者，非有不能具保、責付或限制住居之情形，不得羈押（刑訴 101 之 2）。 (3)依刑訴法第 93 條第 3 項、第 228 條第 4 項規定，檢察官對被告亦得限制住居，免予羈押。 (4)依刑訴法第 109 條但書及第 316 條但書情形，法官亦得命限制住居。
2. 附帶限制住居	許可停止羈押之聲請者，應命提出保證書，並指定相當之保證金額，並得限制被告之住居（刑訴 111V）。通常對於國人犯罪防止其潛逃國外，或對觀光客或外國人、華僑在我國國內犯罪，恐其潛返原住居地，將來傳喚困難，影響偵審之進行，而有暫時限制其離境措施，此亦爲限制住居之一。

五、停止羈押之被告應遵守事項

　　因具保、責付、限制住居而停止羈押之被告，其羈押原因仍然存在，僅因無羈押必要或不適宜羈押，而准其保釋在外，但其保釋期間之行爲

仍應受到一定限制，以符合以具保、責付、限制住居替代羈押之目的，故應許法官於准許停止羈押時，斟酌個案之具體情形，命被告應遵守報到、不得實施危害或恐嚇行為及保外就醫者，未經許可，不得從事與治療目的顯然無關之活動等事項。又慮及個案具體情形不同，基於同前強化強制處分約束力之立法意旨，乃增訂一概括規定，於法院認為適當時，亦可命被告遵守一定之事項（第 116 條之 2 立法理由）。

　　法院許可停止羈押時，得命被告應遵守下列事項（刑訴 116 之 2）：

　　㈠定期向法院或檢察官報到。

　　㈡不得對被害人、證人、鑑定人、辦理本案偵查、審判之公務員或其配偶、直系血親、三親等內之旁系血親、二親等內之姻親、家長、家屬之身體或財產實施危害或恐嚇之行為。

　　㈢因第 114 條第 3 款之情形停止羈押者，除維持日常生活及職業所必需者外，未經法院或檢察官許可，不得從事與治療目的顯然無關之活動。

　　㈣其他經法院認為適當之事項。

第八節　再執行羈押

一、再執行羈押之意義

　　即停止羈押之被告，因具有法定羈押之原因，得命重行羈押之謂。

二、再執行羈押之要件

　　依刑訴法第 117 條第 1 項之規定，停止羈押後有下列情形之一者，得命再執行羈押：

　　㈠經合法傳喚無正當之理由不到場者。

　　㈡受住居之限制而違背者。

　　㈢本案新發生第 101 條第 1 項、第 101 條之 1 第 1 項各款所定情形之一者。

　　㈣違背法院依前條所定應遵守之事項者。

　　㈤所犯為死刑、無期徒刑或最輕本刑為 5 年以上有期徒刑之罪，被告

因第 114 條第 3 款之情形（現罹重病）停止羈押後，其停止羈押之原因已消滅，而仍有羈押之必要者。

三、再執行羈押之程序

(一)偵查中有前項情形之一者，由檢察官聲請法院行之（刑訴 117II）。

(二)再執行羈押之期間，應與停止羈押前已經過之期間合併計算（刑訴 117 III）。此為保護被告之利益所設之規定，並依刑訴法第 108 條第 1 項、第 5 項、第 7 項之規定辦理。

(三)法院依第 1 項之規定命再執行羈押時，準用第 103 條第 1 項之規定（刑訴 117IV）。即偵查中依檢察官之指揮；審判中依審判長或受命法官之指揮，由司法警察解送指定之看守所等規定，於再執行羈押當亦適用。

第九節　逕命具保、責付、限制住居之執行羈押

即法院許可停止羈押時，得命被告遵守第 116 條之 2 規定之有關事項，及停止羈押後有第 117 條之再執行羈押事由之規定，於下列三種情形準用之（刑訴 117 之 1 I）：

一、檢察官依第 93 條第 3 項但書，對於被告因拘提或逮捕到場，經訊問後，如認為有第 101 條第 1 項（即犯罪嫌疑重大，非予羈押，顯難進行追訴、審判或執行者，得羈押之），或第 101 條之 1 第 1 項（即犯罪嫌疑重大，有事實足認為有反覆實施同一犯罪之虞，而有羈押之必要者，得羈押之）各款所定情形之一，而無聲請羈押之必要，經逕命具保、責付、限制住居，或第 228 條第 4 項（被告經傳喚、自首或自行到場者，檢察官於訊問後，認為有第 101 條第 1 項各款或第 101 條之 1 第 1 項各款所定情形之一而無聲請羈押之必要者）得命具保、責付或限制住居，或法院依第 101 條之 2 逕命具保、責付、限制住居之情形，準用第 116 條之 2 與第 117 條，得命再執行羈押。

二、法院依前述之規定，命再執行羈押被告時，適用第 101 條、第 101

條之 1 之規定。即經訊問被告後，認為犯罪嫌疑重大而有第 101 條第 1 項所定各款情形之一，非羈押顯難進行追訴、審判或執行者，或法院訊問被告後，認為犯第 101 條之 1 第 1 項所列各款之罪，有事實足認有反覆實施同一犯罪之虞者，得羈押之。檢察官聲請法院羈押被告時，適用第 93 條第 2 項之規定，即被告因拘提或逮捕到場，經檢察官訊問後，認有羈押之必要，應自拘提或逮捕之時起 24 小時內，說明羈押之理由，聲請法院羈押之（刑訴 117 之 1 II）。

三、被告經依上述第 1 項之規定執行羈押者，原經命具保者，免除其具保之責任（刑訴 117 之 1 III）。

習題：被告雖有羈押原因，但因無羈押必要，經法院命具保後，問嗣後於何種情形下得再執行羈押？（91 檢）

第十節　有關羈押、沒入保證金及退保問題

刑訴法第 121 條對於上述之撤銷羈押，具保、責付或限制住居，停止羈押，保證金之沒入或退保，何者由法院以裁定行之，何者由檢察官以命令行之，為示明確，茲依本條說明於後：

一、以法院裁定行之

㈠法院裁定之項目：

1.刑訴法第 107 條：羈押於其原因消滅時，應即撤銷羈押，將被告釋放。

2.刑訴法第 109 條：被告羈押期間已逾原審判決之刑期而撤銷羈押後檢察官為被告之不利益而上訴，命具保、責付或限制住居者。

3.刑訴法第 110 條第 1 項：被告、輔佐人、辯護人具保向法院聲請停止羈押者。

4.刑訴法第 115 條：羈押之被告，得不命具保而責付於輔佐人或其他適當之人，停止羈押者。

5.刑訴法第 116 條：羈押之被告，不命具保而限制其住居，停止羈

押者。

6.刑訴法第 118 條第 1 項：具保之被告逃匿，命具保人繳納指定之保證金額，並沒入者。

7.刑訴法第 119 條第 2 項：具保證書或繳納保證金之第三人，將被告預備逃匿情形，於得以防止之際報告法院、檢察官或司法警察官而聲請退保者，法院或檢察官得准其退保者。

㈡**法院裁定之程序**：

1.案件在第三審上訴中，而卷宗及證物已送交該法院者，前項處分、羈押及其他關於羈押事項之處分，由第二審法院裁定之（刑訴 121 II）。

2.第二審法院於為前項裁定前，得向第三審法院調取卷宗及證物（刑訴 121 III）。

二、以檢察官命令行之（刑訴 121 IV）

㈠**檢察官命令之項目**：

1.檢察官依第 118 條第 2 項，即檢察官依第 93 條第 3 項但書，命具保之被告發生逃匿，命具保人繳納指定之保證金額並沒入者。

2.檢察官於偵查中依第 119 條第 2 項，經具保證書或繳納保證金之第三人，將被告預備逃匿情形，於得以防止之際報告法院、檢察官或司法警察官而聲請退保者。

3.檢察官於偵查中依第 93 條第 3 項但書，被告或犯罪嫌疑人因拘提或逮捕到場者，經詢問後，如認為有第 101 條第 1 項或第 101 條之 1 第 1 項各款所定情形之一而無聲請羈押之必要者，得逕命具保、責付或限制住居者。

4.檢察官於偵查中依第 228 條第 4 項，被告經傳喚、自首或自行到場者，檢察官於訊問後，認有第 101 條第 1 項各款或第 101 條之 1 第 1 項各款所定情形之一而無聲請羈押之必要者，得命具保、責付或限制住居。

第十一章　搜索及扣押

第一節　搜索概說

一、搜索之意義

　　所謂「搜索」（英：search；德：Durchsuchung；法：recherche），即法官為發現被告或犯罪嫌疑人之證據物件，對於人之身體、物件、電磁紀錄及住宅或其他處所，施以強制檢查處分之謂。

二、搜索之目的

　　㈠**發現犯罪之證據**：搜索之目的在於發現犯罪之證據，可為證據之物，凡有直接或間接可為證據之物均屬之。此不問被告有利或不利之證據。

　　㈡**可得沒收之物**：依刑法第 38 條之規定：

　　　1.違禁物。

　　　2.供犯罪所用或犯罪預備之物。

　　　3.因犯罪所生或所得之物。

　　以上除違禁物，不問屬於犯罪行為人與否均得沒收外，其餘以屬於犯罪行為人者為限，得沒收之。

三、搜索之客體

　　㈠**對被告及犯罪嫌疑人**：對於被告或犯罪嫌疑人之身體、物件、電磁紀錄及住宅或其他處所，必要時得搜索之（刑訴 122 I）。本規定共有四點：

　　　1.身體搜索：搜索身體有分男女，原則上搜索婦女之身體，應命婦女行之。但不能由婦女行之者，不在此限（刑訴 123），如緊急情形等是。

　　　2.物件搜索：人所攜帶或保管之物件，不論所有或占有物均得進行搜索。

　　　3.電磁紀錄：所謂「電磁紀綠」，即以電子、磁性、光學或其他相類之方式所製成，而供電腦處理之紀錄（刑 10VI）。現代電腦已相當普及，

犯罪嫌疑人往往在電腦中紀錄有很多犯罪證據，因此當可列爲搜索對象。

　　4.住宅及其他處所：住宅爲被告及犯罪嫌疑人之生活根據地，如有犯罪證據可能也是藏在個人之住處。至於其他處所爲概括之規定，如船艦、建築物、辦公處所等。

　　㈡**第三人之搜索**：對於第三人之身體、物件、電磁紀錄及住宅或其他處所，以有相當理由可信爲被告或犯罪嫌疑人或應扣押之物或電磁紀錄存在時爲限，得搜索之（刑訴 122 II）。

四、搜索之機關

　　㈠**核發搜索票之機關**：法官爲核發搜索票之唯一機關。

　　㈡**實施搜索之機關**：搜索，除由法官或檢察官親自實施外，由檢察事務官、司法警察官或司法警察執行（刑訴 128 之 2 I）。檢察事務官爲執行搜索，必要時，得請求司法警察官或司法警察輔助（刑訴 128 之 2 II）。

　　㈢**囑託搜索或扣押**：亦得在司法互助之下，由審判長或檢察官囑託應行搜索、扣押地之法官或檢察官行之。受託法官或檢察官發現應在他地行搜索、扣押者，該法官或檢察官得轉囑託該地之法官或檢察官（刑訴 153）。

　　㈣**逕行搜索**：檢察官、司法警察官或司法警察偵查犯罪，逕行拘提時，亦得逕行搜索（刑訴 88 之 1 III），又在急迫情形下，有事實足認犯罪嫌疑人或被告確實在內急須進行搜索者，得逕行搜索之（刑訴 131）。

第二節　搜索之程序

一、搜索應持搜索票

　　㈠**搜索票，應記載下列事項**（刑訴 128 II）：

　　　1.案由。

　　　2.應搜索之被告、犯罪嫌疑人或應扣押之物。但被告或犯罪嫌疑人不明時，得不予記載。

　　　3.應加搜索之處所、身體、物件或電磁紀錄。

4.有效期間，逾期不得執行搜索及搜索後應將搜索票交還之意旨。

㈡**搜索票之核發**：搜索票，由法官簽名。法官並得於搜索票上對執行人員為適當之指示（刑訴 128Ⅲ）。核發搜索票之程序，不公開之（刑訴 128 Ⅳ）。

㈢**搜索票之提示**：法官、檢察官、檢察事務官、司法警察官或司法警察執行搜索及扣押，除依法得不用搜索票之情形外，應以搜索票示第 148 條在場之人（刑訴 145）。

二、搜索票之聲請

㈠**檢察官之聲請**：偵查中檢察官認有搜索之必要者，除第 131 條第 2 項所定情形外，應以書面記載第 128 條第 2 項各款之事項，並敘述理由，聲請該管法院核發搜索票（刑訴 128 之 1Ⅰ）。

㈡**司法警察官之聲請**：司法警察官因調查犯罪嫌疑人犯罪情形及蒐集證據，認有搜索之必要時，得依前項規定，報請檢察官許可後，向該管法院聲請核發搜索票（刑訴 128 之 1Ⅱ）。

㈢前二項之聲請經法院駁回者，不得聲明不服（刑訴 128 之 1Ⅲ）。

三、搜索之執行

㈠ **要式搜索**	須持搜索票進行搜索。 1.檢察事務官、司法警察官、司法警察之執行搜索：搜索，除由法官或檢察官親自實施外，由檢察事務官、司法警察官或司法警察執行。檢察事務官為執行搜索，必要時，得請求司法警察官或司法警察輔助（刑訴 128 之 2）。 2.囑託搜索或扣押：搜索或扣押，得由審判長或檢察官囑託應行搜索、扣押地之法官或檢察官行之。受託法官或檢察官發現應在他地行搜索、扣押者，該法官或檢察官得轉囑託該地之法官或檢察官（刑訴 153）。
㈡ **不要式搜索**	或稱無搜索票之搜索。 1.附帶搜索：檢察官、檢察事務官、司法警察官或司法警察逮捕被告、犯罪嫌疑人或執行拘提、羈押時，雖無搜索票，得逕行搜索其身體、隨身攜帶之物件、所使用之交通工具及其立即可觸及之處所（刑訴 130）。 依第 87 條、第 88 條規定，檢察官有逮捕被告之權，檢察事務

官有執行拘提之職權，另司法警察調查中逮捕、拘提對象稱犯罪嫌疑人，在合法逮捕後之附帶搜索，除被告身體外，對於放在身旁之手提包，所坐之沙發，所開之車輛等，應納入盤點搜索之範圍。

2. 緊急搜索：又稱逕行搜索。有下列情形之一者，檢察官、檢察事務官、司法警察官或司法警察，雖無搜索票，得逕行搜索住宅或其他處所（刑訴131 I）：

(1)因逮捕被告、犯罪嫌疑人或執行拘提、羈押，有事實足認被告或犯罪嫌疑人確實在內者。

(2)因追躡現行犯或逮捕脫逃人，有事實足認現行犯或脫逃人確實在內者。

(3)有明顯事實足信為有人在內犯罪而情形急迫者。

3. 檢察官偵查中逕行搜索：檢察官於偵查中確有相當理由認為情況急迫，非迅速搜索，24 小時內證據有偽造、變造、湮滅或隱匿之虞者，得逕行搜索，或指揮檢察事務官、司法警察官或司法警察執行搜索，並層報檢察長（刑訴131 II）。

4. 逕行搜索後之陳報法院：前二項搜索，由檢察官為之者，**應於實施後 3 日內陳報該管法院**；由檢察事務官、司法警察官或司法警察為之者，應於執行後 3 日內報告該管檢察署檢察官及法院。**法院認為不應准許者，應於 5 日內撤銷之。**第 1 項、第 2 項之搜索執行後未陳報該管法院或經法院撤銷者，審判時法院得宣告所扣得之物，不得作為證據（刑訴131 III,IV）。

5. 同意搜索：搜索，經受搜索人出於自願性同意者，得不使用搜索票。但執行人員應出示證件，並將其同意之意旨記載於筆錄（刑訴131之1）。

習題：

一、刑事訴訟法第131條第1項規定司法警察或司法警察官在特定情形下，雖無搜索票，得逕行搜索住宅或其他處所，試申論之。（85律）

二、檢察事務官無搜索票，可否逕行實施搜索？若不可以，其理由為何？若可以，其依據為何？（89檢）

三、檢察事務官執行附帶搜索或同意搜索後，是否均應於三日內報告該管檢察署檢察官及法院？其理由為何？（92檢）

四、依刑事訴訟法第130條之規定，檢察事務官或司法警察人員依法拘提、逮捕被告或犯罪嫌疑人時，雖無搜索票，得逕行搜索一定的範圍，理由安在？此項得逕行搜索之範圍如何？（94檢）

五、當證據取得係出於「同意搜索」時，應注意那些要件之審查？試敘述之。（100普法政）

四、搜索後之處理

　　檢察官或司法警察官於聲請核發之搜索票執行後，應將執行結果陳報核發搜索票之法院，如未能執行者，應敘明其事由（刑訴132之1）。

五、執行搜索之注意事項

　　㈠**搜索票之提示**：法官、檢察官、檢察事務官、司法警察官或司法警察執行搜索及扣押，除依法得不用搜索票之情形外，應以搜索票示第148條在場之人（刑訴145）。而執行搜索者提示搜索票後，並命當事人在搜索筆錄上簽名。

　　㈡**搜索、扣押之必要處分**：因搜索及扣押得開啟鎖扃、封緘或爲其他必要之處分（刑訴144Ⅰ）。執行扣押或搜索時，得封鎖現場，禁止在場人員離去，或禁止第143條所定之被告、犯罪嫌疑人或第三人以外之人進入該處所（刑訴144Ⅱ）。對於違反前項禁止命令者，得命其離開或交由適當之人看守至執行終了（刑訴144Ⅲ）。

　　㈢**搜索、扣押之在場人**：

　　　1.一般住居所之搜索或扣押：在有人住居或看守之住宅或其他處所內行搜索或扣押者，應命住居人、看守人或可爲其代表之人在場；如無此等人在場時，得命鄰居之人或就近自治團體之職員在場（刑訴148）。

　　　2.政府或軍事機關之搜索、扣押：在政府機關、軍營、軍艦或軍事上秘密處所內行搜索或扣押者，應通知該管長官或可爲其代表之人在場（刑訴149）。

　　　3.當事人或審判中之辯護人：當事人及審判中之辯護人得於搜索或扣押時在場。但被告受拘禁，或認其在場於搜索或扣押有妨害者，不在此限（刑訴150Ⅰ）。搜索或扣押時，如認有必要，得命被告在場（刑訴150Ⅱ）。行搜索或扣押之日、時及處所，應通知前二項得在場之人。但有急迫情形時，不在此限（刑訴150Ⅲ）。

　　㈣**暫停搜索、扣押之處分**：搜索或扣押暫時中止者，於必要時應將該處所閉鎖，並命人看守（刑訴151）。

　　㈤**證明書之付與**：經搜索而未發見應扣押之物者，應付與證明書於受

搜索人（刑訴125）。

㈥**強制搜索**：抗拒搜索者，得用強制力搜索之。但不得逾必要之程度（刑訴132）。

㈦**另案扣押**：實施搜索或扣押時，發見另案應扣押之物亦得扣押之，分別送交該管法院或檢察官（刑訴152）。

㈧**附帶扣押**：檢察官、檢察事務官、司法警察官或司法警察執行搜索或扣押時，發現本案應扣押之物為搜索票所未記載者，亦得扣押之（刑訴137Ⅰ）。其搜索由檢察官為之者，應於實施後 3 日內陳報該管法院；由檢察事務官、司法警察官或司法警察為之者，應於執行後 3 日內報告該管檢察署檢察官及法院。法院認為不應准許者，應於 5 日內撤銷之（刑訴137Ⅱ準131Ⅲ）。

㈨**搜索執行結果之陳報**：檢察官或司法警察官於聲請核發之搜索票執行後，應將執行結果陳報核發搜索票之法院，如未能執行者，應敘明其事由（刑訴132之1）。

第三節　搜索之限制

一、人身之限制

㈠**婦女搜索之限制**：搜索婦女之身體，應命婦女行之。但不能由婦女行之者，不在此限（刑訴123）。

㈡**對第三人搜索之限制**：對於第三人之身體、物件、電磁紀錄及住宅或其他處所，以有相當理由可信為被告或犯罪嫌疑人或應扣押之物或電磁紀錄存在時為限，得搜索之（刑訴122Ⅱ）。

㈢**注意受搜索人名譽**：搜索應保守秘密，並應注意受搜索人之名譽（刑訴124）。

二、物件之限制

㈠**一般公務與文書**：政府機關或公務員所持有或保管之文書及其他物件應扣押者，應請求交付。但於必要時得搜索之（刑訴126）。

㈡**付與證明書以防再受搜索**：經搜索而未發見應扣押之物者，應付與證明書於受搜索人（刑訴125）。以免來日再受騷擾搜索。

三、處所之限制

軍事上應秘密之處所，非得該管長官之允許，不得搜索。此項情形，除有妨害國家重大利益者外，不得拒絕（刑訴127）。

本規定係第 126 條但書之補充規定。蓋軍事上應秘密之處所，有關國防，或國家重要機密，對於整個國家的安全利益，影響至鉅，與犯罪之追訴，二者權衡，自以國家安全為重，為免國家機密之洩漏，故規定搜索時，必須獲得該管長官之允許，如該管長官拒絕者，則不能強制執行。有二則案例，提出說明與解釋：

案例：

一、2006 年 4 月 24 日由王○○檢察官率領十餘位檢調人員，當時檢察官就命令國科會副主委謝清志的機要秘書曾煥基打開國家安全有關機密文件的保險箱，其內收藏國安會的科技國防機密文件與會議紀錄，因該紀錄，非通過安全查核，是不得瀏覽、閱讀或擁有，但檢察官還祭出搜索令命他配合，結果檢察官在保險箱裏，沒有找到任何證據①。本案例如屬事實，有無違反搜索之限制，類似情形，可能會重演，因此法務單位應針對此有一致而統一之處理方式，以為今後執法人員之遵循。

二、憲法第 52 條規定之刑事豁免權，依釋字第 627 號解釋：「總統之刑事豁免權，不及於因他人刑事案件而對總統所為之證據調查與證據保全。惟如因而發現總統有犯罪嫌疑者，雖不得開始以總統為犯罪嫌疑人或被告之偵查程序，但得依本解釋意旨，為必要之證據保全，即基於憲法第五十二條對總統特殊身分尊崇及對其行使職權保障之意旨，上開因不屬於總統刑事豁免權範圍所得進行之措施及保全證據之處分，均不得限制總統之人身自由，例如拘提或對其身體之搜索、勘驗與鑑定等，亦不得妨礙總統職權之正常行使。其有搜索與總統有關之特定處所以逮捕特定人、扣押特定物件或電磁紀錄之必要者，立法機關應就搜索處所之限制、總統得拒絕搜索或扣押之事

---

① 謝清志、彭琳淞著，《謝清志的生命振動》，2008 年 10 月，玉山社，頁 160。

由，及特別之司法審查與聲明不服等程序，增訂適用於總統之特別規定。於該法律公布施行前，除經總統同意者外，無論上開特定處所、物件或電磁紀錄是否涉及國家機密，均應由該管檢察官聲請高等法院或其分院以資深庭長為審判長之法官五人組成特別合議庭審查相關搜索、扣押之適當性與必要性，非經該特別合議庭裁定准許，不得為之，但搜索之處所應避免總統執行職務及居住之處所。其抗告程序，適用刑事訴訟法相關規定。

總統之刑事豁免權，亦不及於總統於他人刑事案件為證人之義務。惟以他人為被告之刑事程序，刑事偵查或審判機關以總統為證人時，應準用民事訴訟法第三百零四條：「元首為證人者，應就其所在詢問之」之規定，以示對總統之尊崇。

總統不受刑事訴究之特權或豁免權，乃針對總統之職位而設，故僅擔任總統一職者，享有此一特權；擔任總統職位之個人，原則上不得拋棄此一特權。」

四、時間之限制

㈠**原則上**：有人住居或看守之住宅或其他處所，不得於夜間入內搜索或扣押（刑訴 146 I 前段）。

㈡**例外情形得於夜間搜索**：

　1.經住居人同意或急迫情形：經住居人、看守人或可為其代表之人承諾或有急迫之情形者，不在此限（刑訴 146 I 但）。

　2.日間搜索之繼續：日間已開始搜索或扣押者，得繼續至夜間（刑訴 146 III）。

　3.夜間得入內搜索或扣押：下列處所，夜間亦得入內搜索或扣押（刑訴 147）：

　　⑴假釋人住居或使用者。

　　⑵旅店、飲食店或其他於夜間公眾可以出入之處所，仍在公開時間內者。

　　⑶常用為賭博、妨害性自主或妨害風化之行為者。

㈢**夜間之定義**：夜間即為日出前日沒後（刑訴 100 之 3 III）。係中央氣象局公布之夜間時間（見第一編第八章第二節）。

㈣**夜間搜索之記明**：於夜間搜索或扣押者，應記明其事由於筆錄（刑訴146Ⅱ）。

習題：刑事訴訟法規定，對於有人住居或看守之住宅或其他處所，不得於夜間入內搜索或扣押。請問，該夜間搜索之禁止原則有那些例外？又，違反夜間搜索之禁止原則所扣得之物，是否有證據能力？（95檢）

第四節　扣　押

一、扣押之意義

所謂「扣押」（英：seizure；德：Beschlagnahme；法：saisie），即檢察官、審判長或受命法官，就可為證據或得沒收之物，取得占有之強制處分。

二、搜索與扣押之不同

	搜　索	扣　押
㈠ **目的不同**	為發現被告或犯罪嫌疑人之證據物件或可得沒收之物為目的。	為保全證據或可得沒收之物而設，每於搜索之後執行之。
㈡ **對象不同**	為對人兼對物之處分。	專為對物之處分。

習題：何謂扣押？搜索與扣押有何不同？

三、扣押之客體

㈠**扣押物**：可為證據或得沒收之物，得扣押之（刑訴133Ⅰ）。所謂「**證據**」，係指直接間接足以證明犯罪行為之一切證人、證物而言（30上128）。所謂「**得沒收之物**」，除刑法第38條之規定，如違禁物，供犯罪所用或犯罪預備之物，因犯罪所生或所得之物而言。此外尚有其他刑事法令之中，得專科沒收之物。至於扣押之物，如該物有扣押之必要，不論係屬於被告所有或屬第三人所有，或在他人持有保管之中，均得扣押之。因此對於應扣押物之所有人、持有人或保管人，得命其提出或交付（刑訴133Ⅱ）。

㈡**扣押物之限制**：

　　1.一般公務、公文書：政府機關或公務員所持有或保管之文書及其他物件應扣押者，應請求交付。但於必要時得搜索之（刑訴 126）。蓋搜索為扣押之手段，本條雖允許搜索，但扣押時，應請求其交付，如涉及秘密而被拒絕，則應依刑訴法第 134 條處理。

　　2.應守密之公物、公文書：政府機關、公務員或曾為公務員之人所持有或保管之文書及其他物件，如為其職務上應守秘密者，非經該管監督機關或公務員允許，不得扣押（刑訴 134 I）。在此所謂「**文書**」，大都以文字表示其意思，記載於紙張之上而言。此包括公文書及私文書。所謂「**其他物件**」，即文書以外之一切物件而言。如國防部擬具之作戰計畫或新武器之製作過程，或財政部之金融改革計畫等是。

　　所謂「**該管監督機關或公務員**」，係指主管監督機關或公務員而言。因此法院或檢察官扣押時，自應取得該管監督機關或公務員允許，否則不得扣押。

　　前項允許，除有妨害國家之利益者外，不得拒絕（刑訴 134II）。所謂「**妨害國家利益**」，則依客觀之事實予以認定，不可只依主觀意旨而任意拒絕而影響扣押處分之進行。至如扣押時遭受到該機關或公務員拒絕時，當可依刑訴法第 138 條之規定，以強制力扣押之。

　　3.郵電：郵政或電信機關，或執行郵電事務之人員所持有或保管之郵件、電報，有下列情形之一者，得扣押之（刑訴 135 I）：

　　　⑴有相當理由可信其與本案有關係者。

　　　⑵為被告所發或寄交被告者。但與辯護人往來之郵件、電報，以可認為犯罪證據或有湮滅、偽造、變造證據或勾串共犯或證人之虞，或被告已逃亡者為限。

　　為前項扣押者，應即通知郵件、電報之發送人或收受人。但於訴訟程序有妨害者，不在此限（刑訴 135II）。

四、扣押之機關

　　搜索票既由法官簽名（刑訴 128III），而搜索為扣押之手段，因此法官為扣押之唯一機關，但扣押之執行機關則分為二種：

㈠**扣押之執行機關**：扣押，除由法官或檢察官親自實施外，得命檢察事務官、司法警察官或司法警察執行（刑訴 136 Ⅰ）。命檢察事務官、司法警察官或司法警察執行扣押者，應於交與之搜索票內，記載其事由（刑訴 136Ⅱ）。

㈡**囑託扣押**：搜索或扣押，得由審判長或檢察官囑託應行搜索、扣押地之法官或檢察官行之（刑訴 153 Ⅰ）。受託法官或檢察官發現應在他地行搜索、扣押者，該法官或檢察官得轉囑託該地之法官或檢察官（刑訴 153 Ⅱ）。

五、扣押之程序

　搜索為扣押之手段，搜索之目的既在發現犯罪之證據物件或可得沒收之物以便扣押之。則兩者之關係密切，因此扣押之程序除下列規定外，與搜索相同：

㈠ 扣押之執行	扣押，除由法官或檢察官親自實施外，得命檢察事務官、司法警察官或司法警察執行（刑訴 136 Ⅰ）。命檢察事務官、司法警察官或司法警察執行扣押者，應於交與之搜索票內，記載其事由（刑訴 136Ⅱ）。
㈡ 應扣押之物件	1.搜索票應記載應扣押之物：搜索票應記載應搜索之被告、犯罪嫌疑人或應扣押之物。但被告或犯罪嫌疑人不明時，得不予記載（刑訴 128Ⅱ②）。 2.附帶扣押：檢察官、檢察事務官、司法警察官或司法警察執行搜索或扣押時，發現本案應扣押之物為搜索票所未記載者，亦得扣押之。第 131 條第 3 項之規定，於此項情形準用之（刑訴 137）。 3.另案扣押：實施搜索或扣押時，發現另案應扣押之物亦得扣押之，分別送交該管法院或檢察官（刑訴 152）。
㈢ 強制扣押	應扣押物之所有人、持有人或保管人無正當理由拒絕提出或交付或抗拒扣押者，得用強制力扣押之（刑訴 138）。所謂「**正當理由**」，係指刑訴法第 134 條之情形；如政府機關、公務員或曾為公務員之人所持有或保管之文書及其他物件，如為其職務上應守秘密者，非經該管監督機關或公務員之允許，不得扣押（刑訴 134 Ⅰ），此項允許，除有妨害國家之利益者外，不得拒絕（刑訴 134Ⅱ）。
㈣ 扣押物之處置	1.製作收據、封緘：扣押，應製作收據，詳記扣押物之名目，付與所有人、持有人或保管人。扣押物，應加封緘或其他標識，由扣押之機關或公務員蓋印（刑訴 139）。

	2. 扣押物之看守、保管、毀棄：扣押物，因防其喪失或毀損，應爲適當之處置。不便搬運或保管之扣押物，得命人看守，或命所有人或其他適當之人保管。易生危險之扣押物，得毀棄之（刑訴140）。
	3. 扣押物之拍賣：得沒收之扣押物，有喪失毀損之虞或不便保管者，得拍賣之，保管其價金（刑訴141）。
	4. 留存物之準用：被告、犯罪嫌疑人或第三人遺留在犯罪現場之物，或所有人、持有人或保管人任意提出或交付之物，經留存者，準用前四條之規定（刑訴143）。
(五) 扣押之必要處分	如開啓鎖扃、封緘等之處分（刑訴144）與搜索之說明相同。
(六) 扣押之紀錄	扣押應製作筆錄，記載實施之年、月、日及時間、處所及其他必要之事項，並詳載扣押物之名目，或附上目錄，由在場之人簽名、蓋章或捺指印。

習題：司法警察官甲持拘票前往被告乙之家中進行拘提時，發現另案應扣押之物，甲除拘提乙之外，對另案應扣押之物亦予以扣押。問甲之行爲是否合法？（93司）

六、扣押物之發還

扣押物未經諭知沒收者，應即發還於權利人（刑訴317 I 前段）。

(一)**無留存必要的扣押物**：扣押物若無留存之必要者，不待案件終結，應以法院之裁定或檢察官命令發還之（刑訴142 I 前段）。此扣押物指不得沒收之物，又無留存作證據之必要者爲限。

(二)**扣押因請求而暫時發還**：扣押物因所有人、持有人或保管人之請求，得命其負保管之責，暫行發還（刑訴142 II）。此之「暫行發還」，只是暫時停止扣押之執行，其扣押之效力依然存在，將來如有需要，得命其提出或交付，如將來本案判決，未諭知扣押物之沒收，視爲已有發還之裁定（刑訴318 II）。

(三)**扣押贓物之發還**：扣押物如係贓物而無第三人主張權利者，應發還被害人（刑訴142 I 後段）。所謂贓物，指因財產上之犯罪所取得之財物。贓

物包括動產與不動產。關於贓物之發還，依民法第 949 條：「占有物如係盜贓、遺失物或其他非基於原占有人之意思而喪失其占有者，原占有人自喪失占有之時起二年以內，得向善意受讓之現占有人請求回復其物。」惟有下列之限制：

1. 民法第 950 條：「盜贓、遺失物或其他非基於原占有人之意思而喪失其占有之物，如現占有人由公開交易場所，或由販賣與其物同種之物之商人，以善意買得者，非償還其支出之價金，不得回復其物。」

2. 民法第 951 條：「盜贓、遺失物或其他非基於原占有人之意思而喪失其占有之物，如係金錢或未記載權利人之有價證券，不得向其善意受讓之現占有人請求回復。」

㈣**不起訴或緩起訴處分對扣押物之發還**：檢察官對被告為不起訴或緩起訴之處分者，扣押物應即發還。但法律另有規定、再議期間內、聲請再議中或聲請法院交付審判中遇有必要情形，或應沒收或為偵查他罪或他被告之用應留存者，不在此限（刑訴 259 II）。

㈤**判決後扣押物之處分**：扣押物未經諭知沒收者，應即發還。但上訴期間內或上訴中遇有必要情形，得繼續扣押之（刑訴 317）。

㈥**扣押物不能發還之公告及其效果**：扣押物之應受發還人所在不明，或因其他事故不能發還者，檢察官應公告之；自公告之日起滿 6 個月，無人聲請發還者，以其物歸屬國庫。雖在這 6 個月期間內，其無價值之物得廢棄之；不便保管者，得命拍賣保管其價金（刑訴 475）。

第十二章　證　據

第一節　通　則

第一款　證據概說

一、證據之意義

所謂「**證據**」（英：evidence；德：Beweis；法：preuve），係指直接間接足以證明犯罪行為之一切證人、證物而言（30上128）。是故，犯罪事實應依證據認定之，無證據不得認定犯罪事實（刑訴154II）。

在此，刑事訴訟法上所謂認定犯罪事實之證據，係指足以認定被告確有犯罪行為之積極證據而言，該項證據自須適合於被告犯罪事實之認定，始得採為斷罪資料（29上3105）。

下列若干名詞須加以說明：

㈠**舉證**：當事人依法定程序，向法院提供證據方法之行為，稱為舉證。

㈡**調查證據**：法院依法定訴訟程序，調查證據方法，以發現事實真相之證據之行為，稱為調查證據。如訊問證人、鑑定人、實施勘驗、辨認證據等均屬之。

二、證據之種類

㈠ 本證與反證	1.**本證**（德：Hauptbeweis）：即負有證明犯罪事實存在之當事人，為證明該事實而提出之證據方法，謂之本證。又稱為攻擊證據，或積極證據。係對於反證而言。在當事人進行主義，原告負舉證之責，應提出被告犯罪事實之證據，並舉出證明之方法，此即本證。 2.**反證**（德：Gegenbeweis）：即在訴訟法上，證明沒有犯罪責任之當事人，所提出有利於自己之證據，稱之為反證。又稱為防禦證據或無罪證據。
㈡ 直接證據與	1.**直接證據**（德：unmittelbarer Beweis；法：preuve directe）：即直接足以證明該當法條之構成要件的事實者，稱為直接證據。

間接證據	譬如在犯罪現場之目擊證人，即屬之。又稱爲單純證據或確實性證據。 2.**間接證據**（德：mittelbarer Baeweis；法：preuve indirecte）：即是否存在間接事實或輔助事實有關的證據。易言之，即間接證明主要事實之證據。如遺留犯罪現場之指紋，或對不在場證明提供作證之證人。又稱爲情況證據或可能性證據。
(三) 主要證據與 補強證據	1.**主要證據**：凡是足以主要證明犯罪事實的證據，稱爲主要證據；又稱爲**獨立證據**。例如甲證人看到乙舉槍殺丙是。 2.**補強證據**（英：corroborating evidence；法：corroboration）：一般認爲，係爲補強其他證據之證明力之用的證據。也可以說是對同一事實之其他不同性質的證據。 　　依刑訴法第 156 條第 2 項：「被告或共犯之自白，不得作爲有罪判決之唯一證據，仍應調查其他必要之證據，以察其是否與事實相符。」此自白即爲主要證據，其他必要之證據，即爲補強證據。
(四) 原始證據與 傳聞證據	1.**原始證據**：凡是與待證事實具有原始關係的證據，稱爲原始證據。可分爲： (1)原始的直接證據：如甲見乙持槍射傷丙，甲之證言及凶槍，即爲原始之直接證據。 (2)原始的間接證據：如甲於兇殺當時，見乙從現場逃出。 2.**傳聞證據**（英：hearsay evidence；德：Zeugnis von Hörensagen）： (1)大陸法系：認爲係不依據證人本身之所知所見，而是將他人之所知所見，加以傳達供述之謂。因傳聞之過程容易介入其他因素，因此其是非判斷之取捨，乃是自由心證之問題，故不影響證據能力。 (2)英美法系：認爲係未經過相對當事人反對詰問之供述之謂。通常這類證據因難以信任，因此其證據能力受到限制。 　　按傳聞法則係由英、美發展而來，隨陪審制度之發達而成長，但非僅存在於陪審裁判，已進化爲近代之直接審理主義及言詞審理主義，並認訴訟當事人有反對詰問權，因此傳聞法則與當事人進行主義有密切關聯，其主要之作用即在確保當事人之反對詰問權。 　　由於傳聞證據，有悖直接審理主義及言詞審理主義諸原則，影響程序正義之實現，應予排斥，已爲英美法系及大陸法系國家所共認，惟因二者所採訴訟構造不同，採英美法系當事人進行主義者，重視當事人與證據之關係，排斥傳聞證

據，以保障被告之反對詰問權；採大陸法系職權進行主義者，則重視法院與證據之關係，其排斥傳聞證據，乃因該證據非在法院直接調查之故。

譬如：證人所作證詞是目睹「甲殺乙」之情形。

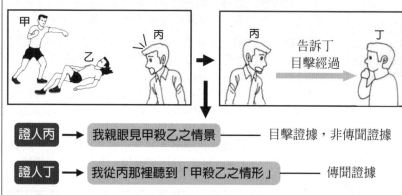

證人丙 ➡ 我親眼見甲殺乙之情景	—— 目擊證據，非傳聞證據
證人丁 ➡ 我從丙那裡聽到「甲殺乙之情形」	—— 傳聞證據

（五） 證據方法： 人證、物證 與書證	1.**人證**（英：personal evidence）：即以人之言語供述思想內容為證據者，稱為人證（包括證人、鑑定人等）。故又稱**口頭證據**（oral evidence），因被告之任意供述也可成為證據，在此情形下，被告也可以說是人證。 2.**物證**（英：real evidence）：非以言語供述，而依感覺實驗作為證據之物理性存在之謂。又稱為**證據物**。人亦可因身體之物理性存在（如創傷、紋身、刺青等），而成為證據時，即屬物證。依刑訴法，審判長應將證物提示當事人、代理人、辯護人或輔佐人，使其辨認（刑訴 164）。 3.**書證**（英：documentary evidence；德：Urkundenbeweis；法：preuve littérale）：尤其是**證據書類**，即以書面之內容或其意義作為證據者，稱為書證。因此書證之觀念，其中有部分與物證相競合。 　　以書面之內容或其意義作為證據者，如證據書類，此如刑訴法第 165 條第 1 項：「卷宗內之筆錄及其他文書可為證據者，審判長應向當事人、代理人、辯護人或輔佐人宣讀或告以要旨。」
（六） 供述證據與 非供述證據	1.**供述證據**（英：testimonial evidence）：即以人之供述為內容之證據。通常以言語（口頭之發言或書面之記載）表述一般是人的**知覺—記憶—再敘述的過程**所得到的證據為多；譬如證人在法庭的證言，被告或關係人之供述調查等是。例外也有

以動作表示之情形（如對詢問之點頭暗示或者指出等）。供述證據雖與非供述相對照，但其區別並不與人的證據與物的證據之區別不一致，在人的證據上，如其供述雖是供述證據，但在身體檢查時所得到的結果（如傷痕）則成非供述證據。又供述的書面，雖是物的證據，但也是供述證據。

2.**非供述證據**：供述證據以外的所有證據，稱為非供述證據，如事實之痕跡以物之形狀殘留下來的證據物，其中如人體的狀態（傷痕）或犯行所使用之兇器等物證是。又關於證據物之書面，係兼有供述證據之性質。

第二款　證據與犯罪事實

一、無罪推定原則

所謂「**無罪之推定**」（英：presumption of innocence）。乃刑事訴訟法上所適用之對象，係依犯罪事實之認定，依憑證據，適用法律，依據經驗法則以為裁判。在採證據裁判主義之原則下，被告未經審判證明有罪確定前，推定其為無罪（刑訴 154 I），此即無罪之推定。

此源自十八世紀末「法國人權宣言」第 9 條，其後「世界人權宣言」第 11 條第 1 項規定：「凡受刑事控告者，在未經獲得辯護上所需的一切保證的公開審判而依法證實有罪以前，有權被視為無罪。」此乃揭示國際公認之刑事訴訟無罪推定基本原則，大陸法系國家或有將之明文規定於憲法者，例如意大利憲法第 27 條第 2 項、土耳其憲法第 38 條第 4 項、葡萄牙憲法第 32 條第 2 款等，我國憲法雖無明文，但刑訴法第 154 條第 1 項規定：「**被告未經審判證明有罪確定前，推定其為無罪。**」以導正社會上仍存有之預斷有罪舊念，並就刑事訴訟法保障被告人權提供其基礎，引為本法加重當事人進行主義色彩之張本，從而檢察官須善盡舉證責任，證明被告有罪，俾推翻無罪之推定。

二、檢察官能否借由辦案教訓當事人

　　據 2012 年 8 月 3 日自由時報，自由廣場，被捲入「南科高鐵減振弊案」的前國科會副主委**謝清志**以「回應」為題，引用 2007 年 7 月 23 日《今周刊》第 42 頁，最後一段文字撰述「在檢察體系內部的會議中，他（檢察長朱○○）便曾多次暢言其理念，檢察官辦案不一定是要當事人被判有罪，但至少要讓他們得到『教訓』，借由本案，匡正他認為不當或不該存在的行為，甚至畫下倫理道德行為的紅線。」從法制上言，檢察官對嫌疑犯之被告，未蒐集到確實有罪的證據之前，就以道德家的姿態教訓涉嫌民眾，有否違反本法無罪推定原則，值得學界探討。

謝清志

　　事實上，人與人之間應互相尊重，人格權之尊重與保護一向為憲法及民法所保護之對象，無論是否違反法律，善心與邪惡，往往起於一念之間，也是一時的起意，不到關鍵事件的發生，每一位個體均具有善良的本性，所謂「人之初，性本善」。從哲理上言，真實之中隱藏虛偽，虛偽之中亦隱藏有真實之存在，具有善心的人，也隱藏有邪惡的念頭；有邪惡行為之人，對其親人、同伴也很有愛心，因此誰才有資格利用國家賦予的身分地位教訓他人，的確是留有極大疑問的。

　　從最近 2012 年 8 月 4 日，自由時報 B1 報導，法官與檢察官集體收賄，到二審仍維持重判。足見教訓從事邪惡行為之法官或檢察官，惟有依據經立法院通過總統公布之標準行為規範為基準，忠實的執行其職權，決不可濫權，故入故出或故入人罪情事，才能獲得社會的認同。似不可從凡人口中扮演上帝的角色放話，以為擁有高級職位就有權利教訓他人。

2012 年 8 月 4 日，自由時報 B1。記者楊國文、王定傳報導。

三、證據裁判主義

本法第 154 條第 2 項規定：「犯罪事實應依證據認定之，無證據不得認定犯罪事實。」犯罪事實既須依證據認定，當然判決書內，應將有罪判決所憑藉之證據，詳細列在判決理由內。

㈠**要證事實**：即起訴狀所記載之公訴事實，乃為審判對象所提示之事實，此即最後須加證實之「要證事實」。

　1.在刑事訴訟之具體案件，究有那些事實須要證明？如以殺人事件為例：

　　⑴被告之行為，是否符合法律所定之構成要件該當性。其前提就須證明被告是殺人兇手，如無直接證據，譬如「被告之衣服沾有被害人血液」、「從被告的住宅搜出沾有被害人血跡之水果刀」或「被告與被害人事前曾有吵架爭執」等間接事實，均須證明。此外被告擁有殺意而實施該當構成要件之行為，也屬於要證事實。

　　⑵法律上有沒有違法阻卻或責任阻卻之存在，譬如被告主張「原是被害人持刀揮砍而來，就在打鬥中，反被本人擊斃」等所謂正當防衛，這時檢察官當須舉證有無正當防衛之事實。

　　⑶處罰條件：如準受賄罪，指未為公務員時預以職務上之行為，要求期約或收受賄賂，而於為公務員後履行者，即為適例。

　　⑷法律上刑之加重或減免事由。

　　⑸數罪併罰之要件事實。

　　⑹從刑之褫奪公權、沒收、追徵、追繳或抵償等要件。

　2.量刑有關之事實。

　3.訴訟法之事實。

㈡**直接證據與間接證據**：依 32 上 67 號判例：「認定犯罪事實所憑之證據，固不以直接證據為限，間接證據亦應包含在內，惟採用間接證據時，必其所成立之證據，在直接關係上，雖僅足以證明他項事實，而由此他項事實，本於推理之作用足以證明待證事實者，方為合法，若憑空之推想，並非間接證據。」

惟此項間接證據，係本於推理之作用足以證明待證之事實，因本法第 154 條第 2 項後段規定，「無證據不得認定犯罪事實。」因此 69 台上4913 號謂：「刑事訴訟法上所謂認定犯罪事實之證據，係指足以證明**被告確有犯罪行為之積極證據而言**，該項證據必須適合於被告犯罪事實之認定，始得採為斷罪之資料。」

尚且，有罪之判決書內並應將認定犯罪事實所憑之證據，於理由內記載，為刑事訴訟法第 154 條、第 310 條所明定，此項證據，自係指實際上確係存在，就該案卷宗不難考見者而言，如判決書內所記載之證據，與原卷內容顯不相符，即其判決基以認定犯罪之根據實際上並不存在，自屬採證違法（29 上 782）。

第三款　舉證責任

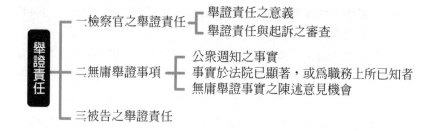

一、檢察官之舉證責任

㈠**舉證責任之意義**：我國既已採用改良式當事人進行主義，依本法第161 條規定，檢察官就被告犯罪事實，應負舉證責任，並指出證明之方法。依辯論主義之原則，訴訟程序之進行，當須受舉證責任之支配。

所謂「**舉證責任**」（英：burden of proof；德：Beweislast；法：charge de la preuve），即為判斷訴訟上權利或法律關係之存在與否所必要之事實，依訴訟上所呈現之一切證據資料，法院無法決定究竟對原被告的那一方面有利時，如無法假設任何一方不利之判斷時，無法裁判。因此當事人為獲得有利於己之裁判，對於自己主張之一定事實，提出證據，使法院產生確信之信心之謂。

　　㈡**舉證責任與起訴之審查**：我國刑訴法原採職權進行主義，原由法院依職權而調查證據，並無當事人舉證之問題，但於民國 91 年修正刑事訴訟法第 161 條第 1 項規定：「檢察官就被告犯罪事實，應負舉證責任，並指出證明之方法。」因此起訴時，檢察官應將卷宗及證物一併送交法院（刑訴 264III）。在此情形下，檢察官對於起訴之犯罪事實，應負提出證據及說服之實質舉證責任。倘其所提出之證據，不足為被告有罪之積極證明，或其指出證明之方法，無從說服法院以形成被告有罪之心證，基於無罪推定之原則，自應為被告無罪判決之諭知（92 台上 128）。

　　而法院於第一次審判期日前，審查檢察官起訴或移送併辦意旨及全案卷證資料，依客觀之論理與經驗法則，從形式上審查，即可判斷被告顯無成立犯罪之可能者，例如：

　　1.起訴書證據及所犯法條欄所記載之證據明顯與卷證資料不符，檢察官又未提出其他證據可資證明被告犯罪；

　　2.僅以被告或共犯之自白或告訴人之指訴，或被害人之陳述為唯一之證據即行起訴；

　　3.以證人與實際經驗無關之個人意見或臆測之詞等顯然無證據能力之資料（有無證據能力不明或尚有爭議，即非顯然）作為起訴證據，又別無其他證據足資證明被告成立犯罪；

4.檢察官所指出之證明方法過於空泛，如僅稱有證物若干箱或帳冊若干本為憑，至於該證物或帳冊之具體內容為何，均未經說明；

5.相關事證未經鑑定或勘驗，如扣案物是否為毒品、被告尿液有無毒物反應、竊佔土地坐落何處等，苟未經鑑定或勘驗，顯不足以認定被告有成立犯罪可能等情形，均應以裁定定出相當合理之期間通知檢察官補正證明方法。其期間，宜審酌個案情形及補正所需時間，妥適定之。

法院通知檢察官補正被告犯罪之證明方法，乃因法院認為檢察官指出之證明方法顯不足認定被告有成立犯罪之可能，故法院除於主文諭知：「應補正被告犯罪之證據及指出證明之方法」外，於理由欄內自應說明其認為檢察官指出之證明方法，顯不足認定被告有成立犯罪可能之理由，俾使檢察官將來如不服駁回起訴之裁定時，得據以向上級審法院陳明其抗告之理由。又法院於通知檢察官補正證明方法之裁定書中，不宜具體記載法院認為所應補正之證據資料或證明方法，以避免產生引導檢察官追訴犯罪之現象，牴觸法院應客觀、公正審判之立場。檢察官提出之證據及指出之證明方法，從形式上觀察，已有相當之證據，嗣後被告或其辯護人對證據之證明力有所爭執，而已經過相當時日之調查，縱調查之結果，認檢察官之舉證不足以證明被告犯罪時，即非所謂「顯」不足以認定被告有成立犯罪可能之情形，此際，法院應以實體判決終結訴訟，不宜以裁定駁回檢察官之起訴。

法院駁回檢察官起訴之裁定，依刑訴法第 403 條第 1 項規定，當事人若有不服者，得抗告於直接上級法院，法院於該駁回起訴之裁定中，應明確記載駁回起訴之理由。

法院駁回起訴之裁定確定後，具有限制之確定力，非有刑訴法第 260 條各款情形之一，檢察官不得對於同一案件再行起訴。法院對於再行起訴之案件，應詳實審核是否具備法定要件，如僅提出相同於原案之事證，或未舉出新事實、新證據，或未提出該當於刑訴法第 420 條第 1 項第 1 款、第 2 款、第 4 款或第 5 款所定得為再審原因之情形者，法院應諭知不受理之判決（刑訴事項 95）。

二、無庸舉證事項

(一) 公知事實	刑訴法第157條所謂「**公眾周知之事實無庸舉證**」，係指一般人所通曉，無誤認之可能者而言，亦即自然之物理，生活之常態，普通經驗知識，無可爭執之事項（刑訴事項82）。 又86台上6213號謂：所稱無庸舉證之「**公眾週知之事實**」，係指具有通常知識經驗之一般人所通曉且無可置疑而顯著之事實而言，如該事實非一般人所知悉或並非顯著或尚有爭執，即與公眾週知事實之性質，尚不相當，自仍應舉證證明，始可認定，否則即有違認定事實應憑證據之法則。
(二) 職務已知 事實	依本法第158條規定：「**事實於法院已顯著，或為其職務上所已知者，無庸舉證**」：依刑訴事項83：「刑訴法第一百五十八條所謂『事實於法院已顯著』者，係指某事實在社會上為一般所已知而法官現時亦知之者而言。又所謂『**事實為法院職務上所已知**』者，指該事實即屬構成法院之法官於職務上所為之行為或係其職務上所觀察之事實，現尚在該法官記憶中，無待閱卷者而言。（刑訴法158，參照最高法院28年上字第2379號判例）」
(三) 無庸舉證 事實之陳 述意見機 會	依刑訴法第158條之1規定：「前二條（第157條，公知之事實及第158條，職務已知事實）無庸舉證之事實，法院應予當事人就其事實有陳述意見之機會。」關於何種事實為無庸舉證之事實，如未予當事人陳述意見之機會，任由法院逕行認定，判決結果極易引起當事人爭議，乃增訂本條，以昭公信。

三、被告之舉證責任

　　依刑訴法第161條之1規定：「被告得就被訴事實指出有利之證明方法。」刑事被告固無為不利於己陳述之義務，亦不負舉證責任，但有提出證據及指出有利之證明方法以實施防禦之權利，本法雖於第96條規定訊問被告時，就其陳述有利之事實者，應命其指出證明之方法，但此規定對被告而言，僅處於被動地位，尚嫌保護欠周，故為配合第161條之規定，及貫徹當事人對等原則，宜於證據通則內增訂本條，賦予被告得就其被訴事實，主動向法院指出有利證明方法之權利，以維護被告之訴訟權益。

第四款　證據判斷之主義

在刑事訴訟法上，有**自由心證主義**與**法定證據主義**兩種方式：

一、自由心證主義（德：Prinzip der freien Beweiswürdigung；法：principe de l'intime conviction）

在歐陸自由心證主義是法國大革命以來確立的基本原則。目前爲大陸法系國家所採。即法院基於證據資料，對於事實之認定，將證據之證明力，委由法官評價，即凡經合法調查之證據，法官本於心證自由決定之意；是對法定證據主義而言。我刑事訴訟法第 155 條第 1 項規定：「證據之證明力，由法院本於確信自由判斷，但不得違背經驗法則及論理法則。」

惟一般社會大眾，對於所謂「自由」二字每多曲解，誤以爲法官判斷證據之證明力，無須憑據，僅存乎一己，不受任何限制，因此經常質疑判決結果，有損司法威信。故於民國 92 年乃參考德國刑訴法第 261 條、修正本條第 1 項，以明法官判斷證據證明力，係在**不違背經驗法則、論理法則之前提下**，本於確信而自由判斷。茲分述之：

㈠**論理法則**（德：Gesetze des Denkens）：如「甲比乙高大、乙比丙高大，因此甲比丙高大」之類的推論過程所適用之法則。

一般數理的推論，也是 A＝B；B＝C；∴A＝C。

但這個推論也要考慮類別概念與個別概念之不同性質；譬如說在邏輯上常聽到的「白馬非馬」，以數理命題表示：

白馬是馬，黑馬也是馬，∴白馬等於黑馬。此即錯誤的推論。在法學上所使用之推論法則爲：

依法學方法論，法官在裁判時，應依據三段論法以爲推論：

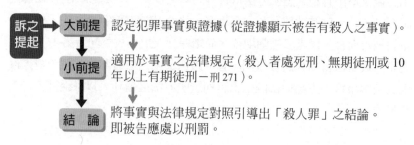

㈡**經驗法則**（德：Gesetze der Erfahrung）：廣義上言，就是自然法則（Naturgesetz）。即水會往下流，所謂「水的三態」，如水雖是液體，但加熱後因蒸發成水蒸氣，而成氣體；氣體因聚集成為雲雨，或經冰凍成雪、冰雹、冰塊等成為固體。

褚劍鴻認為係一般人客觀所確認之一定事實，須事理與經驗實質上一致始可。此項法則，係指吾人基於日常生活經驗所得之定則，並非個人主觀上之判斷[1]。或者是須經鑑定後始能判明之技術性法則（如某類藥物之致死量等）。不過一般所稱之一般的經驗法則，指在社會生活上一般所承認從經驗的事實歸納而成之法則而言。因此其實體是具有歷史性、社會性，多少受到時間與空間之影響，此並非屬於絕對的普遍妥當性（absolute Allgemeingültigkeit）之事物。在此意義下，過份盲信這個法則是危險的[2]。

㈢早年刑警口語相傳之偵查犯罪口訣：也是綜合「論理法則」與「經驗法則」而成。在《晉書刑法志》中謂：「所謂刑法是掌管各種訟獄等國家政治為主要作用者，而法理審判是探求罪犯心理情緒的關鍵所在。罪犯的心理情緒是受其內心思想所支配，只要罪犯的內心有所感，罪犯的心理情緒就會蠢動，進而表現在言語上通達於四肢，並從行為表現出來。因此，邪惡之人，內心愧咎而臉紅，內心恐懼臉色就會改變。審判定罪的法官，務必要深究犯罪者的心理，審核其情緒，詳細調查案情，就近取便，可從犯人本身，深入瞭解，遠的可從有關之人、事、物等尋找證據，這樣才可以正確的定其罪刑。手掌向上，好像在乞求的期望；手掌向下，好像有奪取之意；捧著雙手，好像在致謝；雙手指向對方，好像有所訴求。將兩手臂合於胸前，好像在自首。拉開衣袖，舉起手臂，好像要互相鬥擊。端莊持重，好像在展示威嚴。喜悅、高興，好像滿懷幸福。不論是歡喜、憤怒、憂慮、歡欣，都會從其聲調、臉色等外貌表現出來，是假偽還是真實，勇猛還是怯弱，其徵象都會表現在眼神和氣息上（這就是測謊機測試的原理）。只要講出口而涉及他人之罪時，就可視

---

[1] 褚劍鴻：《刑事訴訟法論》，上冊，2001 年版，頁 279。
[2] 橫川敏雄著：《刑事訴訟》，1984 年版，頁 300。

爲「告訴」，只要動手做出觸犯禁令的事，就可視爲「賊」。在遊戲中的小孩將憤怒的小孩殺死時，可以視爲「戲」，如憤怒的小孩殺死遊戲中的小孩時，就可視爲「賊」。以上這類適例，如果不是相當精密細心的人，是不能澈底、透徹的瞭解這其中深邃的道理[1]。」(夫刑者，司理之官；理者，求情之機；情者，心神之使。心感則情動於中，而形於言，暢於四支，發於事業。是故姦人心愧而面赤，內怖而色奪。論罪者務本其心，審其情，精其事，近取諸身，遠取諸物，然後乃可以正刑。仰手似乞，俯手似奪，捧手似謝，擬手似訴，拱臂似自首，攘臂似格鬪。矜莊似威，怡悅似福，喜怒憂歡，貌在聲色。姦真猛弱，候在視息。出口有言當爲告，下手有禁當爲賊，喜子殺怒子當爲戲，怒子殺喜子當爲賊。諸如此類，自非至精不能極其理也。)

習題：我國刑事訴訟法對於「自由心證」有無限制的規定？試說明之。（100 司四）

二、法定證據主義（德：Prinzip der gesetzlichen Beweisregeln）

即法院基於證據資料對於事實之認定，對其範圍及信任性，須受法律規定之拘束，法官無自由取捨之權。是對自由心證主義而言。爲英美法系國家所採。例如：若有證據，就必須認定一定事實之「證據價值的法定」，或某種事實，必須使用一定之證據方法來證明之「證據方法的法定」等規定就是適例。這種情形雖有防止法官之恣意任性的功能；其反面，對於實體眞實之發現相當不便。

三、我國司法院對自由心證主義與法定證據主義之函示

我國刑訴法，雖採自由心證主義；但例外，基於特殊之理由也有限制證據方法之情形。依刑訴事項第 78 條：「法院認定犯罪事實，應憑證據。證據之證明力，固由法院自由判斷，但應注意所憑證據，必須經過法定調查之程序（刑訴 155 II）；所下判斷，必須斟酌各方面之情形，且不違背一般人之共同經驗，所得結論，不能有論理上之矛盾，仍應有證據之存在，斷不可憑空推測，僅以理想之詞，如『難保』、『自屬當然』等字樣爲結論。凡爲判決資料之證據，務須於審判時提示當事人，詢以

---

[1]見謝瑞智總編纂：「法律百科全書」第十冊，中國法制史，第 127 頁。

有無意見，賦予當事人、代理人、辯護人或輔佐人辯論證據證明力之適
當機會，並告知被告得提出有利之證據，必要時更得依職權調查有利於
被告之證據。即第二審得有新證據時，亦應照此辦理，其不得上訴第三
審之案件，所有重要證據，尤須逐一予以審酌。」

第五款　證據能力

至於何種證據具有證據能力，依法律之規定說明如下：

一、證據能力（英：admissibility of evidence；德：Beweis；法：kraft）

即認定犯罪事實之資料，可依法定程序採為證據之資格之謂。即指
證據之容許性（Zulässigkeit），就是作為證據，得在公判庭上，能作為證
據接受調查之法律上資格之意。此如為禁止之證據，則不得有證據能力。
如被告以外之人於審判外之言詞或書面陳述，除法律有規定者外，不得
作為證據（刑訴159），此即傳聞證據之禁止。又如證人之個人意見或推測
之詞，除以實際經驗為基礎者外，不得作為證據（刑訴160）。因此具有證
據能力須符合下列三條件：

㈠**具有自然的關連性**：則與所欲證明之事實上關係，具有必要之最小
限度的證明力。如不具有必要之最小限度的證明力之證據，即無自然的
關連性，當不必做無謂的調查，當無證據能力。

㈡**具有法律的關連性**：縱使具有自然的關連性，如會誤導證明力之評
價，仍須加以排除。亦即會降低證據之證明力，或會誤導證據證明力之
證據，仍須加以限制。譬如傳聞證據或不具任意性之自白，乃是此類之
典型。

㈢**須不屬於無證據能力者**：如無證據能力就不得採為證據。

習題：證人於司法警察官前所為之陳述，有無證據能力？試說明理由。（91
檢）

二、有證據能力者

㈠**自白之證據能力**：

1.自白之意義：所謂「**自白**」（英：confession；德：Geständnis；法：

aveu），即被告在偵查中或審判中，就犯罪事實自動承認全部或一部之謂。自白不限於在司法警察官或法院之訊問，也不限於以口頭或文書為之，但被告之自白，必須出於任意性，且與事實相符，始得採為證據。自白在歷史上稱為「**證據之王**」，是非常重要之證據，因此如須採為證據，必須相當慎重。自民國 92 年起其證據能力受到限制，如非任意性之自白，則不得作為證據。

2.自白之任意性：依刑訴法第 156 條第 1 項：「被告之自白，非出於強暴、脅迫、利誘、詐欺、疲勞訊問、違法羈押或其他不正之方法，且與事實相符者，得為證據。」即如以下列方法取得之證據，則為非任意性之自白：

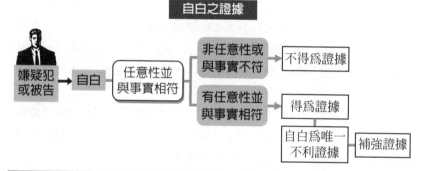

非任意性之自白	(1)強暴	即對於被告或犯罪嫌疑人施以強暴以求取自白之謂。如拷問、凌虐、不允睡眠、疲勞訊問、灌尿、灌水等均屬之。
	(2)脅迫	即指以言詞或其他方法，以將加不法之危害相通知，使生畏懼之心，如以威嚇將予羈押，或鞭打其他被告以為不供述之例示等均是。
	(3)利誘	即以獲取財產上之利益或獲得減輕刑罰等均是。惟如依法律之規定，告知被告可獲得法律上之減刑，如刑法第 166 條（犯湮滅證據罪自白之減免），第 172 條（偽證、誣告自白之減免）等情形，則非此之利誘。
	(4)詐欺	即以欺罔之方法，使被告自白是。此以欺罔之方法取得之自白，如與事實相符，可否採為證據，因非屬任意性之自白，並非適法，不論其是否與事實相符，仍不能以其自白為判決之基礎，此最高法院亦採此見解。

(5)違法羈押	即指非由有權羈押之機關或非依法定程序所爲之羈押，依違法之羈押所取得之自白，不得採爲證據。
(6)其他不正之方法	則上述列舉以外非合法之方法，所取得之自白均屬之。

3.自白之外仍應調查其他證據：依刑訴法第 156 條第 2 項：「被告或共犯之自白，不得作爲有罪判決之唯一證據，**仍應調查其他必要之證據**，以察其是否與事實相符。」即被告如有自白，法院必須於裁判理由書內，說明其自白如何與事實相符之情形。

㈡**自白之補強證據**：關於證明被告或共犯自白與事實相符所憑之補強證據，係指除被告或共犯自白外，其他足資以證明被告或共犯自白之犯罪事實確具有相當程度眞實性之證據而言，此如**現場勘驗、檢驗**或**鑑定報告**，被害人之指認，證人之陳述，或**其他證據以認定之**，並非以證明犯罪構成要件之全部事實爲必要。

自白之補強證據

自白

人是我殺的

仍需要補強證據

1. 現場物證的勘驗、檢驗或鑑定報告（如指紋）

2. 被害人之指認，證人之陳述。

3. 物證：如兇刀、槍械等。

依 74 台覆 10 號判例：「刑事訴訟法第一百五十六條第二項規定，被告雖經自白，仍應調查其他必要之證據，以察其是否與事實相符。立法目的乃欲以補強證據擔保自白之眞實性；亦即以補強證據之存在，藉之限制自白在證據上之價值。而所謂「**補強證據**」（英：corroborating evidence；法：corroboration），則指除該自白本身外，其他足資以證明自白之犯罪事實確具有相當程度真實性之證據而言。雖其所補強者，非以事實之全部爲必要，但亦須因補強證據與自白之相互利用，而足使犯罪事實獲得確信者，始足當之。」

1.不正方法之自白的調查：

⑴我國之規定：依刑訴法第 156 條第 3 項規定：「被告陳述其自

白係出於不正之方法者，應先於其他事證而爲調查。該自白如係經檢察官提出者，法院應命檢察官就自白之出於自由意志，指出證明之方法。」

按英美法例一般認爲自白是否出於任意性，爲先決之事實問題，法官應先予調查並決定之。大陸法系國家則認爲自白之證據能力，本屬程序之事實，對此程序之事實，法院得依職權自由裁量而爲審理調查之，我國實務見解亦認爲被告主張自白非出於任意時，法院應依職權先於其他事證而爲調查（參照最高法院 23 年上字第 868 號判例），而自白是否出於任意，係自白是否具有證據能力之要件，如有疑義，自宜先予查明，以免造成法官因具瑕疵之自白而產生不利於被告心證之結果。

(2)採取自白之注意事項：若被告陳述其自白係出於不正之方法者，法院應先於其他事證而爲調查。該自白如係經檢察官提出者，法院應命檢察官就自白之任意性，指出證明之方法，例如：由檢察官提出訊（詢）問被告之錄音帶或錄影帶或舉出訊（詢）問被告及製作筆錄者以外之其他人證，作爲證明（刑訴事項 80）（參照最高法院 73 年台上字第 5638 號及 74 年台覆字第 10 號判例）。

習題：

一、證人無任意性之證言，可否採爲證據？試說明之。（88 律）

二、刑事訴訟法第 156 條第 2 項規定：「被告或共犯之自白，不得作爲有罪判決之唯一證據，仍應調查其他必要之證據，以察其是否與事實相符。」其中，「仍應調查其他必要之證據，以察其是否與事實相符」，所指爲何？試說明之。（98 檢）

三、因殺人案件而受法院審理之某甲指稱，其在警察局之自白係出於刑求，但並未提出證據以支持其抗辯。試問：（85 司）

(一)審判長應否告知被告得提出有關刑求之證據方法。

(二)審判長應否主動傳喚警察局之有關人員出庭作證。

四、刑事訴訟法第一五六條第二項：「被告或共犯之自白，不得作爲有罪判決之唯一證據，仍應調查其他必要之證據，以察其是否與事實相符。」中之「其他必要之證據」意義爲何？試敘述之。（100 法政風）

㈢**被告緘默權之保障**：依刑訴法第 156 條 4 項規定：「被告未經自白，又無證據，不得僅因其拒絕陳述或保持緘默，而推斷其罪行。」因此，法院訊問時，宜特加注意調查其他證據，不得僅以被告拒絕陳述或保持緘默即指爲理屈詞窮而推斷其爲有罪（刑訴事項81）。

㈣**被告以外之人的陳述**：即傳聞證據之例外：

　1.於審判外向法官之陳述：刑訴法第 159 條之 1 規定：「被告以外之人於審判外向法官所爲之陳述，得爲證據。被告以外之人於偵查中向檢察官所爲之陳述，除顯有不可信之情況者外，得爲證據。」

　　含共同被告、共犯、被害人、證人等，於法官面前所爲之陳述（含書面及言詞），因其陳述係在法官面前爲之，故不問係其他刑事案件之準備程序、審判期日或民事事件或其他訴訟程序之陳述，均係在任意陳述之信用性已受確定保障之情況下所爲，因此該等陳述應得作爲證據。

　　檢察官職司追訴犯罪，必須對於被告之犯罪事實負舉證之責。就審判程序之訴訟構造言，檢察官係屬與被告相對立之當事人一方（參照本法第3條），是故偵查中對被告以外之人所爲之偵查筆錄，或被告以外之人向檢察官所提之書面陳述，性質上均屬傳聞證據，且常爲認定被告有罪之證據，自理論上言，如未予被告反對詰問、適當辯解之機會，一律准其爲證據，似與當事人進行主義之精神不無扞格之處，對被告之防禦權亦有所妨礙；然而現階段刑事訴訟法規定檢察官代表國家偵查犯罪、實施公訴，依法其有訊問被告、證人及鑑定人之權，證人、鑑定人且須具結，而實務運作時，偵查中檢察官向被告以外之人所取得之陳述，原則上均能遵守法律規定，不致違法取供，其可信性極高，爲兼顧理論與實務，於第 2 項明定被告以外之人於偵查中向檢察官所爲陳述，除顯有不可信之情況者外，得爲證據。

　2.於檢警調查中之陳述：刑訴法第 159 條之 2 規定：「被告以外之人於檢察事務官、司法警察官或司法警察調查中所爲之陳述，與審判中不符時，其先前之陳述具有較可信之特別情況，且爲證明犯罪事實存否所必要者，得爲證據。」

　　即被告以外之人（含共同被告、共犯、證人、鑑定人、被害人等）

於檢察事務官、司法警察官或司法警察調查中所爲之陳述,與審判中不符時,其先前之陳述具有較可信之特別情況,且爲證明犯罪事實存否所必要者,得爲證據。故被告以外之人於審判中之陳述與其先前在檢察事務官、司法警察(官)調查中所爲陳述不符時,其先前陳述必須具備特別可信性及必要性兩項要件,始得作爲證據。而所稱「具有可信之特別情況」係屬於證據能力之要件,法院應比較其前後陳述時之外在環境及情況,以判斷何者較爲可信。

　　例如:陳述時有無其他訴訟關係人在場,陳述時之心理狀況、有無受到強暴、脅迫、詐欺、利誘等外力之干擾。又法院在調查被告以外之人先前不一致陳述是否具有特別可信情況時,亦應注意保障被告詰問之權利,並予被告陳述意見之機會,倘採用先前不一致陳述爲判決基礎時,並須將其理由載明,以昭公信。

習題:依我國刑事訴訟法之規定,被告以外之人於檢察事務官調查中所爲之陳述,符合何項情形,得於審判中作爲證據?(94檢)

　　3.於檢警調查中之陳述較審判中之陳述較有可信之情形時:刑訴法第159條之3規定:「被告以外之人於審判中有下列情形之一,其於檢察事務官、司法警察官或司法警察調查中所爲之陳述,經證明具有可信之特別情況,且爲證明犯罪事實之存否所必要者,得爲證據:

　　一死亡者。

　　二身心障礙致記憶喪失或無法陳述者。

　　三滯留國外或所在不明而無法傳喚或傳喚不到者。

　　四到庭後無正當理由拒絕陳述者。」

　　即被告以外之人於檢察事務官、司法警察(官)調查中之陳述(含言詞陳述及書面陳述),性質上屬傳聞證據,且一般而言,其等多未作具結,所爲之供述,得否引爲證據,素有爭議。惟依本法第228條第2項,法院組織法第66條之3第1項第2款之規定,檢察事務官有調查犯罪及蒐集證據與詢問告訴人、告發人、被告、證人或鑑定人之權限;第229條至第231條之1亦規定司法警察官、司法警察具有調查犯罪嫌疑人犯罪情形及

蒐集證據等職權，若其等所作之筆錄毫無例外地全無證據能力，當非所宜。

再者，如被告以外之人於檢察事務官、司法警察（官）調查中之陳述，係在可信之特別情況下所爲，且爲證明犯罪事實之存否所必要，而於審判程序中，發生事實上無從爲直接審理之原因時，仍不承認該陳述之證據適格，即有違背實體眞實發見之訴訟目的。爲補救採納傳聞法則，實務上所可能發生蒐證困難之問題，乃參考日本刑事訴訟法第 321 條第 1 項第 3 款之立法例，增訂本條，於本條所列各款情形下，承認該等審判外之陳述，得採爲證據。

4.有證據能力之文書：依刑訴法第 159 條之 4：除前三條之情形外，下列文書亦得爲證據：

(1)除顯有不可信之情況外，公務員職務上製作之紀錄文書、證明文書。此等文書如被提出於法院，用以證明文書所載事項眞實者，性質上亦不失爲傳聞證據之一種，但因該等文書係公務員依其職權所爲，與其責任、信譽攸關，若有錯誤、虛偽，公務員可能因此負擔刑事及行政責任，從而其正確性高，且該等文書經常處於可受公開檢查（Public Inspection）之狀態，設有錯誤，甚易發現而予及時糾正，是以，除顯有不可信之情況外，其眞實之保障極高。乃參考日本刑事訴訟法第 323 條第 1 款、美國聯邦證據規則第 803 條第 8 款、第 10 款及美國統一公文書證據法第 2 條，增訂本條第 1 款之規定。

(2)除顯有不可信之情況外，從事業務之人於業務上或通常業務過程所須製作之紀錄文書、證明文書。此類文書因係於通常業務過程不間斷、有規律而準確之記載，通常有會計人員或記帳人員等校對其正確性，大部分紀錄係完成於業務終了前後，無預見日後可能會被提供作爲證據之僞造動機，其虛偽之可能性小，何況如讓製作者以口頭方式於法庭上再重現過去之事實或數據亦有困難，因此其亦具有一定程度之不可代替性，除非該等紀錄文書或證明文書有顯然不可信之情況，否則有承認其爲證據之必要。乃參考日本刑事訴訟法第 323 條第 2 款、美國聯

邦證據規則第 803 條第 6 款，增訂本條第 2 款。

(3)除前二款之情形外，其他於可信之特別情況下所製作之文書。**即與公務員職務上製作之文書及業務文件具有同等程度可信性之文書**，例如官方公報、統計表、體育紀錄、學術論文、家譜等，基於前開相同之理由，亦應准其有證據能力，乃參考日本刑事訴訟法第 323 條第 3 款之規定，增訂本條第 3 款。

習題：甲遭乙持刀砍傷後，持醫院開立之診斷證明書向檢察官提告，檢察官偵查後將以傷害罪起訴。試問，此一診斷證明書可否作為證明乙犯罪之證據？（99檢）

5.經當事人於審判程序同意作為證據者：依刑訴法第 159 條之 5 規定：「被告以外之人於審判外之陳述，雖不符前四條之規定，而經當事人於審判程序同意作為證據，法院審酌該言詞陳述或書面陳述作成時之情況，認為適當者，亦得為證據。

當事人、代理人或辯護人於法院調查證據時，知有第一百五十九條第一項不得為證據之情形，而未於言詞辯論終結前聲明異議者，視為有前項之同意。」

(1)按傳聞法則的重要理論依據，在於傳聞證據未經當事人之反對詰問予以核實，乃予排斥。惟若當事人已放棄對原供述人之反對詰問權，於審判程序表明同意該等傳聞證據可作為證據，基於證據資料愈豐富，愈有助於真實發見之理念，此時，法院自可承認該傳聞證據之證據能力。

(2)由於此種同意制度，係根據當事人的意思而使本來不得作為證據之傳聞證據成為證據之制度，乃確認當事人對傳聞證據有處分權之制度。為貫徹本法加重當事人進行主義色彩之精神，固宜採納此一同意制度，作為配套措施。然而我國尚非採澈底之當事人進行主義，故而法院如認該傳聞證據欠缺適當性時（例如證明力明顯過低或該證據係違法取得），仍可予以斟酌而不採為證據，乃參考日本刑事訴訟法第 326 條第 1 項之規定，增

設本條第 1 項。

(3)至於當事人、代理人或辯護人於調查證據時，知有本法第 159 條第 1 項不得為證據之情形，**卻表示「對於證據調查無異議」、「沒有意見」等意思，而未於言詞辯論終結前聲明異議者**（Without Objection），為求與前開同意制度理論一貫，且強化言詞辯論主義，確保訴訟當事人到庭實行攻擊防禦，使訴訟程序進行、順暢，應視為已有將該等傳聞證據採為證據之同意，乃參考日本實務之見解，增訂本條第 2 項。

三、無證據能力者

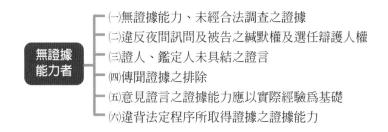

無證據能力者
- (一)無證據能力、未經合法調查之證據
- (二)違反夜間訊問及被告之緘默權及選任辯護人權
- (三)證人、鑑定人未具結之證言
- (四)傳聞證據之排除
- (五)意見證言之證據能力應以實際經驗為基礎
- (六)違背法定程序所取得證據之證據能力

　　嚴格的證明與自由的證明：依刑訴法第 155 條第 2 項規定：「無證據能力、未經合法調查之證據，不得作為判斷之依據。」正足以表示本法是採「嚴格證明」的要求。證據裁判主義是在禁止刑求的取供或法官自由心證的臆斷，其反面就是沒有自白，只要有證據之認定，就可以依據證據認定犯罪事實。對此認定有兩種方式：

　　1.嚴格的證明（德：Strengbeweis）：即對於公訴之犯罪事實，必須經合法認定之證據調查，具有證據能力之認定，始可採為證據，稱為「**嚴格的證明**」。對於公訴之犯罪事實，當然須依嚴格的證明，並須具有合理而毫無疑問之心證為必要。

　　2.自由的證明（德：Freibeweis）：即不必受證據能力及適切之證據調查程序所拘束，只要有適切之證據或適切之證據調查程序所取得的證據，稱為「**自由的證明**」。如訴訟法上之事實，只需自由的證明即可。

因此犯罪事實以外之事實，有關訴訟程序上事實之證明，即只適用自由的證明即可。

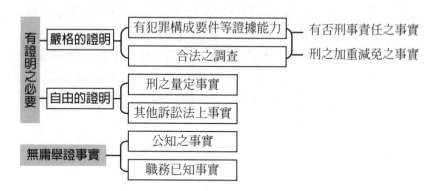

習題：下列第一審法院踐行之程序是否合法？請附具理由解答：(91律)

　　甲涉嫌偽造新台幣，被檢察官提起公訴，後經第一審法院判處罪刑。甲自始爭執犯行，在第一審審判期日，法院僅向甲提示該扣押物品之清單，並未提示扣押中的二百張偽造千元紙幣。

答：本案中甲涉嫌偽造新台幣，被檢察官提起公訴，後經一審法院判處罪刑。惟在第一審審判期日，法院僅向甲提示該扣押物品之清單，並未提示扣押中的二百張偽造千元紙幣，依同法第 164 條規定，審判長應將證物提示當事人、代理人、辯護人或輔佐人，使其辨認。此項證物如係文書而被告不解其意義者，應告以要旨。因此本案中法院既未提示該扣押之證物令被告辨認，自不符本法第 155 條第 2 項所定之嚴格的證明。

　　因此法院所踐行之程序，違反嚴格證明之程序，顯然違背本法第 379 條第 10 款之違背法令的規定。

㈠**無證據能力、未經合法調查之證據**：所謂「無證據能力」，係指不得作為證據者而言（刑訴155Ⅱ）。茲舉述如次：

　　1.筆錄內所載之被告陳述與錄音或錄影之內容不符者，其不符之部分，原則上無證據能力（刑訴 100 之 1Ⅱ）。

　　2.被告因受強暴、脅迫、利誘、詐欺、疲勞訊問、違法羈押或其他不正方法所為之自白，因非任意性之自白，其自白不具證據能力（刑訴156Ⅰ）。

　　3.實施刑事訴訟程序之公務員，違背刑訴法第 93 條之 1 第 2 項、第 100 條之 3 第 1 項之規定，或檢察事務官、司法警察（官）詢問受拘提、逮捕之被告或犯罪嫌疑人，違背刑訴法第 95 條第 2 款、第 3 款之規定，所取得被告或犯罪嫌疑人之自白及其他不利之陳述，不具證據能力（但經證明其等違背上述規定，非出於惡意，且該自白或陳述係出於自由意志者，不在此限）（刑訴 158 之 2）。

　　4.證人、鑑定人依法應具結而未具結，其證言或鑑定意見，無證據能力（刑訴 158 之 3）。

　　5.被告以外之人於審判外之言詞或書面陳述，除法律有規定者外，不具證據能力（刑訴 159 Ⅰ）。

　　6.證人之個人意見或推測之詞，非以實際經驗為基礎者，不具證據能力（刑訴 160）。

　　7.法院未為協商判決者，被告或其代理人、辯護人在協商過程中之陳述，不得於本案或其他案件採為對被告或其他共犯不利之證據（刑訴 455 之 7）。

　　8.違反法律規定進行監聽行為情節重大者，所取得之內容或所衍生之證據，於司法偵查、審判或其他程序中，均不得採為證據（通監 5Ⅴ、6 Ⅲ、7Ⅳ）。

　　9.關於組織犯罪防制條例之罪，訊問證人之筆錄非於檢察官、法官面前作成或未經踐行刑事訴訟法所定訊問證人之程序者，無證據能力（組犯 12 Ⅰ）。

習題：憲兵對於非軍人之犯罪，得否調查蒐證？拘提或因通緝逮捕之被告，於在途解送時，司法警察（官）對之詢問所取得之自白及其他不利之陳述，有無證據能力？試各予敘明。（97 檢-偵查組）

　　㈡違反夜間訊問及被告之緘默權及選任辯護人權：依刑訴法第 158 條之 2 規定：「違背第九十三條之一第二項、第一百條之三第一項之規定，所取得被告或犯罪嫌疑人之自白及其他不利之陳述，不得作為證據。但經證明其違背非出於惡意，且該自白或陳述係出於自由意志者，不在此限。

　　檢察事務官、司法警察官或司法警察詢問受拘提、逮捕之被告或犯罪嫌疑人時，違反第九十五條第二款、第三款之規定者，準用前項規定。」

　　1.憲法第 8 條第 2 項，所謂至遲於「二十四小時」內移送於該管法院審問之「二十四小時」，係指客觀上確得為偵查進行之時間。本法既於第 93 條之 1 第 1 項詳列法定障礙事由，以明白宣示於該段時間內，客觀上無法進行偵查訊問。並於同條第 2 項明定前開法定障礙事由經過時間內，不得訊問。因此，若檢察官、檢察事務官、司法警察（官）罔顧規定，於前開法定障礙事由經過時間內進行訊問被告或犯罪嫌疑人之程序，顯然違背程序正義，不具合法性、正當性，所取得之被告或犯罪嫌疑人之自白及其他不利之陳述，原則上不應賦予證據能力，不得作為證據。

　　此外，夜間乃休息之時間，為尊重人權及保障程序之合法性，並避免疲勞訊問，本法已於第 100 條之 3 第 1 項規定，除該條但書所列之情形外，司法警察官或司法警察詢問犯罪嫌疑人時，不得於夜間為之。是違背該條所取得之自白及其他不利之陳述，原則上亦無證據能力，不得作為證據，乃增訂本條第 1 項前段規定，以促使執法人員確實遵守法律規範，落實上開法律規定之精神。

　　2.又實施刑事訴訟程序之公務員違背第 93 條之 1 第 2 項、第 100 條之 3 第 1 項之規定，所取得之被告或犯罪嫌疑人之自白及其他不利之陳述，原則上雖無證據能力，但執行人員若能證明其違背上開法定程序非出於惡意，且所取得之自白或陳述，係出於被告或犯罪嫌疑人之自由意志者，則不受證據強制排除之限制，乃參考美國聯邦最高法院在 U.S. v. Leon 一案中所創設之「**善意例外**」（Good Faith Exception）原則，於第一項設但書之規定，以兼顧公共利益之維護及真實之發見。

　　3.為使檢察事務官、司法警察（官）確實遵守第 95 條第 2 款、第 3 款之權利告知義務，若其等詢問受拘提、逮捕之被告或犯罪嫌疑人，違反上述規定時，應準用第 1 項之規定，在第 2 項予以規範。

　　㈢**證人、鑑定人未具結之證言**：依刑訴法第 158 條之 3 規定：「證人、鑑定人依法應具結而未具結者，其證言或鑑定意見，不得作為證據。」

　　證人、鑑定人依法應使其具結，以擔保證言係據實陳述或鑑定意見

為公正誠實。若違背該等具結之規定，未令證人、鑑定人於供前或供後具結，該等證言、鑑定意見因欠缺程序方面之法定條件，即難認為係合法之證據資料。

㈣**傳聞證據之排除**：依刑訴法第 159 條規定：「被告以外之人於審判外之言詞或書面陳述，除法律有規定者外，不得作為證據（第 1 項）。

前項規定，於第一百六十一條第二項之情形及法院以簡式審判程序或簡易判決處刑者，不適用之。其關於羈押、搜索、鑑定留置、許可、證據保全及其他依法所為強制處分之審查，亦同。（第 2 項）」

蓋為保障被告之反對詰問權，並符合直接審理主義之要求，若提出被告以外之人（含共同被告、共犯、證人、鑑定人、被害人）於審判外之言詞或書面陳述，作為證據以證明其所敘述之事項為真實者，該被告以外之人於審判外之陳述應屬於傳聞證據，除法律另有規定外，無證據能力，不得作為證據使用。

所稱「**法律另有規定**」，例如：刑訴法第 159 條之 1 至第 159 條之5、第 206 條、性侵害犯罪防治法第 15 條第 2 項、兒童及少年性交易防制條例第 10 條第 2 項、家庭暴力防治法第 28 條第 2 項、組織犯罪防制條例第 12 條及檢肅流氓條例第 12 條中有關秘密證人筆錄等多種刑事訴訟特別規定之情形。惟簡式審判程序之證據調查，依刑訴法第 273 條之2 之規定，不受同法第 159 條第 1 項之限制；又簡易程序乃對於情節輕微，證據明確，已足認定其犯罪者，規定迅速審判之訴訟程序，其不以行言詞審理為必要，是以行簡式審判及簡易程序之案件，無須適用刑訴法第 159 條第 1 項所定之傳聞法則。

而刑訴法第 161 條第 2 項有關起訴審查之規定，則係法院於第一次審判期日前，斟酌檢察官起訴或移送併辦意旨及全案卷證資料，依客觀之經驗法則與論理法則，從客觀上判斷被告是否顯無成立犯罪之可能；另關於羈押、搜索、鑑定留置、許可、證據保全及其他依法所為強制處分之審查，除偵查中特重急迫性及隱密性，應立即處理且審查內容不得公開外，其目的僅在判斷有無實施證據保全或強制處分之必要，因上開審查程序均非認定被告有無犯罪之實體審判程序，其證據法則毋須嚴格

證明，僅以自由證明為已足，故亦不適用刑訴法第 159 條第 1 項有關傳聞法則之規定（刑訴事項 88）。

　　㈤**意見證言之證據能力應以實際經驗為基礎**：依刑訴法第 160 條規定：「證人之個人意見或推測之詞，除以實際經驗為基礎者外，不得作為證據。」

　　美國聯邦證據規則第七章對於意見及專家證言著有規定，其中第 701 條係針對普通證人之意見證言（Opinion Testimony By Lay Witnesses）為規定，認證人非以專家身分作證時，其意見或推論形式之證言，以該項意見或推論係合理的基於證人之認知，並有助於其證言之清楚了解或爭執事實之決定者為限，得為證據。

　　日本刑事訴訟法第 156 條第 1 項亦許可證人供述根據實際經驗過之事實所推測出來之事項，無妨其作為證據之能力。為解決證人作證時，事實與意見不易區分所可能造成必要證言採證之困擾，乃參考前開立法例，將證人之個人意見或推測之詞，係以實際經驗為基礎者，可採為證據，以擴大證據容許性之範圍，至於其餘證人之個人意見或推測之詞，則仍不得作為證據，以求允當。

　　㈥**違背法定程序所取得證據之證據能力**：依刑訴法第 158 條之 4 規定：「除法律另有規定外，實施刑事訴訟程序之公務員因違背法定程序取得之證據，其有無證據能力之認定，應審酌人權保障及公共利益之均衡維護。」

　　除法律對於違法取得證據之證據能力已有明文規定外，實施刑事訴訟程序之公務員因違背法定程序取得之證據，其有無證據能力之認定，應審酌人權保障及公共利益之均衡維護。而法院於個案權衡時，允宜斟酌；㈠違背法定程序之情節。㈡違背法定程序時之主觀意圖。㈢侵害犯罪嫌疑人或被告權益之種類及輕重。㈣犯罪所生之危險或實害。㈤禁止使用證據對於預防將來違法取得證據之效果。㈥偵審人員如依法定程序有無發現該證據之必然性。及㈦證據取得之違法對被告訴訟上防禦不利益之程度等各種情形，以為認定證據能力有無之標準。

習題：

一、刑事訴訟法第 158 條之 4 規定：除法律另有規定外，實施刑事訴訟程序之公務員因違背法定程序取得之證據，其有無證據能力之認定，應審酌人權保障及公共利益之均衡維護。本條規定之法律另有規定所指為何？本條人權保障及公共利益之均衡維護應如何判斷審酌？（93檢）

二、㈠請說明刑事訴訟新制引進傳聞法則之立法理由。（100高三戶）
　　㈡請判斷下列證據資料有無證據能力，理由何在？
　　　1.證人之警詢筆錄。
　　　2.私人醫院診斷證明書。
　　參考法條：刑事訴訟法第 159 條第 1 項規定：「被告以外之人於審判外之言詞或書面陳述，除法律有規定者外，不得作為證據。」

三、依我國刑事訴訟法規定，實施刑事訴訟程序之公務員因違背法定程序所取得之證據，是否有證據能力，由法院認定之。試問認定之標準為何？（100特警交）

四、測謊與自白

　㈠**測謊之意義**：測謊（英：polygraph；lie detection），即人如果說謊，其內心就會產生情動的變化，其變化就會引發生理上之反應，由此可測知受測者是否有說出真實。我國警察通常對受測者，預先擬妥一連串之問答，只要受測者在問題上答覆「是」或「不是」，從這些詢答，對應其血壓、脈搏、呼吸及皮膚電阻、神經反應等，以研判受測人其答覆之真假。通常一個人犯罪之後，因恐被偵破而產生恐懼，這種恐懼，便是利用與線索有關的刺激去尋求不能控制自覺反應的根據，藉此以判知其說話之真實。

　　測謊在美國雖廣泛的使用，但一般仍否定其證據能力；日本之最高法院（最高裁決定昭和 43.2.8），卻肯定其證據能力。但根本的問題，在於是否侵犯人權，學說上傾向，強制測試有侵犯緘默權之情形，因是以受測者之內心為檢測之對象，因此必須取得受測者之同意，才可測試。

　㈡**測謊之實際運用**：我國在實務上都以實際測試的結果，促使被告俯首認罪而自白，或將測試結果以補強自白之可靠信。

　　1.江國慶案：1996 年 9 月 12 日，一名女童於台北市空軍作戰司令部營區內遭到姦殺，調查局曾對士兵江國慶測謊，結果未通過，於是 1997年 8 月 13 日遭執行槍決。2011 年 1 月 28 日台北地檢署傳喚許榮洲到案

說明，許榮洲坦承是犯下該女童性侵命案的眞凶。

2. 2012 年 6 月間爆發之中鋼爐渣索賄案：特偵組曾對林益世進行測謊，被問到「收到陳啓祥的錢後，有無分給其他人」以及「你是一人獨吞 6,300 萬？」等問題，林益世心跳、脈搏出現異常跳動，有說謊之嫌。（見 2012 年 7 月 12 日，各大報）

特偵組曾於 2012 年 7 月 16 日，二度傳喚林益世母親沈若蘭，釐清賄款流向並測謊，結果測謊沒過，檢方研判，可能有共犯。（見 2012 年 7 月 16 日，各大報）

五、污點證人

㈠**污點證人之意義**：所謂「**污點證人**」，依證人保護法第 14 條規定：「第二條所列刑事案件之被告或犯罪嫌疑人，於偵查中供述與該案案情有重要關係之待證事項或其他正犯或共犯之犯罪事證，因而使檢察官得以追訴該案之其他正犯或共犯者，以經檢察官事先同意者爲限，就其因供述所涉之犯罪，減輕或免除其刑。（第 1 項）被告或犯罪嫌疑人雖非前項案件之正犯或共犯，但於偵查中供述其犯罪之前手、後手或相關犯罪之網絡，因而使檢察官得以追訴與該犯罪相關之第二條所列刑事案件之被告者，參酌其犯罪情節之輕重、被害人所受之損害、防止重大犯罪危害社會治安之重要性及公共利益等事項，以其所供述他人之犯罪情節或法定刑較重於其本身所涉之罪且經檢察官事先同意者爲限，就其因供述所涉之犯罪，得爲不起訴處分。（第 2 項）」

上述第第 2 條第 1 項規定之刑事案件之被告或犯罪嫌疑人，既於偵查中供述共犯之犯罪事證，即俗稱之「**污點證人**」。

本法第 15 條中規定：「檢舉人、告發人、告訴人或被害人有保護必要時，可對其身分加以隱匿，或提供隨身保護、生活安置之措施(證保 13)。」

㈡**污點證人運用上之缺失**：污點證人乃是檢察機關提示利益、對價、優惠，並經雙方折衝、讓步、合意方得成立。

對於貪污、毒品、走私等「密室犯罪」，國家制度設計爲能降低舉發、追訴成本，基於雙方合議進行「司法交易」或有存在必要。但是相對供

述己罪「自我承擔」的司法交易，類似林益世涉及貪瀆案「拖人下水」或許協助偵查，但具相當「道德風險」。蓋污點證人可能迷途知返、大義滅親，但是亦有「狼披羊皮」精心策劃、算計利害情事[①]。

目前檢察官運用「**認罪協商**」、「**緩起訴**」及「**證人保護法**」三樣法寶，不想認真的蒐集嫌犯之證據資料，只要利用其中所謂「證人」，只要咬著其中檢察官所認定的主犯，就用這些證言，再去到處找資料，再予起訴，案子就好結。有幾個案例，如下：

1. 南科高鐵減振案的圖利罪，共起訴鴻華公司負責人許鴻章及前國科會副主委謝清志，及其他八位評審委員，並收押了謝清志，據說其他九位被起訴者，即使沒有被收押，都曾分別被請到沒錄音、錄影的場所，暗示他們說出謝的「罪狀」，如果不說，或表示沒有，就代表不與檢方合作，將來就會一起起訴，果然這些最後都被起訴並求重刑[②]。

2. 2006 年 4 月間，台南市長許添財因台南市地下街統包工程案被以工程舞弊罪起訴。全案共起訴十人，其中，一位結構工程師說到，檢方也曾一再要他咬住許市長，他向檢方表示，他只是很單純地收取設計費，與市長根本不熟，也幾乎沒見過面。最後，檢方還是把他和別人一起起訴，好像要告訴他，這就是不與檢方合作的下場！而這位檢察官，也正是共同辦我案子的檢察官王○○[③]！

3. 對於張俊宏違反證券交易法等案件，證人在原先偵查中全然否認，檢察官偵訊時忽然又全部承認，因其承認換得緩刑，本來認罪協商是認自己的罪，協自己的商，可是現在檢察官要求認罪協商是「要認別人的罪，協自己商」，「認自己的罪還不夠，沒有咬出別人，就不跟你認罪協商」[④]。

六、毒樹果實理論

上述無證據能力之部分所發現之證據，其所衍生之其他證據（派生的證據），也應以違法蒐集之證據，而應受到排除，此稱爲「**毒樹果實理論**」。但是前述依違法偵查取得之證據，因證據能力，如其取得之證據與

① 林裕順，警大刑事系教授，101 年 7 月 14 日，聯合報 A23。
② 謝清志、彭琳淞著，《謝清志的生命振動》，2008 年 10 月，玉山社，頁 272。
③ 謝清志、彭琳淞著，前揭書，頁 278。
④ 見本書第七編之一協商程序，我國運用協商程序產生弊端。

先前之違法蒐集證據所取得證據之間，其因果關係薄弱，或新取得之證據與先前違法取得證據之間並無關係，係另外獨立偵查所取得，就應認定也有證據能力。

又雖無違法偵查而取得，並由其他偵查官員依適切之偵查方式蒐得之證據，也應該認定具有證據能力，才是合理。

舉例：1996 年 9 月 12 日，空軍作戰司令部發生謝姓女童命案，軍方認定江國慶涉嫌，乃開專案會議討論如何擬「劇本」讓江國慶認罪，於是刻意將江安排在陰森場所，製造肅殺環境，刑求逼供，江國慶就這樣被要求自白認罪，直到被槍決身亡（見 2011 年 5 月 25 日，聯合報 A4）。

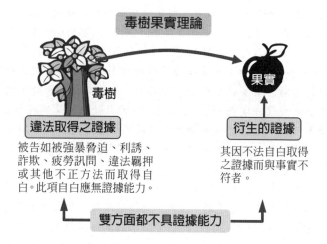

毒樹果實理論

毒樹

違法取得之證據

被告如被強暴脅迫、利誘、詐欺、疲勞訊問、違法羈押或其他不正方法而取得自白。此項自白應無證據能力。

果實

衍生的證據

其因不法自白取得之證據而與事實不符者。

雙方面都不具證據能力

第六款　證據之調查

一、證據調查概說

㈠**證據調查之意義**：所謂「證據調查」（德：Beweisaufnahme），即法院依證據方法，獲取證據資料之行為。刑事訴訟關於證據之調查，有職權進行主義與當事人進行主義等兩種立法例。職權進行主義者，即法院依據職權進行證據之調查，不受當事人意思之拘束；當事人進行主義，則證據之調查，依當事人之意思而決定之；我國原係以職權進行主義為主，兼採當事人進行主義，但自民國 92 年刑訴法修正後，加重當事人進行主

義色彩，茲就有關證據調查之原則及程序分述之：

㈡證據調查之原則：

　　1.證據調查之提出意見：依刑訴法第 161 條之 2 規定：「當事人、代理人、辯護人或輔佐人應就調查證據之範圍、次序及方法提出意見。（第 1 項）法院應依前項所提意見而爲裁定；必要時，得因當事人、代理人、辯護人或輔佐人之聲請變更之。（第 2 項）」

　　當事人進行主義之訴訟程序，其進行係以當事人之主張、舉證爲中心，法院基於當事人之主張及舉證進行調查、裁判。民國 92 年我國刑事訴訟制度修正加重當事人進行主義色彩，對於當事人聲請調查證據之權利，自應予以更多保障，且爲切實把握當事人進行主義之精神，關於證據調查之取捨，不能完全取決於法院，當事人之意見應予尊重。從而，當事人、代理人、辯護人或輔佐人自應提出該項聲明，由法院裁定其調查證據之範圍、次序及方法，並得於訴訟程序進行中依案情之發展，於必要時，隨時因當事人、代理人、辯護人或輔佐人之聲請，變更前所決定調查證據之範圍、次序及方法。

　　2.證據調查之限制：依刑訴法第 161 條之 3 規定：「法院對於得爲證據之被告自白，除有特別規定外，非於有關犯罪事實之其他證據調查完畢後，不得調查。」

　　　　⑴被告對於犯罪事實之自白，僅屬刑事審判所憑證據之一種，爲防止法官過分依賴該項自白而形成預斷，因此，對於得爲證據之自白，其調查之次序應予限制。

　　　　⑵本條所稱「除有特別規定外」，例如本法第 449 條、第 451 條之 1 所定之簡易判決處刑程序或修正條文第 273 條之 1、第 273 條之 2 所定之簡式審判程序，即容許法院先就得爲證據之被告自白爲調查，其爲本條之特別規定，應優先適用之。

㈢證據調查之方式：有聲請調查證據與職權調查證據兩種（刑訴 163）：

1. 聲請調查 證據	當事人、代理人、辯護人或輔佐人得聲請調查證據，並得於調查證據時，詢問證人、鑑定人或被告。審判長除認爲有不當者外，不得禁止之（第 1 項）。

2. 職權調查 證據	最高法院 101 年度第二次刑事庭會議決議： (1)法院為發見眞實，得依職權調查證據。但於公平正義之維護或對被告之利益有重大關係事項，法院應依職權調查之（第2項）。所稱「**法院得依職權調查證據**」，係指法院於當事人主導之證據調查完畢後，認為事實未臻明白仍有待澄清，尤其在被告未獲實質辯護時（如無辯護人或辯護人未盡職責），得斟酌具體個案之情形，無待聲請，主動依職權調查之謂。但書所指「**公平正義之維護**」，專指利益被告而攸關公平正義者而言。至案內存在形式上不利於被告之證據，檢察官未聲請調查，然如不調查顯有影響判決結果之虞，且有調查之可能者，法院得依刑事訴訟法第 273 條第 1 項第 5 款之規定，曉諭檢察官為證據調查之聲請，並藉由告訴人、被害人等之委任律師閱卷權、在場權、陳述意見權等各保障規定，強化檢察官之控訴功能，法院並須確實依據卷內查得之各項直接、間接證據資料，本於經驗法則、論理法則而為正確判斷。因此，非但未減損被害人權益，亦顧及被告利益，於訴訟照料及澄清義務，兼容並具。 (2)法院為前項調查證據前，應予當事人、代理人、辯護人或輔佐人陳述意見之機會（第3項）。 　　倘遇檢察官或被告對有利之證據，陳述放棄調查，而法院竟不予調查，逕行判決者，如其係法院「應」依職權調查之證據，而有補充介入調查之義務時，此項義務，並不因檢察官、被告或其他訴訟關係人陳述不予調查之意見，而得豁免不予調查之違誤。惟於法院「得」依職權調查證據之情形，法院既得參酌個案，而有決定是否補充介入調查之裁量空間，自不得徒以法院參照檢察官、被告或其他訴訟關係人之查證意見後，不予調查，遽指即有應調查而不予調查之違法。

二、調查證據之程序

調查證據之程序
- 調查證據聲請書狀
  - 聲請書狀應記載事項
  - 書狀應按他造當事人提出繕本
  - 以言詞提出調查證據之聲請
- 不必要證據之駁回聲請
  - 當事人、代理人、辯護人或輔佐人聲請調查證據之駁回
  - 不必要證據之種類

㈠調查證據聲請書狀：

　　1.聲請書狀應記載事項：在加重當事人進行主義色彩，淡化職權進行主義之刑事訴訟制度下，證據調查為整個審判程序之核心，其中當事人間互為攻擊、防禦更為法庭活動中調查證據程序之重點所在。為使證據之調查集中而有效率、訴訟程序之進行順利而迅速，聲請調查證據之方式，應予明定，始克有成。是以，當事人、代理人、辯護人或輔佐人向法院聲請調查證據時，不論於審判期日或準備程序，均應以書狀分別具體記載下列事項（刑訴 163 之 1 I ）：

　　　　⑴聲請調查之證據及其與待證事實之關係。
　　　　⑵聲請傳喚之證人、鑑定人、通譯之姓名、性別、住居所及預期詰問所需之時間。
　　　　⑶聲請調查之證據文書或其他文書之目錄。若僅聲請調查證據文書或其他文書之一部分者，應將該部分明確標示。

　　俾使爭點集中，當事人得以預測攻擊、防禦之方法，法院亦得適當行使對調查證據之訴訟指揮權。

　　2.書狀應按他造當事人提出繕本：在以當事人互相攻擊、防禦為法庭活動主軸之調查證據程序中，任何調查證據之聲請及主張，應讓他造當事人充分明瞭，使其得於期日前，預為充分準備，並調整攻擊、防禦的態勢，使審判程序公開化。因此第 2 項規定，應提出、送達調查證據聲請狀繕本予他造當事人之規定，俾便審理集中而有效率，避免不必要的程序拖延，達到審理集中化、透明化的目標。

　　3.以言詞提出調查證據之聲請：調查證據之聲請以書狀為之，固較為明瞭，然若聲請人有正當理由或情況急迫無法提出書狀，例如於審判期日或訊問時，依案件進行之情形，若未當場調查某項證據，該證據容有逸失或無法再調查之可能，或被告未聘律師，亦不識字，無人得以代撰聲請狀等情形，此時若仍堅持調查證據之聲請，一律須以書狀為之，恐緩不濟急，反而有可能造成程序之拖延，對於被告防禦權之保障亦不周延。因此本條第 3 項規定，不能提出第 1 項之書狀而有正當理由或其情況急迫者，得以言詞為之。第 4 項規定，前項情形，聲請人應就第 1

項各款所列事項分別陳明，由書記官製作筆錄；如他造不在場者，應將筆錄送達。

㈡不必要證據之駁回聲請：

1.當事人、代理人、辯護人或輔佐人聲請調查證據之駁回：當事人、代理人、辯護人或輔佐人聲請法院調查證據，惟若其聲請調查之證據，**法院認為不必要時，得以裁定駁回之**（刑訴 163 之 2 I）。

2.不必要證據之種類：當事人、代理人、辯護人或輔佐人聲請調查之證據，有無調查之必要，雖屬法院自由裁量權行使之範疇，惟何種情形始認為不必要。依刑訴法第 163 條之 2 第 2 項規定列舉如下：

⑴不能調查者。

⑵與待證事實無重要關係者。

⑶待證事實已臻明瞭無再調查之必要者。

⑷同一證據再行聲請者。

依 94 台上 1998 號謂：「合議庭審判長之職權係存在於訴訟程序之進行或法庭活動之指揮事項，且以法律明文規定者為限，此外則屬法院之職權，依法院組織法第一百零一條規定，必須經由合議庭內部評議，始得形成法院之外部意思決定，並以判決或裁定行之，不得僅由審判長單獨決定。從而刑事訴訟法第一百六十三條之二第一項規定：『當事人、代理人、辯護人或輔佐人聲請調查之證據，法院認為不必要者，得以裁定駁回之。』即以證據是否應予調查，關乎待證事實是否於案情具有重要性，甚或影響相關證據之價值判斷，已非純屬審判長調查證據之執行方法或細節及法庭活動之指揮事項，故應由法院以裁定行之，並非審判長所得單獨決定處分。至同法第二百八十八條之三第一項規定：『當事人、代理人、辯護人或輔佐人對於審判長或受命法官有關證據調查或訴訟指揮之處分不服者，除有特別規定外，得向法院聲明異議。』其中所稱之『調查證據處分』，係專指調查證據之執行方法或細節（包括積極不當行為及消極不作為）而言，二者顯然有別，不容混淆。」

三、物證之調查

㈠**證物應提示當事人、代理人、辯護人或輔佐人，使其辨認：**凡可供認定事實之物證資料，應由審判長提示當事人、代理人、辯護人或輔佐

人，使其辨認（刑訴 164 I）。如殺人傷害案件，在被告住所搜出之凶刀，應命被告辨認，該凶刀是否爲其所有或何人所有？並聽取對凶刀之意見。賭博罪之賭具與現場搜獲之賭金等是。

㈡**證物如係文書而被告不解其意義者，應告以要旨**：所謂「**文書**」，大都以文字表示其意思，記載於紙張之上而言。因其記載方法之不同，有發音與象形二種。以發音方法爲記載者，爲文書；以象形方法爲記載者，即圖書。證物如係文書，而被告不解其意義者，審判長仍應告以要旨（刑訴 164 II ）。

四、書證之調查

㈠**卷宗內之筆錄及其他文書可爲證據者**：審判長應向當事人、代理人、辯護人或輔佐人宣讀或告以要旨（刑訴 165 I ）。

在此所謂「**筆錄**」，係指偵查中，及實施審判準備程序時，訊問被告、證人所製作之訊問、搜索、扣押、勘驗之筆錄等，能作爲證據者，如被告供認之自白，證人之陳述，勘驗之記錄等是。

所謂「**其他文書**」，指卷宗內之筆錄以外，凡可爲證據之有關文書而言。通常爲卷內之筆錄，或其他文書，審判長應向當事人、代理人、辯護人或輔佐人宣讀或告以要旨，使其有明白辯論之機會，如不履行此項程序，而遽採爲證據，其判決當屬違法。

但如上述文書，有關風化、公安或有毀損他人名譽之虞者，應交當事人、代理人、辯護人或輔佐人閱覽，不得宣讀；因審判公開，如公開宣讀將使旁聽者，知其內容，有礙公序良俗，或損害當事人名譽，故如被告不解其意義者，應告以要旨（刑訴 165 II ）。

㈡**文書外證物書證調查之準用**：隨著現代科學技術之進步與發展，不同於一般物證和書證之新型態證據，例如科技視聽及電腦資料已應運而生，我國刑事訴訟法原規定之證據種類中，並未包含此類科技視聽及電腦資料在內，故於民國 92 年增訂準文書得爲證據方法及其開示、調查之方法，以概括地規範將來可能新生的各種新型態證據。依第 165 條之 1 有兩項：

1.前條之規定，於文書外之證物有與文書相同之效用者，準用之。

2.錄音、錄影、電磁紀錄或其他相類之證物可爲證據者，審判長應以適當之設備，顯示聲音、影像、符號或資料，使當事人、代理人、辯護人或輔佐人辨認或告以要旨。

五、人證之調查

㈠對證人、鑑定人之詰問次序：人證即證人、鑑定人，其證言可採爲認定事實之證據。其調查程序爲：

1.審判長之人別訊問：當事人、代理人、辯護人及輔佐人聲請傳喚之證人、鑑定人，由審判長先爲人別訊問（刑訴 166 I 前段）。

2.對證人、鑑定人之訊問：經審判長爲人別訊問後，由當事人、代理人或辯護人直接詰問之。被告如無辯護人，而不欲行詰問時，審判長仍應予詢問證人、鑑定人之適當機會（刑訴 166 I 後段）。

蓋爲落實當事人進行主義之精神，審判程序之進行應由當事人扮演積極主動之角色，而以當事人間之攻擊、防禦爲主軸，因此有關證人、鑑定人詰問之次序、方法、限制、內容，即爲審判程序進行之最核心部分。因此，本條第 1 項之規定，使由當事人、代理人、辯護人或輔佐人等聲請傳喚之證人、鑑定人，在審判長依刑訴法第 185 條、第 197 條爲人別訊問後，即由當事人、代理人或辯護人直接運作交互詰問之訴訟程序。又於被告無辯護人之情形下，如其不知行使詰問權或行使詰問權有障礙時，審判長仍應予被告詢問證人、鑑定人之適當機會。至於由法院依職權傳喚證人、鑑定人之情形，則另行規定於第 166 條之 6。

3.交互詰問之次序：前項證人或鑑定人之詰問，依下列次序（刑訴 166 II）：

⑴先由聲請傳喚之當事人、代理人或辯護人爲主詰問。
⑵次由他造之當事人、代理人或辯護人爲反詰問。
⑶再由聲請傳喚之當事人、代理人或辯護人爲覆主詰問。
⑷再次由他造當事人、代理人或辯護人爲覆反詰問。

所謂「**交互詰問**」（英：cross examination），即在訊問證人時，由兩當事人交互訊問證人之方式。交互詰問制度設計之主要目的，在辯明供

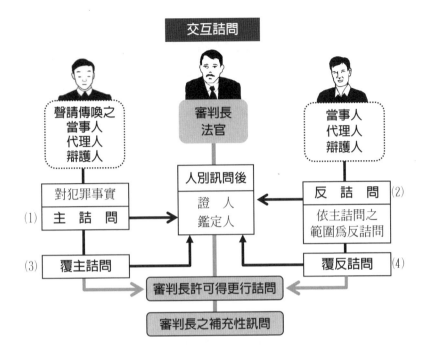

述證據之眞僞，以發見實體之眞實，而由當事人一造聲請傳喚之證人、鑑定人，此造對於該證據最爲關心及瞭解，自應先由該當事人、代理人或辯護人爲主詰問，次由他造之當事人、代理人或辯護人反詰問，再由先前之一造當事人、代理人或辯護人爲覆主詰問，再次由他造當事人等爲覆反詰問，交叉爲之以示公平，並有助訴訟程序之順利進行。

　　4.更行詰問：前項詰問完畢後，當事人、代理人或辯護人，經審判長之許可，得更行詰問（刑訴166III）。前項有關詰問權之規定，因非義務性之規定，審判長不任意予以剝奪，本項之詰問，則係針對原證人、鑑定人而言，故乃稱爲「更行詰問」。

　　5.審判長之補充性訊問：證人、鑑定人經當事人、代理人或辯護人詰問完畢後，審判長得爲訊問（刑訴166IV）。

　　在加強當事人進行主義色彩之刑事訴訟架構下，法院依職權調查證據係居於補充性、輔佐性之地位及因發見眞實之必須而爲之。於此，證

人、鑑定人在經當事人、代理人或辯護人詰問後，審判長即可爲補充性地訊問證人、鑑定人，以確實落實當事人進行主義之精神，並與刑訴法第163條之規定相呼應，彰顯法院依職權調查證據之輔助性質。

　　6.二以上代理人、辯護人則推一人代表詰問：同一被告、自訴人有二以上代理人、辯護人時，該被告、自訴人之代理人、辯護人對同一證人、鑑定人之詰問，應推由其中一人代表爲之。但經審判長許可者，不在此限（刑訴166V）。即同一被告、自訴人有二位以上代理人、辯護人時（含同一被告兼有代理人及辯護人），爲節省法庭時間，避免不必要之重複詰問，該被告之代理人、辯護人或自訴人之代理人對同一證人、鑑定人之詰問，應推由其中一人代表爲之，經審判長許可者，始不受此限。

　　7.兩造同時聲請證人、鑑定人時，其主詰問次序由兩造合意決定：基於尊重當事人進行主義之精神，兩造同時聲請傳喚之證人、鑑定人，關於主詰問之次序，由兩造合意決定，如不能決定時，由審判長定之（刑訴166VI）。

習題：被告始終否認犯罪，證人甲於偵查中經檢察官傳喚到庭，爲不利於被告之陳述，檢察官以該偵訊筆錄爲證據，提起公訴，審判中，檢察官未請求法院傳喚甲作爲證人，辯護人應否主動聲請傳喚甲到庭作證？甲如依法院依職權傳喚到庭作證，經審判長訊問後，甲之證述乃不利於被告時，審判長應如何定詰問之次序？（94律）

㈡交互詰問之方法及注意事項：

　　1.主詰問（examination in chief, direct examination）：即在交互詰問時，由聲請傳喚證人之當事人、代理人或辯護人直接詰問（刑訴166 I），又稱爲「直接詰問」。主詰問應就待證事項及其相關事項行之（刑訴166之 I）。所謂「**待證事項**」，不以重要關係之事項爲限，而係以英美法所稱「關聯性法則」定之。

　　　⑴就必要事項爲詰問：則明定在主詰問階段，爲辯明證人、鑑定人記憶及陳述之正確性，或證人、鑑定人之憑信性等，得就必要事項爲詰問（第2項）。

　　　⑵誘導詰問：行主詰問時，不得爲誘導詰問（第3項）。所謂「**誘**

導詰問」（英：leading question），乃指詰問者對供述者暗示其所希望之供述內容，而於「問話中含有答話」之詰問方式。是否為誘導詰問，應從詰問之整體來判斷，一般認為指只答「是」或「不是」之詰問方式，屬於誘導詰問。

就實務經驗而言，由當事人、代理人、辯護人或輔佐人聲請傳喚之證人、鑑定人，一般是有利於該造當事人之友性證人。因此，若行主詰問者為誘導詰問，證人頗有可能迎合主詰問者之意思，而做非真實之供述。故而，原則上在行主詰問時不得為誘導詰問，惟為發見真實之必要或無導出虛偽供述之危險時，則例外允許於行主詰問時，為誘導詰問。

(3)禁止誘導詰問之例外：下列情形不在此限（刑訴 166 之 1 III）：

①未為實體事項之詰問前，有關證人、鑑定人之身分、學歷、經歷、與其交游所關之必要準備事項。

②當事人顯無爭執之事項。

③關於證人、鑑定人記憶不清之事項，為喚起其記憶所必要者。

④證人、鑑定人對詰問者顯示敵意或反感者。

⑤證人、鑑定人故為規避之事項。

⑥證人、鑑定人為與先前不符之陳述時，其先前之陳述。

⑦其他認有誘導詰問必要之特別情事者。

2.反詰問（cross-examination）：即聲請證人詰問者（主詰問），訊問完畢後，對方當事人為彈劾證人、鑑定人供述之憑信性，及引出在主詰問時，未揭露或被隱瞞之另一部分事實，而達發現真實之目的所為之訊問。

(1)反詰問之範圍：反詰問應就主詰問所顯現之事項及其相關事項或為辯明證人、鑑定人之陳述證明力所必要之事項行之（刑訴 166 之 2 I）。

(2)反詰問轉為主詰問：行反詰問時，就支持自己主張之新事項，經審判長許可，得為詰問。依此項所為之詰問，就該新事項視為主詰問（刑訴 166 之 3）。

按反詰問之範圍，以刑訴法第 166 條之 2 之規定為原則，然

同一證人、鑑定人亦可能知悉、支持行反詰問者主張之事項，為發見眞實，經審判長許可，宜使行反詰問者，就支持自己主張之新事項為詰問，此時就該新事項言，則產生程序之更新，該種詰問，性質上為主詰問，而非反詰問。而對造之當事人、代理人及辯護人對該新事項則自然取得反詰問權。

(3)反詰問得為誘導詰問：行反詰問時，因證人、鑑定人通常非屬行反詰問一造之友性證人，較不易發生證人、鑑定人附和詰問者而為非眞實供述之情形，故允許為誘導詰問。

再者，從另一角度觀察，經由反對詰問程序而發現證人、鑑定人於主詰問時之供述是否眞實，透過誘導詰問，更能發揮推敲眞實之效果。然而，行反詰問時，證人、鑑定人亦有迎合或屈服於詰問者意思之可能或遭致羞辱之危險。因此，對於反詰問之誘導詰問亦應有適當之規範，即於必要時，始得誘導詰問（刑訴 166 之 2II）。至於何種情形為「必要時」，則由審判長裁量。

3.覆主詰問（re-examination）：即在反詰問之後，由聲請證人詰問之當事人，再度訊問之謂。覆主詰問之範圍，應就反詰問所顯現之事項及其相關事項行之（刑訴 166 之 4 I）。行覆主詰問，應依主詰問之方式為之（刑訴 166 之 4II）。

例如：原則上不得誘導詰問，於法定例外之情況下始得為誘導詰問。另為發見眞實，經審判長許可，亦宜使行覆主詰問者，就支持自己主張之新事項為詰問。

4.覆反詰問：為避免詰問事項不當擴張、延滯訴訟程序，覆反詰問應就辯明覆主詰問所顯現證據證明力必要之事項行之，至於其進行方式則依循反詰問（刑訴 166 之 5）。

5.證人、鑑定人訊問之次序：依第 163 條第 2 項前段之規定，法院為發見眞實，得依職權調查證據。因此，於法院依職權傳喚證人、鑑定人時，該證人、鑑定人具有何種經驗、知識，所欲證明者為何項待證事實，自以審判長最為明瞭，應由審判長先為訊問，此時之訊問相當於主詰問之性質，而當事人、代理人及辯護人於審判長訊問後，接續詰問之，

其性質則相當於反詰問。

至於當事人、代理人及辯護人間之詰問次序，則由審判長本其訴訟指揮，依職權定之。爲發見眞實，證人、鑑定人經當事人、代理人或辯護人詰問後，審判長仍得續行訊問（刑訴 166 之 6）。

㈢詰問之限制或禁止：

1.詰問方式之規範：詰問證人、鑑定人及證人、鑑定人之回答，均應就個別問題具體爲之（刑訴 166 之 7 I）。審判長於詰問程序進行時，尤須妥適行使訴訟指揮權及法庭秩序維持權，以限制或禁止不當之詰問。

對於證人、鑑定人之詰問及證人、鑑定人之回答，應以何種方式爲之，在英美法庭多見一問一答方式；而我國現行條文第 190 條則規定「訊問」證人，應命證人就訊問事項之始末而連續陳述。衡諸實際，以一問一答之方式爲之，較爲明確，但易受暗示之影響，且耗時較久；而以連續陳述之方式，亦有可能因證人之疏忽或不小心而遺漏重要事實，有時二者甚或不易區別。當然所謂「就個別問題具體爲之」，亦非純粹屬一問一答，或答「是」或「不是」的簡潔問題。

例如：當事人可能詰問證人：「關於本案件，請將你在某年、某月、某日所見之事實陳述一遍」等。從而，以此修正之方式規定，或較能綜合問答方式及連續陳述方式等各種情況，而賦予詰問較彈性之空間，至於何種方式較爲具體妥適，則委諸實務運作。

2.不當詰問之禁止：下列之詰問，即屬不當之詰問。但第 5 款至第 8 款之情形，於有正當理由時，例如爲發見眞實所必要，則不在此限（刑訴 166 之 7Ⅱ）：

⑴與本案及因詰問所顯現之事項無關者。

⑵以恫嚇、侮辱、利誘、詐欺或其他不正之方法者。

⑶抽象不明確之詰問。

⑷爲不合法之誘導者。

⑸對假設性事項或無證據支持之事實爲之者。

⑹重覆之詰問。

⑺要求證人陳述個人意見或推測、評論者。

(8)恐證言於證人或與其有第 180 條第 1 項關係之人之名譽、信用或財產有重大損害者。

(9)對證人未親身經歷事項或鑑定人未行鑑定事項爲之者。

(10)其他爲法令禁止者。

3.審判長依職權限制或禁止不當之詰問：當事人、代理人或辯護人詰問證人、鑑定人時，審判長除認其有不當者外，不得限制或禁止之（刑訴 167）。詰問爲當事人、代理人及辯護人之權利，原則上不得予以限制或禁止。但爲避免不必要及不當之詰問，致使訴訟程序遲滯、浪費法庭時間，甚而侵擾證人、鑑定人，審判長仍得依職權適當限制或禁止詰問之方式及時間。

六、聲明異議

(一)**詰問之聲明異議**：當事人、代理人或辯護人就證人、鑑定人之詰問及回答，得以違背法令或不當爲由，聲明異議（刑訴 167 之 1）。惟其應即就各個行爲，以簡要理由爲之，例如：「審判長，對造之誘導詰問不合法，請制止。」

因詰問制度之設計，在於使當事人、代理人或辯護人在審判程序中積極參與，爲使訴訟程序合法、妥適，當事人、代理人或辯護人，對於他造向證人、鑑定人所爲之詰問及證人、鑑定人對於他造當事人等詰問之回答，均得聲明異議，以防不當或違法之詰問及證人、鑑定人恣意之回答，影響審判之公平、公正，或誤導事實。

(二)**聲明異議之效力**：前條之聲明異議，應就各個行爲，立即以簡要理由爲之（刑訴 167 之 2 I）。即聲明異議必須附理由，實務上常先以「審判長，有異議」（Objection, Your Honor），喚起法院之注意，然後再說明簡要理由，例如：「辯護人之詰問顯然爲誘導詰問，請命令停止」，而此處所謂之聲明異議係針對證人、鑑定人詰問、回答之行爲、內容或方式爲之。

當事人、代理人或辯護人聲明異議時，審判長應即時作出處分（第2項），惟在作成處分前，宜賦予他造當事人、代理人或辯護人得陳述對於該異議之意見之機會（第3項），而證人、鑑定人於審判長處分前，亦應

先暫時停止陳述（第4項），俾訴訟進行有秩序，並避免損及異議人之權益，以示公平、公正。

　㈢**聲明異議之處分**：

　　1.異議不合法之駁回：採交互詰問之調查證據方式，通常過程緊湊，不宜中斷或遲延，因此，若當事人、代理人或辯護人一發現對於證人、鑑定人之詰問或證人、鑑定人之回答有所偏差時，應立刻聲明異議，審判長如認為異議有遲誤時機、意圖延滯訴訟或其他不合法之聲明異議，原則上不應准許，而應予處分駁回。但若遲誤時機之聲明異議事項，與案情有重要關係，顯足以影響判決之內容或審判之公平時，則應不受提出時機之限制（刑訴167之3），至於何種事項與案情有重要關係，宜依個案具體情形決定之，而由實務累積經驗。

　　2.異議無理由之駁回：審判長認為異議無理由者，應以處分駁回之（刑訴167之4）。並由書記官載明於筆錄，以便查考，並供日後查考。

　　3.異議有理由之處分：審判長認為聲明異議有理由者，應視其情形，立即為中止、撤回、撤銷、變更或其他必要之處分（刑訴167之5），例如：

　　　⑴禁止詰問人對同一事項繼續詰問。

　　　⑵命詰問人修正詰問之方式。

　　　⑶請證人、鑑定人停止陳述或修正回答之方式。

　　　⑷勸諭證人、鑑定人回答問題，必要時得重述詰問者所提問題，直接詰問證人或鑑定人。

　　　⑸依職權或聲請命書記官將不當詰問之情形及處理方式記載於筆錄。

　　　⑹其他為維持公平審判或法庭秩序所得為之處理。

　　4.審判長處分之效力：當事人、代理人及辯護人對於審判長有關詰問聲明異議之處分，不得聲明不服，如其聲明不服，法院應即以裁定駁回之（刑訴167之6）。

　　5.不當詢問之禁止及準用之規定：當事人、辯護人、代理人或輔佐人得於調查證據時，詢問證人、鑑定人及被告。前述詢答如有不當之情形，審判長應依職權或依他造當事人、代理人或辯護人之聲明異議予以

限制、禁止，或為其他必要之處分，其處理方式準用刑訴法第 166 條之 7 第 2 項、第 167 至第 167 條之 6 之規定（刑訴 167 之 7）。

七、有關人員在庭之權利義務

（一）**證人、鑑定人之在庭義務**：證人、鑑定人雖經陳述完畢，非得審判長之許可，不得退庭（刑訴 168）。

（二）**當事人、代理人、辯護人或輔佐人之在庭權**：為保障當事人之反對詰問權，使交互詰問制度得以充分落實，以期發見真實，當事人、代理人、辯護人及輔佐人於訊問證人、鑑定人或通譯時允宜賦予在場之機會，斯即學理上所稱之在場權（刑訴 168 之 1 I）。為保障當事人之在場權，訊問之日、時及處所，法院固應預行通知之（刑訴 168 之 1 II前段），以方便當事人、代理人、辯護人及輔佐人出席。惟當事人、代理人、辯護人或輔佐人基於己身原因考量，自願放棄其在場權，而預先表明不願到場者，法院得不再預行通知，以免浪費有限之司法資源（刑訴 168 之 1 II後段）。

（三）**被告在庭權之限制**：審判長預料證人、鑑定人或共同被告於被告前不能自由陳述者，經聽取檢察官及辯護人之意見後，得於其陳述時，命被告退庭。但為保障被告之反對詰問權，故於證人、鑑定人陳述完畢後，應再命被告入庭，告以陳述之要旨，並予詰問或對質之機會（刑訴 169）。

八、法官之訊問

（一）**陪席法官之訊問**：證人、鑑定人在經當事人、代理人或辯護人詰問完畢後，審判長得為訊問，而刑訴法第 166 條之 6 第 2 項亦規定證人、鑑定人經當事人、代理人或辯護人詰問後，審判長得續行訊問。因此，本條關於陪席法官於告知審判長後，欲訊問證人、鑑定人之規定，亦應秉此原則辦理（刑訴 170）。

（二）**準備審判程序中訊問證人、鑑定人準用上述證據調查之規定**：本法採行集中審理制後，法院或受命法官於準備程序中，原則上即不再從實質之證據調查，但如預料證人不能於審判期日到場，或須於審判期日前命鑑定人先為鑑定者，為便利審判程序之順利進行，仍應許於審判期日前準用第 164 條至第 170 條之規定訊問之。是本條所謂於審判期日前訊

問被告或證人、鑑定人者，即指處理第 273 條第 1 項各款所規定事項或第 276 條對證人、鑑定人所爲之訊問。

第二節　人　證

第一款　證人之意義

　　所謂「**證人**」（英：witness；德：Zeuge；法：témoin），即在他人之訴訟案件中，陳述自己實際所見所聞之具體事實的第三人之謂。其陳述就是證言，證言之證明力，在現行法上雖委由法官之自由判斷，但刑事訴訟法上，原則上須經法定調查程序始得採爲證據。在刑訴事件除了特別規定以外，不問何人，都有擔任證人並命具結出面陳述之公法上之義務（刑訴 176 之 1、186），如拒絕到場者，應受罰鍰處分（刑訴 178）。

第二款　證人之傳喚

一、應用傳票之傳喚

　　傳喚證人應用傳票（刑訴 175 I）。傳票應記載下列事項：

　㈠證人之姓名、性別及住所、居所。此與被告之傳票應記載事項相同（刑訴 71 II ①）。

　㈡待證之事由：即記載被告之姓名及其所犯罪名，使證人知悉因何而被傳作證，不必明白告知其作之事實，以防發生串證情事。

　㈢應到之日、時、處所。

　㈣無正當理由不到場者，得處罰鍰及命拘提（刑訴 178 I ）。

　㈤證人得請求日費及旅費（刑訴 194）。

　　證人之傳票，於偵查中由檢察官簽名，審判中由審判長或受命法官簽名（刑訴 175 III）。其未經法官或檢察官簽名者，傳票即爲不合法，證人自得拒絕到場。傳喚證人之傳票至遲應於到場期日 24 小時前送達。但有急迫情形者，不在此限（刑訴 175 IV）。

二、不用傳票之傳喚

下列兩種情形，與送達傳票有同一之效力（刑訴 176 準 72）。

㈠**口頭傳喚**：對於到場之證人，經面告以下次應到之日、時、處所及如不到場得命拘提，並記明筆錄者，與已送達傳票有同一之效力。

㈡**證人答應到場**：經證人以書狀陳明屆期到場者亦同。

三、傳喚監所之證人

傳喚在監獄或看守所之證人，應通知該監所長官（刑訴 176 準 73）。

四、就訊證人

㈠**就所在地之法院訊問**：證人不能到場或有其他必要情形，得於聽取當事人及辯護人之意見後，就其所在或於其所在地法院訊問之（刑訴 177 I）。

㈡**使用科技設備訊問**：前項情形，證人所在與法院間有聲音及影像相互傳送之科技設備而得直接訊問，經法院認為適當者，得以該設備訊問之（刑訴 177 II）。

隨著現代科技之進步與發展，資訊之傳遞更為快速而準確，訊問證人之方式，除傳統之當庭訊問或就地訊問外，若有科技設備而得直接訊問者與證人親自到庭以言詞陳述，無甚差別，且避在押人犯之提解戒護之安全問題。本項之情形於偵查中準用之（刑訴 177 IV）。

㈢**保障當事人之反對詰問權**：當事人、辯護人及代理人得於前二項訊問證人時在場並得詰問之；其訊問之日時及處所，應預行通知之（刑訴 177 III）。第 2 項之情形，於偵查中準用之（刑訴 177 IV）。

為確實保障當事人之反對詰問權及律師依賴權，當事人、代理人及辯護人自得於依前開方式訊問證人時在場，並行使反對詰問權，而且其訊問之日、時及處所，應預行通知之，俾其知而有行使權利之機會並預為準備。使用科技設備訊問證人，在偵查中亦有必要。

第三款　證人之義務

一、為證人之義務

刑事訴訟係採實質的真實發見主義，欲認定事實，自須賴證據以證

明。而證人係指在他人之訴訟案件中，陳述自己所見所聞具體事實之第三人，爲證據之一種，故凡居住於我國領域內，應服從我國法權之人，無分國籍身分，除法律另有規定者外，不問何人，於他人之案件，有爲證人之義務（刑訴176之1），俾能發見事實真相。

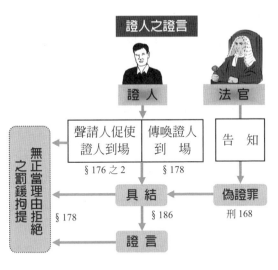

此之「**除法律另有規定者外**」，是指證人中有因公務關係應保守秘密而得拒絕證言者（刑訴179），有因與當事人之身分關係得拒絕證言者（刑訴180），有因業務關係有保密義務而得拒絕證言者（刑訴182），有因利害關係而得拒絕證言者（刑訴181），法院訊問此等證人之前，除刑訴法第185條第2項明定「證人與被告或自訴人有第一百八十條第一項之關係者，應告以得拒絕證言」、第186條第2項明定「證人有第一百八十一條之情形者，應告以得拒絕證言」外，其他情形，亦宜告知證人除有刑訴法第179條第2項、第182條所列不得拒絕證言之法定原因外，得拒絕證言，以昭程序之允當。（刑訴事項98）

二、促使證人到場之義務

法院因當事人、代理人、辯護人或輔佐人聲請調查證據，而有傳喚證人之必要者，爲聲請之人應促使證人到場（刑訴176之2）。

因審判程序的核心在於調查證據，而有關證人的訊問與詰問更是調查證據之重點，因此，證人是否到場，影響審判程序之進行至鉅，故明定當事人、代理人、辯護人或輔佐人聲請調查證據，而有傳喚證人之必要時，該聲請之人應促使其證人到場，以利案件之進行。

三、證人之到場義務及制裁

證人經合法傳喚，無正當理由而不到場者，得科以新臺幣三萬元以下之罰鍰，並得拘提之；再傳不到者，亦同（刑訴 178 I）。前項科罰鍰之處分，由法院裁定之。檢察官為傳喚者，應聲請該管法院裁定之（刑訴 178 II）。對於前項裁定，得提起抗告（刑訴 178III）。拘提證人，準用第 77 條至第 83 條及第 89 條至第 91 條之規定（刑訴 178IV）。

四、證人之拒絕證言

所謂「**證人之拒絕證言權**」（英：privilege of a witness；德：Zeugnisverweigerungsrecht），即訴訟法上證人或被告有拒絕證言之特權之謂。其情形如下：

㈠**公務員**：以公務員或曾為公務員之人為證人，而就其職務上應守秘密之事項訊問者，應得該管監督機關或公務員之允許。此項允許，除有妨害國家之利益者外，不得拒絕（刑訴 179）。

㈡**證人之身分關係**：證人有下列情形之一者，得拒絕證言（刑訴 180 I）：

　1.現為或曾為被告或自訴人之配偶、直系血親、三親等內之旁系血親、二親等內之姻親或家長、家屬者。

　2.與被告或自訴人訂有婚約者。

　3.現為或曾為被告或自訴人之法定代理人或現由或曾由被告或自訴人為其法定代理人者。

對於共同被告或自訴人中一人或數人有前項關係，而就僅關於他共同被告或他共同自訴人之事項為證人者，不得拒絕證言（刑訴 180II）。

惟 32 上 130 號判例謂：「刑事訴訟法關於證人得拒絕證言之規定，係指證人於有法定情形時，有拒絕陳述之權利，並非法院得拒絕其陳述之意，此項證人，如放棄權利不拒絕證言時，法院採其供述為判決基礎，自非違法。」

㈢**證人之身分與利害關係**：

　1.證人因恐受牽連而拒絕證言：證人恐因陳述致自己或與其有前條第一項關係之人（現為或曾為被告或自訴人之配偶、直系血親、三親等內之旁系血親、二親等內之姻親或家長、家屬者）受刑事追訴或處罰者，

得拒絕證言（刑訴 181）。

　　2.拒絕證言之限制：被告以外之人於反詰問時，就主詰問所陳述有關被告本人之事項，不得拒絕證言（刑訴 181 之 1）。按為發見眞實，並保障被告之反對詰問權，被告以外之人於反詰問（包含覆反詰問）時，就主詰問（包含覆主詰問）所陳述有關被告本人之事項，不得拒絕證言。

　四**證人之業務關係而拒絕證言**：證人為醫師、藥師、助產士、宗教師、律師、辯護人、公證人、會計師或其業務上佐理人或曾任此等職務之人，就其因業務所知悉有關他人秘密之事項受訊問者，除經本人允許者外，得拒絕證言（刑訴 182）。

　五**拒絕證言原因之釋明**：證人拒絕證言者，應將拒絕之原因釋明之。但於第 181 條情形，得命具結以代釋明（刑訴 183 I）。

　　所謂「**釋明**」（德：Fragerecht, Aufklärungsrecht），即為使訴訟內容能更明確，法院對當事人提出有關法律上及事實上之問題，使當事人得以陳述說明之謂。至於何時釋明或何方式釋明，一般認為應以接受傳票後訊問期日前，或訊問期日為之。至於釋明之方式，以言詞或書狀均可，如以言詞釋明，則於訊問時為之。證人恐因陳述致自己或其有第 181 條關係之人受刑事追訴或處罰，而拒絕證言者，得以具結代替釋明。

　六**拒絕證言之准駁**：拒絕證言之許可或駁回，偵查中由檢察官命令之，審判中由審判長或受命法官裁定之（刑訴 183 II）。

習題：刑事訴訟法第 176 條之 1 規定：「除法律另有規定者外，不問何人，於他人之案件，有為證人之義務。」其中，「法律另有規定者」所指為何？試說明之。（95 檢）

五、證人之具結

　　具結者，即證人以文書保證其所陳述之事實為眞實，如對案情有重要關係之事項，為虛偽之陳述時，應受刑法上偽證罪處 7 年以下有期徒刑之刑罰（刑 168）。

　一**具結之作用**：係使證人能在認識偽證處罰的負擔下據實陳述，以發見眞實，故原則上證人應負具結之義務，而得免除此項義務者，應以無

法理解具結之意義及效果者爲限。

㈡**具結之義務**：

1. 具結之程序	證人具結前，應告以具結之義務及僞證之處罰。對於不令具結之證人，應告以當據實陳述，不得匿、飾、增、減（刑訴 187）。
2. 具結之時期	具結應於訊問前爲之。但應否具結有疑義者，得命於訊問後爲之（刑訴 188）。
3. 結文之作成	(1)結文應記載據實陳述：具結應於結文內記載當據實陳述，決無匿、飾、增、減等語；其於訊問後具結者，結文內應記載係據實陳述，並無匿、飾、增、減等語（刑訴 189 I）。 (2)結文由證人朗讀並簽名：結文應命證人朗讀；證人不能朗讀者，應命書記官朗讀，於必要時並說明其意義（刑訴 189 II）。結文應命證人簽名、蓋章或按指印（刑訴 189 II,III）。 (3)證人遠地之結文得以電信傳送：證人係依第 177 條第 2 項以科技設備訊問者，經具結之結文得以電信傳眞或其他科技設備傳送予法院或檢察署，再行補送原本。第 177 條第 2 項證人訊問及前項結文傳送之辦法，由司法院會同行政院定之（刑訴 189 IV,V）。

㈢**免除具結之情形**：證人應命具結。但有下列情形之一者，不得令其具結（刑訴 186 I）：

1.未滿 16 歲者。刑法上未滿 14 歲人之行爲，不罰。14 歲以上未滿 18 歲人之行爲，得減輕其刑（刑 18 I,II）。刑事訴訟上爲保護年輕而智識尚未成熟者起見，故規定不得令其具結，縱有虛僞陳述，亦不應負僞證之罪責，至其年齡自應以該證人於訊問時之年齡爲其應否具結之標準（29上 1781）。

2.因精神障礙，不解具結意義及效果者。在刑法學上，因精神障礙或其他心智缺陷，致不能辨識其行爲違法或欠缺依其辨識而行爲之能力者，爲無責任能力，列爲不罰（刑 19）。既爲刑法列爲免責之對象，則其陳述不可採信，自不得採爲有效之證人。如其不解具結之意義及效果，當不知其虛僞之陳述，將受刑法上僞證罪之處罰。

3.證人有第 181 條之情形者，應告以得拒絕證言。即證人之身分與利害關係，恐因陳述致自己或與其有第 180 條第 1 項關係之人受刑事追

訴或處罰者，得拒絕證言之情形。

㈣**拒絕具結或證言及不實具結之制裁**：證人無正當理由拒絕具結或證言者，得處以新臺幣三萬元以下之罰鍰，於第 183 條第 1 項但書情形爲不實之具結者，亦同（刑訴 193 I）。第 178 條第 2 項及第 3 項之規定，於前項處分準用之（刑訴 193 II）。

六、證人之權利

㈠**請求支付日費及旅費**：證人得請求法定之日費及旅費。但被拘提或無正當理由，拒絕具結或證言者，不在此限（刑訴 194 I）。

㈡**請求之時間**：前項請求，應於訊問完畢後 10 日內，向法院爲之。但旅費得請求預行酌給（刑訴 194 II）。

第四款　證人之訊問

我刑事訴訟法採直接審理主義及言詞辯論主義，故傳喚證人之目的，在於對證人訊問。如以書面代替陳述，依法不得採爲判決之基礎。茲將刑事訴訟法關於訊問證人之程序，述之如次：

一、準用訊問被告之規定（刑訴 192）

㈠**按時訊問**：證人因傳喚到場者，除確有不得已之事故外，應按時訊問之（準 74）。

㈡**通譯之使用**：證人爲聾或啞或語言不通者，得用通譯，並得以文字訊問或命以文字陳述（準 99）。

二、證人之人別訊問（刑訴 185）

㈠**確定證人之身分**：訊問證人，應先調查其人有無錯誤及與被告或自訴人有無第 180 條第 1 項之關係（第 1 項）。

即該證人有下列情形之一者，得拒絕證言（刑訴 180 I）：

1.現爲或曾爲被告或自訴人之配偶、直系血親、三親等內之旁系血親、二親等內之姻親或家長、家屬者。

2.與被告或自訴人訂有婚約者。

3.現爲或曾爲被告或自訴人之法定代理人或現由或曾由被告或自訴

人為其法定代理人者。

對於共同被告或自訴人中一人或數人有前項關係，而就僅關於他共同被告或他共同自訴人之事項為證人者，不得拒絕證言。

㈡**證人得拒絕證言權**：證人與被告或自訴人有第 180 條第 1 項之關係者，應告以得拒絕證言（第 2 項）。

三、證人之分別訊問與對質（刑訴 184）

㈠**證人之分別訊問**：證人有數人者，應分別訊問之；其未經訊問者，非經許可，不得在場（第 1 項）。

㈡**證人之對質**：因發見真實之必要，得命證人與他證人或被告對質，亦得依被告之聲請，命與證人對質（第 2 項）。

證人有數人者，分別證明不同之事實，尚未訊問之證人在場，於發見真實是否會受影響，宜由審判長裁量，視在場情形決定未經訊問之證人可否在場，以求適用上之彈性，並免訴訟程序發生違法情事，故第 1 項規定未經訊問者，不得在場，係為原則。

四、訊問證人之方法

訊問證人，得命其就訊問事項之始末連續陳述（刑訴 190）。為調和我國審判中向來命證人連續陳述之訊問習慣，與外國詰問實務以提問具體個別問題為主之作法，乃保留得由證人為連續陳述之訊問方式。且我國刑事訴訟法已朝「改良式當事人進行主義」修改，並已引進交互詰問方式，故證人之陳述若有不明確或真偽不明之情形，可運用交互詰問之過程，達到辯明之目的。

五、囑託訊問證人

㈠**囑託或轉囑託證人所在地之法官或檢察官**：審判長或檢察官得囑託證人所在地之法官或檢察官訊問證人；如證人不在該地者，該法官、檢察官得轉囑託其所在地之法官、檢察官（刑訴 195 I）。

㈡**囑託訊問時應保障當事人之反對詰問權及律師依賴權**：第 177 條第 3 項之規定，於受託訊問證人時準用之（刑訴 195 II）。

受託訊問證人之法官或檢察官於證人不能到場或其他必要之情形，非至證人所在地無從訊問時，或使用科技設備訊問時，仍有預先通知當事人、代理人及辯護人到場之日、時、處所之必要，以確保其在場權。

㈢**受託法官或檢察官之權限與本案之法官與檢察官相同**：受託法官或檢察官訊問證人者，與本案繫屬之法院審判長或檢察官有同一之權限（刑訴 195III）。

六、證人之傳喚限制與警察之通知詢問

㈠**再行傳喚之限制**：證人已由法官合法訊問，且於訊問時予當事人詰問之機會，其陳述明確別無訊問之必要者，不得再行傳喚（刑訴 196）。則證人已由法官合法訊問之前提下，始得不再行傳喚，以與傳聞法則之理論相符。

㈡**警察對證人之通知及詢問**：

1.警察通知證人詢問：司法警察官或司法警察因調查犯罪嫌疑人犯罪情形及蒐集證據之必要，得使用通知書通知證人到場詢問（刑訴 196 之 1 I）。第 71 條之 1 第 2 項、第 73 條、第 74 條、第 175 條第 2 項第 1 款至第 3 款、第 4 項、第 177 條第 1 項、第 3 項、第 179 條至第 182 條、第 184 條、第 185 條及第 192 條之規定，於前項證人之通知及詢問準用之（刑訴 196 之 1II）。

2.警察通知及詢問證人準用下列規定：

⑴第 71 條之 1 第 2 項：到場詢問通知書，由司法警察機關主管長官簽名，其應記載事項，準用第 71 條第 2 項第 1 款至第 3 款之規定。

⑵第 73 條：傳喚在監獄或看守所之被告，應通知該監所長官。

⑶第 74 條：被告因傳喚到場者，除確有不得已之事故外，應按時訊問之。

⑷第 175 條第 2 項第 1 款至第 3 款、第 4 項：

①第 2 項第 1 款至第 3 款：

　A 證人之姓名、性別及住所、居所。

　　　　Ｂ待證之事由。

　　　　Ｃ應到之日、時、處所。

　　②第4項：傳票至遲應於到場期日24小時前送達。但有急迫情

　　　　形者，不在此限。

　(5)第177條第1項、第3項：

　　①證人不能到場或有其他必要情形，得於聽取當事人及辯護人

　　　　之意見後，就其所在或於其所在地法院訊問之。

　　②當事人、辯護人及代理人得於前二項訊問證人時在場並得詰

　　　　問之；其訊問之日時及處所，應預行通知之。

　(6)第179條至第182條：

　　①以公務員或曾為公務員之人為證人，而就其職務上應守秘密

　　　　之事項訊問者，應得該管監督機關或公務員之允許。前項允

　　　　許，除有妨害國家之利益者外，不得拒絕（刑訴179）。

　　②證人有下列情形之一者，得拒絕證言（刑訴180）：

　　　　Ａ現為或曾為被告或自訴人之配偶、直系血親、三親等內之

　　　　　旁系血親、二親等內之姻親或家長、家屬者。

　　　　Ｂ與被告或自訴人訂有婚約者。

　　　　Ｃ現為或曾為被告或自訴人之法定代理人或現由或曾由被告

　　　　　或自訴人為其法定代理人者。

　　　　　對於共同被告或自訴人中一人或數人有前項關係，而就僅

　　　　關於他共同被告或他共同自訴人之事項為證人者，不得拒絕

　　　　證言。

　　③證人恐因陳述致自己或與其有前條第1項關係之人受刑事追

　　　　訴或處罰者，得拒絕證言（刑訴181）。

　　④被告以外之人於反詰問時，就主詰問所陳述有關被告本人之

　　　　事項，不得拒絕證言（刑訴181之1）。

　　⑤證人為醫師、藥師、助產士、宗教師、律師、辯護人、公證

　　　　人、會計師或其業務上佐理人或曾任此等職務之人，就其因

　　　　業務所知悉有關他人秘密之事項受訊問者，除經本人允許者

外，得拒絕證言（刑訴 182）。

(7)第 184 條：證人有數人者，應分別訊問之；其未經訊問者，非經許可，不得在場。因發見眞實之必要，得命證人與他證人或被告對質，亦得依被告之聲請，命與證人對質。

(8)第 185 條：訊問證人，應先調查其人有無錯誤及與被告或自訴人有無第 180 條第 1 項之關係。證人與被告或自訴人有第 180 條第 1 項之關係者，應告以得拒絕證言。

(9)第 192 條：本法第 74 條關於訊問被告應按時訊問及第 99 條關於通譯之使用等規定，於證人之訊問準用之。

第三節　　鑑定及通譯

第一款　鑑定人概説

一、鑑定人之意義

　　鑑定人（英：expert witness；德：Sachverständiger；法：expert）者，指審判長、受命法官或檢察官所選定，就特別知識經驗，對某項事實陳述其判斷意見之第三人也。鑑定人與證人之性質相類似，故除本節（第十二章第三節）有特別規定外，準用關於人證之規定（刑訴 197）；但鑑定人不得拘提（刑訴 199）。

二、鑑定人與證人之區別

鑑　定　人	證　　人
鑑定人是由審判長、受命法官或檢察官就本法第 198 條各款規定選任一人或數人充之，不得拘提（刑訴 199）。	證人是由檢察官、審判長或受命法官傳喚（刑訴 175），無正當理由而不到場者，得科以三萬元以下罰鍰，並得拘提之（刑 178 II）。
鑑定人是依據法則或特別之知識經驗，對具體事實提出判斷報告者。	證人是本其自己實際經驗之事實而爲陳述之人。
依據法則或知識經驗之判斷報告，在性質上是具有代替性，只要具備此種	毋須具備特別知識，只要將自己實際經驗之事實陳述即可，所以是不可代

專門知識，則任何人均可爲之。	替性。
鑑定人不以自然人爲限，法院亦可囑託醫院、學校或其他法人之機關爲鑑定。	證人以自然人爲限。
鑑定人應於鑑定前具結。	具結應於訊問前爲之。但應否具結有疑義者，得命於訊問後爲之（刑訴 178）。
鑑定人應以言詞或書面報告（刑訴 206 I）。	限於言詞陳述。

第二款　鑑定人之選任

一、鑑定人之資格

　　鑑定人由審判長、受命法官或檢察官就下列之人選任一人或數人充之（刑訴 198）：

　　㈠**就鑑定事項有特別知識經驗者**：譬如對屍體之鑑定，必須爲具有專業資格之法醫師，對指紋之鑑定必須爲對指紋有特別研究之指紋專家等是。

　　㈡**經政府機關委任有鑑定職務者**：如刑訴法第 208 條規定，法院或檢察官得囑託醫院、學校或其他相當之機關、團體爲鑑定，或審查他人之鑑定是。目前常爲法院所委任者，有法務部調查局、內政部警政署刑事警察局、警察大學之刑事鑑識單位等是。

二、鑑定人選定之人數

　　鑑定人之選充，得由審判長、受命法官或檢察官斟酌實際情形，選一人或數人爲之（刑訴 198），通常對複雜案件或社會注視之案件，多選定數人共同爲鑑定，如認鑑定有不完備者，得命增加人數或命他人繼續或另行鑑定（刑訴 207）。

三、囑託鑑定

　　本法除選任自然人充當鑑定人外，另設有機關鑑定制度，即法院或檢察官得囑託醫院、學校或其他相當之機關、團體爲鑑定，或審查他人之鑑定，其鑑定程序並準用第 203 條至第 206 條之規定。另於實務之運作，亦有囑託法人或非法人之團體爲鑑定之情形，例如囑託職業公會爲

鑑定。有鑑於目前受囑託從事鑑定之機關或團體，常有採行合議制之情形，爲探求眞實及究明鑑定經過，法院或檢察官應得命實際實施鑑定或審查之人到場報告或說明。再者，本法第 206 條之 1 之規定於囑託機關或團體爲鑑定或審查他人鑑定時，亦有準用之必要（刑訴 208 I）。

　　前項實際實施鑑定或審查之人以言詞報告或說明其鑑定經過或結果時，其身分與鑑定人相當，應有具結之義務，且當事人、代理人、辯護人或輔佐人亦得詢問或詰問之，以助於眞實之發見，因此第 163 條第 1 項、第 166 條至第 167 條之 7、第 202 條之規定，於前項由實施鑑定或審查之人爲言詞報告或說明之情形準用之（刑訴 208 II）。

第三款　鑑定人之拒卻

一、鑑定人拒卻之意義

　　鑑定人拒卻，係指訴訟當事人對於審判長、受命法官或檢察官所選定之鑑定人，如有反對意見，當事人並不得提出抗告，因此乃有拒卻之規定，以請求變更之謂。因鑑定人之選任，在刑事訴訟程序中，是爲法院或檢察官之職權，而且鑑定人之鑑定，常採爲法院判斷事實之基礎，如鑑定結果有所偏頗，影響裁判之正確性至鉅，故許當事人聲明拒卻，其情形如下：

二、鑑定人拒卻之原因

　　當事人得依聲請法官迴避之原因，拒卻鑑定人。但不得以鑑定人於該案件曾爲證人或鑑定人爲拒卻之原因（刑訴 200 I）。即凡鑑定人具有本法第 17 條，除第 6 款後段以外之各款情形之一者，均得爲拒卻鑑定人之原因，但此項拒卻必須當事人提出聲請，如當事人未予聲明，而其鑑定人已爲鑑定者，其鑑定仍爲合法，足採爲判決之基礎。此與法官之應自行迴避，否則即認爲是違背法令者不同。

三、拒卻之時間

　　當事人聲請拒卻鑑定人，應於鑑定人就鑑定事項爲陳述或報告之前爲之（刑訴 200 II 前段），但如拒卻之原因發生在後或知悉在後者，不在此

限（刑訴 200 II 後段）。

四、拒卻原因之釋明

當事人聲請拒卻鑑定人，應將拒卻之原因釋明之。其情形有二（刑訴 201 I）：

㈠當事人拒卻鑑定人，應將拒卻之原因，究係符合本法第 17 條除第 6 款後段以外之那一款情形，提出釋明。

㈡其拒卻之原因，發生在後或知悉在後者，應將此事實釋明之。

其釋明之方式以言詞或書狀爲之，如以言詞爲之者，應由書記官記明筆錄。

五、拒卻之准駁

拒卻鑑定人之許可或駁回，偵查中由檢察官命令之，審判中由審判長或受命法官裁定之（刑訴 201 II）。此項裁定，依本法第 404 條之規定，不得提起抗告。

第四款　鑑定人之義務

一、到場之義務

鑑定人經合法傳喚，應有到場之義務。其規定依刑訴法第 197 條規定，準用人證之規定。故如無正當理由不到場者，依第 178 條規定，得科以新台幣三萬元以下之罰鍰，但不得拘提（刑訴 199）。

二、具結之義務

鑑定人應於鑑定前具結，其結文內應記載必爲公正誠實之鑑定等語（刑訴 202）。因此鑑定人之具結，應於鑑定前爲之。至於其他有關具結之程序，則準用證人具結程序之規定（刑訴 197 後段）。故如鑑定人未依規定具結，即爲違法之證據資料，不得爲判決之基礎。

依 69 台上 2710 號：「鑑定人應於鑑定前具結，其結文內應記載必爲公正誠實之鑑定等語，爲刑事訴訟法第二百零二條所明定，卷查會計師俞某原審係以證人之身分傳喚其到庭陳述其查帳情形，而所具之結文，

亦爲證人結文，該會計師提出查帳報告，原審未命履行鑑定人具結程序，其在程序上既欠缺法定條件，即難認爲合法之證據資料，原判決竟以該會計師之查帳報告據爲被告無罪之判決基礎，自屬於法有違。」

習題：下列第一審法院之判決是否適法？試具理由解答。（89 律）

審判長選任會計師爲背信案件查帳，未命履行鑑定人具結程序，仍本於自由心證原則，採取該會計師提出之查帳報告，據爲報告無罪之判決基礎。

三、報告之義務

㈠**以言詞或書面報告**：鑑定人應將鑑定之經過及其結果，向法院或檢察官以言詞或書面報告（刑訴 206 I）。鑑定人如違背此項義務，依第 197 條準用第 193 條規定，即鑑定人無正當理由拒絕陳述報告者，得處以新台幣三萬元以下罰鍰。此項處分由法院裁定之。鑑定人不服裁定者，得提起抗告。鑑定人之報告以言詞爲之者，由書記官記明筆錄，以書面報告者，於必要時得使其以言詞說明（刑訴 206III）。

㈡**鑑定人數人之報告**：如選任鑑定人有數人時，得使其共同報告之。但意見不同者，應使其各別報告（刑訴 206 II）。

第五款　鑑定人之權利

一、鑑定人之費用請求權

鑑定人於法定之日費、旅費外，得向法院請求相當之報酬及預行酌給或償還因鑑定所支出之費用（刑訴 209）。鑑定人爲鑑定時，往往必須墊付因鑑定所支出之費用，若遇費用過大時，有時不願墊付而藉詞無法鑑定，造成刑事案件處理上之困擾，因此本條規定得預行酌給，俾鑑定人得向法院請求，以應實務需要。

二、檢閱卷宗及證物，及請求蒐集或調取之權

鑑定人因鑑定之必要，得經審判長、受命法官或檢察官之許可，檢閱卷宗及證物，並得請求蒐集或調取之（刑訴 205 I）。

鑑定之目的既在發現眞實，鑑定自須參考有關資料，此時法院及檢

察官對於鑑定人之要求，自應儘量供給之。故如鑑定人因鑑定之必要，請求檢閱卷宗及證物，或蒐集有關資料，法院亦應爲蒐集或調取之，以供參考。

三、請求訊問被告、自訴人或證人之權利

鑑定人得請求訊問被告、自訴人或證人，並許其在場及直接發問（刑訴205II）。

此之請求訊問被告、自訴人或證人，乃請求法院或檢察官爲訊問，並許被告、自訴人或證人在場，使鑑定人得告知審判長、受命法官或檢察官，經其允許後，得直接發問，以求事實眞相之發現。

第六款　鑑定之實施

一、鑑定得在法院外實施

鑑定以在法院內實施爲原則，但事實上進行鑑定常須技術上之設備，及較長時間進行，因此審判長、受命法官或檢察官於必要時，得使鑑定人於法院外爲鑑定（刑訴 203 I）。並得將關於鑑定之物，交付鑑定人（刑訴103II），攜回在特定之設備場所鑑定之。

二、鑑定留置

㈠**鑑定留置之原因**：因鑑定被告心神或身體之必要，得預定 7 日以下之期間，將被告送入醫院或其他適當之處所（刑訴103III）。

㈡**鑑定留置票之運用**：刑訴法第 203 條第 3 項情形，應用**鑑定留置票**。但經拘提、逮捕到場，其期間未逾 24 小時者，不在此限（刑訴 203 之 1 I）。

將被告送入醫院或其他適當之處所鑑定，影響人身自由，應依令狀執行，以保護人權，防止濫用，乃參考本法第 102 條及日本刑事訴訟法第 167 條、日本刑事訴訟規則第 130 條之 2 之立法例，於本條第 1 項前段規定「鑑定留置票」。

又案件於偵查中，被告如因拘提或逮捕到場，其期間自拘提或逮捕時起算未逾 24 小時者，依本法第 91 條至第 93 條之規定，檢察官仍有留置被告予以偵訊之權利，故在上開期間內，檢察官認有鑑定被告心神或

身體之必要時，應無庸聲請簽發鑑定留置票。

㈢**鑑定留置票應記載事項**：鑑定留置票，應記載下列事項（刑訴 203 之 1 II）：

　1.被告之姓名、性別、年齡、出生地及住所或居所。

　2.案由。

　3.應鑑定事項。

　4.應留置之處所及預定之期間。

　5.如不服鑑定留置之救濟方法。

㈣**被告姓名不明，應記載特徵**：鑑定留置票準用本法第 71 條第 3 項規定（刑訴 203 之 1 II）：即被告之姓名不明或因其他情形有必要時，應記載其足資辨別之特徵。被告之年齡、籍貫、住所、或居所不明者，得免記載。

㈤**鑑定留置票之簽發**：鑑定留置票，由法官簽名。檢察官認有鑑定留置必要時，向法院聲請簽發之（刑訴 203 之 1 IV）。

　　本法於 86 年 12 月 19 日修正後，檢察官已無羈押之強制處分權，鑑定留置既與羈押處分同對於人身自由加以限制，除第 1 項但書所列情形外，於偵查期間之鑑定留置票，同理亦應由檢察官向法院聲請，而由法官簽名於鑑定留置票上，乃參考日本刑事訴訟法第 224 條之規定，增訂本條第 3、4 項。

三、鑑定留置之執行（刑訴 203 之 2）

㈠**由司法警察執行**：執行鑑定留置，由司法警察將被告送入留置處所，該處所管理人員查驗人別無誤後，應於鑑定留置票附記送入之年、月、日、時並簽名（第 1 項）。

　　鑑定留置既須簽發鑑定留置票，則應由何人執行，自應予以明定，又鑑定留置之日數，依本法第 203 條之 4 規定，既視為羈押之日數，則為求明確，以利折抵日數之計算，故規定在本條第 1 項，以資適用。

㈡**執行鑑定留置時應注意被告之身體及名譽**：第 89 條、第 90 條之規定，於執行鑑定留置準用之（第 2 項）。

　　司法警察執行鑑定留置時，應注意被告之身體及名譽，免受不必要

之損害，斯爲當然之理；再者被告若抗拒司法警察鑑定留置之執行，爲落實鑑定之目的，司法警察自得使用強制力爲之，但應以必要之程度爲限。乃增訂本法第 89 條、第 90 條之規定，於執行鑑定留置準用之規定。

㈢**鑑定留置票應分送關係人員**：執行鑑定留置時，鑑定留置票應分別送交檢察官、鑑定人、辯護人、被告及其指定之親友（第 3 項）。

由於鑑定留置影響人身自由，因此，於將被告送鑑定時，自應將鑑定留置票送交檢察官、鑑定人、辯護人、被告或其指定之親友，使其等明瞭被告之下落及受如何之處置，乃參考本法第 103 條第 2 項之規定，增訂本條第 3 項。

㈣**必要時應看守被告**：因執行鑑定留置有必要時，法院或檢察官得依職權或依留置處所管理人員之聲請，命司法警察看守被告（第 4 項）。

爲防止被告於鑑定留置時逃逸或有其他安全上之顧慮，爰參考日本刑事訴訟法第 167 條第 3 項之立法例，規定於必要時，法院或檢察官得依職權或依聲請，命令司法警察看守鑑定留置中之被告，以符實際需要。

四、鑑定留置預定期間及處所（刑訴 203 之 3）

㈠**鑑定留置之預定期間**：法院得於審判中依職權或偵查中依檢察官之聲請裁定縮短或延長之。但延長之期間不得逾 2 月（第 1 項）。

鑑定留置期間，乃爲達鑑定目的而必要之時間，因鑑定事項之內容、檢查之方法、種類及難易程度等而有所不同，審判長、受命法官及檢察官初始所預定之時間，與實際所需之時間未必全然一致，爲求彈性處理，因此，審判中由法院依職權；偵查中由檢察官向法院聲請而裁定縮短或延長之，自有必要，乃參考日本刑事訴訟法第 167 條第 4 項之立法例，增訂本條第 1 項，以資適用。惟爲保障人權，避免延長期間過長，乃設但書，規定延長期間不得逾 2 月。

㈡**鑑定留置之處所**：因安全或其他正當事由之必要，法院得於審判中依職權或偵查中依檢察官之聲請裁定變更之（第 2 項）。

鑑定留置之執行，非全然或全程派有司法警察看守，若發生安全上之顧慮，或有其他正當事由之必要，自應許由法院斟酌情形，裁定變更

鑑定留置處所，較爲妥適，乃參考本法第 103 條之 1 第 1 項有關羈押處所變更之規定，增訂本條第 2 項。

㈢鑑定留置之期間及處所應通知相關人員：法院爲前二項裁定，應通知檢察官、鑑定人、辯護人、被告及其指定之親友（第 3 項）。

鑑定留置之預定時間及處所均爲鑑定留置票之應記載事項，若經法院裁定變更，自應再行通知檢察官、鑑定人、辯護人、被告及其指定之親友，以保障鑑定留置人之權利。

㈣鑑定留置日數視爲羈押日數：對被告執行第 203 條第 3 項之鑑定者，其鑑定留置期間之日數，視爲羈押之日數（刑訴 203 之 4）。

鑑定留置影響人身自由，與羈押同爲對被告之一種強制處分，因而對被告執行鑑定留置者，其留置期間之日數自應視爲羈押之日數，俾被告於執行時得折抵刑期。乃參考日本刑事訴訟法第 167 條第 6 項之立法例增訂本條，以資適用。

五、鑑定之必要處分

㈠鑑定人必要處分之許可：

1.檢察身體、解剖屍體或毀壞物體或進入必要處所之權利：鑑定人因鑑定之必要，得經審判長、受命法官或檢察官之許可，檢查身體、解剖屍體、毀壞物體或進入有人住居或看守之住宅或其他處所（刑訴 204 I）。

2.鑑定人進入有關處所之規定：鑑定人既得進入有人住居或看守之住宅或其他處所，故本法規準用第 127 條（軍事上秘密處所之進入）、第 146 條（夜間進入之規定）、第 147 條（夜間入內之例外）、第 148 條與第 149 條（鑑定人進入處所之在場人）等規定，以保障軍事處所之秘密及人民之居住安寧（刑訴 204II 前段）。

3.檢查身體之規定（刑訴 204II 中段）：又對第 215 條之準用，因被告以外之人並非案件當事人，欲對其爲檢查身體之鑑定，自應以有相當理由可認爲於調查犯罪情形時有必要者爲限，俾避免侵害人權。此外，若係檢查婦女身體，亦應命醫師或婦女行之，以保障人權。

4.檢驗或解剖屍體之規定（刑訴 204 II 後段）：均準用第 216 條第 1 項（檢驗或解剖屍體，應先查明屍體有無錯誤）及第 217 條之規定（有關檢驗或解剖屍體之處分）。

均準用第 215 條、第 216 條第 1 項及第 217 條之規定。

(二)**鑑定必要處分之許可書**（刑訴 204 之 1）：

1.第 204 條第 1 項之許可，應用許可書。但於審判長、受命法官或檢察官前為之者，不在此限（第 1 項）。

2.許可書，應記載下列事項（第 2 項）：

　(1)案由。

　(2)應檢查之身體、解剖之屍體、毀壞之物體或進入有人住居或看
　　守之住宅或其他處所。

　(3)應鑑定事項。

　(4)鑑定人之姓名。

　(5)執行之期間。

3.許可書，於偵查中由檢察官簽名，審判中由審判長或受命法官簽名（第 3 項）。

4.檢查身體，得於第 1 項許可書內附加認為適當之條件。

(三)**許可書及身分證件之出示**（刑訴 204 之 2）：鑑定人為第 204 條第 1 項之處分時，應出示前條第 1 項之許可書及可證明其身分之文件（第 1 項）。鑑定人員不同於法官、檢察官或司法警察人員，故鑑定人為第 204 條第 1 項之處分時，依第 204 條之 1 第 1 項之規定既須用許可書，自應出示許可書及證明其身分之文件，以免誤會。

許可書於執行期間屆滿後不得執行，應即將許可書交還（第 2 項）。許可書依第 204 條之 1 第 2 項規定，既記載執行期間，則鑑定應在有效期間內開始執行，一旦執行期間屆滿，無論是否已完成鑑定，均不得繼續執行，以免發生弊端。

(四)**鑑定人得蒐集資料並訊問有關人員**（刑訴 205）：鑑定人因鑑定之必要，得經審判長、受命法官或檢察官之許可，檢閱卷宗及證物，並得請求蒐集或調取之。鑑定人得請求訊問被告、自訴人或證人，並許其在場

及直接發問。

㈤鑑定有採取被鑑定人身上附屬物之必要（刑訴 205 之 1）：

　　1.採取被鑑定人身上附屬物：鑑定人因鑑定之必要，得經審判長、受命法官或檢察官之許可，採取分泌物、排泄物、血液、毛髮或其他出自或附著身體之物，並得採取指紋、腳印、聲調、筆跡、照相或其他相類之行為（第 1 項）。

　　依目前各種科學鑑定之實際需要，鑑定人實施鑑定時，往往有必要採取被鑑定人之分泌物、排泄物、血液、毛髮或其他出自或附著身體之物，或採取指紋、腳印、聲調、筆跡、照相或為其他相類之行為，為應實務之需要，兼顧人權之保障，乃參考德國刑事訴訟法第 81 條 a 第 1 項之立法例，於本條第 1 項明定鑑定人得經審判長、受命法官或檢察官之許可而為之，以資適用。

　　2.在鑑定必要處分許可書中載明：前項處分，應於第 204 條之 1 第 2 項許可書中載明（第 2 項）。

　　鑑定人實施鑑定時，所為本條第 1 項之行為，屬審判長、受命法官或檢察官之處分，故明定應於第 204 條之 1 第 2 項許可書中載明，以求明確，並免爭議。

㈥調查犯罪及蒐集證據之必要處分（刑訴 205 之 2）：檢察事務官、司法警察官或司法警察因調查犯罪情形及蒐集證據之必要，對於經拘提或逮捕到案之犯罪嫌疑人或被告，得違反犯罪嫌疑人或被告之意思，採取其指紋、掌紋、腳印，予以照相、測量身高或類似之行為；有相當理由認為採取毛髮、唾液、尿液、聲調或吐氣得作為犯罪之證據時，並得採取之。

　　檢察事務官、司法警察（官）、依法有調查犯罪嫌疑人犯罪情形及蒐集證據之權限，則其等於有必要或有相當理由時，對於經拘提或逮捕到案之犯罪嫌疑人或被告，得否違反犯罪嫌疑人或被告之意思，予以照相、測量身高或類似之行為，並採取其指紋、掌紋、腳印、毛髮、唾液、尿液、聲調或吐氣？事關偵查程序之順利進行與否，及能否有效取得認定事實之證據，爰增訂本條，以為執法之規範。

習題：甲男於夜間侵入乙女住處竊盜，翻取財物之際驚醒乙女，起意對乙女強制性交得逞後逃逸。檢察事務官於甲男拘提到案後，為供辨識，乃違反甲男自由意志，測量並記錄甲男之身高及取得指紋、唾液，經檢察官送內政部警政署刑事警察局檢驗結果，與警員於現場取得指紋及醫師在乙女身體取得男性分泌物之 DNA 相合，分別出具檢驗報告書。甲男於法院審理時抗辯非出於自由意志而取得指紋、唾液，其身高紀錄書面資料及上揭檢驗報告書則屬於傳聞，均無證據能力，有無理由？（98 檢-偵查組）

（七）**鑑定時得通知有關人員到場**（刑訴 206 之 1）：

1.行鑑定時，如有必要，法院或檢察官得通知當事人、代理人或辯護人到場（第 1 項）。

為期發見眞實，當事人在場之機會允宜適度設計予以保障，且衡諸實際，於法院或檢察官命行鑑定時，鑑定結果可能於事實之認定生重大影響，斯時，如能賦予當事人、代理人或辯護人到場之機會，當能藉著鑑定程序之透明化及意見之適時、適切表達，減少不必要之疑慮或澄清相關爭點。惟進行鑑定時，因經常需要較長之時間，並涉及特殊之鑑定技術及方法，宜由法官、檢察官斟酌個案之具體情狀，於必要時，通知當事人、代理人或辯護人到場，乃參考日本刑事訴訟法第 170 條前段之立法例，增訂本條第 1 項。

2.第 168 條之 1 第 2 項之規定，於前項情形準用之（第 2 項）。

為保障當事人在場之機會權，鑑定之日、時及處所，應預行通知之，以方便當事人、代理人或辯護人到場。惟當事人、代理人或辯護人基於己身原因考量，自願放棄其在場之機會，而預先表明不願到場者，法院得不再預行通知，以免浪費有限之司法資源。乃參考日本刑事訴訟法第170 條後段之立法例，增訂本條第 2 項。

六、鑑定證人

所謂「**鑑定證人**」（sachverständiger Zeuge），即在訴訟上具有特別知識技能，得知過去之具體事實，陳述其所知及判斷意見的第三人之謂。

因此鑑定證人，具有鑑定人與證人的雙重身分；就其具有特別知識

技能而陳述其判斷意見言，有如鑑定人；就其得知過去之具體事實而言，又如證人。如曾經診治被害人之醫師，被問到被害之原因與程度時，在利用特別之學識技能上，就如同鑑定人；在陳述自己所經驗之事實，而非基於抽象之知識而判斷時，又具有證人之性質，所以在訊問時就適用關於人證之規定（刑訴 210）。

第七款　通譯

一、通譯之意義

所謂「**通譯**」（德：Dolmetcher），即法院為審判時，因須使用國語（法組 97），是故訴訟當事人、證人、鑑定人及其他有關係之人，如有不通國語者，由通譯傳譯之，其為聾啞之人，亦同（法組 98）。為此法院應置通譯（法組 23）。

二、通譯之種類

（一） 常設通譯	即依法院組織法第 23 條所規定，地方法院置一等至第五職等通譯。
（二） 臨時通譯	乃法院就特定事務之需要，而臨時選任者而言。

三、通譯準用鑑定之規定（刑訴 210）

通譯既準用鑑定之規定，即有到場、具結、傳譯之義務，有請求法定之日費、旅費外，得向法院請求相當之報酬之權利。當事人亦得聲請拒卻通譯，此均與鑑定人同。

至於通譯之具結文內應記載必為公正誠實之通譯，如為虛偽之通譯，當與鑑定人同，應負刑法第 168 條偽證之罪責。

第四節　勘　驗

第一款　勘驗概說

一、勘驗之意義

所謂「**勘驗**」（德：Augenscheinbeweis），乃法院或檢察官、因調查證據及犯罪情形，依自己直接之感官作用，對於人之身體、物之形態、事物之現象，所實施之檢驗處分之謂（刑訴212）。其中蒞臨現場之勘驗，稱爲「履勘」（transport sur les lieux）（刑訴213）。

二、勘驗之目的

勘驗是調查程序之一，其目的在調查證據及犯罪情形，經過勘驗後所取得之證據，以發現事實之眞相。因此**勘驗與扣押不同**，扣押是爲保全證據或可得沒收之物而設，與搜索同爲調查證據前的準備處分，然兩者均與勘驗不同。勘驗有時常與搜索及扣押同時實施，譬如勘驗犯罪現場，而搜索犯罪證物，並予扣押之。

三、勘驗之客體

勘驗之客體爲物件、身體及處所三種。就本法所規定可以做勘驗之處分者爲：

（一） **勘驗處所**	勘驗犯罪場所或其他與案情有關係之處所，此爲對處所之外狀，物件之位置的勘驗，以調查犯罪及犯罪情形。
（二） **勘驗身體**	身體之檢查或屍體之解剖，乃爲對人之身體的勘驗。
（三） **勘驗物件**	對案件有關之物件的檢查，即爲物之形態與效能的勘驗。

四、勘驗之機關

勘驗，審判中由法院，偵查中由檢察官實施之。依第212條規定，法院或檢察官因調查證據及犯罪情形，得實施勘驗。即法院或檢察官，以人所具有五官之運用，觀察現時存在之物體狀態，或場所之一切情況，就其觀察所得，依其自由判斷，以蒐集有關之犯罪證據，據以判斷犯罪情形，以爲採證之依據。通常檢察官或法官勘驗殺傷場所，法醫或檢驗員應參加勘驗，如法院或檢察官認爲無此必要，亦非違法。

如30上830號判例謂：「檢驗屍體，原屬於調查證據方法之一種，

該項屍體應否實施檢驗，審理事實之法院原有審酌案內一切情形自由裁量之權，如果被害事實未臻明確，或因當事人之爭執情形認爲死亡原因不無疑問，則爲求裁判上之心證資料，檢驗屍體固爲調查證據之必要處分，假使被害事實已有相當證據足資認定，或就各方供證考察被害人之死亡原因並無何種疑竇，經審理事實之法院認爲別無調查之必要，不予檢驗，即本其他證據調查之結果以爲判決基礎，自不得指爲違法。」

第二款　勘驗之處分

一、履勘處所

即履勘犯罪場所或其他與案情有關係之處所（刑訴 213 I ①）。所謂「**履勘**」，即法官或檢察官蒞臨現場勘驗之謂。即爲犯罪場所，通常都在法院外實施。因此所謂「犯罪場所」，指刑法上該當犯罪構成要件之事實，即行爲或結果之全部或一部所發生之土地。犯罪場所之履勘，應以迅速爲原則，因犯罪現場所遺留之痕跡遺物，常爲犯罪偵查及事實認定之證物。至於「其他與案情有關係之處所」，指與犯罪場所以外，與案情有關之一切處所而言，如兇殺案之屍體所搬運之地區等是。

二、檢查身體

即檢查被告或被害人之身體之謂。其目的在發現足供犯罪之證據，如檢查指紋、足印、身高、體重或身上的血跡傷痕等，如強姦案則被害人之處女膜有無破裂等均是。

三、檢驗屍體

凡非病死者，如有可疑則應調查是爲他殺、自殺、過失致死等，均應檢驗屍體，以查明其致死之原因，而爲犯罪之偵查。

四、解剖屍體

解剖屍體之目的，在了解致死的原因，如被下毒是何種毒物造成，如爲槍殺是何種武器，其射入口與射出口及彈道之結構等，須由法醫實施之。

五、檢查與案情有關係之物件

此包括在現場遺留之凶器、毒藥、炸藥或偽造物等均是。

六、其他必要之處分

此為勘驗之概括規定，因社會進步而愈趨複雜，犯罪手段日益更新，致勘驗之種類無法全數列舉，為防舉一漏萬，故予概括涵蓋之。

第三款　勘驗之限制

勘驗時，其實施之方法，刑訴法有若干之限制：

一、檢查身體處分之限制（刑訴 215）

㈠**對被告以外之人的檢查**：檢查身體，如係對於被告以外之人，以有相當理由可認為於調查犯罪情形有必要者為限，始得為之（第1項）。

勘驗乃為調查證據及犯罪情形所實施之處分，係調查證據程序之一種，與證人或鑑定人之證據方法有別。法院或檢察官檢查被告之身體，固得傳喚被告；如被告無正當理由不到場者，得拘提之（參照本法第71條、第75條），惟法院或檢察官欲檢查被告以外之人之身體時，可否傳喚或拘提之，並無明文規定，實務上，由於傳喚證人之原因並無限制，故經常以傳喚證人之變通方式傳喚被告以外之人到場予以檢查其身體，惟就理論上言，有關檢查身體之處分與調查人證之性質究不相同，故以下一項另作規定。

㈡**傳喚被告以外之人的方式**：行前項檢查，得傳喚其人到場或指定之其他處所，並準用第72條、第73條、第175條及第178條之規定（第2項）。

又被告以外之人應受身體檢查，經合法傳喚，無正當理由，而未到庭者，是否得予科處罰鍰或拘提？法亦無明文，適用上容有疑義，為發見真實，使司法權順利運作，乃參考日本刑事訴訟法第132條、第133條、第135條、第136條之立法例，增訂第2項，規定準用本法第72條（口頭傳喚）、第73條（對在監所被告之傳喚）、第175條（傳喚證人之傳票）及第178條（證人到場義務及制裁），以資明確。

㈢**檢查婦女身體之注意**：檢查婦女身體，應命醫師或婦女行之（第3項）。檢查婦女之身體須醫師檢查者，則應命醫師行之，如由通常人爲檢查者，則應命婦女行之。

二、勘驗場所及方法之限制

㈠**勘驗軍事上應秘密處所**：非得該管長官之許可不得勘驗（刑訴 219 準127）。

㈡**強制勘驗**：抗拒勘驗者，得用強制力勘驗之。但不得逾必要之程度（刑訴 219 準 132）。

三、夜間勘驗之限制 （刑訴219準146、147）

㈠**夜間勘驗之情形**：有人住居或看守之住宅或其他處所，不得於夜間入內勘驗。但下列情形爲例外：

1.經住居人、看守人或可爲其代表之人承諾或有急迫之情形者，不在此限。

2.日間已開始勘驗者，得繼續至夜間。

3.假釋人住居或使用者。

4.旅店、飲食店或其他於夜間公眾可以出入之處所，仍在公開時間內者。

5.常用爲賭博、妨害性自主或妨害風化之行爲者。

㈡**夜間之定義**：夜間者，爲日出前，日沒後。夜間勘驗者，應記明其事由於筆錄。

第四款　勘驗之程序

一、勘驗時之到場人 （刑訴214）

㈠**行勘驗時，得命證人、鑑定人到場**（第 1 項）：證人到場可陳述當時見聞之情形，以便與勘驗之實情印證；鑑定人到場，可提供有關專門知識經驗，有助於眞相之發現。

㈡**必要時通知關係人員到場**：檢察官實施勘驗，如有必要，得通知當事人、代理人或辯護人到場（第 2 項）。

　　行勘驗時有關當事人、代理人、辯護人在場機會之保障，審判中依第 219 條準用搜索之規定，當事人、辯護人得以在場；惟偵查中檢察官實施勘驗，當事人、代理人或辯護人之在場機會應如何保障？則法無明文，允宜增訂，俾利適用。

　　但斟酌檢察官調查犯罪事實之實際需要，若無論任何情形均准當事人、代理人或辯護人在場，也許有妨害眞實發見之可能，因此如何而爲適當，自宜賦予檢察官裁量之權，乃參考日本刑事訴訟法第 142 條、第113 條之立法例，增訂本條第 2 項。

　㈢**勘驗時間之通知**：前項勘驗之日、時及處所，應預行通知之。但事先陳明不願到場或有急迫情形者，不在此限（第 3 項）。

　　爲保障當事人之在場機會，檢察官實施勘驗之日、時及處所，應預行通知之，以方便當事人、代理人或辯護人到場。惟當事人、代理人或辯護人基於己身原因考量，自願放棄其在場權，而預先表明不願到場者，或檢察官因案情調查之程度認有勘驗之必要而情況急迫者，得不預行通知，以免浪費有限之司法資源或妨害偵查。乃參考本法第 150 條之體例，增訂本條第 3 項。

二、檢驗或解剖屍體處分

　㈠**確定屍體**：檢驗或解剖屍體，應先查明屍體有無錯誤（刑訴 216 I ）。
　㈡**醫師檢驗**：檢驗屍體，應命醫師或檢驗員行之（刑訴 216 II ）。解剖屍體，應命醫師行之（刑訴 216 III ）。
　㈢**開棺發掘墳墓**：因檢驗或解剖屍體，得將該屍體或其一部暫行留存，並得開棺及發掘墳墓（刑訴 217 I ）。檢驗或解剖屍體及開棺發掘墳墓，應通知死者之配偶或其他同居或較近之親屬，許其在場（刑訴 217 II ）。

三、勘驗時之在場人

　㈠**對住宅之勘驗**：在有人住居或看守之住宅或其他處所內行勘驗者，應命住居人、看守人或可爲其代表之人在場；如無此等人在場時，得命鄰居之人或就近自治團體之職員在場（刑訴 219 準 148）。
　㈡**對政府機關之勘驗**：在政府機關、軍營、軍艦或軍事上秘密處所內

行勘驗者，應通知該管長官或可爲其代表之人在場（刑訴 219 準 149）。

　　㈢**當事人及辯護人在場**：當事人及審判中之辯護人得於勘驗時在場。但被告受拘禁，或認其在場於勘驗有妨害者，不在此限。勘驗時，如認有必要，得命被告在場。行勘驗之日、時及處所，應通知前 2 項得在場之人。但有急迫情形時，不在此限（刑訴 219 準 150）。

四、暫停勘驗應爲之處分

　　勘驗時中止者，於必要時應將該處所閉鎖，並命人看守（刑訴 219 準 151）。

五、囑託勘驗

　　勘驗，得由審判長或檢察官囑託應行勘驗地之法官或檢察官行之。受託法官或檢察官發現應在他地行勘驗者，該法官或檢察官得轉囑託該地之法官或檢察官（刑訴 219 準 153）。

第五款　勘驗應注意事項

　　法院調查證據及犯罪情形，能勘者總以勘驗爲妥，以期發現眞實，不得以法文規定係「得實施勘驗」，輒將該項程序任意省略。勘驗應製作筆錄，記載勘驗始末及其情況，並履行法定之方式，如有勘驗物之狀態，非文字所能形容者，宜製作圖畫或照片附於筆錄之後。履勘犯所，檢驗屍傷或屍骨，均應將當場勘驗情形詳細記載，不得有含糊模稜或遺漏之處，例如殺人案件自殺、他殺、過失致死，應當場留心辨別，倘係毒殺者，應須立予搜索有無殘餘之毒物。又如勘驗盜所，應察看周圍之狀況，並注意事主有無裝假捏報情弊；他如放火案件，目的物被燒之結果，是否已喪失其效用（全部或一部）；傷害案件，被害人受傷之程度，是否已達重傷；至性侵害、墮胎、毀損等案件，關於生理上所呈之異狀，與物質上所受之損害（喪失效用，抑僅減少價值），均應親驗明白，不可專憑他人報告。（刑訴法 42,43,212）（刑訴事項 127）

習題：某案件審理中，審理法官委由法官助理勘驗並製作勘驗書面，之後
　　　　檢察官與被告於審判中均表示同意該文書做為證據。試問，該文書
　　　　是否具有證據能力？（100 高三法政風）

第六款　相驗

一、相驗概說

㈠**相驗之意義**：即檢察官於管轄區域內，遇有非病死或可疑為非病死者，前往檢驗，以察有無犯罪嫌疑，應否發動偵查為必要之勘驗之謂（刑訴218Ⅰ）。

㈡**相驗與勘驗不同**：相驗為偵查之開端，係專屬檢察官所實施之處分，以調查有無犯罪嫌疑為目的；勘驗係已發生犯罪案件，而法官或檢察官為調查證據及犯罪情形所為之處分。

二、相驗處分之種類

㈠**檢驗屍體及解剖屍體**：檢察官遇有非自然死亡者，亦即非病死或可疑為非病死者，檢察官就應檢驗屍體，察其究竟是因何而死，是為自殺或為他殺，如就屍體之外狀觀察，尚難判明其死因者，則更應就屍體解剖之。

㈡**由檢察事務官會同醫師或檢驗員實施相驗**：因法院組織法第66條之2至第66條之4已增設檢察事務官用以協助檢察官偵查犯罪，相驗既為偵查之開端，檢察官亦得指揮檢察事務官會同法醫師、醫師或檢驗員行之。但檢察官認顯無犯罪嫌疑者，得調度司法警察官會同法醫師、醫師或檢驗員行之（刑訴218Ⅱ）。

㈢**檢察事務官或司法警察官相驗完畢應提報告**：檢察事務官或司法警察官依檢察官之命令或調度實施相驗，相驗完畢後，應立即將相關之卷證陳報檢察官審核，以收監督效能，檢察官如發現有犯罪嫌疑時，應繼續為必要之勘驗及調查（刑訴218Ⅲ）。

第五節　證據保全

第一款　證據保全概說

一、證據保全之意義

　　所謂「**證據保全**」（德：Sicherung des Beweises），係指預定提出供調查之證據有湮滅、偽造、變造、隱匿或礙難使用之虞時，基於發見眞實與保障被告防禦及答辯權之目的，按訴訟程序進行之階段，由告訴人、犯罪嫌疑人、被告或辯護人向檢察官，或由當事人、辯護人向法院提出聲請，使檢察官或法院爲一定之保全處分。

二、本節增訂之緣由

　　爲防止證據滅失或發生礙難使用情形之預防措施，與調查證據之概念有別。日本刑事訴訟法第一編第十四章設有保全證據之專章。德國刑事訴訟法第 165 條、第 166 條第 1 項、第 167 條亦有關於證據保全之規定。乃參考我國民事訴訟法第二編第一章第三節第六目及日本刑事訴訟法之立法體例，於本法證據章內增定第五節「證據保全」，以資適用。

三、證據保全之要件

　　證據保全，以證據有湮滅、偽造、變造、隱匿或礙難使用之虞爲要件，例如：保存有一定期限之電訊通聯紀錄、證人身罹重病恐將死亡或即將遠行久居國外、證物不易保存有腐敗、滅失之可能、避免醫院之病歷遭篡改、確定人身受傷之程度、原因或違法濫墾山坡地、於水利地違法傾倒垃圾及不動產遭竊佔之範圍等。該要件即爲應保全證據之理由，應由聲請證據保全之人於聲請書上記載並釋明。（刑訴法 219 之 1、219 之 5）（刑訴事項 129）

第二款　聲請證據保全之程序

一、偵查中聲請證據保全（刑訴 219 之 1）

㈠**提出聲請人**：告訴人、犯罪嫌疑人、被告或辯護人均得提出聲請（第 1 項前段）。

㈡**聲請原因**：即證據有湮滅、偽造、變造、隱匿或礙難使用之虞時，如爲告訴人即應對被告不利之證據聲請保全；如爲犯罪嫌疑人、被告或辯護人當應對被告有利之證據聲請保全（第 1 項中段）。

㈢**聲請證據保全事項**：偵查中得聲請檢察官爲搜索、扣押、鑑定、勘

驗、訊問證人或其他必要之保全處分（第1項後段）。

依現行刑事訴訟法之規定，檢察官為偵查之主體，並負有偵查及追訴犯罪之義務，為發見真實及保障告訴人、犯罪嫌疑人或被告之權益，於證據有湮滅、偽造、變造、隱匿或礙難使用之虞時，告訴人、犯罪嫌疑人、被告或辯護人於偵查中應得直接請求檢察官實施搜索、扣押、勘驗、鑑定、訊問證人或其他必要之保全處分。

四**檢察官之處理**：檢察官受理前項聲請，除認其為不合法或無理由予以駁回者外，應於5日內為保全處分（第2項）。

因證據保全均有一定時效或急迫性，檢察官受理聲請後，除認聲請為不合法或無理由予以駁回者外，應於5日內為保全之處分，故於本條第2項予以規定。

五**當事人不服處理得向法院聲請**：檢察官駁回前項聲請或未於前項期間內為保全處分者，聲請人得逕向該管法院聲請保全證據（第3項）。

為確保告訴人、犯罪嫌疑人及被告之訴訟權益，檢察官受理證據保全之聲請後逾法定期間未為保全處分或駁回聲請時，聲請人得直接向該管法院聲請保全證據，以尋求救濟。

六**聲請證據保全之裁定**：（刑訴219之2）

1.法院審核是否符合法定程式及要件：法院對於第219條之1第3項（檢察官駁回聲請或逾期未為保全處分）之聲請，於裁定前應徵詢檢察官之意見，認為不合法律上之程式或法律上不應准許或無理由者，應以裁定駁回之。但其不合法律上之程式可以補正者，應定期間先命補正（第1項）。

法院受理第219條之1第3項之聲請，應審核其是否符合法定程式及要件。又因檢察官對於犯罪證據之蒐集及偵查之進展均知之甚詳，且負有對被告有利證據應一併注意之客觀義務，法院判斷告訴人、被告、犯罪嫌疑人或辯護人聲請保全證據是否合法及有無理由之前，自應斟酌檢察官之意見，如不合法律上之程式而可以補正者，則應定期先命補正。

2.法院對聲請之裁定：法院認為聲請有理由者，應為准許保全證據之裁定（第2項）。對於前項聲請，法院如認為不合法或無理由時，固應

以裁定駁回之，而法院認爲聲請有理由者，爲使聲請人及檢察官知悉准許之意旨，亦應爲准許保全證據之裁定。

3.聲請人不得抗告：蓋爲掌握時效，並使證據保全之法律效果儘速確定，就法院對於證據保全聲請所爲之裁定，無論准駁，均不許提出抗告。

(七)**管轄機關**：關於第 219 條之 1 之保全證據聲請，應向偵查中之該管檢察官爲之。但案件尚未移送或報告檢察官者，應向調查之司法警察官或司法警察所屬機關所在地之地方法院檢察署檢察官聲請(刑訴 219 之 3)。

偵查程序之證據保全，往往具有緊急性，爲求事權統一，並避免延誤，案件業經移送或報告檢察官偵辦者，告訴人、被告或辯護人向該管檢察官提出證據保全之聲請，應較爲妥適。但案件仍在司法警察官或司法警察調查中，未移送或報告檢察官偵辦者，則應向該司法警察官或司法警察所屬警察機關所在地之地方法院檢察署檢察官聲請之。

二、審判中之證據保全 (刑訴 219 之 4)

(一)**提出聲請人**：被告、辯護人、檢察官、自訴人得提出聲請。

(二)**聲請之時間**：案件於第一審法院審判中，於第一次審判期日前提出聲請（第 1 項前段）。

(三)**聲請之情形**：

1.平常之聲請：即被告或辯護人認爲證據有保全之必要者，得聲請法院或受命法官爲保全證據處分。

2.急迫情形之聲請：亦得向受訊問人住居地或證物所在地之地方法院聲請（第 1 項後段）。

3.檢察官或自訴人聲請證據保全：檢察官、自訴人於審判程序同爲當事人，檢察官於起訴後，就本案無逕行決定實施強制處分之權力，自訴人亦同，於有保全證據之必要時，於第一次審判期日前，自應容許其等向法院聲請之（第 2 項）。

4.受命法官之證據保全：審判期日前之證據保全固爲防止證據滅失或發生難以使用情形之緊急措施，惟其仍具有於準備程序蒐集證據之性

質。為助於審判之進行，且因應實際需要，乃參考日本刑事訴訟法第179條第2項規定，於本條第3項明定第279條第2項之規定，於受命法官為保全證據處分之情形準用之（第3項）。

（四）**法院之裁定：**

1.駁回之裁定：法院認為保全證據之聲請不合法律上之程式或法律上不應准許或無理由者，應即以裁定駁回之。但其不合法律上之程式可以補正者，應定期間先命補正（第4項）。

2.准許之裁定：法院或受命法官認為聲請有理由者，應為准許保全證據之裁定（第5項）。

第三款　證據保全之有關規定（刑訴219之5）

一、聲請保全證據書狀之程式

書狀應記載下列事項（第2項）：

（一）**案情概要。**

（二）**應保全之證據及保全方法**：即當事人所聲請保全者，係何種內容之證據。

（三）**依該證據應證之事實**：即指聲請保全證據所欲證明之事實而言。

（四）**應保全證據之理由**。對此理由並應釋明之（第3項）。

二、實施保全證據時之在場人（刑訴219之6）

（一）告訴人、犯罪嫌疑人、被告、辯護人或代理人於偵查中，除有妨害證據保全之虞者外（例如：有串證、湮滅、偽造或變造證據、妨害鑑定、勘驗之虞），對於其聲請保全之證據，得於實施保全證據時在場（第1項）。

（二）保全證據之日、時及處所，應通知前項得在場之人。但有急迫情形致不能及時通知，或犯罪嫌疑人、被告受拘禁中者，不在此限（第2項）。

三、保全證據之保管機關（刑訴219之7）

（一）**偵查中之保管**：保全之證據於偵查中，由該管檢察官保管。但案件在司法警察官或司法警察調查中，經法院為准許保全證據之裁定者，由該司法警察官或司法警察所屬機關所在地之地方法院檢察署檢察官保管

之（第1項）。

　　偵查中之案件因尚未繫屬於法院，且檢察官有蒐集及調查相關證據之權責，故不論在司法警察（官）先行調查階段或已由檢察官指揮偵查者，檢察官因實施保全處分所得之證據資料，均應由該檢察官保管之。而案件經司法警察機關移送、報告，或移轉管轄予他檢察官偵辦後，前開證據資料即應移交予承辦檢察官，此亦為當然之理，無待明文規定。至於案件於檢察官偵查中，由法院裁定命為保全者，亦應由法院送交該管檢察官保管。但案件若於司法警察官或司法警察調查中，經法院裁定准許保全證據者，因尚無本案之承辦檢察官，法院實施保全所得之證據資料，應送交該司法警察官或司法警察所屬機關所在地之地方法院檢察署檢察官保管。

　　(二)**審判中之保管**：審判中保全之證據，由命保全之法院保管。但案件繫屬他法院者，應送交該法院（第2項）。

　　至於審判中，法院實施保全所得之證據，則直接由命保全之法院保管。惟訴訟繫屬於他法院者，為保全之法院應不待受訴法院之調取，應即送交該法院。

四、準用規定（刑訴219之8）

　　案件於偵查中或審判中，法院或受命法官為保全證據之處分後，為執行該處分所為搜索、扣押、鑑定、勘驗、訊問證人或其他必要之保全處分，其性質仍屬蒐集證據之行為，除有特別規定外，須依其實施之具體方法，分別準用刑事訴訟法第一編第十一章「搜索及扣押」、第十二章「證據」之規定行之。而所謂「特別規定」，例如依刑事訴訟法第150條之規定，偵查中行搜索、扣押時，辯護人無在場權，惟偵查中，辯護人既得提出證據保全之聲請，就辯護人所聲請之保全證據行搜索扣押時，除有妨害證據之保全外，自應許其在場，是刑事訴訟法第219條之6即為「特別規定」。

　　至於第248條，即準用偵查中訊問證人、鑑定人時，如被告在場者，被告得親自詰問；詰問有不當者，檢察官得制止之。

第十三章　裁　判

第一節　裁判概說

第一款　裁判之意義

　　所謂「裁判」（英：judgment；德：Entscheidung；法：jugement）者，形式上言，係司法機關之法院或法官（審判長、受命法官或受託法官）判斷事實適用法律，所爲之法律行爲之謂；從實質上言，爲解決具體的爭訟，由公權力做法律判斷之意思表示。通常訴訟上之糾紛，原則上須經裁判而終結；而此裁判必須憑藉證據、認定事實，始能適用法律，其所得結論則爲裁判，以發生判決之拘束力。

第二款　裁判之種類

一、 依其功能分	(一)**終局裁判**：即以終結該案件之訴訟爲目的所爲之裁判。如科刑（刑訴 299）、無罪（刑訴 301）、免訴、免刑（刑訴 302）、不受理之判決（刑訴 303）是。又有以訴訟只在該法院暫時終結，而由他法院繼續審理者，如諭知管轄錯誤移送有管轄權之法院，上級法院發回或發交更審之裁判是。 (二)**中間裁判**：即非以終結訴訟爲目的，多爲訴訟程序上之裁判，通常以裁定之方式爲之。如移轉或指定管轄之裁定、如具保、停止羈押、延長羈押、聲請迴避所爲之裁定等是。
二、 依其審理內容分	(一)**實體裁判**：即關於實體法上事項所爲之裁判，即在決定國家刑罰權之有無及其懲罰之範圍所爲之裁判。 　1.無罪判決 $\left\{\begin{array}{l}\text{證據不充足。}\\\text{或其行爲不罰。}\end{array}\right\}$ 刑訴 301 　2.有罪判決 $\left\{\begin{array}{l}\text{科刑之判決（刑訴 299 I 前段）。}\\\text{免刑之判決（刑訴 299 II）。}\end{array}\right.$ 　　在裁定方面，則爲撤銷緩刑，更定其刑、定其應執行之刑之裁定等是。 (二)**形式裁判**：其裁判僅關於程序上事項者。

1. 免訴判決（刑訴 302）
   - 曾經判決確定者。
   - 時效已完成者。
   - 曾經大赦者。
   - 犯罪後法律已廢止其刑罰者。

2. 不受理判決（刑訴 303）。

3. 管轄錯誤之判決（刑訴 304）。

4. 一造缺席判決
   - 被告拒絕陳述（刑訴 305）。
   - 應科拘役、罰金或諭知免刑或無罪案件（刑訴 306）。

　　在裁定方面，則爲訴訟程序進行中所爲之裁定。如延長羈押、科處證人、鑑定人、通譯罰鍰之裁定，或聲請法官之迴避、聲請調查證據之裁定等是。

三、依裁判之對象分	(一)**本案裁判**：即爲達到訴訟目的之裁判。如有罪、無罪、科刑、免刑或免訴之判決是。 (二)**非本案裁判**：即非爲達到訴訟目的之裁判。如不受理、管轄錯誤之判決等是。
四、依裁判之程序分	(一)**判決**：判決是法院之裁判，法院就實體法上或訴訟程序法上之權利關係所爲之意思表示，在實體法上如科刑、無罪之判決，在訴訟程序法上，如不受理管轄錯誤之判決是。除有特別規定外，應經當事人之言詞辯論爲之（刑訴 221）。 (二)**裁定**（德：Beschluss）：係針對訴訟程序上的裁判。裁定因當庭之聲明而爲之者，應經訴訟關係人之言詞陳述，爲裁定前有必要時，得調查事實（刑訴 222）。裁定如停止羈押之裁定、證人科處罰鍰之裁定、發還扣押物之裁定等。 (三)**簡易判決**：簡易判決係對輕微案件予以判斷，採簡易的方法判決。如刑訴法第 449 條第 1 項規定：「第一審法院依被告在偵查中之自白或其他現存之證據，已足認定其犯罪者，得因檢察官之聲請，不經通常審判程序，逕以簡易判決處刑。但有必要時，應於處刑前訊問被告。」

第三款　判決與裁定之不同

	判　　決	裁　　定
一、是否經言詞辯論	判決除有特別規定外，應經當事人之言詞辯論爲之（刑訴 221）。	裁定因審判時當庭之聲明而爲之者，應經訴訟關係人之言詞陳述（刑訴 222）。

二 決定主體 之不同	判決唯有法院方得爲之。	裁定除法院外，審判長、受命法官或受託法官均得爲之。
三 是否須敘 述理由	判決應敘述理由（刑訴 223 前段）。	裁定則限於得爲抗告或駁回聲明之裁定，始須敘述理由（刑訴 223 後段）。
四 是否須經 宣示	判決應宣示之。但不經言詞辯論之判決，不在此限（刑訴 224 I）。	裁定以當庭所爲者爲限，應宣示之（刑訴 224 II）。
五 表示不服 之方法	當事人對於下級法院之判決有不服者，得上訴於上級法院（刑訴 344）。	當事人對於法院之裁定有不服者，除有特別規定外（關於管轄或訴訟程序之裁定--刑訴 404），得抗告於直接上級法院（刑訴 403）。
六 錯誤之補 救	判決發生錯誤原審法院不得因上訴而撤銷原判決自爲更正判決，只有等待當事人上訴解決。	裁定如經抗告，原審法院認爲有理由者，應更正其裁定；認爲全部或一部無理由者，應於接受抗告書狀後 3 日內，送交抗告法院，並得添意見書（刑訴 408 II）。
七 提起不服 之期間	對判決如有不服，應於 10 日內上訴（刑訴 349）。	對裁定如有不服，得於 5 日內提起抗告（刑訴 406），如對法院關於再審之裁定有不服者，得於 3 日內抗告（刑訴 435 III）。

第二節　裁判之成立

　　裁判須先內容形成而成立，然後依一定程序對外發表而發生效力。因此法院於受理刑事案件到宣告判決文之過程，如加以細分就可分爲，首先是法官全體討論之後有一定的結論，然後將其結果對外公布之兩個階段；此可歸納爲內部的成立與外部的成立兩種：

一、內部的成立

㈠**合議裁判案件**：合議裁判案件，應依法官人數評議決定之（法組 101）。

裁判之評議，以審判長為主席，在裁判確定前均不公開。評議時法官應各陳述意見，其次序以資淺者為先，資同以年少者為先，遞至審判長為終（法組 102-104）。評議以過半數之意見決定之。關於數額，如法官之意見分三說以上，各不達過半數時，以最多額之意見順次算入次多額之意見，至達過半數為止。關於刑事，如法官之意見分三說以上，各不達過半數時，以最不利於被告之意見順次算入次不利於被告之意見，至達過半數為止（法組 105）。評議時各法官之意見應記載於評議簿，並應於該案裁判確定前嚴守秘密。案件之當事人、訴訟代理人、辯護人或曾為輔佐人，得於裁判確定後聲請閱覽評議意見。但不得抄錄、攝影或影印（法組 106）。合議裁判案件，當於評決時成立。

㈡**獨任裁判案件**：因獨任裁判案件並無評議之決定的程序，何時作成裁判書並不清楚。通說認為作成裁判書時即為成立。如先宣示而後作成裁判書者，則於宣示時成立。獨任法官之判決，不經言詞辯論者，於作成判決書時成立。

引自：リバーシティ法律事務所監修，《最新刑事訴訟法》，頁 35。

二、外部的成立

即裁判宣示時為裁判之對外成立，因裁判須先在內部成立，而後始得在外部成立。判決應宣示之，但不經言詞辯論之判決，不在此限。裁定以當庭所為者為限，應宣示之（刑訴 224）。宣示之後，裁判就成立。

習題：裁判於何時對外發生效力？何時確定？試分別說明之。（81律）

第三節　裁判之程式

第一款　裁判書之製作

裁判應製作裁判書者，應於裁判宣示後，當日將原本交付書記官。但於辯論終結之期日宣示判決者，應於 5 日內交付之。書記官應於裁判原本記明接受之年、月、日並簽名（刑訴 226）。

第二款　裁判書之程式

裁判應製作裁判書（刑訴 226 I）。裁判書之程式，因判決書或裁定書而不同。

一、判決書之程式

判決書應分別記載其裁判之主文與理由；有罪之判決書並應記載犯罪事實，且得與理由合併記載（刑訴 308）。而判決應敘述理由，得為抗告或駁回聲明之理由亦同（刑訴 223）。

㈠**主文**：有罪之判決書，應於主文內載明所犯之罪，並分別情形，記載下列事項（刑訴 309）：

　　1.論知之主刑、從刑或刑之免除。

　　2.論知有期徒刑或拘役者，如易科罰金，其折算之標準。

　　3.論知罰金者，如易服勞役，其折算之標準。

　　4.論知易以訓誡者，其論知。

　　5.論知緩刑者，其緩刑之期間。

　　6.論知保安處分者，其處分及期間。

㈡**事實**：有罪之判決書應記載事實，刑事訴訟法第 300 條第 2 項（現行法第 308 條）定有明文，所謂「事實」，不僅指犯罪之行為而言，即犯罪之時、日、處所、動機、目的、手段、結果等與論罪科刑有關之事項，亦應依法認定予以明確之記載（46台上1296）。有罪之判決書，應記載犯罪之事實，諸凡有關犯罪之時間、地點、方法、態樣，以及其他與適用法

律有關之事項，均應爲詳實之記載，始足爲適用法律之依據（63 台上 2153）。

至於簡易判決書之記載，則第 310 條之 1 規定：「有罪判決，諭知六月以下有期徒刑或拘役得易科罰金、罰金或免刑者，其判決書得僅記載判決主文、犯罪事實、證據名稱、對於被告有利證據不採納之理由及應適用之法條。前項判決，法院認定之犯罪事實與起訴書之記載相同者，得引用之。」

㈢**理由**：有罪之判決書，應於理由內記載認定犯罪事實所憑之證據，所謂證據，舉凡犯罪行爲之實施及態樣，與適用法律有關之一切證據，均應詳爲記載，否則即有理由不備之違法（50 台上 3）。

依刑事訴訟法第 310 條之規定：有罪之判決書，應於理由內分別情形記載下列事項：

　　1.認定犯罪事實所憑之證據及其認定之理由。

　　2.對於被告有利之證據不採納者，其理由。

　　3.科刑時就刑法第 57 條或第 58 條規定事項所審酌之情形。

　　4.刑罰有加重、減輕或免除者，其理由。

　　5.易以訓誡或緩刑者，其理由。

　　6.諭知保安處分者，其理由。

　　7.適用之法律。

二、裁定書之程式

裁定因當庭之聲明而爲之者，應經訴訟關係人之言詞陳述。爲裁定前有必要時，得調查事實（刑訴 222）。抗告或駁回聲明之裁定，除主文外，應敘述理由（刑訴 223）。如當庭宣示之裁定，得不製作裁定書。

第四節　裁判之諭知

法院爲使受裁判者知悉其裁判內容，其所爲之意思表示，稱爲「諭知」。裁判應經諭知，對外始生效力。此諭知之方法有二，即宣示與送達。

一、 宣示	宣示（Verkündung），係法院以言詞對外發表意思表示之方法，即當庭以言詞告知受裁判人，裁判之要旨也。依本法第 224 條：「判決應宣示之。但不經言詞辯論之判決，不在此限。裁定以當庭所為者為限，應宣示之。」所謂「不經言詞辯論之判決」，係指刑訴法第 307、372、389、437、444 條之判決而言。 ㈠**宣示之方式**：宣示裁判，乃當庭告知受裁判人裁判之結果也。在獨任制之審判，由獨任法官宣示之。在合議制，由審判長宣示。宣示判決，應自辯論終結之日起 14 日內為之（刑訴 311）。宣示時，被告雖不在庭亦應為之（刑訴 312），且宣示判決，不以參與審判之法官為限（刑訴 313）。 ㈡**宣示之內容**：宣示判決，應朗讀主文，說明其意義，並告以理由之要旨。宣示裁定，應告以裁定之意旨；其敘述理由者，並告以理由。前二項應宣示之判決或裁定，於宣示之翌日公告之，並通知當事人（刑訴 225）。 　　判決得為上訴者，其上訴期間及提出上訴狀之法院，應於宣示時一併告知，並應記載於送達被告之判決正本。此項判決正本，並應送達於告訴人及告發人，告訴人於上訴期間內，得向檢察官陳述意見（刑訴 314）。 ㈢**宣示之效力**：判決既經宣示，不論裁判者與受裁判者，均受其拘束，因受裁判者，除得依法提起上訴或抗告外，亦應受裁判之拘束。惟判決如顯係文字誤寫（offensichtlicher Schreibfehler），而不影響於全案情節與判決之本旨，依司法院釋字第 43 號解釋，除判決宣示前，得依本法第 40 條增刪予以訂正外，其經宣示或送達者，得參照民事訴訟法第 232 條，本法第 220 條，由原審法院依聲請或本職權以裁定更正之。
二、 公告與 通知	應宣示之判決或裁定，於宣示之翌日公告之，並通知當事人（刑訴 225 III）。所謂「**公告**」，係將裁判之主文，黏貼於法院之牌示處，使大眾可以閱覽之謂。至於「**通知**」，係以書面將主文告知當事人，此當事人包括檢察官、自訴人、被告（刑訴 3）。因此，法院對於應宣示之裁判主文，應經宣示、公告、通知之三項手續，使當事人得獲知裁判之結果，即便當事人已到場聆聽宣示，其公告與通知之手續仍不可省略。
三、 送達	裁判製作裁判書者，除有特別規定外，應以正本送達於當事人、代理人、辯護人及其他受裁判之人。此項送達，自接受裁判原本之日起，至遲不得逾 7 日（刑訴 227）。所謂「**正本**」，即書記官依照法官製作之裁判書原本製作之，通常由書記官照原本複繕，於其上註明

「本件證明與原本無異」字樣，具名蓋章，並蓋用法院之印信。至於送達由法院書記官依職權爲之。

第五節 裁判之確定

即當事人對法院所宣告之裁判，已無聲明不服之狀態時，其裁判即告確定。裁判之確定，可分爲判決及裁定之確定，兩方面說明之：

一、判決之確定

判決因下列情形而確定：

㈠其判決不得再行上訴，應自宣示或送達時確定：

1.終審判決：有兩種情形：

⑴最高法院爲第三審之終審判決：即一般刑事案件，以地方法院管轄第一審、高等法院爲第二審、最高法院爲第三審之終審判決。如強盜殺人案件。

⑵最高法院爲第二審之終審判決：即內亂、外患、妨害國交等案件，以高等法院管轄第一審，最高法院爲第二審之終審判決。

2.刑事訴訟法第 376 條限制上訴第三審之案件：即不得上訴於第三審之案件，即以第二審爲終審法院，若第二審爲無罪判決，檢察官或自訴人仍不得爲被告不利益而提起上訴（21 上 497）。

刑法第 61 條所列各罪之案件，依刑事訴訟法第 368 條（現行法第 376 條）規定，不得上訴於第三審法院，故一經第二審判決即告確定（刑訴 376）。如當事人對此已告確定之案件，猶提起第三審上訴，第三審法院即應依刑事訴訟法第 387 條上段（現行法第 395 條），以判決駁回之，倘竟誤爲撤銷發回更審，原第二審法院亦復遵照更爲判決，均屬違法，難謂有效，並無影響於更審前之第二審判決確定之效力（55 台非 205）。

㈡其判決本得上訴，但因下列原因而不得上訴者：

1.未於法定期間內上訴者：判決送達後，未於法定期間 10 日內提起上訴者（刑訴 349）。

2.當事人捨棄上訴權者（刑訴 353）。

3.撤回上訴權者（刑訴 354、359）。

二、裁定之確定

裁定因下列情形而確定：

㈠其裁定自送達或宣示時確定：

1.不許抗告之裁定：不許抗告之裁定，於送達或宣示時，即爲確定。即對於判決前關於管轄或訴訟程序之裁定，不得抗告（刑訴 404 前段）。

2.不得再抗告之裁定：得抗告之裁定，經抗告法院裁定，不得再抗告者（刑訴 403、415 I 前段）。

3.不得上訴於第三審法院之案件：不得上訴於第三審法院之案件，其第二審法院所爲裁定，不得抗告（刑訴 405、415 II）。

㈡其裁定應自有抗告權人喪失抗告權時確定：

1.已逾抗告期間者：抗告期間，除有特別規定外，爲 5 日，自送達裁定後起算。

2.捨棄撤回抗告權者：捨棄或撤回抗告權者，喪失其抗告權（刑訴 419 準 359）。

第六節　裁判之效力

裁判經宣示或送達後所發生之效力，共有四種：

| 一、拘束力 | 裁判經宣示或送達後，即發生拘束力，此無論爲裁判者，及受裁判者，均應服從。可分兩方面說明之：
㈠**爲裁判者**：即裁判一經宣示或送達，不得再就同一內容的案件，重新爲同一訴訟之謂，此爲裁判之拘束力，亦即裁判之對內與對外之效力。但對於程序上之裁定經提起抗告，而原審法院認爲有理由者，應更正其裁定（刑訴 408 II）。
　至於判決如顯係文字誤寫，依司釋第 43 號解釋，參照民事訴訟法第 232 條以裁定更正之。
㈡**受裁判者**：應尊重裁判之結果，如有不服，得提起抗告或上訴程序，請求補救。 |

二、確定力	（Rechtskraft）即該裁判已至不得變更之狀態，稱為裁判之確定力。此確定力有兩種，即形式的確定力與實質的確定力； ㈠**形式的確定力**（formelle Rechtskraft）：即法院對於確定之判決，不得撤銷或加以變更，而當事人除依再審或非常上訴之程序表示不服外，亦不得再行聲明不服之謂。判決之確定，除了終審之判決外，或因經過上訴之期間，或捨棄或撤回上訴而確定。 　　至於裁定，如不得提起抗告者，即屬確定，亦有形式之確定力。對於不得為抗告之裁定，如裁定者，得自行撤銷或變更者，自無形式之確定力，如聲請調查證據之裁定是（刑訴163之2 I）。 ㈡**實質的確定力**（materielle Rechtskraft）：又稱為既判力。即法院對於訴訟案件之判決，一經宣告確定，除上訴、再審或非常上訴外，不得再就同一內容的案件，重新為同一的訴訟之謂。即法院對於同一訴訟，不再受理之謂。刑事訴訟法上對於同一犯罪行為，經處罰一次後，不得再行第二次處罰，此稱為二重處罰之禁止（二重危險 double jeopardy 之禁止）。惟刑法上之所謂「一事不再理」（Ne bis in idem），係指同一刑罰權不能就同一事實再度行使而言。外國之裁判，自不可與本國刑罰權同日而語，故同一行為雖經外國判決確定，仍可適用我國刑法重新裁判。
三、執行力	（Vollstreckbarkeit）即實現裁判意思內容的效力，此於裁判確定後執行之（刑訴456），惟裁判之性質，有關於訴訟程序者，亦有實體事項者，前者之裁定，不論是否確定，原則上不因抗告而停止執行，但原審法院於抗告法院之裁定前，得以裁定停止執行（刑訴409 I）；後者則與判決有同一之效力，故在有罪判決確定，國家取得刑罰之執行權，執行機關就有執行之效力。
四、證明力	（Beweiskraft, Beweiswert）即裁判具有證據之證明力。凡屬確定之判決，得為其他刑事案件認定事實之依據。本法第420條第1款至第4款即為適例。其他如附帶民事訴訟之判決，應以刑事訴訟判決所認定之事實為據（刑訴500前段）。審判中，如認為犯罪是否成立以他罪為斷，而他罪已經起訴者，得於其判決確定前，停止本罪之審判（刑訴295）。此即確定判決具有證明力之效力。

習題：裁判經宣示後，究應賦予如何之效力？此項效力之於判決、裁定是否相同？（88律）

第二編　第一審

第一章　公　訴

第一節　法院之審級制度及訴訟流程圖

一、法院之審級制度

　　我國法院分爲三級，地方法院或其分院爲第一級法院，高等法院或其分院爲第二級法院，最高法院爲第三級法院。案件之審判原則上採三級之審判，以地方法院或其分院爲第一審，高等法院或其分院爲第二審，最高法院爲第三審。但有些較輕之刑事案件與訴訟標的較小之民事案件，則以第二審爲終審，不得上訴於第三審。反之，有某些特殊之刑事案件，則以高等法院爲第一審，而以最高法院爲終審。

刑事審判系統表

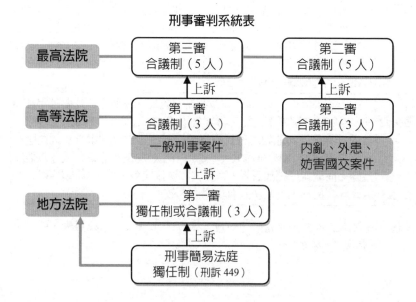

二、設置審級制度之理由

　　訴訟原則上採三級三審制，其目的在求裁判之公平公正及適用法律之一致，以免因錯誤之裁判而侵害當事人之正當權益。但法官究竟是凡人，其所為之判決難免產生錯失。如訴訟案件只經一審裁判，將無法確保法院在認定事實及適用法律上毫無疏失，故設有審級制度，以期慎重。

　　當事人如對法院之裁判有不服時，則得上訴或抗告使上級法院來審查下級法院之裁判是否合法、妥當。審查之結果，如認為下級法院之裁判不合法或不妥當時，則得加以糾正，以免不合法或不妥當之裁判加諸於當事人身上，此即設立審級制度之理由。

三、一般刑事訴訟案件第一審作業流程圖

　　遇有犯罪之刑事案件，經檢察官或自訴人起訴，由法官依據刑事訴訟法程序，判處犯罪嫌疑人罪刑之第一審刑事案件流程。

　　㈠**收受書狀、卷證**：公訴案件，由檢察官提出起訴書及將卷宗、證物送交法院。自訴案件，由犯罪之被害人，委任律師向法院提出自訴狀。

　　㈡**分案、審核**：收受書狀後分案，並由書記官將卷證交由承辦法官審核、批示。

　　㈢**定期、開庭**：依據法官批示內容繕發傳票通知當事人到庭開庭，當事人如經合法傳喚，無正當理由不到庭，得請警察機關拘提到案，若拘提不到，則發布通緝，且在案件中如有保證金時，並應裁定沒入。

　　㈣**案件辯論終結**：辯論終結後，法官會定期宣判，最遲並於宣判翌日公告判決主文。

　　㈤**製作裁判正本並送達**：書記官於收受裁判原本後，應於規定時間內製作裁判正本，並送達於當事人、辯護人及其他受裁判之人。

　　㈥**上訴**：當事人（即指檢察官、自訴人及被告）收受判決後，如有不服，得於上訴期間屆滿前提出上訴狀，並應敘述上訴理由；告訴人、被害人收受判決後，對於判決有不服者，應於檢察官上訴期間屆滿前，具備理由，請求檢察官上訴。

(七)**執行**：案件判決後，當事人未聲明不服，則案件確定，書記官應將卷證送交檢察署執行；又若判決係無罪、免訴、免刑、不受理、緩刑確定者，而被告曾經諭知交保，並繳納刑事保證金者，書記官於送執行前，會先發函通知領回保證金，若判決為有罪情形，則該保證金須待執行完畢後，由檢察署通知發還。

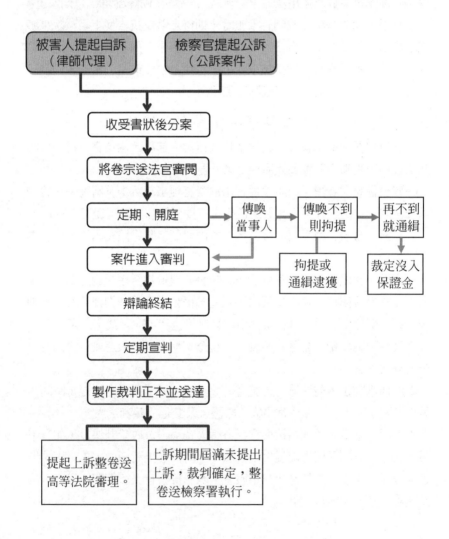

第二節　公訴之偵查

所謂「**公訴**」（德：öffentliche Klage；法：action publique），即檢察官代表國家，執行犯罪追訴官，請求法院科處被告刑罰之謂。我國刑事訴訟法採彈劾主義，即法院對於犯罪，必須有追訴權人的追訴，才得進行審判，此即「**不告不理之原則**」（拉：Nemo iudex sine actore, iudex ne procedat ex officio）。惟因本法兼採被害人追訴制度，故於本編第二章，另有自訴之規定。

刑案偵查之流程圖

第一款　偵查之意義與目的

「**偵查**」（德：Ermittelung）者，乃偵查機關基於告訴、告發、自首或其他情形，知有犯罪嫌疑時，立即從事調查人犯，及搜集犯罪證據，以決定是否提起公訴之準備程序。

公訴應否提起，及犯人應否科刑，其輕重程度如何，均視偵查之結果而定。偵查確實則罪責分明，法義伸張，偵查不實，則曲直不分，枉縱難免，當直接間接影響自由法治及社會之安全至鉅。故偵查者必須善盡職責，於錯綜複雜的案情中，獲得正確的偵查，搜集證據，並保全證據，使無辜不冤，以期科刑權之確當，達有罪必罰之目的。

是故依釋字第 392 號謂：「*司法權之一之刑事訴訟、即刑事司法之裁判，係以實現國家刑罰權為目的之司法程序，其審判乃以追訴而開始，追訴必須實施偵查，迨判決確定，尚須執行始能實現裁判之內容。是以此等程序悉與審判、處罰具有不可分離之關係。*」

第二款　偵查之機關

依刑事訴訟法之規定，偵查機關有主體機關與輔助機關兩種。主體之偵查機關為檢察官，輔助機關為司法警察官及司法警察。茲分述之：

一、檢察官

依法院組織法之規定，檢察官之職權，在實施偵查、提起公訴、實行公訴（法組 60 I ①前段）。本法亦規定，檢察官因告訴、告發、自首或其他情事知有犯罪嫌疑者，應即開始偵查（刑訴 228 I）。因此檢察官為主體之偵查機關，故如司法警察官及司法警察，依本法第 229 至第 231 條，及調查司法警察條例之規定，應協助檢察官或聽檢察官之指揮或命令，偵查犯罪。因此司法警察官及司法警察為偵查之輔助機關。

二、檢察事務官

依法院組織法第 66 條之 2 規定，各級法院及其分院檢察署設檢察事務官室，置檢察事務官，依第 66 條之 3 規定，該檢察事務官受檢察官之指揮，處理下列事務：

㈠實施搜索、扣押、勘驗或執行拘提。

㈡詢問告訴人、告發人、被告、證人或鑑定人。

㈢襄助檢察官執行其他第 60 條所定之職權。

檢察事務官處理前項前二款事務，視爲刑事訴訟法第 230 條第 1 項之司法警察官。

三、司法警察官

可分爲協助檢察官偵查及受檢察官指揮偵查之司法警察官等兩種，茲分述之：

㈠協助檢察官偵查之司法警察官：

1.刑事訴訟法第 229 條規定：下列各員，於其管轄區域內爲司法警察官，有協助檢察官偵查犯罪之職權：

⑴警政署署長、警察局局長或警察總隊總隊長。

⑵憲兵隊長官。

⑶依法令關於特定事項，得行相當於前二款司法警察官之職權者。

前項司法警察官，應將調查之結果，移送該管檢察官；如接受被拘提或逮捕之犯罪嫌疑人，除有特別規定外，應解送該管檢察官。但檢察官命其解送者，應即解送。

被告或犯罪嫌疑人未經拘提或逮捕者，不得解送。

2.調度司法警察條例第 2 條規定：下列各員，於其管轄區域內爲司法警察官，有協助檢察官、推事執行職務之責：

⑴市長、縣長、設治局長。

⑵警察廳長、警保處長、警察局長或警察大隊長以上長官。

⑶憲兵隊營長以上長官。

㈡聽從檢察官指揮偵查之司法警察官：

1.刑事訴訟法第 230 條規定：下列各員爲司法警察官，應受檢察官之指揮，偵查犯罪；但本條之司法警察官並無羈押被告之權(45 台上 1209)：

⑴警察官長。

⑵憲兵隊官長、士官。

⑶依法令關於特定事項，得行司法警察官之職權者。

前項司法警察官知有犯罪嫌疑者，應即開始調查，並將調查之情形報告該管檢察官及前條之司法警察官。

實施前項調查有必要時，得封鎖犯罪現場，並爲即時之勘察。

2.調度司法警察條例第 3 條規定：下列各員爲司法警察官，應聽檢察官、推事之指揮，執行職務：

⑴警察分局長或警察隊長以下官長。

⑵憲兵隊連長以下官長。

⑶鐵路、森林、漁業、礦業或其他各種專業警察機關之警察官長。

⑷海關、鹽場之巡緝隊官長。

前項第三款、第四款人員受檢察官、推事之指揮，以與其職務有關之事項爲限。

㈢**司法警察**：受檢察官之命令執行職務，依調度司法警察條例第 4 條規定：下列各員爲司法警察，應受檢察官、推事之命令，執行職務：

1.警長、警士。

2.憲兵。

3.鐵路、森林、漁業、礦業或其他各種專業警察機關之警長、警士。

4.海關、鹽場之巡緝員警。

前項第三款、第四款人員受檢察官、推事之命令，以與其職務有關之事項爲限。

四、具有司法警察職權之其他機構

㈠**法務部調查局**：

1.犯罪調查及防制事項：依法務部調查局組織法第 2 條規定，該局職掌有關犯罪之調查及防制事項。

2.該局職員具司法警察官及司法警察職權：

⑴該局局長、副局長及荐任職以上人員於執行犯罪調查職務時，視同高級司法警察官。

⑵所屬省（市）、縣（市）調查機關主管及荐任職以上人員，於

執行犯罪調查職務時，視同刑訴法第 231 條之司法警察(調組 14)。

㈡**檢察事務人員**：各級法院檢察署檢察事務官處理檢察事務時，視為刑訴法第 230 條第 1 項之司法警察官（法組 66 之 3）。

㈢**海岸巡防機關**：行政院設海岸巡防機關（以下簡稱巡防機關），綜理本法所定事項；其組織以法律定之（海巡 3）。海岸巡防機關掌理海域、海岸、河口與非通商口岸之查緝走私、防止非法入出國、執行通商口岸人員之安全檢查及其他犯罪調查事項（海巡 4 I ③）。巡防機關主管業務之簡任職、上校、警監、關務監以上人員，執行第 4 條所定犯罪調查職務時，視同刑事訴訟法第 229 條之司法警察官（海巡 10）。

㈣**入出國移民查驗官員**：內政部入出國及移民署掌理入出國及移民業務之查察、收容、查驗調查、強制出境及驅逐出國等事項（移民署 2 I）。依入出國及移民法第 89 條：「入出國及移民署所屬辦理入出國及移民業務之薦任職或相當薦任職以上人員，於執行非法入出國及移民犯罪調查職務時，分別視同刑事訴訟法第二百二十九條、第二百三十條之司法警察官。其委任職或相當委任職人員，視同刑事訴訟法第二百三十一條之司法警察。」

五、案件調查未完備之處置

檢察官對於司法警察官或司法警察移送或報告之案件，認為調查未完備者，得將卷證發回，命其補足，或發交其他司法警察官或司法警察調查。司法警察官或司法警察應於補足或調查後，再行移送或報告。對於此項之補足或調查，檢察官得限定時間（刑訴 231 之 1）。

六、檢警聯繫

依照調度司法警察條例第 10 條之授權訂定「**檢察官與司法警察機關執行職務聯繫辦法**」，依其規定：

㈠**檢警聯繫及聯席會議之召開**：各級法院檢察署檢察官與司法警察機關辦理刑事案件，應隨時交換意見，並指定人員切實聯繫。檢察機關與司法警察機關為加強聯繫，應定期舉行檢警聯席會議。（第 2 條）

㈡**業務檢討會議之相互列席**：各級法院檢察署檢察官及該區司法警察

官，應相互列席業務檢討會議。（第4條）

　　㈢**法律疑義之解答或指示**：司法警察官或司法警察執行職務，發生法律上之疑義時，得隨時以言詞或電話請求檢察官解答或指示。（第5條）

　　㈣**夜間詢問**：司法警察官或司法警察需經檢察官同意始得於夜間詢問人犯者，應以電話、傳真或其他適當方式報請檢察官許可，並將檢察官許可之書面、電話紀錄或傳真復函附於筆錄內。（第6條）

　　㈤**偵查指揮書之填發**：檢察官對於被告經法院羈押之案件，認為有帶同被告外出繼續追查贓證、共犯之必要時，得填發偵查指揮書，交司法警察官或司法警察帶同被告繼續查證。此項情形，檢察官及司法警察官或司法警察應即通知被告之選任辯護人。（第9條）

　　司法警察機關對於該機關移送之案件被告經法院羈押者，於偵查中認為有帶同外出繼續追查贓證、共犯之必要時，得派員攜同公文向檢察官報告，檢察官認為確有必要時，得按前條規定辦理。（第10條）

七、對司法警察官及司法警察之獎懲

　　調度司法警察條例第3條及第4條規定之司法警察官及司法警察，辦理本條例規定事項，著有成績，或有廢弛職務之情形者，該管首席檢察官或法院院長得逕予嘉獎、記功、記大功或申誡、記過、記大過，其廢弛職務情節重大者，並得函請該管長官，予以撤職或其他處分。

第三款　偵查之開始

　　所謂「**犯罪偵查**」（英：criminal investigation；德：Ermittelung；法：recherche），即為了實現公訴之提起，以發現犯人並予保全，而蒐集證據之活動。因此在犯罪偵查，我國法制係兼採國家追訴主義與被害人追訴主義，但被害人在提起自訴前之偵查，係屬私的行為，現行刑事訴訟法第343條規定，自訴程序，除本章有特別規定外，準用第246條、第249條及前章（第一章公訴）第二節（起訴）、第三節（審判）關於公訴之規定，並無準用第一章關於偵查程序之規定，因此在法律上，尚無規定其程序。

　　至於公訴案件，雖法律規定由檢察官實施偵查之機關（法組 60Ⅰ、刑訴228），從實際上言，是由處於輔助地位協助偵查犯罪之司法警察官或司

法警察任第一線之偵查責任（警察9③），故又謂司法警察為實質的偵查機關，檢察官為形式的偵查機關。因此檢察官與警察應互相聯繫，以達摘奸發伏，懲戒犯罪之目的。

第四款　告訴、告發、自首、其他情事或請求而發動偵查

依本法規定，檢察官因下列情形而開始偵查，檢察官因告訴、告發、自首或其他情事知有犯罪嫌疑者，應即開始偵查（刑訴228I）。茲分述之：

一、告訴（德：Strafantrag）

即犯罪被害人或其他告訴權人，向偵查機關報告他人犯罪事實，請求追訴之意思表示。告訴權人得以言詞或書狀向檢察官或警察官申訴，告訴僅報告犯罪之事實，不必指定犯人，因告訴人不一定知道是由何人所為，又告訴之案件，可分為告訴乃論與非告訴乃論之罪。對於非告訴乃論之罪，如被害人提起告訴，檢察官就應提起公訴，而告訴乃論之罪，告訴人必須在知悉犯人之時起，於6個月以內表示追訴（刑訴237I），檢察官才能提起公訴。至於案件是否為告訴乃論之罪，由檢察官認定之。

　(一)告訴之主體：

　　1.被害人（英：victim；德：Verletzte；法：victime）：指因侵權行為或犯罪直接受侵害之危險者而言。犯罪之被害人得為告訴（刑訴232）。被害人在民事上有損害賠償請求權，而在刑事訴訟法上就有告訴權。至於被害人並不限於民法上有行為能力人，即使係未成年人、受監護人、祇須有意思能力，即得告訴；而與同法第233條所規定之法定代理人之獨立告訴權，暨民法第76條、第78條所規定私法行為之法定代理，互不相涉。原判決認被害人之法定代理人撤回告訴，與被害人之告訴，乃屬二事，並不影響被害人之告訴（72台上629）。

　　2.被害人之法定代理人或配偶：被害人之法定代理人或配偶，得獨立告訴（刑訴233I）。所謂法定代理人，指被害人無行為能力或限制行為能力，其親權人及監護人而言（民1086、1098、1113）。配偶即指夫或妻之一方。所謂「**獨立告訴**」，係指告訴者，不必徵詢被害人之意思，得以其本人名義獨立提起告訴，不受任何拘束，此為法定代理人或配偶之固

有權利。此與第 233 條第 2 項因被害人死亡，由其親屬取得代理告訴權者不同。因此有獨立告訴權者，其告訴期間自行計算。依 70 台上 6859 號：「被害人之告訴權與被害人法定代理人之告訴權，各自獨立而存在。被害人提出告訴後，其法定代理人仍得獨立告訴，是以告訴乃論之罪，法定代理人撤回其獨立之告訴，於被害人已先提出之告訴，毫無影響，法院不得因被害人之法定代理人撤回其獨立告訴，而就被害人之告訴，併為不受理之判決。」

　　3.被害人已死亡者之親屬：告訴權原為保護被害人而設，為被害人一身之權利，惟被害人死亡後，亦應有補救措施，故法律規定：「被害人已死亡者，得由其配偶、直系血親、三親等內之旁系血親、二親等內之姻親或家長、家屬告訴。但告訴乃論之罪，不得與被害人明示之意思相反。」（刑訴 233 II）

　　4.專屬告訴案件之告訴人：下列各罪，限於特定告訴人始得告訴（刑訴 234）：

　　　⑴親屬和姦罪：即刑法第 230 條之妨害風化罪，即與直系或三親等內旁系血親內性交者，限於本人之直系血親尊親屬、配偶或其直系血親尊親屬，始得告訴（刑訴 234 I）。所謂「**本人**」，係指男女雙方而言；如女兒與舅父或外祖父相和姦，其母得提出告訴。所謂「**配偶**」，係指相和姦者男方或女方之配偶而言。

　　　⑵通姦及和誘有配偶之人罪：即刑法第 239 條之妨害婚姻及家庭罪，即有配偶而與人通姦者，又第 240 條第 2 項和誘有配偶之人脫離家庭罪，此兩種罪行均須配偶始得告訴（刑訴 234 II，III）。此二項規定，皆在保護夫妻之同居義務，即在犯罪時夫妻須有同居義務，始構成訴訟之權。惟如犯罪時有配偶身分，雖告訴時已失去配偶身分，如未逾告訴期間，仍得告訴。

　　5.特種案件之告訴人：

　　　⑴略誘婦女罪：刑法第 298 條之妨害自由罪，即意圖使婦女與自己或他人結婚而略誘之者，及意圖營利、或意圖使婦女為猥褻之行為或性交而略誘之者，被略誘人雖得告訴，但因其既為他

人所挾持，在他人實力支配之下，自無法行使告訴權，故本法
乃規定被略誘人之直系血親、三親等內之旁系血親、二親等內
之姻親或家長、家屬，亦得告訴（刑訴234IV）。

(2)妨害名譽及信用罪：刑法第312條，對於已死之人，公然侮辱，
或對於已死之人，犯誹謗罪者，已死者之配偶、直系血親、三
親等內之旁系血親、二親等內之姻親或家長、家屬得為告訴（刑
訴234V）。本項規定為本法第233條第2項之特別規定，因此
該項但書之規定，對犯罪者不適用，即此項告訴乃論之罪，不
受被害人明示意思之拘束。

6.特定犯罪人之獨立告訴人：被害人之法定代理人為被告或該法定
代理人之配偶或四親等內之血親、三親等內之姻親或家長、家屬為被告
者，被害人之直系血親、三親等內之旁系血親、二親等內之姻親或家長、
家屬得獨立告訴（刑訴235）。此因犯罪人與被害人之間，有一定之身分關
係，被害人因身分地位或能力上受到限制，難以行使告訴權，或道德上
關係，無法行使告訴權，故乃准許被害人之直系血親、三親等內旁系血
親、二親等內之姻親或家長、家屬得獨立告訴。譬如養父母對養女為性
虐待等情形時，其本生父母當可提起獨立之告訴權。

7.代行告訴：普通犯罪案件，本由檢察官代表國家行使犯罪追訴權，
提起公訴；但如為告訴乃論之罪，則應由被害人提出告訴，檢察官不得
逕行起訴，但如無人得為告訴，或得為告訴之人，不能行使告訴權時，
則只有聽任犯罪人逍遙法外，而無法使其繩之以法，因此本法第236條
規定，告訴乃論之罪，無得為告訴之人或得為告訴之人不能行使告訴權
者，該管檢察官得依利害關係人之聲請或依職權指定代行告訴人。但告
訴乃論之罪，不得與被害人明示之意思相反（刑訴236）。茲說明之：

(1)所謂「**無得為告訴之人**」：係指得為告訴之人業已死亡是。至
於「得為告訴之人不能行使告訴權者」，如現有告訴權之人，
不提出告訴，就不能指定代行告訴人，但如有告訴權人事實上
不能行使告訴權，如因心神喪失，或在他人實力控制之下，或
遠處他方不知犯罪之事實，或有所在不明之情形，或因交通阻

隔，不能行使告訴權之情形時，則由該管檢察官得依利害關係人之聲請或依職權指定代行告訴人。

　　⑵代行告訴，須不得與被害人明示之意見相反（刑訴236II）。

　　8.偵查中之告訴代理人：偵查中委任告訴代理人係訴訟行為之一種，過去並無明文規定，為因應實際需要，並協助偵查之實施於民國92年增訂。至於檢察官或司法警察官為偵查犯罪所必要，認應由告訴人本人親自到場時，仍得命本人到場（刑訴236之1I）。不過為求意思表示明確，並有所憑據，自應提出委任書狀於檢察官或司法警察官（刑訴236之1II前段）。另告訴代理人之人數應有所限制，因此被告選任辯護人、委任代理人或自訴人委任代理人之規定，告訴之代理人亦限制不得逾3人，而代理人有數人時，其文書應分別送達（刑訴236之1II準28及32）。

　　9.指定代行告訴人之排除適用：即本法第236條之1及271條之1之規定，於指定代行告訴人不適用（刑訴236之2）。即代行告訴人之指定具有公益之性質，且檢察官於指定代行告訴人時亦已考量受指定人之資格及能力，自不許受指定代行告訴之人再委任代理人，第236條之1及第271條之1有關告訴代理之規定於指定代行告訴人無適用之餘地。

　㈡**告訴之期間：**

　　1.普通犯罪：無告訴期間。

　　2.告訴乃論之罪：其告訴應自得為告訴之人知悉犯人之時起，於6個月內為之（刑訴237I）。實例如下：

　　　　刑事訴訟法所定告訴期間，係自知悉犯人之時起算，並非自犯罪之時記算，告訴人之女，經上訴人調誘成姦，雖已歷多時，但告訴人知悉犯人時，與其告訴日期相距未及旬日，並未逾法定6個月之期間，其告訴不能謂非合法（24上5483）。

　　　　刑事訴訟法第216條第1項（現行法第237條）規定，告訴乃論之罪，應自知悉犯人之時起，於6個月內為之，所稱知悉，係指確知犯人之犯罪行為而言，如初意疑其有此犯行，而未得確實證據，及發見確實證據，始行告訴，則不得以告訴人前此之遲疑，未經申告，遂謂告訴為逾越法定期間（28上919）。

　　3.法律之特別規定：告訴之期間，法律有特別規定者，從其規定：

(1)專利法第 84 條第 5 項：發明專利權受侵害之請求權，自請求權人知有行為及賠償義務人時起，2 年間不行使而消滅；自行為時起，逾 10 年者，亦同。

(2)鄉鎮市調解條例第 31 條：告訴乃論之刑事事件由有告訴權之人聲請調解者，經調解不成立時，鄉、鎮、市公所依其向調解委員會提出之聲請，將調解事件移請該管檢察官偵查，並視為於聲請調解時已經告訴。

4.得為告訴人有數人，其一人遲誤期間者，其效力不及於他人（刑訴237II）。蓋告訴權分別獨立行使，不因一人遲誤告訴期間，而影響他人之告訴權。如告訴人中有一人，因遲誤 6 個月之告訴期間，已喪失告訴權，如其他告訴權人其期間尚未逾期者，仍得提出告訴。

習題：甲於民國 99 年 1 月 1 日與乙發生車禍致重傷陷入昏迷成為植物人，甲之配偶丙因中風行動不便，甲之長子丁見告訴期間將滿 6 個月，乃提出甲、丙之診斷證明書，主張甲、丙皆不能行使告訴權，且無其他得為告訴之人為由，聲請檢察官指定其為甲之代行告訴人。檢察官乃於同年 6 月 20 日指定丁為甲之代行告訴人，惟丁於同年 7 月 8 日始提出告訴。嗣乙與丁成立和解，丁乃向檢察官撤回告訴。後因甲之次子戊，不滿和解條件，主張其至同年 6 月 1 日回國始知悉甲被乙撞傷，且丁未取得丙之授權，戊則已取得丙之授權，於同年 8 月 11 日以丙有獨立告訴權，戊為丙之告訴代理人，再對乙提出告訴。問檢察官應如何偵結本案？（99 司）

(三)**告訴之程序**：告訴、告發，應以書狀或言詞向檢察官或司法警察官為之；其以言詞為之者，應製作筆錄。為便利言詞告訴、告發，得設置申告鈴（刑訴 242 I）。檢察官或司法警察官實施偵查，發見犯罪事實之全部或一部係告訴乃論之罪而未經告訴者，於被害人或其他得為告訴之人到案陳述時，應訊問其是否告訴，記明筆錄（刑訴242II）。第41條第2項至第4項及第43條之規定（刑訴242III）。其實例如下：

1.告訴應向有偵查權之檢察官或司法警察官為之，被害人在第二審上訴中，縱有告姦之表示，仍非合法告訴，即非第二審法院所得受理裁判（23上624）。

　　2.告訴乃論之罪，被害人未向檢察官或司法警察官告訴，在法院審理中，縱可補為告訴，仍應向檢察官或司法警察官為之，然後再由檢察官或司法警察官將該告訴狀或言詞告訴之筆錄補送法院，始得謂為合法告訴。如果被害人不向檢察官或司法警察官提出告訴，而逕向法院表示告訴，即非合法告訴。本件被害人於偵查中就上訴人過失傷害部分，迄未向檢察官或司法警察官提出告訴，迨第一審法院審理中，始當庭以言詞向該法院表示告訴，依前開說明，本件告訴自非合法。上訴人所犯過失傷害部分，尚欠缺訴追要件，即非法院所得受理審判（73 台上 4314）。

　　㈣**告訴之撤回**：一般犯罪，檢察官當可依職權進行調查，故一經人民提出告訴，檢察官就應著手進行偵查，不論告訴人是否撤回，均不影響於案件之進行。惟告訴乃論之罪，在告訴期間內，告訴權人固有權提出告訴，告訴人可否撤回告訴，於何時撤回，以及撤回後有何效果，刑訴法均須詳為規定，茲說明之：

　　1.撤回之主體：依刑訴法第 238 條規定：「告訴乃論之罪，告訴人於第一審辯論終結前，得撤回其告訴。」所謂告訴人，係指有告訴權人並已實行告訴者而言。因此由該管檢察官依職權指定之代行告訴人，不得為撤回之告訴。至**所謂「撤回告訴」**，係指合法之撤回而言，若無權撤回或其撤回非出於自由之意思者，均不能發生撤回之效力（39 上 735）。

　　2.撤回之時期：告訴乃論之罪，告訴人於第一審辯論終結前，得撤回其告訴（刑訴 238 I）。惟辯論終結後，遇有必要情形，法院得命再開辯論（刑訴 291），因此再開辯論終結以前，仍得撤回告訴。惟如已進入第二審，如在第二審撤回告訴，並不發生何種效果，自不容據此而為不受理之判決（29 上 821）。告訴乃論之罪經告訴人在第一審辯論終結前，將其告訴撤回者，法院始應諭知不受理之判決，若非告訴乃論之罪，雖告訴人撤回其告訴，法院並不受其拘束，仍應逕行審判（23 非 2）。

　　3.撤回之程式：撤回告訴，不限於檢察官或法官為之；即向司法警察官撤回者，亦發生撤回之效力。至於撤回告訴之方式，法律並無明文規定，得以言詞或書面為之，其以言詞為之者，應製作筆錄。此外，撤回告訴，應肯定的表示，不許附條件，「如願意登報道歉，就撤回告訴」等語，均不生撤回之效力。

㈤**告訴不可分之原則**（德：Unteilbarkeit des strafantrags）：就在告訴乃論之罪，凡經合法告訴，對於共犯之其中一人告訴或撤回告訴，其效力是否及於其他共犯及相關事實，此即告訴不可分之原則，所應探討之問題。茲分爲二方面說明之：

1.主觀之不可分（此即對犯人之不可分）：

　⑴即本法第 239 條前段規定：「告訴乃論之罪，對於共犯之一人告訴或撤回告訴者，其效力及於其他共犯。」稱爲主觀之不可分。此所稱之共犯，除共同正犯外，尚包括教唆犯及幫助犯。但刑法第 239 條之罪，對於配偶撤回告訴者，其效力不及於相姦人（刑訴 239 後段）。

　⑵告訴不可分之原則只適用於告訴乃論之罪：如經當事人實行告訴後，經檢察官實行偵查，發現有其他共犯涉案，檢察官當可本於職權依法追訴，不必考慮告訴乃論之問題。

　⑶告訴乃論之罪因與被害人有一定身分關係而分：

　　①絕對告訴乃論之罪：則不問犯人與被害人是否有身分關係，均須告訴乃論，因此只要告訴權人，能指明犯罪之事實，並希望檢察官追訴即爲已足，如傷害罪（刑 277 I）、毀損器物罪（刑 354），均屬絕對告訴乃論之罪。此種犯罪重在犯罪事實，如被害人僅向其中一人提出告訴，其效力及於其他共犯。

　　②相對告訴乃論之罪：即該罪因與被害人具有特定關係爲要件，始須告訴乃論。即其告訴，必須對特定人爲之。如親屬間之竊盜罪（刑 324）、親屬間侵占罪（刑 338）、親屬間詐欺背信罪（刑 343）等是。在刑法規定之相對告訴乃論之罪，均爲財產上之犯罪，此等犯罪重在犯人，其具有特定身分關係之人犯之，固須告訴乃論，如無特定關係人犯之，當非告訴乃論之罪。因此不能因與具有特定關係之人共犯；而能享受告訴乃論之特殊規定。

　　　例如：甲、乙爲親子關係，乙受到他人丙的唆使，盜取父親甲的財物，由乙、丙兩人朋分花用；則甲、乙間雖爲父子

關係，但甲、丙間並無親屬關係，並非告訴乃論，甲當可放過乙，只對丙提出告訴，此時檢察官不得依刑訴法第 239 條前段規定，將乙一併起訴。相反的，如甲只對乙提出告訴，最後發現乙是受丙之唆使而盜取財物，則檢察官當可本於職權，一併起訴丙，此當與告訴之主觀不可分原則無關。

⑷告訴不可分之原則，對通姦罪，經配偶縱容或宥恕者，不得告訴；此為刑法第 245 條第 2 項之規定，而刑法第 239 條之罪，前段為通姦罪，後段為相姦罪，如配偶縱容或宥恕，當應包括通姦者與相姦者。依 30 上 1814 號判例：「刑法第二百四十五條第二項之不得告訴，以有告訴權之配偶，縱容他方與人通姦或相姦或加以宥恕者為限，若非第二百三十九條之通姦相姦罪，告訴者又非配偶，自無該項之適用。」

習題：刑法第 239 條通姦罪，配偶縱容者不得告訴，如甲女縱容其夫與人通姦，嗣後向夫表示撤回縱容，禁止其夫繼續與人通姦，能否回復其告訴權，試論述之。（82 律）

⑸告訴不可分之原則，不適用於自訴：所謂自訴，是犯罪之被害人委任律師提起自訴，與告訴之向偵查機關報告他人之犯罪事實，請求追訴者不同。依刑訴法第 343 條自訴準用公訴之規定，如被害人尚未提起自訴，法院固不得對之審判，即於提起自訴後，於第一審辯論終結前，自訴人對告訴乃論罪中之共犯，如對被告中一人撤回告訴，因自訴程序並無準用刑訴法第 239 條告訴不可分原則之規定，其效力自不及於其他共同被告。依司法院 27 院 1739 號解釋謂：「提起自訴與告訴不同，設有數人共犯告訴乃論之罪，被害人於提起自訴後，對於共犯中之一人請求撤回告訴，其效力自不能及於共犯。」

⑹審判中之撤回，仍適用告訴不可分之原則，依 74 年第 6 次刑事庭會議決議：「告訴乃論之罪，告訴人於第一審辯論終結前，對於共犯中之一人撤回告訴，其效力及於偵查中之其他共犯。」

(7)撤回告訴不影響其他有告訴權人之告訴：同一案件有數位告訴權人，縱一人撤回告訴，仍不影響其他有告訴權人之告訴。如甲、乙為夫妻，A、B 亦為夫妻，設乙妻與 A 男通姦，今甲對乙、A 的通姦提出告訴，但對乙撤回告訴，則 A 之妻 B，亦可對乙女與 A 男之通姦提出告訴，並對 A 男撤回告訴。如下圖：

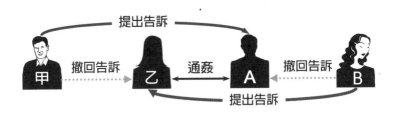

(8)鄉鎮調解之調解效力：

①視為撤回告訴：鄉鎮調解成立，經法定核定後，當事人就該事件不得再行起訴、告訴或自訴（鄉調 27 I）。

②視為告訴：告訴乃論之刑事事件由有告訴權之人聲請調解者，經調解不成立時，鄉、鎮、市公所依其向調解委員會提出之聲請，將調解事件移請該管檢察官偵查，並視為於聲請調解時已經告訴（鄉調 31）。

2.客觀之不可分（此即對事之不可分）：即告訴權人對於犯罪事實之其中一部告訴者，其效力及於其他犯罪事實，稱為客觀之不可分。惟如係實質上或裁判上一罪時，其情況就不同：

(1)實質上一罪：

①接續犯：如竊盜犯人在一夜間，從其父之倉庫接續數次行竊商品，其父雖表示訴請究辦，檢察官仍應就行竊之全部情形偵查起訴，對此，則其告訴或撤回之效力當及於全部。

②繼續犯：即構成要件之行為，就是已一度達成，但其侵害法益之狀態，仍繼續進行為必要之犯罪。如私行拘禁罪（刑302）為代

表性之犯罪。如和誘有配偶之人離家一月，檢察官應以和誘被害人離家一月展開偵辦，而不論被誘人之配偶，如何要求究辦。

③結合犯：係指兩個獨立之犯罪，由於法律之規定，結合成為另一新的獨立犯罪之謂。即在結合犯中一為告訴乃論之罪，一為非告訴乃論之罪時，告訴乃論與非告訴乃論之罪應分別處理。如告訴乃論之罪未經告訴者，其效力當不及之，而非告訴乃論之罪，檢察官自應依法偵辦。

(2)裁判上一罪：又稱為科刑上一罪或處斷上一罪。即在形式上本得獨立構成個別處罰之數罪，依刑法規定，僅處罰其中較重之行為或罪名者，謂之裁判上一罪，在 2005 年刑法修正前有想像競合犯、牽連犯與連續犯，但修正後目前只有想像競合犯。如 94 台上 1727 號判例：「告訴乃論之罪，僅對犯罪事實之一部告訴或撤回者，其效力是否及於其他犯罪事實之全部，此即所謂告訴之客觀不可分之問題，因其效力之判斷，法律無明文規定，自應衡酌訴訟客體原係以犯罪事實之個數為計算標準之基本精神，以及告訴乃論之罪本容許被害人決定訴追與否之立法目的以為判斷之基準。犯罪事實全部為告訴乃論之罪且被害人相同時，若其行為為一個且為一罪時（如接續犯、繼續犯），其告訴或撤回之效力固及於全部。但如係裁判上一罪，由於其在實體法上係數罪，而屬數個訴訟客體，僅因訴訟經濟而予以擬制為一罪，因此被害人本可選擇就該犯罪事實之全部或部分予以訴追，被害人僅就其中一部分為告訴或撤回，其效力應不及於全部。」

習題：

一、試回答下列各題：（100 政風四）

　　㈠告訴乃論之罪與非告訴乃論之罪有何不同？

　　㈡何謂「獨立告訴人」？

　　㈢何謂「代行告訴人」？

　　㈣何謂「專屬告訴人」？

　　㈤何謂「代理告訴人」？

二、甲目睹舊識乙竊取其自行車，若甲一直未提出告訴，逾六個月後，是否仍得提出告訴？（99 法警）

　　答：因舊識之偷竊非告訴乃論之罪，並無六個月內提出告訴之限制，故雖逾六個月，只要未逾二十年之追訴時效，當可提出告訴，但如時間太久，恐證據散失，偵查會遭遇困難。

三、何謂告訴不可分？其立法意旨為何？此一原則是否有例外？此一例外是否合理？（97 政風）

　　答：就刑訴第 239 條規定說明。

四、甲、乙、丙三人與丁、戊素有怨隙，其日趁丁赴戊宅作客時，分持棍棒強行進入戊中，將丁、戊擊傷（丁、戊二人皆僅受普通傷害），並故意砸毀戊宅客廳中之花瓶、桌椅後離去，案經戊依法向檢察官對甲提出傷害之告訴。戊對甲所提上開傷害之告訴，其告訴效力如何？試申論之。（98 司）

　　答：就告訴不可分之主觀效力（刑訴239）及客觀效力（即甲、乙、丙三人傷害之告訴效力是否及於三人之毀損部分）分析說明。

㈥**告訴之補正**：告訴可否補正，有正、反二說：

　　1.可以補正：係基於訴訟經濟之原則，如於審判中，欠缺訴訟要件，應該得在第二審言詞辯論終結前給予補正。

　　2.不可補正：

　　　⑴因告訴乃論之罪，告訴係訴訟成立的要件，與刑事訴訟法第273條第6項規定：「起訴或其他訴訟行為，於法律上必備之程式有欠缺而其情形可補正者」不同。因訴訟行為之法律必備程式有欠缺，與訴訟成立無關，當可予以補正，故如訴訟成立之要件不備，就是告訴之欠缺，法院應就程序上審理，不得進入實體上審判，當不應允許告訴權人再行補正，以免對被告不利。

　　　⑵主張檢察官對告訴乃論之罪，未經合法告訴逕行起訴者，法院

應為不受理之判決，不許補正。

實例採肯定說。上述的主張，依解釋係採肯定說：如 29 院 2105 號解釋：「甲以姦淫目的，和誘婦女脫離家庭租屋姘度，檢察官既已敘入犯罪事實，提起公訴，則關於通姦部分，縱第一審因無合法告訴，未能逕予審判，嗣後果有合法訴追，檢察官祇應將此情形，通知繫屬之第二審法院為已足，倘竟重行起訴，法院應依刑事訴訟法第二百九十五條第二款（現為第 303 條第 2 款）為諭知不受理之判決，惟該案在第二審辯論終結前，關於通姦部分之訴追條件，既已具備，如第二審法院審認該甲確有相姦事實，且與和誘罪具有牽連關係，自可從一重處斷。」

3.補正之方式：以言詞或書狀向檢察官或司法警察官為之，再由檢察官將筆錄補送法院。如 73 台上 4314 號判例謂：「告訴乃論之罪，被害人未向檢察官或司法警察官告訴，在法院審理中，縱可補為告訴，仍應向檢察官或司法警察官為之，然後再由檢察官或司法警察官將該告訴狀或言詞告訴之筆錄補送法院，始得謂為合法告訴。如果被害人不向檢察官或司法警察官提出告訴，而逕向法院表示告訴，即非合法告訴。本件被害人於偵查中就上訴人過失傷害部分，迄未向檢察官或司法警察官提出告訴，迨第一審法院審理中，始當庭以言詞向該法院表示告訴，依前開說明，本件告訴自非合法。上訴人所犯過失傷害部分，尚欠缺訴追要件，即非法院所得受理審判。」

4.補正之期間：依刑訴法第 237 條第 1 項規定：「其告訴應自得為告訴之人知悉犯人之時起，於六個月內為之。」逾此期間而為補正者，自不生補正之效力。

二、告發（德：Anzeige；法：dénonciation）

即有告訴權者及自首者以外之第三人，或公務員因執行職務，知有犯罪嫌疑，向偵查機關申告犯罪事實之謂。與告訴之異同為：

㈠告訴與告發之異同：

	告　　訴	告　　發
1. **主體不同**	限於被害人及其他依法有告訴權之人。	除了有告訴權者及自首者以外之第三人，凡知有犯罪嫌疑者，均得申告之。

2. 性質不同	告訴乃論之罪有特別之訴訟要件，如有欠缺，法院應為不受理判決（刑訴 303 I ③）。	告發無訴訟要件問題。
3. 目的不同	告訴須含有希望追訴之意思。	只以申告犯罪事實為已足。
4. 期間限制 不同	告訴乃論之罪應自得為告訴之人知悉犯人之時起，於 6 個月內為之（刑訴 237 I）。	告發並無期間之限制。
5. 再議權之 不同	告訴之告訴人有聲請再議之權（刑訴 256）。	告發人則無再議權。
6. 撤回之不同	告訴乃論之罪在第一審言詞辯論終結前得撤回其告訴（刑訴 238）。	告發則無撤回權。
相同點	1.二者同為向偵查機關申告犯罪事實之程序。 2.告訴、告發依刑訴法第 242 條，均應以書狀或言詞向檢察官或司法警察官為之。	

㈡告發之種類：得為告發之人：

1. 權利告發	不問何人知有犯罪嫌疑者，得為告發（刑訴 240）。此採任意告發主義。
2. 義務告發	(1)公務員因執行職務，知有犯罪嫌疑者，應為告發（刑訴 241）。此採強制告發主義。 (2)貪污治罪條例： 　①第 13 條（長官之包庇罪）：直屬主管長官對於所屬人員，明知貪污有據，而予以庇護或不為舉發者，處 1 年以上 7 年以下有期徒刑。（第 1 項）公務機關主管長官對於受其委託承辦公務之人，明知貪污有據，而予以庇護或不為舉發者，處 6 月以上 5 年以下有期徒刑。（第 2 項） 　②第 14 條（相關人員不為舉發罪）：辦理監察、會計、審計、犯罪調查、督察、政風人員，因執行職務，明知貪污有據之人員，不為舉發者，處 1 年以上 7 年以下有期徒刑。

習題：檢察官因告訴、告發、自首或其他情事知有犯罪嫌疑者，應即開始偵查，「告訴」與「告發」有何區別？何人可為「告訴」或「告發」？試比較說明之。（92 司）

㈢**告發之程序**：告發與告訴相同，應以書狀或言詞向檢察官或司法警察官爲之；其以言詞爲之者，應製作筆錄。爲便利言詞告訴、告發，得設置申告鈴（刑訴 242 I）。第 41 條第 2 項至第 4 項及第 43 條之規定，告發與告訴相同，均準用之（刑訴 242III）。

三、自首（英：self-denunciation；德：Selbstanklage）

即犯人於其犯罪未發覺前，自行向偵查機關報告自己犯罪之事實，而接受裁判之謂。

㈠**自首之要件**：有三：

1.犯人自己向偵查機關陳明自己之犯罪事實。

2.須對於犯罪未發覺之前而自首：所謂未發覺，即偵查機關尚不知有犯罪事實，或雖知有犯罪之事實，而不知犯罪者爲何人，故須於犯罪未發覺之前，自動向偵查機關陳明其罪者，始爲「自首」。若在犯罪發覺之後，向偵查機關陳明其犯罪事實者，祇可稱爲「自白」，而非自首。

3.須有願受法律制裁之意思：如陳述犯罪之後，仍匿不到案，無受法律制裁之意思者，亦非自首。

㈡**自首之方式**：即無論以口頭或書面報告犯罪事實，或託人代行，直接向偵查機關爲之，或向非偵查機關報告，請其轉送，均無不可。如自首向檢察官或司法警察官爲之者，準用第 242 條之規定（刑訴 244）。依 24 上 1162 號判例：「自首祇以在犯罪未發覺前，自行申告其犯罪事實於該管公務員，而受法律上之裁判爲要件，至其方式係用言詞或書面，以及係自行投案或託人代行，係直接向偵查機關爲之，抑向非偵查機關請其轉送，均無限制。」

四、其他情事

所謂「其他情事」，係指告訴、告發、自首以外之情事，足以使檢察官展開犯罪偵查者而言。依刑訴法第 228 條規定，檢察官因其他情事知有犯罪嫌疑者，應即開始偵查，此當以自動偵查爲多。約有下列數項：

㈠ **自動檢舉**	檢察官以代表國家行使犯罪追訴權爲其職責，故如發現報章雜誌之刊載，或自行發現現行犯或準現行犯，而知悉犯罪嫌疑者，應即自動偵查，提起公訴。

白 司法警察 官之移送 或報告	司法警察官應將犯罪偵查之結果，移送該管檢察官（刑訴 229 I , II），司法警察官或司法警察，知有犯罪嫌疑者，應報告該管檢察官（刑訴 230、231），並開始偵查。
白 監察院之 移送	監察院對於中央及地方公務人員，認為有失職或違法情事，得提出糾舉案或彈劾案，如涉及刑事，應移送法院辦理（憲 97）。
四 軍事機關 之移送	依軍事審判法，軍事檢察官或軍事審判官對於被告，如認為無審判權，應為不起訴處分（軍審 139⑦），或諭知不受理之判決（軍審 169⑥），並將案件移送有審判權之機關，檢察官接受移送之案件，應即開始偵查，分別為適當之處分。
五 其他機關 或團體之 報告	如政府機關或人民團體，發現其內部員工有犯罪嫌疑者，得向檢察官提出報告，檢察官接到報告後當即開始偵查。

五、請求

　　所謂「**請求**」，指刑法第 116 及第 118 條請求乃論之罪，外國將犯罪事實，經外交部長函請司法行政最高長官，令知該管檢察官偵查之謂（刑訴 243）。依刑法第 119 條之規定，須外國政府之請求乃論，其性質相當於告訴乃論之罪，因此準用本法第 238 條及第 239 條之規定（刑訴 243 II）。

　　請求乃論之罪，依刑法第 116 條及第 118 條，對於友邦元首，或派至中華民國之外交代表，犯妨害名譽罪，以及意圖侮辱外國，而公然損壞，除去或污辱外國之國旗、國章罪，此等犯罪應由被害國家之外國政府由其派在我國之使節請求，始得追訴。請求乃論之罪，外國政府於第一審辯論終結前，得撤回請求，撤回請求後，不得再行請求（刑訴 243 II、238）。又對於共犯之一人請求，或撤回請求者，其效力及於其他共犯（刑訴 243 II、239）。此係準用告訴不可分之原則。惟請求乃論之罪，既無準用本法第 237 條 6 個月之告訴期間的規定，是故只能適用追訴時效之有關規定，此為請求乃論與告訴乃論兩者之不同。

第五款 偵查之實施

檢察官因告訴、告發、自首或其他情事知有犯罪嫌疑者，應即開始偵查（刑訴 228 I）。因此檢察官係犯罪偵查之主體，對此偵查，檢察官得限期命檢察事務官、司法警察官或司法警察，調查犯罪情形及蒐集證據，並提出報告。必要時得將卷證一併發交（刑訴 228 II）。惟尚有下列特別規定，說明如下：

一、偵查之方式

㈠**偵查不公開之**：依刑訴法第 245 條第 1 項規定：「偵查，不公開之。」此項偵查不公開作業辦法，由司法院會同行政院定之（刑訴 245 VI）。

1.偵查應守秘密爲原則：即偵查應嚴守秘密，乃刑事訴訟之一大原則。如偵查方法及內容洩漏於外，易使犯人及共犯逃匿，及發生湮滅證據、勾串共犯或僞證等情事，而致妨害眞相之發現。此外，如公開偵查之內容，苟事後發現，罪嫌不足而爲不起訴之處分，將使被告之名譽遭受損失，而無法補償，故爲保障被告之權益，偵查當不得公開。

又所謂「**公開**」者，除了詢問時不得公開以外，凡檢察官及其他經手此職務之公務員，均不得洩漏任何人有關之案情，如參與偵查程序之人無故洩漏偵查程序中所知悉之事項者，應負刑法第 132 條之洩漏秘密罪及第 316 條之洩漏業務上知悉之他人秘密罪。

2.偵查之相對不公開規定：

　　⑴辯護人之在場權：被告或犯罪嫌疑人之辯護人，得於檢察官、檢察事務官、司法警察官或司法警察訊問該被告或犯罪嫌疑人時在場，並得陳述意見。但有下列四種情形者，得限制或禁止之（刑訴 245 II）：

　　　①有事實足認其在場有妨害國家機密之虞：即須該刑事案件涉及國家之軍事、政治、外交、財政上之機密，即關係國家安全利益，不應讓外人知悉者而言。此當非單純之國家利益。

　　　②有事實足認其在場有湮滅、僞造、變造證據或勾串共犯或證人之虞：此所謂「**有事實足認**」，係指必有具體客觀之事實，

而非由檢警主觀上認定被告或犯罪嫌疑人，有湮滅、偽造、變造證據或勾串共犯或證人之虞而言。

③有事實足認其在場有妨害他人名譽之虞：如妨害風化罪等，涉及他人之名譽，不應公開審判之案件。

④辯護人之行為不當，足以影響偵查之秩序者：此指法院組織法第 91 條（審判長對妨害法庭秩序者之處分）及第 92 條（審判長對律師等之警告或禁止代理或辯護），藉以維護偵查之秩序。

(2)偵查人員之守密義務：檢察官、檢察事務官、司法警察官、司法警察、辯護人、告訴代理人或其他於偵查程序依法執行職務之人員，除依法令或為維護公共利益或保護合法權益有必要者外，不得將偵查所得資訊，公開或揭露予執行法定職務必要範圍以外之人員（刑訴 245III）。

(3)辯護人之其他在場權：在偵查中辯護人雖無辯護權，但可提供嫌犯法律輔助，保障其權益。惟辯護人除上述之權限外，尚有其他規定如下：

①辯護人之接見羈押之被告及通信權（刑訴 34）。

②羈押被告所依據事實應告知辯護人（刑訴 101 II,III）。

③羈押被告時押票應送辯護人（刑訴 103 II）。

④辯護人得聲請在押被告之羈押處所（刑訴 103 之 1）。

⑤辯護人得聲請撤銷羈押（刑訴 107 II）並得具保聲請停止羈押（刑訴 110 I）。

⑥不起訴、緩起訴或撤銷緩起訴處分書正本之送達（刑訴 255 II）及檢察官起訴書正本之送達（刑訴 263）。

(4)偵查中詢問被告時應通知辯護人：偵查中訊問被告或犯罪嫌疑人時，應將訊問之日、時及處所通知辯護人。但情形急迫者，不在此限（刑訴 245IV）。

㈡**不得先行傳訊被告**：實施偵查非有必要，不得先行傳訊被告（刑訴 228 III）。所謂「**先行傳訊被告**」，係指開始偵查時，茫無偵查頭緒，先行傳

喚或押人取供而言。在被告並無自白犯行之義務下，此舉易重蹈過去威權統治下，刑求逼供之情形，並可防止故意誣陷，也能顧及犯罪嫌疑人之名譽與地位，故有此規定。

㈢**就地訊問被告**：遇被告不能到場，或有其他必要情形，得就其所在訊問之（刑訴 246）。所謂「**不能到場**」，如患病難以行動，或有其他必要情形而言，其情形由檢察官依實際情況斟酌決定之。此種偵訊方式，爲輔助偵查機關之司法警察官，亦可適用。

㈣**人證之訊問及詰問**：訊問證人、鑑定人時，如被告在場者，被告得親自詰問；詰問有不當者，檢察官得禁止之（刑訴 248 I）。預料證人、鑑定人於審判時不能訊問者，應命被告在場。但恐證人、鑑定人於被告前不能自由陳述者，不在此限（刑訴 248 II）。

㈤**被害人接受訊問時法定代理人等陪同在場**：被害人於偵查中受訊問時，得由其法定代理人、配偶、直系或三親等內旁系血親、家長、家屬、醫師或社工人員陪同在場，並得陳述意見。於司法警察官或司法警察調查時，亦同（刑訴 248 之 1）。蓋刑事訴訟程多中一向忽視被害人受害後心理、生理、工作等等急待重建之特殊性，在未獲重建前便因需獨自面對被告、辯護人之攻擊，偵、審之調查等而再受傷害，因而規定一定資格或關係之人陪同，以減少二度傷害。

二、偵查之輔助

㈠**要求該管機關之報告**：關於偵查事項，檢察官得請該管機關爲必要之報告（刑訴 247）。所謂「**該管機關**」，係指司法警察機關以外，就偵查事項掌管有關權限之公務機關而言。如就殺人事件，當可請求刑事鑑識機關爲必要之報告。

㈡**輔助之要求**：實施偵查遇有急迫情形，得命在場或附近之人爲相當之輔助。檢察官於必要時，並得請附近軍事官長派遣軍隊輔助（刑訴 249）。

三、無管轄權之通知與移送

檢察官知有犯罪嫌疑而不屬其管轄或於開始偵查後，認爲案件不屬其管轄者，應即分別通知或移送該管檢察官。但有急迫情形時，應爲必

要之處分（刑訴 250）。所謂「**不屬其管轄**」，係指非該檢察官所屬法院檢察署之管轄而言。如案件尚未開始偵查，即應通知有管轄權之法院所屬之檢察署檢察官開始偵查；如案件已經開始偵查，即應移送有管轄權之法院所屬之檢察署檢察官使其接續偵查。但有急迫情形時，依本法第 250 條但書及第 16 條準用第 14 條之規定，檢察官應於其管轄區域內爲必要之處分。

第六款　偵查之終結

「**偵查之終結**」者，乃檢察官就其偵查所得之證據資料，以決定其處理結果之意思之謂。偵查終結後，檢察官應依其偵查之結果，而爲起訴或不起訴或緩起訴之處分。此在尚未進入具體說明之前，有將歷史上形成之起訴的基本原則，加以說明之必要：

一、基本原則

㈠**國家追訴主義與起訴獨占主義**：刑事案件如果沒有提起公訴，法院是不能進行審理與判決。此稱爲「不告不理之原則」。提起公訴只允許國家機關之檢察官提起之制度，稱爲「**國家追訴主義**」（德：Offizialprinzip）或「**起訴獨占主義**」（德：Anklage-Monopol）。

㈡**起訴便宜主義與起訴法定主義**：起訴便宜主義（德：Opportunitätsprinzip）又稱爲「起訴裁量主義」與起訴法定主義（德：Legalitätsprinzip）係相對立之名詞。所謂「起訴便宜主義」者，即檢察官對於具備追訴條件之犯罪，得權衡刑事政策上之利害，決定是否予以起訴之主義。至於「起訴法定主義」，係指檢察官如認爲犯罪具備起訴之要件時，必須向法院提起公訴之主義。

兩者利害得失，議論不一，其評論之起點，係由刑法理論上報應刑主義與目的刑主義之對立，反映於刑事訴訟所得之結果。在**報應刑主義**之下，以爲對於犯罪科以一定之刑罰，係國家制定刑罰權之必然結果，如坐視犯罪而不顧，實非妥當，因此刑罰之權利，應與刑罰之義務並存，始可保持法律之權威及法律之安定性，同時亦可貫徹一般預防之效。

反之，依**目的刑論者**之解釋，以爲刑罰之施行，應以適合各人之特

性爲主，刑罰之目的不在於報應，而在於使犯人改過遷善。何況在起訴合法主義之下，檢察官追訴犯罪毫無自由衡量之權，往往輕微之罪情可憫恕者，檢察官亦須追訴，不僅有過苛之嫌，且短期自由刑之弊害，不容忽視，因此在一定之情形下，除非科以刑罰，無以達成一定之目的時，固須將之起訴；反之如以不起訴爲有利者，應不爲起訴之處分，亦即不適於科刑之犯罪，應講求刑罰以外之方式以貫徹特別預防之效力也。何況一度受過刑罰之後，至復歸社會爲善良社會人，其間必遭遇甚多困難，苟能不科罰而仍收復歸社會之效，不但對當事人爲無上幸福，對於社會而言亦爲至善政策[①]。由是以觀，起訴裁量主義絕非聽由檢察官恣意任性、爲所欲爲，彼必須環顧刑事政策之根本涵義，毋枉毋縱，以達刑罰之目的也。

凡事有優點亦有缺點，起訴裁量主義亦不能例外，蓋起訴合法主義係有犯罪則毫無例外地科以刑罰，惟在起訴裁量主義，則將刑事案件之命運交由檢察官之自由裁量而不付之於裁判，如此雖可充分發揮法理學上所主張情理法兼顧之優點，但亦因此或有情理囂張，罔顧法律之虞。尤其在政黨政治下有時司法權會被政治勢力所左右，權勢情感交互壓迫將接踵而至，有時甚至造成司法之腐化，若果如此，則刑罰制度之弛緩，法律權威之掃地，以致失卻刑事政策原來之作用。是故欲使起訴裁量主義發揮預期之效力，則須建立健全之司法組織與嚴密而公正之檢查考核機關也。又依刑事思想發展之當然結果，乃是在起訴裁量主義之下，起訴後檢察官如發現起訴有錯亦可撤回其公訴，此即公訴變更主義，至於在起訴合法主義之下其所附帶之結果乃爲公訴不變更主義。

習題：何謂起訴便宜主義？起訴便宜主義有何優點與缺點？對於起訴便宜主義可爲如何之限制？試根據我國刑事訴訟法之規定析述之。（87律）

---

① 引自日本大正3(1914)年平沿檢事總長訓示。參照日本刑法學會編：《刑法講座》，第五卷，刑事訴公法(1)，頁1013。

二、我國之起訴制度

㈠**提起公訴**：檢察官依偵查所得之證據，足認被告有犯罪嫌疑者，應提起公訴。被告之所在不明者，亦應提起公訴（刑訴251）。此乃採取國家追訴主義之結果。亦為起訴法定主義之表現。舉凡刑事案件，除由被害人委任律師提起自訴外（刑訴319），均應由代表國家之檢察官提起公訴，檢察官依偵查所得之證據資料，足認被告有犯罪嫌疑，即須提起公訴，毫無斟酌裁量之餘地，但本法自第253條至254條則為例外。

習題：我國刑事訴訟法第251條第2項規定：「被告之所在不明者，亦應提起公訴。」試回答下列問題：（87司）
㈠是否所有情形皆應提起公訴？
㈡該項規定有何價值？
㈢該項規定有何缺點？

㈡**應由檢察官製作起訴書**：起訴書之程式，應依本法第264條之規定辦理。起訴書除提出於管轄法院外，並應以正本送達於告訴人、告發人、被告及辯護人。緩起訴處分書，並應送達與遵守或履行行為有關之被害人、機關、團體或社區。此項送達，自書記官接受處分書原本之日起，不得逾5日（刑訴263準255Ⅱ,Ⅲ）。

㈢**聲請以簡易判決處刑**：檢察官審酌案件情節，認為宜以簡易判決處刑者，應即以書面為聲請（刑訴451Ⅰ）。聲請簡易判決，與起訴有同一之效力（刑訴451Ⅲ）。

三、不起訴處分

檢察官行使追訴權，以具有訴訟條件及處罰條件為前提，如欠缺此類條件則不應起訴，應為不起訴處分。依我國刑事訴訟法規定，不起訴的原因有二：一為絕對不起訴，另一為相對不起訴。茲分述之：

㈠**絕對不起訴（應不起訴）**：案件有下列情形之一者，因其欠缺訴訟條件或處罰條件，法院既無法確定其刑罰權，即不符法定條件，應為不起訴處分。此即刑訴法第252條之規定。

1.訴訟條件：此項訴訟條件，有屬於實體關係者，稱為實體訴訟條

件，亦有屬於程序關係者，稱爲形式訴訟條件。

(1)實體訴訟條件：

①曾經判決確定者（第1款）：指同一案件，同一事實行爲，只能爲一次之實體判決，基於一事不再理原則，不得再爲訴訟之標的，其起訴權即告消滅，檢察官應爲不起訴之處分。

②時效已完成者（第2款）：追訴權時效已完成，其起訴權消滅。但此以案件起訴繫屬於法院之日爲準。

③曾經大赦者（第3款）：所謂大赦，指國家對於某一時期，某一種類之全體犯人，不爲刑之追訴及執行，使犯罪歸於消滅之謂。大赦之結果，已受罪刑之宣告者，其宣告爲無效。未受刑之宣告者，其追訴權消滅（赦2）。故如赦免後，再行犯罪，不生累犯問題。如被告所犯罪行一經赦免，即應爲不起訴處分。

④犯罪後之法律已廢止其刑罰者（第4款）：有刑罰權始有公訴權，如行爲時法律雖規定應處刑罰，但其後已廢止者，在法律不溯既往之原則下，在犯罪偵查時，刑罰權既已不存在，犯罪時之公訴權，自亦隨之消滅，縱使在提起公訴以後，而法律已廢止刑罰者，亦應諭知免訴之判決，因此在偵查中，自應予以不起訴處分。

(2)形式訴訟條件：

①告訴或請求乃論之罪，其告訴或請求已經撤回或已逾告訴期間者（第5款）：告訴或請求乃論之罪，係以告訴或請求爲犯罪追訴之條件，如未經告訴，檢察官不應有何處分，偵查中已經撤回者，其已發生之公訴權，亦因之而消滅，應予以不起訴之處分。又告訴乃論之罪，依本法第237條第1項規定，須自得爲告訴之人知悉犯人之時起，於6個月爲之。如逾告訴期間，其告訴權即行消滅，其告訴即屬無效，檢察官自應予以不起訴處分。至請求乃論之罪，則無請求期間之規定。

②被告已死亡者（第6款）：指自然死亡而言，不包括受死亡宣

告者。被告既已死亡，無從再科以刑罰，追訴權對象消失，案件無從起訴。

③法院對於被告無審判權者（第7款）：所謂「**審判權**」，係法院對於法律上系爭之事件，可以審理裁判之權限。法院辦理刑事案件，如無審判權，在檢察官則應處分不起訴，而法院應諭知不受理判決（刑訴303⑥），其情形如下：

A 被告為現役軍人，依法須受軍事審判者（如憲9、軍審1-3,5）。

B 外國派駐我國之外交人員為被告者，依「駐華外國機構及其人員特權暨豁免條例」規定：

第 1 條：駐華外國機構及其人員之特權暨豁免，除條約另有規定者外，依本條例之規定。

第 2 條：本條例所稱駐華外國機構之設立，應經外交部核准，其人員應經外交部認定。

第 3 條：駐華外國機構及其人員依本條例享受之特權暨豁免，應基於互惠原則，以該外國亦畀予中華民國駐該外國之機構及人員同等之特權暨豁免者為限。但有特殊需要，經外交部特許享受第5條第6款、第7款及第6條第1項第2款之特權者不在此限。

第 6 條：駐華外國機構之人員得享受下列特權暨豁免：一、豁免因執行職務而發生之民事及刑事管轄。

第 7 條：駐華外國機構及其人員依第五條及第六條得享受特權暨豁免之項目及範圍，由外交部核定；其變更亦同。

第 7 條之 1：世界貿易組織駐華機構暨其官員、該組織官員及各會員之代表，就執行與該組織職能有關事項應享受之特權暨豁免，準用第四條至第七條之規定。

2.處罰條件：案件雖具備訴訟條件，惟依據證據，不足使法院為科刑判決者，即欠缺處罰條件，檢察官亦應為不起訴處分。

(1)行為不罰者（第 8 款）：即其行為具有違法阻卻之事由，此為阻卻構成要件相當性、違法性或責任性，刑法不處罰其行為，因欠缺處罰條件，故不予起訴。

(2)法律應免除其刑者（第 9 款）：係指絕對的免除其刑而言。刑法之免除其刑有二：

①絕對免除其刑：如因疾病或其他防止生命上危險之必要，而犯墮胎之罪者，免除其刑（刑288III）。此即欠缺處罰條件。

②相對免除其刑：如刑法總則 16、23、24、61 之情形，分則122III等，得免除其刑，惟應否免除，由法官斟酌之。

(3)犯罪之嫌疑不足者（第 10 款）：即偵查所得之證據資料，不能證明被告有犯罪嫌疑者，檢察官不能起訴無罪嫌之人受處罰，故應予以不起訴處分。

　㈡**相對不起訴**：我刑事訴訟法除採起訴合法（屬行）主義之外，兼採起訴便宜主義，即檢察官依偵查所得之證據資料，雖足認被告有犯罪嫌疑，原應提起公訴，但對於特定之犯罪，檢察官得權衡刑事政策上之利害，經自由裁量決定，應否予以追訴，稱為相對不起訴之情形，茲說明如下：

　　1.輕微案件：即檢察官於本法第 376 條所規定之案件，因不得上訴第三審法院，經參酌刑法第 57 條所列事項，認為以不起訴為適當者，得為不起訴之處分（刑訴 253）。因刑訴法第 376 條之案件均為輕微之罪，計最重本刑為 3 年以下有期徒刑、拘役或專科罰金之罪。及竊盜、侵占、詐欺、背信、恐嚇、贓物罪，其所侵害者，大都為個人法益，在審判中，如認為犯罪情節輕微，顯可憫恕，依本法第 59 條減輕其刑，仍嫌過重者，得免除其刑。

　　2.對於少年犯認為以不起訴為適當者：檢察官依偵查之結果，對於少年犯最重本刑 5 年以下有期徒刑之罪，參酌刑法第 57 條有關規定，認以不起訴處分而受保護處分為適當者，得為不起訴處分，移送少年法院依少年保護事件審理（少 67 I）。

　　3.於執行刑無重大關係之案件：被告犯數罪時，其一罪已受重刑之

確定判決，檢察官認為他罪雖行起訴，於應執行之刑無重大關係者，得為不起訴之處分（刑訴254）。

4.依證人保護法規定裁量為不起訴處分：被告或犯罪嫌疑人雖非第2條案件之正犯或共犯，但於偵查中供述其犯罪之前手、後手或相關犯罪之網絡，因而使檢察官得以追訴與該犯罪相關之第2條所列刑事案件之被告者，參酌其犯罪情節之輕重、被害人所受之損害、防止重大犯罪危害社會治安之重要性及公共利益等事項，以其所供述他人之犯罪情節或法定刑較重於其本身所涉之罪且經檢察官事先同意者為限，就其因供述所涉之犯罪，得為不起訴處分（證保14II）。

四、緩起訴處分

刑事訴訟法為配合由職權主義調整為改良式當事人進行主義，乃採行起訴猶豫制度，於同法增訂第253條之1，許由檢察官對於被告所犯為死刑、無期徒刑或最輕本刑3年以上有期徒刑以外之罪之案件，得參酌刑法第57條所列事項及公共利益之維護，認為適當者，予以緩起訴處分，期間為1年以上3年以下，以觀察犯罪行為人有無施以刑法所定刑事處罰之必要，為介於起訴及微罪職權不起訴間之緩衝制度設計。其具體效力依同法第260條規定，於緩起訴處分期滿未經撤銷者，非有同條第1款或第2款情形之一，不得對於同一案件再行起訴，即學理上所稱之實質確定力。足見在緩起訴期間內，尚無實質確定力可言。且依第260條第1款規定，於不起訴處分確定或緩起訴處分期滿未經撤銷者，仍得以發現新事實或新證據為由，對於同一案件再行起訴。本於同一法理，在緩起訴期間內，倘發現新事實或新證據，而認已不宜緩起訴，又同法第253條之3第1項所列得撤銷緩起訴處分之事由者，自得就同一案件逕行起訴，原緩起訴處分並因此失其效力。復因與同法第260條所定應受實質確定力拘束情形不同，當無所謂起訴程序違背規定之可言（94台非215）。

習題：檢察官在緩起訴期間內，發現新證據，認不宜緩起訴，又無法定撤銷緩起訴之事由，得否就同一案件起訴？試從緩起訴之法律效果論述之。（98司）

㈠檢察官處分緩起訴之要件：

1.基本規定：被告所犯為死刑、無期徒刑或最輕本刑3年以上有期

徒刑以外之罪，檢察官參酌刑法第 57 條所列事項及公共利益之維護，認以緩起訴為適當者，得定 1 年以上 3 年以下之緩起訴期間為緩起訴處分，其期間自緩起訴處分確定之日起算（刑訴 253 之 1 I）。

　　2.追訴權時效之停止進行：追訴權之時效，於緩起訴之期間內，停止進行（刑訴 253 之 1 II）。

　　3.本法另有自訴制度：如告訴乃論之罪，被害人提起自訴時，將使緩起訴之制度失去效力，因此本法規定，第 323 條第 1 項但書之規定，於緩起訴期間，不適用之（刑訴 253 之 1IV）。

　　㈡**檢察官得命被告遵守或履行事項**：檢察官為緩起訴處分者，得命被告於一定期間內遵守或履行下列各款事項（刑訴 253 之 2）：

　　1.向被害人道歉。

　　2.立悔過書。

　　3.向被害人支付相當數額之財產或非財產上之損害賠償。

　　4.向公庫或該管檢察署指定之公益團體、地方自治團體支付一定之金額；緩起訴處分金係屬公益資源，為求合理分配運用，允由該管轄檢察署透過緩起訴處分金執行審查小組，審核檢具運用緩起訴處分金實施計畫之公益團體，擇其中信譽良好、符合緩起訴處分金運用目的者，指定作為緩起訴處分金之支付對象。

　　5.向該管檢察署指定之政府機關、政府機構、行政法人、社區或其他符合公益目的之機構或團體提供 40 小時以上 240 小時以下之義務勞務。政府機關係指依中央行政機關組織基準法第 16 條規定，機關於其組織法規規定之權限、執掌範圍內，得設實（試）驗、檢驗、研究、文教、醫療、矯正、收容、訓練等附屬機構。故政府機構，於組織上並非機關或其內部單位。而行政法人係依據中央行政機關組織基準法第 37 條規定，為執行特定公共事務，於國家及地方自治團體以外，所設立具公法性質之法人，例如國立中正文化中心（國立中正文化中心設置條例第 2 條參照）。由於政府機構及行政法人負有特定行政目的，故將政府機構、行政法人納入成為服務對象。其他符合公益目的之機構或團體，凡以推展文化、學術、教育、醫療、衛生、宗教、慈善、體育、聯誼、社會服務、農林

漁牧業或其他公益為目的，依法設立之機構或團體皆屬之。本款所稱指定之政府機關、政府機構、行政法人、社區或其他符合公益目的之機構或團體，仍須其有接受服務之意願及需求，並無強制接受問題。

　　6.完成戒癮治療、精神治療、心理輔導或其他適當之處遇措施。

　　7.保護被害人安全之必要命令。

　　8.預防再犯所為之必要命令。

　　檢察官命被告遵守或履行前項第 3 款至第 6 款之事項，應得被告之同意；第 3 款、第 4 款並得為民事強制執行名義（刑訴 253 之 2II）。第 1 項情形，應附記於緩起訴處分書內（刑訴 253 之 2III）。第 1 項之期間，不得逾緩起訴期間（刑訴 253 之 2IV）。

　　㈢**緩起訴處分之撤銷**：被告於緩起訴期間內，有下列情形之一者，檢察官得依職權或依告訴人之聲請撤銷原處分，繼續偵查或起訴（刑訴 253 之 3 I）：

　　1.於期間內故意更犯有期徒刑以上刑之罪，經檢察官提起公訴者。

　　2.緩起訴前，因故意犯他罪，而在緩起訴期間內受有期徒刑以上刑之宣告者。

　　3.違背第 253 條之 2 第 1 項各款之應遵守或履行事項者。

　　檢察官撤銷緩起訴之處分時，被告已履行之部分，不得請求返還或賠償（刑訴 253 之 3II）。

習題：甲騎機車尾隨婦女，出其不意強力奪走手提袋，加速離去，見義勇為的汽車駕駛人乙，超前將甲攔下，逮捕送警。警力調查發現，甲以同樣手法在該地區犯案多次，造成人心惶惶，尤以婦女為甚。試問：偵查終結，檢察官得否對甲為緩起訴？緩起訴制度有何學理上的隱憂與適用上的難題？（93 律）

五、不起訴、緩起訴或撤銷緩起訴處分之程序（刑訴 255）

　　㈠檢察官依第 252 條、第 253 條、第 253 條之 1、第 253 條之 3、第 254 條規定為不起訴、緩起訴或撤銷緩起訴或因其他法定理由為不起訴處分者，應製作處分書敘述其處分之理由。但處分前經告訴人或告發人

同意者，處分書得僅記載處分之要旨（第1項）。

　㈡前項處分書，應以正本送達於告訴人、告發人、被告及辯護人。緩起訴處分書，並應送達與遵守或履行行為有關之被害人、機關、團體或社區（第2項）。

　㈢前項送達，自書記官接受處分書原本之日起，不得逾5日（第3項）。

六、不起訴或緩起訴處分之效力

　㈠**羈押被告及扣押物之處理**：

　　1.對於羈押被告之效力：羈押之被告受不起訴或緩起訴之處分者，視為撤銷羈押，檢察官應將被告釋放，並應即時通知法院（刑訴259 I）。

　　2.對於扣押物之處理：為不起訴或緩起訴之處分者，扣押物應即發還。但法律另有規定、再議期間內、聲請再議中或聲請法院交付審判中遇有必要情形，或應沒收或為偵查他罪或他被告之用應留存者，不在此限（刑訴259 II）。

　㈡**沒收之客體**：檢察官得聲請法院單獨宣告沒收。檢察官依第253條或第253條之1為不起訴或緩起訴之處分者，對供犯罪所用、供犯罪預備或因犯罪所得之物，以屬於被告者為限，得單獨聲請法院宣告沒收（刑訴259之1）。

　㈢**再行起訴**：不起訴處分已確定或緩起訴處分期滿未經撤銷者，原則上不得再行起訴，但如發現有不應處分不起訴之情形存在，當須設法予以改變，因此刑訴法第260條規定，非有下列情形之一，不得對於同一案件再行起訴。所謂「**同一案件**」，指同一訴訟物體，即被告及犯罪事實均相同者而言，不以起訴或告訴時所引用之法條或罪名為區分標準（52台上1048）。其情形為：

　　1.發見新事實或新證據者：所謂「**發見新事實或新證據**」者，係指於不起訴處分前未經發現至其後始行發現者而言，若不起訴處分前，已經提出之證據，經檢察官調查斟酌者，即非該條款所謂發見之新證據，不得據以再行起訴（57台上1256）。

　　2.有第420條第1項第1款、第2款、第4款或第5款所定得為再

審原因之情形者：

　　⑴原判決所憑之證物已證明其爲僞造或變造者（第1款）。

　　⑵原判決所憑之證言、鑑定或通譯已證明其爲虛僞者（第2款）。

　　⑶原判決所憑之通常法院或特別法院之裁判已經確定裁判變更者

　　　（第4款）。

　　⑷參與原判決或前審判決或判決前所行調查之法官，或參與偵查

　　　或起訴之檢察官，因該案件犯職務上之罪已經證明者，或因該

　　　案件違法失職已受懲戒處分，足以影響原判決者（第5款）。

七、聲請再議

　　爲不起訴或緩起訴處分之救濟方法。所謂「**聲請再議**」，即告訴人對於檢察官所爲之不起訴或緩起訴之處分後，表示不服，經由原檢察官，向直接上級法院檢察署檢察長或檢察總長，請求變更原處分，提起公訴之謂。案件因犯罪嫌疑不足，經檢察官爲不起訴或緩起訴處分，如有告訴人得聲請再議，當尊重其意見決定是否再議，如爲自首或因其他情事，而開始偵查之案件，則不得聲請再議。如屬告發之案件，而爲死刑、無期徒刑或最輕本刑3年以上有期徒刑之案件，無得聲請再議之人時，爲免一經檢察官爲不起訴或緩起訴處分，即告確定，自宜愼重，故增訂第256條第3項依職權再議。

　　㈠**聲請再議之主體**：依本法第256條第1項及第256條之1規定：

　　　1.告訴人：告訴人接受不起訴或緩起訴處分，得聲請再議，但第253條（輕微案件）、第253條之1（緩起訴處分）曾經告訴人同意者，不得聲請再議。茲所謂告訴人，指有告訴權人，且實行告訴者而言（25院1576）。如有告訴權人中之1人提出告訴，其他告訴權人雖有多人，但對於不起訴處分，只有提出告訴者，始得聲請再議。

　　　至於法人爲告訴人而聲請再議時，由其代表人以法人名義聲請。

　　　2.告訴人死亡者：告訴人於提起告訴後，不起訴處分前死亡者，何人得聲請再議：

⑴褚劍鴻教授認爲下列兩種人得聲請再議[1]：

①由被害人本人自行告訴者：被害人之法定代理人或配偶，既得獨立告訴，被害人死亡時，當得聲請再議（刑訴 233 I）。至被害人已死亡者，得由其配偶、直系血親、三親等內之旁系血親、二親等內之姻親或家長家屬告訴。但告訴乃論之罪，不得與被害人明示之意思相反（刑訴 233 II），因此被害人於告訴後死亡時，上項之人當可聲請再議。

②由被害人之法定代理人或配偶提出告訴者：犯罪之被害人本得提出告訴（刑訴 232），如由法定代理人或配偶提出告訴，其法定代理人或配偶死亡時，被害人當有聲請再議之權。

⑵朱石炎教授引用 66 台上 4006 號判決理由，認爲因本法並無告訴人遺屬得承受聲請再議之規定，原處分即形成永不確定之狀態，似此情形，對於被害人之合法權益頗有影響，宜予檢討改進[2]。

3.對於撤銷緩起訴之處分，被告得聲請再議：被告接受撤銷緩起訴處分書後，得於 7 日內以書狀敘述不服之理由，經原檢察官向直接上級法院檢察署檢察長或檢察總長聲請再議（刑訴 256 之 1 I）。第 256 條第 2 項之規定，於送達被告之撤銷緩起訴處分書準用之（刑訴 256 之 1 II）。

檢察官依第 253 條之 3 規定爲撤銷「緩起訴」之處分時，因事關被告之權益，應予其救濟之機會。且撤銷「緩起訴」性質上與不起訴及「緩起訴」相同，均屬檢察官之處分行爲，被告如有不服，亦宜以聲請再議之方式救濟之（立法理由）。

㈡**聲請再議之期間**：告訴人接受不起訴或緩起訴處分書後，得於 7 日內以書狀敘述不服之理由，聲請再議（刑訴 256 I 前段）。其期間以再議書狀提出原檢察署之日爲準，其期間之計算，依民法第 120 條、第 122 條之規定，其始日不算入，如其末日爲星期日、紀念日或其他休息日時，以其休息日之次日代之。惟告訴人住居所或事務所不在法院所在地者，計

---

[1] 參照褚劍鴻：《刑事訴訟法論》，頁 446。

[2] 朱石炎著：《刑事訴訟法論》，頁 324。

算時間時，得扣除在途期間。

㈢**遲誤再議期間聲請回復原狀**：如非因過失遲誤再議期間者，於其原因消滅後 5 日內，得以書狀釋明遲誤之原因，及其消滅時期，向原檢察官聲請回復原狀，同時並應補行聲請再議之行為，原檢察官認為有理由者，准予回復原狀（刑訴 70 準 67-69）。

㈣**聲請再議之程序**：

1. 以書狀敘述 不服理由	告訴人接受不起訴或緩起訴處分書，或被告接受撤銷緩起訴處分書後，告訴人或被告得以書狀敘述不服之理由（刑訴 256 I、257 I）。如告訴人或被告未於 7 日內敘明不服理由者，經原檢察官駁回後，縱再補提理由，亦不發生聲請再議之效力（26 院 1686）。此與上訴期間，得先聲明上訴而後再補行敘述理由者不同。
2. 向原檢察官 提出聲請	聲請再議須經原檢察官向直接上級法院檢察署檢察長或檢察總長為之。原檢察官有初步審核之權（刑訴 257 I）。原檢察官認聲請為無理由者，應即將該案卷宗及證物送交上級法院檢察署檢察長或檢察總長。上級檢察首長駁回再議者，當事人即依本法第 258 條之 1 聲請交付審判。

㈤**再議案件之處理**：

1. 原檢察官或檢察署檢察長之審核（刑訴 257）：
   ⑴再議之聲請，原檢察官認為有理由者，應撤銷其處分，除第 256 條之 1 情形外，應繼續偵查或起訴。
   ⑵原檢察官認聲請為無理由者，應即將該案卷宗及證物送交上級法院檢察署檢察長或檢察總長。
   ⑶聲請已逾前二條（7 日）之期間者，應駁回之。
   ⑷原法院檢察署檢察長認為必要時，於依第 2 項之規定送交前，得親自或命令他檢察官再行偵查或審核，分別撤銷或維持原處分；其維持原處分者，應即送交。
2. 上級檢察署檢察長或檢察總長的核辦（刑訴 258）：
   ⑴不起訴處分之聲請再議：上級法院檢察署檢察長或檢察總長認再議為無理由者，應駁回之；認為再議之聲請為合法且有理由者，應撤銷原處分，如為第 256 條之情形應分別為下列處分：

　　　　①偵查未完備者，得親自或命令他檢察官再行偵查，或命令原
　　　　　法院檢察署檢察官續行偵查。
　　　　②偵查已完備者，命令原法院檢察署檢察官起訴。
　　⑵撤銷緩起訴處分之聲請再議：上級法院檢察署檢察長或檢察總
　　　　長認爲無理由者應駁回之；如認再議之聲請爲合法且有理由
　　　　者，應撤銷原處分，使其回復至原來「緩起訴」之狀態，因無
　　　　續行偵查或起訴之問題。

　㈥**職權再議**：死刑、無期徒刑或最輕本刑3年以上有期徒刑之案件，因
犯罪嫌疑不足，經檢察官爲不起訴之處分，或第253條之1之案件經檢察
官爲緩起訴之處分者，如無得聲請再議之人時，原檢察官應依職權逕送直
接上級法院檢察署檢察長或檢察總長再議，並通知告發人（刑訴256Ⅲ）。

　　　即案件因犯罪嫌疑不足，經檢察官爲不起訴（刑訴252⑩）或緩起訴處
分（刑訴253之1），如有告訴人得聲請再議，當尊重其意見決定是否再議，
但如屬告發之案件，無得聲請再議之人時，爲免一經檢察官爲不起訴或
緩起訴處分，即告確定，自宜愼重，故乃增訂第256條第3項。

八、聲請交付審判

　㈠**增訂聲請交付審判之理由**：犯罪之被害人原擁有告訴權（刑訴 232）
及自訴權（刑訴319Ⅰ）。惟被害人提起自訴應委任律師行之（刑訴319Ⅰ後段），
一旦被害人提出告訴，檢察官應即開始偵查（刑訴 228Ⅰ），偵查後，須檢
察官提起公訴，才進入訴訟程序。因此刑案發生後，被害人首須考慮究
係採告訴或自訴，應即作適切的選擇，如被害人提起自訴，案件就由法
院受理審判。

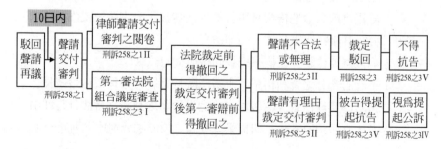

　　如被害人向檢察官告訴，除告訴乃論之罪外，依**公訴優先原則**，對同一案件經檢察官開始偵查者，不得再行自訴（刑訴 323 I）。偵查的結果，如經檢察官為不起訴或緩起訴處分，告訴人如有不服，雖得聲請再議，如被駁回，將使告訴人喪失訴訟之機會，為補救此一缺失，於民國 91 年乃仿德國刑訴法第 172 條第 2 項強制訴訟程序及日本刑事訴訟法第 262 至 266 條準起訴（付審判手續）之規定，增設告訴人聲請交付審判制度。

　　㈡**交付審判之聲請**：告訴人不服第 258 條之駁回處分者，得於接受處分書後 10 日內委任律師提出理由狀，向該管第一審法院聲請交付審判（第 1 項）。律師受前項之委任，得檢閱偵查卷宗及證物並得抄錄或攝影。但涉及另案偵查不公開或其他依法應予保密之事項，得限制或禁止之（第 2 項）。第 30 條第 1 項之規定，於前 2 項之情形準用之（刑訴 258 之 1 I III）。

1. 聲請人	限於告訴人得提出聲請，即指已提起告訴，且經聲請再議被駁回者而言。
2. 聲請期間	告訴人於接受駁回之處分書後 10 日內委任律師提出之。
3. 聲請理由	告訴人應委任律師提出理由書狀，而為使律師了解案情，應准許其檢閱偵查卷宗及證物並得抄錄或攝影。但如涉及另案偵查不公開或其他依法應予保密之事項時，檢察官仍得予以限制或禁止之。至於聲請之理由，依注意事項第 134 認為「不起訴處分書所載理由違背經驗法則、論理法則或其他證據法則，否則不宜率予裁定交付審判。」
4. 聲請之管轄	向該管第一審法院聲請交付審判。此所謂該管第一審除指地方法院以外，如為高等法院管轄第一審案件者，則該第一審即為高等法院或其分院。
5. 律師聲請交付審判之閱卷	律師受告訴人委任聲請交付審判，如欲檢閱、抄錄或攝影偵查卷宗及證物，不論是否已向法院提出理由狀，均應向該管檢察署檢察官聲請之，律師如誤向法院聲請，法院應移由該管檢察官處理。該卷宗或證物如由法院調借中，法院應速將卷證送還檢察官，以俾檢察官判斷是否有涉及另案偵查不公開或其他依法應予保密之情形。法院如知悉律師聲請閱卷，於交付審判裁定前，宜酌留其提出補充理由狀之時間。另法院如需向檢察官調借卷證時，並宜考量律師閱卷之需求，儘量於其閱畢後再行調借，以免卷證往返之勞費（刑訴事項 135）。

㈢**聲請交付審判之撤回**：交付審判之聲請，於法院裁定前，得撤回之，於裁定交付審判後第一審辯論終結前，亦同。撤回交付審判之聲請，關係被告之權益甚鉅，書記官應速通知被告。撤回交付審判聲請之人，不得再行聲請交付審判（刑訴 258 之 2）。

㈣**聲請交付審判之裁定與駁回**：聲請交付審判之裁定，為求慎重，法院應以合議行之（第 1 項）。法院認交付審判之聲請不合法或無理由者，應駁回之；認為有理由者，應為交付審判之裁定，並將正本送達於聲請人、檢察官及被告（第 2 項）。法院為此項裁定前，得為必要之調查（第 3 項）。法院為交付審判之裁定時，視為案件已提起公訴（第 4 項）。被告對於第 2 項交付審判之裁定，得提起抗告；駁回之裁定，不得抗告（刑訴 258 之 3Ⅴ）。

㈤**法院對於聲請交付審判之審查**：法院受理聲請交付審判之案件，應詳加審核有無管轄權、聲請人是否為告訴人、已否逾 10 日之期間、有無委任律師提出理由狀等法定要件，及其聲請有無理由。法院於審查交付審判之聲請有無理由時，得為必要之調查，惟其調查範圍，應以偵查中曾發現之證據為限，不可就聲請人新提出之證據再為調查，亦不可蒐集偵查卷以外之證據。除認為不起訴處分書所載理由違背經驗法則、論理法則或其他證據法則，否則，不宜率予裁定交付審判。駁回交付審判聲請之裁定，不得抗告；被告對於法院為交付審判之裁定，則得提起抗告。而法院為交付審判之裁定，因該案件視為提起公訴，法院允宜於裁定理由中敘明被告所涉嫌之犯罪事實、證據及所犯法條，俾使被告行使防禦權，並利於審判程序之進行（刑訴事項 134）。

第七款　偵查之停止

所謂「**偵查之停止**」，乃檢察官於開始偵查後，遇有某種事由發生，以致法律上不能繼續偵查者，應使其停止偵查。偵查之停止與偵查之終結不同，前者，指暫時停止偵查，如停止偵查之事由消滅時，檢察官應重新繼續偵查，以便結案；後者，指檢察官就其偵查所得之證據資料，以決定其處理結果之意思之謂。

一、須停止偵查之原因

依刑事訴訟法之規定，必須停止偵查者有下列二種原因：

㈠**以民事之法律關係為斷者**：犯罪之是否成立或刑罰應否免除，以民事法律關係為斷者，檢察官應於民事訴訟終結前，停止偵查（刑訴261）。如提出通姦罪之告訴（刑239），但告訴人與被告之婚姻關係是否合法存在，須經民事之婚姻確認之訴為斷者（民訴247），又如親屬間竊盜罪（刑324）、詐欺罪（刑343），與民事確認被告與被害人間父子或配偶關係之訴等是。

㈡**因有自訴而停止**：檢察官於開始偵查後知有自訴在先或告訴乃論之罪，經犯罪之直接被害人提起自訴者，應即停止偵查，將案件移送法院。但遇有急迫情形，檢察官仍應為必要之處分（刑訴323 II）。若檢察官仍予起訴，法院應依本法第303條第2款或第7款之規定，為不受理判決，如檢察官為不起訴處分，則屬無效之處分。

二、不得終結之偵查（刑訴262）

檢察官對犯罪案件之偵查，除前述之起訴、不起訴與緩起訴，以終結偵查以外，尚有暫時停止偵查以及不得終結偵查之情形。即在犯人不明之情形下，依本法第262條之規定，於認有第252條所定之不起訴處分情形以前，不得終結偵查。此所謂「**犯人不明**」者，乃指完全不知犯罪為何人，即不知犯人之姓名，並非指犯人之所在不明而言。如已知犯人之姓名，縱其所在不明，只須就偵查所得之證據，已足可判定其有犯罪之嫌疑者，即應依本法第251條第2項提起公訴。但如對姓名不詳之案件，雖有犯罪嫌疑，因無法提起公訴，而竟予終結偵查，勢將使犯罪者逍遙法外，故從追究刑案真相之觀點，摘奸發伏為檢察官之職責，自應繼續偵查，以求追查犯人及犯罪情形，而予追訴處罰。

第八款　起訴書正本之送達

依本法第263條規定，第255條第2項及第3項之規定，於檢察官之起訴書準用之。即起訴書應以正本送達於告訴人、告發人、被告及辯護人。且其送達自書記官接受處分書原本之日起，不得逾5日。惟檢察

官之起訴書固應送達於被告，但不爲送達時，亦僅訴訟程序違背規定，要難以此認爲無合法起訴之存在（28 上 3423）。

第九款　檢察官之簽結

現在刑事訴訟上，檢察官運用的「簽結」是依據「臺灣高等法院檢察署所屬各地方法院及其分院檢察署辦理他案應行注意事項」（民國 91 年 3 月 18 日修頒）而來，如檢察官於受理人民告訴案件後，對不準備起訴而可以運用的案件，就編爲「他」字案，再予「簽結」，以取代「偵查終結」，此不僅損害了告訴人依法得聲請再議及聲請交付審判的權利，甚至剝奪被告依法應有不起訴處分之合法權益，令誣告者或法務之主管機關可藉此掌握司法資源，在受到「簽結」的處分下，因律師對被簽結的案件，既不能閱卷、不得聲請再議，亦不得聲請交付審判；因此遇案件被簽結時，並不意味著案件已經終了，在**追訴期間尚未終結以前**，如檢察官認爲有必要隨時都有可能被提出來重新展開偵查，使被簽結的被告永遠無法安心的生活。如果政府要施展白色恐怖的做法，就可以對「不聽話」的被告，將其被簽結的案件「**舊案新辦**」，先從抽屜裏拿出來嚇嚇他，如再不聽話，就可以用訴訟程序至少綁

涉貪瀆 檢察官井檢被訴

見 2012 年 4 月 26 日，自由時報 B3。
鮑建信報導。

他幾年不得安寧！所以說檢察官的「簽結」，很可能被惡用，而對司法人權造成影響，如今司法主管爲方便司法人員處理案件，竟捨棄正規的刑事訴訟規定，而頒布行政命令，此種脫法行爲，似對司法人權影響深遠。

> 據新聞報導，高雄地檢署井姓檢察官於 98 年間，偵辦中醫診所涉嫌違反藥事法案，井乃收受賄賂，竟將該案簽結。所以利用簽結的手段對檢察官職權的運用確實很方便。

貪檢認罪 以簽結案件A錫礦投資

見 2012 年 3 月 3 日，中國時報。李翰報導。

第二節　起　訴

第一款　起訴之意義

一、起訴概説

　　所謂「**起訴**」，係檢察官依偵查所得之證據，足認被告有犯罪嫌疑，向管轄法院請求以判決確定刑罰權之有無，及其範圍之意思表示也。又稱為「**提起公訴**」（Die Erhebung der öffentlicken Klage）。亦即檢察官在偵查終結後，將在偵查中所蒐集之證據資料，足認被告有犯罪嫌疑者，應向管轄法院提起公訴（刑訴 251）。因我國刑事訴訟法係採彈劾主義，以國家追訴主義為原則，以被害人追訴為例外，故法院不得就未經起訴之犯罪審判（刑訴 268）。

二、提起公訴之要件

　　檢察官提起公訴，欲發生實質上之效力，應具備一定之要件，此稱為訴訟要件（德：Prozeßvoraussetzungen）。此訴訟要件有一般要件與特別要件：

一般要件	1. 起訴之檢察官，對該案件有管轄權及追訴權（刑訴 250,251、法組 60①）。 2. 受訴之法院對於被告有審判權（刑訴 303⑥）及管轄權（刑訴 304）。 3. 追訴權時效尚未完成（刑訴 252②、刑 80）。 4. 起訴合於法定程式（刑訴 264）。 5. 須非已經提起公訴或自訴之案件，在同一法院重行起訴者（刑訴 303②）。 6. 須未曾為不起訴之處分已確定，撤回起訴或緩起訴期滿未經撤銷，而違背第 260 條之規定再行起訴者（刑訴 303④）。 7. 須非被告死亡或為被告之法人已不存續者（刑訴 303⑤）。
特別要件	告訴或請求乃論之罪，未經告訴、請求或其告訴、請求經撤回或已逾告訴期間者（刑訴 303③）。

第二款　提起公訴之程式

　　提起公訴，應由檢察官向管轄法院提出起訴書為之（刑訴 264 I）。提

起公訴可分為一般起訴與追加起訴，除追加起訴得以口頭提出外，因起訴為確定刑事訴訟之關係，自應以書面為之。依本法第 264 條，起訴書應記載下列事項：

一、一般起訴

即因起訴書提出法院後，發生訴訟繫屬，又稱為「通常起訴」。

法院之繫屬，依犯罪之性質，起訴可分為普通犯之起訴與內亂、外患與妨害國交罪之起訴。前者應向地方法院起訴，後者則向高等法院起訴（刑訴4）。

㈠**起訴書之提出**：提起公訴，應提出起訴書。起訴書應記載下列事項（刑訴264II）：

1.被告之姓名、性別、年齡、籍貫、職業、住所或居所或其他足資辨別之特徵。本項記載之目的，在於使被告特定，避免與他人相混，依 24 院 1243 號解釋：「*被告之年齡及其他足資辨別之特徵，不必皆為被害人之所習知，自訴書狀僅漏列被告年齡與特徵，尚不能遽以起訴程序違背規定為理由，予以駁回。*」

2.犯罪事實及證據並所犯法條：所謂「**犯罪事實**」，即檢察官偵查結果，所認定被告該當犯罪構成要件之事實（刑13,14II），通常記載構成犯罪之七何要件（如：何人、何事、何時、何地、何故、如何、何物）及行為之態樣（既遂、未遂或共犯）等詳予載明。證據乃認定事實所蒐集之證據。所犯法條，指所觸犯刑法或其他刑罰法令之條文。

依 64 台非 142 號謂：「*被告所犯之法條，起訴書中雖應記載，但法條之記載，究非起訴之絕對必要條件，若被告有兩罪，起訴書中已載明其犯罪事實而僅記載一個罪名之法條，其他一罪雖未記載法條，亦應認為業經起訴。*」

㈡**起訴應附送卷宗及證物**：起訴時，應將卷宗及證物一併送交法院（刑訴264III）。此項偵查所得之證據資料，應併移送法院，以便法院進行審理。又書記官應於接受起訴書原本之日起，5 日內製作正本，送達於告訴人、告發人、被告及辯護人，以便被告於審判中行使防禦權（刑訴 263 準 255II,III）。

習題：刑事訴訟法第 264 條第 2 項第 2 款前段規定檢察官之起訴書應記載
「犯罪事實」，試問此一記載內容在刑事訴訟程序有那些重要作用？
（100 高三法政）

二、追加起訴

「**追加起訴**」者，乃起訴後，於第一審辯論終結前，得就與本案相
牽連之犯罪或本罪之誣告罪，追加起訴（刑訴 265 I）。故於上訴審程序則
無追加起訴。依 26 渝上 1057 號：「刑事訴訟法第二百四十四條（現行法
第二百六十五條）之追加起訴，限於在第一審辯論終結以前始得為之，
上訴人等不服簡易庭第一審判決提起上訴後，第二審法院檢察官於第二
審審判時，就搶奪部分，追加起訴，顯屬不合。」依 83 台抗 270 號：「刑
事訴訟法第二百六十五條第一項所謂「相牽連之犯罪」，係指同法第七條
所列之相牽連之案件，且必為可以獨立之新訴，並非指有方法與結果之
牽連關係者而言。」

㈠**追加起訴之期間**：追加起訴，應於起訴後，第一審辯論終結前為之，
並得於審判期日以言詞為之。

㈡**追加起訴之限制**：追加起訴限與本案相牽連之犯罪或本罪之誣告
罪，因案有牽連關係，一旦追加起訴，則法院應將原先起訴之案件及追
加起訴之案件，一併審判，以求減少法院及訴訟人等之勞力。追加起訴
依其內容之不同，可分為二種：

　　1.與本案相牽連之犯罪：凡合於本法第 7 條所列各款情形：

　　　⑴一人犯數罪：因一人犯數罪，故追加犯罪事實。如起訴後檢察
　　　　官發現被告另犯他罪，與已起訴之罪，有連續或牽連之關係者，
　　　　均屬裁判上一罪，僅通知法院併案加以審判即可。

　　　⑵數人共犯一罪或數罪：即追加共犯之意。如原祇起訴甲犯傷害
　　　　罪，後發現乙為共犯，乃追加其為共同被告。

　　　⑶數人同時在同一處所各別犯罪。

　　　⑷犯與本罪有關之藏匿人犯、湮滅證據、偽證、贓物各罪者。

　　2.本罪之誣告罪：即檢察官起訴本罪後，發見告訴人或告發人為誣
告者，得就追加起訴該誣告被告之人，請求法院與本罪合併審判，如甲
被告竊盜罪而起訴後，發見甲係受乙誣告，乃對乙之誣告罪追加起訴。

㈢**追加起訴之方式**：追加起訴，於第一審辯論終結前，均得以書狀爲之，亦得於審判期日以言詞爲之（刑訴 265 II），此項言詞應記明於筆錄。此之審判期日，指正式之審判期日，而不包括準備程序之調查庭在內。此外，關於追加起訴之內容，應準用起訴之規定。

習題：檢察官追加起訴，應於何時就如何之犯罪爲之？是否以同一被告爲限？試詳言之。（84 律）

三、日本之起訴狀一本主義

㈠**日本刑事訴訟法第 256 條規定**：

1. 提起公訴應提出起訴狀爲之。

2. 起訴狀應記載下列事項：

    ⑴被告之姓名及其他足資辨別特定事項。

    ⑵公訴事實。

    ⑶罪名。

3. 公訴事實應載明訴因，載明訴因在可能範圍內，以日時、場所及方法等能成立罪責之特定犯罪事實。

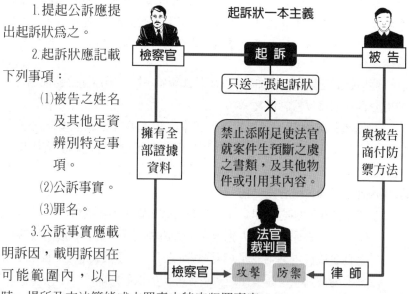

4. 罪名應記載適用之法條。但罰條記載錯誤，對被告之防禦無實質不利益之虞者，對公訴提起之效力，並無影響。

5. 數個訴因及罰條，得預備的或擇一的記載之。

6. 起訴狀不得添附足使法官就案件生預斷之虞之書類，及其他物件，或引用其內容。

㈡**起訴狀一本主義的特色**：二次大戰前日本的刑事訴訟制是採職權進

行主義，法院與偵查機關是一體的，戰後爲了維護司法公平，才仿造英美制，改採當事人進行主義，則在起訴狀不得添附使法官對案件產生先入觀念之虞的文書或其他物品，所有嫌疑的資料都在檢察官手上，法官並不知道，檢察官坐位也移到台下，跟律師平等。最大的優點是被告在法庭上，能完全自由地暢所欲言。因檢察官在偵訊時難免都會以各種方式威脅或不准被告講話，但到了公判庭，採用一本主義法官就須讓被告講話，法官才有審判的依據。因經檢察官與律師的相互詰問，如果被告說謊，就會出現矛盾，經過這種程序後，被告對判決大多心服口服，有很多案件就不上訴了。

　　日本從前採職權主義時，律師通常只要求被告聽從檢察官與法官的指揮，儘量採低姿態忍耐的態度來求得輕判，律師也不需要努力，只要向法官討一點便宜，以各種方式來使被告減輕罪行就可以了。但採一本主義之後，律師就需努力，完全靠自己的辯護本事了。

　　㈢**預斷排除之原則**：依起訴狀一本主義，法官係以第三者之立場，聽取檢察官與被告兩當事人，在事實上及法律上之主張，與證據資料相對照，以裁判者的身分下達結論。

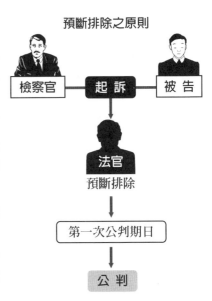

　　爲達成公正裁判之目的，法官對案件的本身不能存有先入之觀念或預設立場，以獲取公正裁判的結果，稱爲「**預斷排除之原則**」。

　　爲了貫徹此原則，除了起訴狀一本主義之外，其他如：

　　　1.法官之迴避原因（日刑訴 20）。

　　　2.證據調查之請求，只能在第一次公判期日以後（日刑訴規 188）。

　　　3.證據保全之請求（日刑訴 179）及第一次公判期日前所爲對證人之必要詢問（日刑訴 226,227）或羈押處分（日刑訴 280）等法官例外的擁有與法院、

審判長有同一之權限。

　　4.檢察官在開頭陳述時，禁止檢察官陳述不能成爲證據之物，以免造成法院之偏見或預斷之虞（日刑訴 296）。

　　5.自白應在其他全部證據調查之後，才可請求（日刑訴 301）。

　　6.傳聞證據如列爲證據而成爲調查記錄之一部分時，最好應與其他部分分離之下，請求調查（日刑訴 302）。

　㈣**我國與日本制度上不同**：日本的制度是證據只能在審判中提出，檢察官不得將調查所得證據資料一併移送法院，以免影響法官有先入爲主的預判。但我國刑訴法則規定，起訴書應記載犯罪事實及證據，並應附送卷宗及證物，以便法官之調查審理，所以審判庭上是法官與檢察官可聯手對付被告，被告之受冤屈並不稀奇。

第三款　起訴之效力

一、訴訟之繫屬

　　案件一經起訴，即脫離檢察官而繫屬於法院，學說上稱爲「訴訟繫屬」（德：Rechtshängigkeit）或「案件繫屬」。此時即發生二種訴訟拘束力：

　㈠**形式的訴訟拘束力**：即法院對於起訴案件，不問其是否具備訴訟上程序要件，都應加以審判，此即法院之形式的訴訟拘束力，如法院認爲該案件不符程序要件者，就在程序上諭知不受理或管轄錯誤之判決。

　㈡**實體的訴訟拘束力**：即法院對於起訴案件，其已具備訴訟上程序要件者，就應對案件之實體作出裁判，此即法院之實體的訴訟拘束力，法院當應針對案件諭知有罪、免刑、無罪、免訴等之判決。

　　刑案繫屬於法院後，就發生下列之效力。

二、起訴之效力[1]

　㈠**對人之效力**：起訴之效力，不及於檢察官所指被告以外之人（刑訴 266）。所謂「被告以外之人」，即指其所特定之人，係以限定其審判之範

---

① 參照褚著（上），頁 477 以下。翁著（下），頁 134 以下。朱著，頁 342 以下。

圍，並非限定其爲犯罪之人，亦非限定刑罰權之對象（27上107）。因此如未經起訴列舉，縱令數人共犯一罪，檢察官就共犯中之一人起訴者，法院不得對未起訴之其他共犯審判，此與告訴不可分之原則，即在告訴乃論之罪，對於共犯之一人告訴或撤回告訴者，其效力及於其他共犯者不同（刑訴239）。學說上稱之爲公訴對人主義。又如70台上101號判例謂：「起訴書所記載之被告姓名，一般固與審判中審理對象之被告姓名一致，惟如以僞名起訴，既係檢察官所指爲被告之人，縱在審判中始發現其真名，法院亦得對之加以審判，並非未經起訴。」

　　㈡**對事之效力**：即檢察官就犯罪事實一部起訴者，其效力及於全部（刑訴267），學說上稱爲「**公訴不可分之原則**」（Prinzip der Unteilbarkeit des Prozeßgegenstandes）。對於法院審判而言，乃爲「審判不可分之原則」。依本法第343條規定，自訴案件亦準用本原則處理。

　　如檢察官在起訴書內，只記載其犯罪事實，而在實質上或裁判上足以構成一罪者，縱起訴僅及於犯罪事實之一部，其效力仍及於全部。

　　1.接續犯：依48台上970號判例：「竊盜恐被認識，先在屋外竹竿上竊取黑布一塊包臉，然後入室竊取財物，係屬單一行爲之接續進行，祇應成立一罪。」故如檢察官只起訴被告在屋內行竊，倘若在審判中又查獲其竊取黑布，當爲起訴效力所及，應就全部加以審判。

　　2.繼續犯：依62台上2820號判例：「上訴人意圖姦淫和誘未滿二十歲之女子脫離家庭，先在台北縣三重市租屋姘居，嗣又轉至基隆市七堵區繼續同居，顯係以單一行爲，繼續進行，爲繼續犯，僅應論以一罪。」

　　3.結合犯：乃二個以上罪名結合成一罪，均不可分割，一部起訴之效力，自應及於全部，法院應就全部事實一併審理之。如69台上3638號判例：「強盜強姦罪乃屬結合犯，其性質與數罪併罰牽連犯想像競合犯不同。又強盜強姦無如強姦而故意殺被害人罪有告訴乃論之規定，亦不發生准許強姦部分撤回告訴之問題。」

　　4.加重結果犯：即犯基本犯罪行爲，而發生較重之結果時，則將基本犯罪與加重之結果視爲一個犯罪，並處以加重刑罰之謂。此在基本犯罪與加重結果間，本質上仍屬同一事實，具有單一性。以基本犯罪起訴者，審判中發生加重之結果，應併審判之。如41台上113號判例：「傷害

致死罪，係屬結果加重罪之一種，檢察官既就其傷害罪起訴，依刑事訴訟法（舊）第二百四十六條規定，其效力及於全部，法院自得加以審判。」

　　5.想像競合犯：即一行爲而觸犯數罪名，謂之想像競合犯（刑 55 I），如起訴書未查明被告之犯罪事實及目的，審理時如予查明，當應併予審判，如 37 上 2318 號判例：「上訴人槍擊之目的，既在甲而不在乙、丙，則其槍擊甲未中，應構成殺人未遂罪，其誤將乙打傷丙打死，應分別構成過失傷害人及過失致人於死罪，依刑法第五十五條從一重論以殺人未遂罪，原判遽以殺人罪處斷，自屬違誤。」

　　㈢**但自訴不可分之原則有其適用上限制**：依本法第 319 條第 3 項規定：「犯罪事實之一部提起自訴者，他部雖不得自訴亦以得提起自訴論。」而其但書規定：「但不得提起自訴部分係較重之罪，或其第一審屬於高等法院管轄，或第三百二十一條之情形者，不在此限。」

　　換言之，如自訴人就犯罪事實之一部提起自訴，但他部係第 319 條但書所列不得提起自訴之部分，則因全部不得提起自訴之故，該自訴則非適法，自不生自訴不可分之效力。

　　㈣**對法院之效力**：法院不得就未經起訴之犯罪審判（刑訴 268），此即所謂「**不告不理之原則**」（拉：Nemo iudex sine actore, iudex ne procedat ex officio），意即如未經檢察官或自訴人（自訴案件）起訴之案件，法院不得審判之謂。即法院必待有追訴權者之追訴，方得審判，如無原告之請求，法院不得對被告之犯罪加以審判，以符彈劾主義之刑事訴訟原理。

　　但此所謂未經起訴之犯罪，係指犯罪事實之全部，未經起訴者而言，如數罪併罰，就其中一罪起訴者，審判時縱發見被告另犯他罪者，因未經起訴，自不得對之審判，依 32 上 2105 號判例：「數罪併罰之案件，因其數罪間均各有獨立之犯罪事實，既無審判上不可分之關係，則檢察官或自訴人如僅就一個犯罪事實起訴，縱使審理中發見被告尚犯有他罪，依不告不理之原則，自不得就他罪予以審判。」

　　但如前述接續犯、繼續犯、結合犯、加重結果犯、想像競合犯等，因屬裁判上或實質上一罪，爲單一事實，爲審判不可分割之關係，故其一部之犯罪事實起訴時，其效力仍可及於其他未經起訴之犯罪事實。

習題：
一、何謂公訴？提起公訴之效力為何？（70 普）
二、公訴不可分原則與自訴不可分原則，二者之內容有何異同？試根據我
　　國刑事訴訟法中之規定分析之。（88 律）

第四款　起訴之撤回

「**撤回起訴**」者，即檢察官於第一審辯論終結前，發見有應不起訴
或以不起訴為適當之情形，而撤回起訴不再追訴之謂（刑訴 269,270）。

一、撤回起訴之期限

撤回起訴應於第一審辯論終結前為之，如於終結後仍許撤回，恐有
干涉審判之嫌，以免形成檢察官之專橫之弊。

二、撤回起訴之原因

㈠**發見有應不起訴之情形**：即檢察官於起訴後，發見起訴之案件有本
法第 252 條之應不起訴之情形者，當得撤回起訴，以免徒增審判之勞。

㈡**發見有以不起訴為適當之情形**：即起訴後，發見起訴之案件有本法
第 253 條微罪不舉及第 254 條於執行刑無實益之情形者，亦得予以撤回
起訴。

三、撤回起訴之程式

撤回起訴，應提出撤回書敘述理由（刑訴 269 II），不得以言詞為之。
以杜絕檢察官之任意撤回之弊，並使告訴人及其他訴訟關係人，得了解
其撤回之原因，以決定是否信服及應否聲請再議。

四、撤回起訴之效力

撤回起訴與不起訴處分有同一之效力，其撤回書視為不起訴處分
書，準用第 255 條至第 260 條之規定（刑訴 270）。可分述如下：

㈠撤回起訴與不起訴有同一效力，準用不起訴處分之規定，故受撤回
起訴之處分，視為撤銷羈押，扣押物應即發還，此外，如無本法第 260 條
第 1、2 款情形（即非有發見新事實或新證據及為再審原因之情形），就

同一案件不得再行起訴。若再起訴法院應諭知不受理之判決（刑訴 303IV）。

㈡撤回起訴後，應由書記官製作正本，送達告訴人、告發人、被告及辯護人。告訴人如有異議，得於接受處分書後，7 日內聲請再議（依刑訴 256 至 258 條規定處理）。告發之案件經撤回者，則依職權送再議，及交付審判之相關規定。

㈢撤回起訴與告訴乃論之罪撤回告訴不同，告訴不可分之原則，並不能適用。告訴乃論之罪對於共犯之一撤回告訴其效力及於全體（刑訴 239）；但撤回起訴，檢察官對共犯中之一人撤回起訴者，其效力不及於其他共同被告。

五、撤回起訴之限制

㈠對數罪併罰案件一案撤回效力不及他案，又實質上或裁判上一罪，因起訴不可分，在審判上係屬不可分割，自均不得撤回，因此一部撤回則不生效力。

㈡自訴與公訴不同，故除告訴乃論之罪，自訴人於第一審辯論終結前，得撤回自訴外，其他非告訴乃論之罪，自訴人提起自訴後不得撤回之。

㈢撤回起訴後，不得再提起自訴（刑訴 323 I）。

習題：案件經起訴後，檢察官遇有何種情形得撤回起訴？其與撤回自訴有何不同？又撤回起訴之效力如何？有無準用不起訴處分之規定？同一案件重複起訴，均繫屬法院後，檢察官撤回後訴時，法院應如何處理？試分別說明之。（88 司）

第三節　審　判

第一款　審判概說

一、審判之意義

「**審判**」（英：trial；德：Hauptverhandlung）者，乃法院對於原告起訴之案件，以確定其犯罪事實與刑罰權之有無及其範圍，所實施之訴訟程序。亦即法院對於被告事件實施審判之階段之謂。或謂審判程序，或判

決程序。在我國過去刑事訴訟採職權進行主義之時代，當事人之攻擊防禦，潛伏在法院與原被告之訴訟程序中，並未顯現；但自改採改良式當事人進行主義之後，當事人之攻擊防禦乃呈表面化展開。公開審理程序自然具有當事人訴訟之構造，並受辯論主義、口頭主義、直接主義與公開審理主義之原則所支配，這些原則就遍布在刑事訴訟法規定之中。

按審判一詞，通說有廣、狹二義；本法第二編第一章第三節所稱之審判，係從廣義：

狹義審判	專指審判期日所實施之程序而言。即審判期日，法院集合訴訟當事人及關係人，開審判庭所實施之各項程序，包括訊問被告、證人與辯護人之言詞辯論及法院對案件所為判決之宣示等是。
廣義審判	包括狹義審判及其開庭前之準備程序，如指定審判期日、傳喚、勘驗、拘提、羈押、搜索、扣押等之各項程序在內。

二、審判之指導原則

即當事人進行主義之辯論主義、口頭主義、直接主義與公開主義：

㈠**辯論主義**（德：Verhandlungsmaxime）：即依據當事人之辯論進行審判之主義。法院調查證據完畢後，應命當事人就事實及法律分別辯論之（刑訴289）。辯論終結後，遇有必要情形，法院得命再開辯論（刑訴291）。被告心神喪失，或因疾病不能到庭者，應於其到庭以前停止審判（刑訴294）。法院應予當事人、代理人、辯護人或輔佐人，以辯論證據證明力之適當機會（刑訴282之2）。

㈡**口頭主義**（德：Mündlichkeit；法：principe de l'oralité）：即訴訟審理之方式，當事人及法院之訴訟行為，尤其是辯論及證據調查，必須以口頭實施為原則。是針對書面審理主義而來。因此口頭主義原則上是在實體之形成行為所實施，但與程序上形成之手續形成行為的書面方式的要求與口頭主義並不矛盾衝突。口頭主義與辯論主義相結合就成為口頭辯論主義。現行刑事訴訟法顯然是採取口頭主義，在審判庭上進行之審理程序，全部是以口頭實施，其判決也要求必須以口頭辯論為依據。但不經言詞辯論之例外為：

1.判決雖應宣示，但不經言詞辯論之判決，則不在此限（刑訴224Ⅰ）。

2.依第 161 條第 4 項不受理之判決、第 302 條免訴判決、第 303 條不受理判決、第 304 條管轄錯誤之判決（刑訴 307）。

3.法院對於諭知管轄錯誤、免訴或不受理之判決上訴時，其第二審駁回上訴或發回者，得不經言詞辯論爲之（刑訴 389）。

4.第三審法院之判決不經言詞辯論爲之（刑訴 389）。

5.受判決人已死亡者，爲其利益聲請再審之案件，應不行言詞辯論（刑訴 437）。

6.非常上訴之判決，不經言詞辯論爲之（刑訴 444）。

㈢**直接主義（直接審理主義）**（德：Unmittelbarkeitsgrundsatz）：即限於在審判庭直接調查之證據，始有裁判之基礎的主義，可分廣義與狹義；前者法院直接聽取當事人之口頭辯論，故又稱爲「直接主義」。後者是有關證據能力之原則，尤其是原始的證據，須證人到法庭提出證據爲原則，並不承認記載證人供述之文書。現行法並有傳聞證據排斥之原則，亦即在法庭上不經當事人詰問之機會所取得之證據，原則上不得作爲證據（刑訴 166）。

㈣**公開主義**（英：public trial；德：Öffentlichkeit；法：publicité）者，乃法院審判時，法庭公開，允許訴訟上無關係之特定第三人。可以自由在場旁聽之謂。此又稱爲「**國民公開主義**」（Volksöffentlichkeit）。是針對秘密審判而言。在秘密審判完全依據權力者之意思，容易造成不公正之審判，乃是歷史上罄竹難書，尤其是戒嚴時期之軍事審判更是如此，最近江國慶之軍事審判是典型的製造冤獄。我國法院組織法第 86 條規定，訴訟之辯論及裁判之宣示，應公開法庭行之。但有妨害國家安全、公共秩序或善良風俗之虞時，法院得決定不予公開。惟仍得准許無礙者旁聽，如家屬親友等，因此在我國係採公開審判主義爲原則，秘密審判主義爲例外。至於檢察官之偵查，依本法第 245 條規定，採偵查不公開之原則。再依本法第 326 條第 2 項之規定，自訴案件法院或受命法官於第一次審判期日前，訊問自訴人、被告及調查證據，得不公開之。如法院禁止審判公開非依法律之規定者，依本法第 379 條第 3 款，爲當然違背法令，得爲非常上訴之理由。

1.**法庭之公開與媒體之報導**：在法庭內依照法庭旁聽規則第 6 條第 3 款規定，禁止攜帶攝影、錄影器材或未經審判長核准而攜帶錄音器材。其第 7 條規定，旁聽人在法庭旁聽，並不得向法庭攝影、錄影、錄音。但只有錄音經審判長核准者，不在此限。因此在法庭只有經審判長核准才可以錄音，其他一律不准。此或者只是爲了維持法庭之秩序或保障人權之觀點而禁止，但是只能錄音的許可，其核准的基準只任憑審判長之決定，縱然法庭本身也有錄音、錄影，但往往拿到的錄影紀錄並不完整，當事人常有不滿。

以歐美各國爲例，最嚴格的規定是英國，無論新聞報導或其相類之報導一切不准。有些國家卻准許在法庭素描，也有在極短的時間內，對特定之社會極度關心的場面，准許攝影或電視之放映。美國依各州之情形有不同規定。日本有些法庭准許在開庭前 2、3 分鐘的時間允許攝影，或全然不允許等兩種不同方式。最高法院較傾向於前者，但東京地方法院則全然禁止攝影。從大眾傳播的觀點言，報導的手段愈多愈好，攝影當然是好，如能電視報導當更能加強報導之廣度與深度。

但是審理必須在嚴肅之氣氛下進行，法庭秩序之維持，乃是開庭最小限度的要件。尤其要保護被告之隱私，並防止被告或證人之心理上的動搖，也相當重要[1]。

2.**法庭之公開與法庭之旁聽**：欲上法庭旁聽的人士，只要進入法庭大廈，就可以在開庭中的法庭自由進入旁聽。在法庭的入口處，有預定審理案件之案名，聽眾就可以撰擇有趣的案件入內旁聽，對某些特殊案件，必要時法庭會斟酌的旁聽席位之多寡，核發旁聽證（旁 3 I ）。旁聽者如穿著奇裝異服或衣履不整，可能會禁止其入內（旁 6 ⑤）。有時會檢察其攜帶之物品，如有攜帶槍砲、彈藥、刀械等危險物品，或其他不適在法庭持有之物品（如政治宣傳旗幟、海報等）（旁 6 ②）。旁聽人員在法庭應保持肅靜，並不得大聲交談、鼓掌、喧嘩（旁 7 ①），也不得對於在庭執行職務人員或訴訟關係人等加以批評、嘲笑或有其他類似之行爲（旁

---

[1] 横川敏雄著：《刑事訴訟》，頁 180。

7④）。旁聽人如有不當行為審判長得命其退出法庭，或由審判長制止之（旁9,10）。

㈤**刑事妥速審判**：「遲來的正義，非正義」，案件延宕多時，積案久懸未決，為各國之通病，我國於98年5月14日簽署「公民與政治權利公約」，依該公約第14條第3項第3款規定：「審判被控刑事罪時，被告一律有權平等享受下列最低限度之保障，……㈢立即受審，不得無故稽延」，為使我國司法審判能與國際刑事司法人權的潮流接軌，保障刑事審判之公正、合法、迅速，並維護基本人權與公共利益，於民國99年5月19日總統公布「刑事妥速審判法」，催生一個有效率、有品質的司法。

其第5條規定：「法院就被告在押之案件，應優先且密集集中審理。審判中之延長羈押，如所犯最重本刑為死刑、無期徒刑或逾有期徒刑十年者，第一審、第二審以六次為限，第三審以一次為限。審判中之羈押期間，累計不得逾八年。前項羈押期間已滿，仍未判決確定者，視為撤銷羈押，法院應將被告釋放。」因此刑事之妥速審判乃為司法應予貫徹之目的。

三、審判之開始

第一審之審判程序，依本法之規定，有下列原因：

㈠ 直接受理 起訴者	1.地方法院或高等法院管轄第一審之案件，經檢察官提起公訴，或自訴人提起自訴，而開始審判（刑訴4,251,319）。 2.簡易案件，經檢察官聲請不經通常審判程序，逕以簡易判決處刑（刑訴449）。 3.聲請再審，經判決之原審法院為再審之裁定確定者（刑訴426,436）。
㈡ 經上訴而 審判	1.地方法院對於簡易判決有不服者，上訴於管轄之地方法院合議庭（刑訴455之1）。 2.高等法院管轄第二審之案件，經當事人提起上訴，而開始審判（刑訴361）。 3.最高法院管轄第二審及第三審之要件，經當事人提起上訴，或最高法院檢察署檢察總長提起非常上訴，而開始審判（刑訴375,441）。
㈢ 因移送或	1.經無管轄權之法院，諭知管轄錯誤之判決，而移送審判者（刑訴304,335）。

移轉	2.相牽連案件，經同級或上級法院裁定，移送合併審判者（刑訴6）。 3.因管轄權有爭議或不明，或原有管轄權經確定裁判為無管轄權，而無他法院管轄，由最高法院以裁定指定為管轄法院者（刑訴9）。 4.有管轄權之法院，因不能行使審判權，或法院之審判，恐影響公安或難期公平，由上級法院移轉管轄者（刑訴10）。
㈣ 因發回或 發交者	1.第二審法院，因原審判決諭知管轄錯誤、免訴、不受理係不當而撤銷之，並以判決將該案件發回原審法院者（刑訴369 I 但）。 2.第三審法院，因原審判決諭知管轄錯誤、免訴或不受理係不當而撤銷之者，並將該案件發回原審法院者（刑訴399）。 3.第三審法院因原審法院未諭知管轄錯誤係不當而撤銷之，並將該案件發交該管第二審或第一審法院者（刑訴400）。 4.第三審法院因其他情形而撤銷原審判決，將該案件發回原審法院，或發交與原審法院同級之他法院者（刑訴401）。

習題： 第一審之審判，因何種原因而開始？

第二款　審判之準備程序

所謂「**審判之準備程序**」，乃刑事訴訟為期審判迅速正確了結，法院應於審判期日前，除檢閱卷宗內書狀及偵查筆錄外，應為之各種準備也。惟其調查所蒐集之證據資料，仍應於審判期日踐行調查之程序。審判期日前之準備程序，依本法為第271條至第279條，茲分述說明之：

一、審判期日之指定

㈠**審判期日之傳喚及通知**：審判長、受命法官、受託法官或檢察官指定期日行訴訟程序者，應傳喚或通知訴訟關係人使其到場（刑訴63）。

因此審判期日，應傳喚被告或其代理人，並通知檢察官、辯護人、輔佐人（刑訴271 I）。此外為保障被害人之權益，審判期日，應傳喚被害人或其家屬並予陳述意見之機會。但經合法傳喚無正當理由不到場，或陳明不願到場，或法院認為不必要或不適宜者，不在此限（刑訴271 II）。

㈡**告訴代理人之到場**：告訴人得於審判中委任代理人到場陳述意見。但法院認為必要時，得命本人到場（刑訴271之1 I）。此項委任應提出委任書狀於法院，並準用第28條、第32條及第33條之規定。但代理人為非律師者於審判中，對於卷宗及證物不得檢閱、抄錄或攝影（刑訴271之1 II）。

㈢**第一次審判期日傳票送達期間**：第一次審判期日之傳票，至遲應於7日前送達；刑法第61條所列各罪之案件至遲應於5日前送達(刑訴272)。

依78台非181號判例：「原審於受理後，經指定七十八年八月十六日為審判期日，並填發傳票，傳喚被告到案。屆期被告未到，原審即於是日辯論終結，並於判決理由內敘明被告經合法傳喚，無正當理由不到庭，爰不待其陳述，逕行判決云云，但查第一次審判期日之傳票，刑法第六十一條所列各罪之案件，至遲應於五日前送達，此於刑事訴訟法第二百七十二條後段定有明文，此項規定，依同法第三百六十四條，又為第二審所準用。既云至遲應於五日前送達，依文義解釋，自不包括五日之本數在內，本件被告所犯賭博罪，係屬刑法第六十一條所列之罪之案件，傳票至遲應於五日前送達。查核卷附之送達證書，被告之傳票，係於七十八年八月十一日方經郵局郵務員送達被告收受，有送達證書附於原審卷第十一頁可稽。被告收受第一次審判期日之傳票恰僅五日，並非在至遲應於五日前送達，即於法定審判期日之猶豫期間不合，不能認為已經合法傳喚，其竟率行缺席判決，依前開說明，其所踐行之訴訟程序顯有違誤。」

二、審判期日前被告之詢問及法定程式之補正

㈠審判期日前之準備程序：

刑事審判之**集中審理制**（德：Konzentrationsmaxime），既要讓訴訟程序密集而不間斷地進行，則於開始審判之前，即應為相當之準備，始能

審判期日前之準備程序

處理下列事項：
㈠起訴效力所及之範圍與有無應變更檢察官所引應適用法條之情形。
㈡訊問被告、代理人及辯護人對檢察官起訴事實是否為認罪之答辯，及決定可否適用簡式審判程序或簡易程序。
㈢案件及證據之重要爭點。
㈣有關證據能力的意見。
㈤曉諭為證據調查之聲請。
㈥證據調查之範圍、次序及方法。
㈦命提出證據或可為證據之文書。
㈧其他與審判有關之事項。

使審判程序密集、順暢。乃參考日本刑事訴訟規則第 194 條之 3 規定，將準備程序中應處理之事項，列述如下（刑訴 273）：

　　1.審判準備程序中應處理事項：法院得於第一次審判期日前，傳喚被告或其代理人，並通知檢察官、辯護人、輔佐人到庭，行準備程序，上述之人經合法傳喚或通知，如無正當理由不到庭，應許法院視情況，得對到庭之人行準備程序（第 5 項）。爲下列各款事項之處理（第 1 項），對此處理事項，應由書記官製作筆錄，並由到庭之人緊接其記載之末行簽名、蓋章或按指印（第 4 項）：

　　⑴起訴效力所及之範圍與有無應變更檢察官所引應適用法條之情形：依本法第 264 條第 1 項第 2 款規定，檢察官之起訴書固應記載被告之「犯罪事實及所犯法條」，惟如記載不明確或有疑義，事關法院審判之範圍及被告防禦權之行使，自應於準備程序中，經由訊問或闡明之方式，先使之明確。惟此一規定，其目的僅在釐清法院審判之範圍，並便於被告防禦權之行使，應無礙於法院依本法第 267 條規定對於案件起訴效力所為之判斷。

　　⑵訊問被告、代理人及辯護人對檢察官起訴事實是否爲認罪之答辯，及決定可否適用簡式審判程序或簡易程序：案件如符合第 273 條之 1 或第 449 條第 2 項之規定時，即可嘗試瞭解有無適用簡式審判程序或簡易程序之可能，以便儘早開啓適用之契機，避免耗費不必要之審判程序。

　　⑶案件及證據之重要爭點：當事人於準備程序中，經由起訴及答辯意旨之提出，必能使案件及證據重要爭點浮現，此時再加以整理，當有助於案情之釐清。

　　⑷有關證據能力之意見：當事人對於卷內已經存在之證據或證物，其證據能力如有爭執，即可先予調查。倘法院依本法之規定認定無證據能力者，該證據不得於審判期日主張之（第 2 項）。

　　　有關證據能力之意見，由法院或受命法官處理之，如檢察官、被告（辯護人）兩造對某項證據無證據能力不予爭執，或經簡單釐清即可判斷無證據能力時，法院即得於準備程序認定該證

據無證據能力，倘經法院（或受命法官）依本法之規定，認定無證據能力者，因該證據不得於審判期日主張之，故應於筆錄中明確記載，以杜爭議，惟如兩造對某項證據有無證據能力有所爭執，須進行實質上之調查始能認定有無證據能力者，因準備程序不進行實質性之調查，故應留待審判期日由法院調查認定之。

(5)曉諭爲證據調查之聲請：法院在行審判之準備程序時，自應曉諭當事人爲證據調查之聲請。其相關規定爲：

①訊問被告時，應先告知被告得請求調查有利之證據(刑訴95④)。

②使被告有辨明罪嫌之機會：被告如有辨明，應命就其始末連續陳述；其陳述有利之事實者，應命其指出證明之方法（刑訴96）。

③被告之舉證責任：被告得就被訴事實指出有利之證明方法（刑訴161之1）。

④當事人得聲請調查證據：當事人、代理人、辯護人或輔佐人得聲請調查證據（刑訴163Ⅰ）。

⑤調查證據聲請書狀：當事人、代理人、辯護人或輔佐人聲請調查證據，應以書狀爲之（刑訴163之1）。

(6)證據調查之範圍、次序及方法：依本法第161條之2規定，當事人、代理人、辯護人或輔佐人應就調查證據之範圍、次序及方法提出意見（第1項）。法院應依此項所提意見而爲裁定；必要時，得因當事人、代理人、辯護人或輔佐人之聲請變更之（第2項）。

(7)命提出證物或可爲證據之文書：如當事人有提出證物或可爲證據之文書必要時，即應命其提出，俾供調查、審判之用，以免臨時無法提出，影響審判之進行。

(8)其他與審判有關之事項：例如有無同法第302條至第304條所定應爲免訴、不受理或管轄錯誤判決之情形。另外如需調取證物、命爲鑑定及通譯，或搜索、扣押及勘驗，或有必要之事項應請求該管機關報告，或應訊問之證人預料其不能於審判期日

到場者，均不妨於審判期日前爲之。此際，如需對被告或證人、鑑定人爲訊問者，應注意依刑訴法第 171 條規定辦理。

2.準備程序傳票之送達：準備程序既爲案件重要事項之處理，亦應予當事人或辯護人適當之準備期間，故其傳喚或通知應於期日前相當時間送達，以利程序之進行，乃增訂準用第 272 條之規定（刑訴 273Ⅲ）。

㈡**訴訟行爲欠缺程式之補正**：起訴或其他訴訟行爲，於法律上必備之程式有欠缺而其情形可補正者，法院應定期間，以裁定命其補正（刑訴 273 Ⅵ）。

習題：法院審判期日前行準備程序，其意義何在？而準備程序中應處理之事項爲何？（100 身障四－法院書記官、執達員）

三、簡式審判程序

簡式審判程序 刑訴 273 之 1	實施前提	被告所犯爲死刑、無期徒刑、最輕本刑爲 3 年以上有期徒刑之罪或高等法院管轄第一審案件以外之案件。
	實施條件	1.被告於第一次行審判期日前，行準備程序時，就被訴事實爲有罪之陳述。
		2.審判長得告知被告簡式審判程序之旨。
		3.審判長聽取當事人、代理人、辯護人及輔佐人之意見。
		4.審判長以裁定進行簡式審判程序。
	撤銷簡式程序	法院爲簡式程序之裁定後，認有不當或不宜者，應撤銷原裁定，依通常程序審判之，審判長並應更新審判程序。
	證據調查 (刑訴273之2)	求簡省便捷，證據調查程序宜由審判長便宜行事，採獨任制（刑訴 284 之 1）。證據調查之方法不須強制適用。

㈠**簡式審判程序之要件**：刑事案件之處理，視案件之輕微或重大，或視被告對於起訴事實有無爭執，而異其審理之訴訟程序或簡化證據之調查，一方面可合理分配司法資源的利用，且可減輕法院審理案件之負擔，以達訴訟經濟之要求；另一方面亦可使訴訟儘速終結，讓被告免於訟累，是以

明案應予速判，乃參考日本刑事訴訟法第 291 條之 2，日本刑事訴訟規則第 197 條之 2 規定之簡易公判程序立法例，增訂第 273 條之 1 第 1 項。

即通常程序之案件，不論由法院或受命法官行準備程序，如被告所犯爲死刑、無期徒刑、最輕本刑爲 3 年以上有期徒刑之罪或高等法院管轄第一審案件以外之案件，且被告就被訴事實爲「**有罪之陳述**」，即被告承認有起訴之事實，而無違法與責任阻卻之事由的存在謂。又無其他不宜適用簡式審判程序之情形時，得於告知簡式審判程序之旨後，由法院裁定改行獨任審判，「**進行簡式審判程序**」。通常程序案件於審判期日，如被告已就被訴事實爲有罪之陳述，法院認符合前述得適用簡式審判程序之要件時，得由審判長告知被告簡式審判程序之旨，在聽取當事人、代理人、辯護人及輔佐人之意見後，裁定進行簡式審判程序，此項裁定無須拘於一定形式，爲求簡便，可當庭諭知並記明筆錄即可（刑訴 273、273 之 1）。

㈡**簡式審判程序裁定之撤銷**：基於刑事訴訟重在實現正義及發見眞實之必要，自以仍依通常程序愼重處理爲當；又如一案中數共同被告，僅其中一部分被告自白犯罪，或被告對於裁判上一罪之案件僅就部分自白犯罪時，因該等情形有證據共通的關係，若割裂適用而異其審理程序，對於訴訟經濟之實現，要無助益，此時，自亦以適用通常程序爲宜，是以參考日本刑事訴訟法第 291 條之 3 及日本刑事訴訟規則第 197 條之 2 之立法例，增訂本條第 2 項之規定：「**法院爲前項裁定後，認有不得或不宜者，應撤銷原裁定，依通常程序審判之。**」

所謂「**不得**」爲簡式審判程序者，包括被告所犯爲死刑、無期徒刑、最輕本刑爲 3 年以上有期徒刑之罪或高等法院管轄第一審之案件，或被告未就被訴事實爲有罪之陳述等情形。另所謂「**不宜**」爲簡式審判程序者，例如：被告雖就被訴事實爲有罪之陳述，但其自白是否眞實，尚有可疑；或被告對於裁判上一罪或數罪併罰之案件，僅就部分案情自白犯罪等情形。案件行簡式審判程序後，若認爲有前述「不得」或「不宜」之情形時，應由原合議庭撤銷原裁定並行通常審判程序。

㈢**審判程序之更新**：行簡式審判程序之裁定若經撤銷改依通常程序進行審判時，審判長應更新審理程序，但檢察官、被告若對於程序之進行

無意見者,宜載明筆錄,此時依刑訴法第 273 條之 1 第 3 項但書規定,即無庸更新審判程序。惟如有同法第 292 條第 1 項之情形,仍應更新審判程序。

　　㈣**簡式審判程序之證據調查**:簡式審判程序,貴在審判程序之簡省便捷,故調查證據之程序宜由審判長便宜行事(刑訴 284 之 1),以適當之方法行之即可,又因被告對於犯罪事實並不爭執,可認定被告亦無行使反對詰問權之意,因此有關傳聞證據之證據能力限制規定無庸予以適用。再者,簡式審判程序中證據調查之程序亦予簡化,關於證據調查之次序、方法之預定、證據調查請求之限制、證據調查之方法,證人、鑑定人詰問之方式等,均不須強制適用,故參考日本刑事訴訟法第 307 條之 2、日本刑事訴訟規則第 203 條之 3 之規定,增訂本條。

　　第 273 條之 2:「簡式審判程序之證據調查,不受第一百五十九條第一項、第一百六十一條之二、第一百六十一條之三、第一百六十三條之一及第一百六十四條至第一百七十條規定之限制。」

習題:何謂簡式審判程序?試根據我國刑事訴訟法規定,分析說明之。(95 政風)

四、審判期日前其他準備事項

　　㈠**期日前證物之取得**:法院於審判期日前,得調取或命提出證物(刑訴 274)。案件有關之證物,如由當事人占有中,固可依第 273 條第 1 項第 7 款規定命其提出,但該等證物亦可能由訴訟關係人或第三人占有,其所在不一而足,而調取或提出常需若干時間,為使審判順利進行,應許法院於審判期日前,即得調取或命提出該證物,以供在審判程序中調查之用。

　　㈡**期日前當事人或辯護人之舉證權利**:當事人或辯護人,得於審判期日前,提出證據及聲請法院為本法第 274 條之處分(刑訴 275)。為求有利於當事人實施攻擊防禦起見,應許當事人或辯護人於審判期日前,提出有利於己之證據,及聲請法院調取或命對造提出證物。

　　㈢**期日前人證之詢問**:法院預料證人不能於審判期日到場者,得於審

判期日前訊問之（刑訴 276 I）。所稱「**預料證人不能於審判期日到場**」之原因，須有一定之客觀事實，可認其於審判期日不能到場並不違背證人義務，例如**因疾病即將住院手術治療，或行將出國，短期內無法返國，或路途遙遠，因故交通恐將阻絕，或其他特殊事故**，於審判期日到場確有困難者，方足當之。必以此從嚴之限制，始符合集中審理制度之立法本旨，不得僅以證人空泛陳稱：「審判期日不能到場」，甚或由受命法官逕行泛詞諭知「預料該證人不能於審判期日到庭」，即行訊問或詰問證人程序，為實質之證據調查（93 台上 5185）。

　　㈣**期日前命為鑑定及通譯**：法院得於審判期日前，命為鑑定及通譯（刑訴 276II）。又依本法第 168 條之 1 第 1 項：「當事人、代理人、辯護人或輔佐人得於訊問證人、鑑定人或通譯時在場。」

　　㈤**期日前對物之強制處分**：法院得於審判期日前，為搜索、扣押及勘驗（刑訴 277）。搜索之目的在於發現犯罪之證據，可為證據之物。扣押為保全證據或得沒收之物，勘驗為調查證據及犯罪情形，經勘驗所取得之證據，以發現事實之真相。均非在審判期日所能為之，如欲求審判之順利進行，自須於審判期日前為之。

　　㈥**期日前機關之報告**：法院得於審判期日前，就必要事項，請求該管機關報告（刑訴 278）。此項規定基於公務機關互相協助之義務，與本法第 247 條「關於偵查事項，檢察官得請該管機關為必要之報告」之意義相同。

五、受命法官之指定及其權限

　　法院行合議審判之案件，為準備審判起見，審判長得預行指定庭員一人為受命法官，於審判期日前使行準備程序，以處理第 273 條第 1 項（審判期日前對被告或其代理人之傳喚，並通知檢察官、辯護人、輔佐人到庭行準備程序為八款事項之處理）、第 274 條（期日前證物之調取或命提出）、第 276 條（期日前人證之詢問）、第 277 條（期日前對物之強制處分）、第 278 條（期日前機關之報告）等規定之事項。

　　受命法官行準備程序，與法院或審判長有同一之權限。但第 121 條之裁定（撤銷羈押等各項處分之裁定）不在此限。

第三款　審判之形式

審判係法院就原告起訴之要件，集合當事人及訴訟關係人於法庭，公開審理之訴訟程序。故審判之形式，應由法院、當事人及其他訴訟關係人等，會合於公開法庭實施之（法組 86）。即審判期日，應由法官、檢察官及書記官出庭（刑訴 280），以便構成公判庭。茲依刑事訴訟法規定，對公判庭之出庭人員分述如下：

一、審判之組成份子

(一)**法院**：刑事訴訟之關係應由法院、原告與被告所組成。法院乃處於原告與被告之間，以從事於公平之審判。其組成份子為：

1.法官（刑訴 280）：審判期日，應由參與之法官始終出庭；如有更易者，應更新審判程序（刑訴 292 I）。

法院 ┬ 法官
　　　├ 書記官
　　　└ 通譯

原告 ┬ 檢察官
　　　└ 自訴人

被告

辯護人 ┬ 強制辯護
　　　　└ 任意辯護

審判之組成份子

證人、鑑定人、輔佐人或其他訴訟關係人

地方法院審判案件，以法官 1 人獨任或 3 人合議行之。

高等法院審判案件，以法官 3 人合議行之。

最高法院審判案件，以法官 5 人合議行之（法組 3）。

獨任審判，以該法官行審判長之職權，合議審判，即以庭長充審判長（法組 4）。

2.書記官（刑訴 280）：審判期日應由書記官製作審判筆錄（刑訴 44）。因此書記官必須隨同法官出庭。至書記官出庭之人數，通常多由 1 人任之。如有 2 人先後分任紀錄亦無不可。

3.通譯（法組 97、98）：法院審判時，應用國語。訴訟當事人、證人、鑑定人及其他有關係之人，如有不通國語者，由通譯傳譯之，其為聾啞之人，亦同。

(二)**原告**：我刑事訴訟法除以國家追訴主義為原則，兼以個人追訴主義為例外，故原告有檢察官及自訴人。

1.檢察官（刑訴 280）：檢察官代表國家追訴犯罪人，與被告處於對立

之地位，於審判期日出庭，實施攻擊，使有罪之被告受刑罰之制裁。因此檢察官須參與審判，就事實與法律之觀點，而爲言詞辯論。因檢察一體，參與審判之檢察官，常不由同一人始終出庭，以致於實施改良式當事人進行主義，因檢察官被撤換，導致接替之檢察官，因不熟悉起訴案情之實際情形，致改良式當事人進行主義之實施，常遇到障礙。

2.自訴人：犯罪之被害人，得不經檢察官之偵查程序，逕向法院提起自訴，請求科處被告以刑罰，但不具專業法律知識之自訴人，很難在法庭上如同檢察官一樣，在法庭與被告展開辯論，故本法第 37 條、第 319 條第 2 項及第 329 條規定，自訴之提起應委由律師行之。因此審判期日自訴人之委任律師自應出庭。

㈢**被告**（刑訴 281、283）：被告爲訴訟主體之一，在訴訟上爲當事人之一造（刑訴 3），因此，審判期日，除有特別規定外，被告不到庭者，不得審判。許被告代理人之案件，得由代理人到庭。被告在庭時，不得拘束其身體，但得命人看守（刑訴 282）。被告到庭後，非經審判長許可，不得退庭，審判長因命被告在庭，得爲相當處分（刑訴 283）。被告拒絕陳述者，得不待其陳述逕行判決；其未受許可而退庭者亦同（刑訴 305）。

㈣**辯護人**（刑訴 284）：辯護人有協助被告實行訴訟防禦，保障基本權益。辯護人之出庭有二：

1.強制辯護：最輕本刑爲 3 年以上有期徒刑或高等法院管轄第一審案件或被告因智能障礙無法爲完全之陳述，或其他審判長認爲必須指定公設辯護人強制辯護案件，如無辯護人到庭者，法院不得審判，如逕爲判決，則屬違背法令。但宣示判決不在此限。

2.任意辯護：即強制辯護以外的案件，由被告及其親屬自由決定者，謂之任意辯護。

自刑事訴訟法修正爲改良式當事人進行主義後，如無辯護人爲當事人協助，在訴訟上未聘請律師之當事人，就處於不利之地位，加上檢察官又頻頻撤換，以致改良式當事人進行主義，並未眞正在公判庭上實施，法官、檢察官及辯護人，仍以維持職權進行主義爲訴訟之進行，乃是實際情形。

㈤**證人、鑑定人、輔佐人或其他訴訟關係人**：法院爲調查證據，得訊

問證人、鑑定人、輔佐人或其他訴訟關係人，並應於審判期日通知或傳喚（刑訴 271、276），如證人不到庭陳述者，得科以罰鍰，並得拘提之（刑訴 178 I），鑑定人得科以罰鍰，但不得拘提（刑訴 199）。

二、法庭之形式

法院之審判應於法庭內為之。法庭之形式如下：

(一)法庭之公開審理原則：

1.一般法庭之公開原則：訴訟之辯論及裁判之宣示，應公開法庭行之。但有妨害國家安全、公共秩序或善良風俗之虞時，法院得決定不予公開（法組 86）。法庭不公開時，審判長應將不公開之理由宣示。此項情形，審判長仍得允許無妨礙之人旁聽（法組 87）。如被告或被害人之家屬

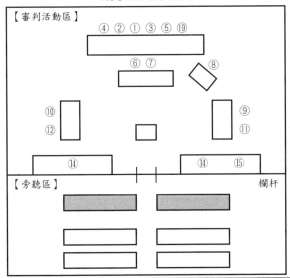

刑事法庭布置圖

説明：（編號在框內者，僅置座椅，但必要時得於審判活動區內席位置桌）
①審判長席　　⑧技術審查官席
②法官席　　　⑨檢察官席（自訴代理人席）　　　⑮被害人、告訴人及代理人席
③法官席　　　⑩辯護人席　　　　　　　　　　　⑯學習法官（檢察官）席
④法官席　　　⑪自訴人席（附帶民事訴訟原告及代理人席）⑰學習律師、記者席
⑤法官席　　　⑫被告及輔佐人席　　　　　　　　⑱旁聽席
⑥書記官席　　（附帶民事訴訟被告及代理人席）　⑲調辯事法官席
⑦通譯、錄音、卷證傳遞席　⑬應訊台（供當事人以外之人應訊用）

引自：司法院網站

等人是。法庭不公開時，應將理由記載於審判筆錄內（刑訴44Ⅰ④）。

　　2.少年刑事案件之審判之不公開原則：少年事件之調查及審理不公開。但得許少年之親屬、學校教師、從事少年保護事業之人或其他認為相當之人在場旁聽（少34）。少年、少年之法定代理人或現在保護少年之人請求公開審判者，除有法定不得公開之原因外，法院不得拒絕（少73）。

　　㈡**法庭之席位**：法院內開庭時，在法庭實施訴訟程序之公務員及依法執行職務之人、訴訟當事人與訴訟關係人，均應設置席位；其**席位布置**，應依當事人平等之原則為之。

　　除參與審判之法官或經審判長許可者外，在庭之人陳述時，起立，陳述後復坐。審判長蒞庭及宣示判決時，在庭之人均應起立。法庭席位布置及旁聽規則，由司法院定之（法組84）。

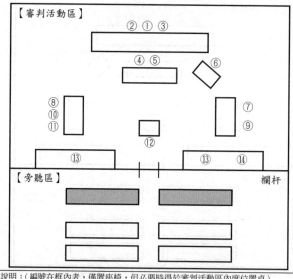

少年刑事法庭布置圖

說明：(編號在框內者，僅置座椅，但必要時得於審判活動區內席位置桌)
①審判長席
②法官席
③法官席
④書記官席
⑤通譯、錄音、　卷證傳遞席
⑥技術審查官席
⑦檢察官席
⑧辯護人席
⑨附帶民事訴訟原告及代理人席
⑩少年被告及法定代理人席　（附帶民事訴訟被告及代理人席）
⑪輔佐人席
⑫應訊台（供當事人以外之人應訊用）
⑬證人、鑑定人席（少年調查官席）
⑭被害人、告訴人及代理人席
⑮學習法官（檢察官）席
⑯學習律師、記者席
⑰旁聽席

引自：司法院網站

㈢**法庭人員穿著制服**：法官及書記官在法庭執行職務時，應服制服，檢察官、公設辯護人及律師在法庭執行職務時，亦同（法組96 I）。此項人員之服制，由司法院會同行政院定之（法組96 II）。

㈣**法院之用語**：

1.國語之使用：法院爲審判時，應用國語（法組97）。

2.傳譯：訴訟當事人、證人、鑑定人及其他有關係之人，如有不通國語者，由通譯傳譯之，其爲聾啞之人，亦同（法組98）。

3.訴訟文書所用文字：訴訟文書應用中國文字。但有供參考之必要時，應附記所用之方言或外國語文（法組99）。

㈤**被告在庭之處理**：被告在庭時，不得拘束其身體。但得命人看守（刑訴282）。蓋如施以枷鎖等刑具，恐影響其自由陳述辯論之心情，而致妨礙事實眞相之發見。

㈥**被告之在庭義務**：被告到庭後，非經審判長許可，不得退庭。審判長因命被告在庭，得爲相當之處分。蓋審判長於法庭之關閉及審理訴訟，有指揮之權（法組88）。

第四款　審判期日之程序

刑事訴訟之審理有形式上審理與實體上審理之分。凡起訴之案件，必先調查訴訟程序是否合於起訴條件，如有欠缺，法院應即爲免訴（刑訴302）、不受理（刑訴303），或管轄錯誤（刑訴304）之判決，而無須爲實體上之審判（刑訴307）。如起訴合於法律要件，法院當應進入實體上之審理。並分別諭知科刑、免刑（刑訴299）、無罪（刑訴301 I）之判決。

茲就實體之審理程序，說明如下：

一、朗讀案由

審判期日，以朗讀案由爲始（刑訴285）。審判期日，除有特別規定外，被告不到庭者，不得審判（刑訴281）。而被告到庭之時間，應以朗讀案由爲準。依49台上1356號判例：「審判期日應傳喚被告或其代理人，並通知檢察官、辯護人、輔佐人爲刑事訴訟法第二百五十條（現行法第二百七十一條）之所明定，上訴人等在原審既曾委任律師爲共同辯護人，乃

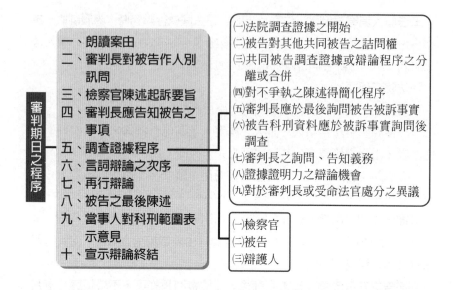

原審並未於審判期日通知該辯護人到庭辯護,而逕行判決,其所踐行之訴訟程序,自屬於法有違。」

　　所謂「**案由**」,指被告所犯之罪名而言,如「101 年度訴字第 007 號某甲殺人案,現在開始審理。」

二、審判長對被告作人別訊問

　　審判長或獨任法官依第 94 條,應先詢問被告之姓名、年齡、籍貫、職業、住所或居所,以查驗其人有無錯誤(刑訴 286 前段)。如許用代理人之案件,經被告委任代理人出庭者,則應查明代理權之有無,並就代理人為人別訊問。

三、檢察官陳述起訴要旨

　　所謂「**起訴要旨**」,指被告之犯罪事實及證據並所犯法條(刑訴 264 ②),亦可直接朗讀起訴書。如屬自訴案件,則由自訴代理人陳述自訴要旨。此項陳述為審判之基礎,法院未經檢察官之陳述,而為審判者,即為違法。

四、審判長應告知被告之事項

檢察官陳述起訴要旨後，審判長應告知被告第 95 條規定之事項。即：

㈠**起訴罪名**：犯罪嫌疑及所犯所有罪名。罪名經告知後，認為應變更者，應再告知。

㈡**緘默權**：得保持緘默，無須違背自己之意思而為陳述。

㈢**選任辯護人權**：得選任辯護人。

㈣**請求調查證據**：得請求調查有利之證據。

五、調查證據程序

㈠**法院調查證據之開始**：依本法第 288 條第 1 項規定：「調查證據應於第二百八十七條程序完畢後行之。」即審判長應告知被告之基本權利後，再進行調查證據之程序。因本法修正為改良式當事人進行主義之後，有關訴訟程序之進行，以採當事人間互為攻擊、防禦之型態為基本原則，法院不立於絕對主導之地位，亦即法院依職權調查證據，退居於補充、輔助之性質。因此，在通常情形下，法院應係在當事人聲請調查之證據全部或主要部分均已調查完畢後，始補充進行。

㈡**共同被告調查證據或辯論程序之分離或合併**：如法院認為適當時，得依職權或當事人或辯護人之聲請，以裁定將共同被告之調查證據或辯論程序分離或合併。若各共同被告之利害相反，而有保護被告權利之必要者，則應分離調查證據或辯論（刑訴 287 之 1）。

1. 共同被告之意義：所謂「**共同被告**」（英：co-defendant；德：Mitangeklage）：即在同一訴訟程序中，有數人被訴者而言。訴訟開始時，只有一個起訴書狀而有 2 人以上被起訴之情形，或經過合併的手續而合併審判之情形。依我國刑訴法第 7 條第 2 款至第 7 款之相牽連案件，由檢察官合併偵查或合併起訴（刑訴 15），或追加起訴（刑訴 265）之情形者，均得形成共同被告。此種「刑事程序上之共同被告」與刑法上之共犯不同，不可混為一談。

2. 被告對其他共同被告之詰問權：依釋字第 582 及 592 號之解釋認為：「刑事審判上之共同被告，係為訴訟經濟等原因，由檢察官或自訴

人合併或追加起訴，或由法院合併審判所形成，其間各別被告及犯罪事實仍獨立存在。故共同被告對其他共同被告之案件而言，為被告以外之第三人，本質上屬於證人，自不能因案件合併關係而影響其他共同被告原享有之上開憲法上權利。」因此，被告面對其本人之刑案的審判，對於共同被告當享有詰問權，此時當須遵循證人調查之程序進行。因此本法第 287 條之 2 規定：「法院就被告本人之案件調查共同被告時，該共同被告準用有關人證之規定。」

㈢**對不爭執之陳述得簡化程序**：審判長對於準備程序中當事人不爭執之被告以外之人之陳述，為節省勞費，得僅以宣讀或告以要旨之方式代替證據之調查，但法院如認為有必要，則例外仍應調查之，以免爭議（刑訴 288II）。

㈣**審判長應於最後詢問被告被訴事實**：為避免法官於調查證據之始，即對被告形成先入為主之偏見，且助於導正偵審實務過度偏重被告自白之傾向，並於理念上符合無罪推定原則，乃要求審判長就被告被訴事實為訊問者，原則上應於調查證據程序之最後行之。至於適用簡式審判程序之案件，因審判長須先訊問被告以確認其對於被訴事實是否為有罪之陳述，乃能決定調查證據之方式，故設除外之規定，以避免適用時發生扞格（刑訴 288III）。

㈤**被告科刑資料應於被訴事實詢問後調查**：由於我國刑事訴訟不採陪審制，認定犯罪事實與科刑均由同一法官為之，為恐與犯罪事實無關之科刑資料會影響法官認定事實的心證，則該等科刑資料應不得先於犯罪事實之證據而調查，乃明定審判長就被告科刑資料之調查，應於其被訴事實訊問後行之（刑訴 288IV）。

㈥**審判長之詢問、告知義務**：審判長每調查一證據畢，應詢問當事人有無意見。審判長應告知被告得提出有利之證據（刑訴 288 之 1）。

㈦**證據證明力之辯論機會**：法院應予當事人、代理人、辯護人或輔佐人，以辯論證據證明力之適當機會（刑訴 288 之 2）。

㈧**對於審判長或受命法官處分之異議**：當事人、代理人、辯護人或輔佐人對於審判長或受命法官有關證據調查或訴訟指揮之處分不服者，除

有特別規定外，得向法院聲明異議。法院應就此項異議裁定之（刑訴 288 之3）。本條所定當事人、代理人、辯護人或輔佐人之聲明異議，其對象包括審判長或受命法官有關「**證據調查**」及「**訴訟指揮**」之處分，且此之「處分」，包含積極之行為及消極之不作為在內，但僅以該處分「不法」為限，不包括「不當」之處分。如審判長或受命法官怠於調查證據或維持訴訟秩序，而有違法情事時，當事人、代理人、辯護人或輔佐人即得向法院聲明異議（刑訴事項 142）。

六、言詞辯論之次序

言詞辯論可分離或合併辯論（刑訴 287 之 1 I）。審判長於調查證據完畢後，應命當事人依下列次序，就事實及法律分別辯論之（刑訴 289 I）：

㈠**檢察官**：首先由檢察官論告，應就本案之犯罪事實及證據，應適用之法條，量刑之輕重，及具體之求刑提出說明。又檢察官雖以揭發犯罪對被告之攻擊為職志，但如於審判中發現有利於被告之證據，亦不妨為有利於被告之論告。

㈡**被告**：被告得針對檢察官之論告，逐一提出答辯，實施防禦。即就有利於己之部分，證明自己之無辜或受冤曲，如檢察官之論告為真實，亦可對自己之行為已感悔悟。如審判長諭知被告為辯論，而被告不為答辯者，程序仍為合法。

㈢**辯護人**：被告辯論後，再由辯護人就有利於被告之事實及法律為被告辯護，審判長得在雙方之論辯中，以發見事實之真相，以免造成冤曲，因此審判長為判明事實，已辯論者，亦得命雙方再行辯論。

七、再行辯論

已辯論者，得再為辯論，審判長亦得命再行辯論（刑訴 289 II）。此表示使當事人能暢所欲言，以明事實之真相，在同一審判期日所行辯論，不以一次為限。至於輔佐人依法得在法院陳述意見（刑訴 35 II），依實際並得於被告及辯護人之後陳述之。

八、被告之最後陳述（刑訴 290）

審判長於宣示辯論終結前，最後應詢問被告有無陳述。此項規定旨在讓被告有充分答辯之機會，如審判長認為有再行調查證據之必要者，自得再為調查證據。如審判長未履行此項程序而為判決者，依本法第 379 條第 11 款之規定，其判決當然為違背法令。

習題：審判長甲在被告乙殺人案件辯論終結前，問被告乙要不要陳述。被告乙答稱已經陳述過，不必再陳述，此時被告乙之辯護律師丙卻當場表示乙未犯罪請給予乙無罪判決。接著審判長甲宣示辯論終結。問本件所進行之審判程序是否合法？試說明之。（91 司）

九、當事人對科刑範圍表示意見

當事人與辯護人就事實及法律辯論之後，審判長應予當事人就科刑範圍表示意見之機會（刑訴 289III），使量刑更加精緻、妥適。

十、宣示辯論終結

審判長於詢問被告有無最後陳述後，如被告不再陳述，而認為審判期日應進行之訴訟程序，已全部完成，即可宣示辯論終結，並定期宣判，並依本法第 224、311 條規定，宣示判決，應自辯論終結之日起 14 日內為之。並告知上訴期間及提出上訴狀之法院（刑訴 314）。

第五款　再開辯論

一、再開辯論之原因

審判長於宣告辯論終結後，遇有必要情形，法院得命再開辯論（刑訴 291）。所謂「**再開辯論**」，係指廣義而言，舉凡被告之詢問，證據之調查及其他審理之程序，於再開辯論後均可再行。

再開辯論之原因，須視案情有無必要以為斷，如證據之調查尚不完備，或有重要之證據漏未調查，或認定事實有困難等情形，均可宣告再開辯論，以謀補救。至於再開辯論係由法院決定，因此如為合議庭，應由合議庭之庭員決定，以裁定行之，對此裁定，不得抗告（刑訴 404）。當事人在訴訟上則無聲請法院再開辯論之權。

二、再開辯論與再行辯論之區分

	再開辯論	再行辯論
宣布時間	於辯論終結後為之。	於辯論終結前為之。
決定權	由法院裁定之，行合議審判之案件由出席之庭員決定。	為訴訟指揮權之一，由審判長決定之。
辯論範圍	為廣義辯論。	為狹義辯論。
前後辯論關係	與前次辯論，不相銜接。	為前次辯論之續行。

習題：何謂再開辯論？其原因為何？與再行辯論有何不同？

第六款　審判之連續

　　所謂「**審判之連續**」，係指審判非一次期日所能終結者，應於次日連續開庭；如有特別情形，下次開庭日期，亦不得間隔 15 日以上（刑訴 293）。所謂「**連續開庭**」，係指繼續前審判期日所進行的審判程序。此所謂「**特別情形**」，係概括規定，凡當事人本身或法院內部之情形均屬之。

　　因本法係採直接審理主義及言詞辯論主義為判決之基礎，如案情複雜，當日無法審理終結，勢必延續數日，惟恐法官之連續審理期日間隔過久，失去記憶，以致影響自由心證之取捨，因此縱有特別情形，亦不得間隔 15 日以上。

第七款　審判之更新

一、更新審判之意義

　　所謂「**更新審判**」，即審判期日所施行之審判程序，因法官更易或連續開庭之期日間隔 15 日以上，而須重行開始審理之謂。但更新審判程序，係專指審判庭實施之審判程序而言，與受命法官之調查證據程序無關。更新審判後，凡其他應於審判期日調查之程序，均應重新為之。即應從檢察官之陳述起訴要旨開始，再對被告予以訊問，並為證據之調查，但在更新前證人或其他訴訟關係人所為之陳述，可作為書證，經依本法第 165 條向被告宣讀或告以要旨或交閱覽的調查程序後，就可採為證據，不必再傳喚證人重新訊問。

二、更新審判之情形

（一）**參與審判之法官有更易者**：因本法係採直接審理主義及言詞辯論主義，因此審判期日，應由參與之法官始終出庭，如有更易，應更新審判程序（刑訴 292 I）。但參與審判期日前準備程序之法官有更易者，毋庸更新其程序（刑訴 292 II）。

（二）**時間間隔不能連續開庭者**：審判非一次期日所能終結者，除有特別情形外，應於次日連續開庭；如下次開庭因事故間隔至 15 日以上者，應更新審判程序（刑訴 293）。所謂「**事故**」，乃指天災、地變、法官本身或法院內部之情形而言。

（三）**簡式審判程序之更新**：行簡式審判程序之裁定若經撤銷改依通常程序進行審判時，審判長應更新審理程序。但檢察官（或自訴代理人）、被告若對於程序之進行無異議者，就不必更新審判程序（刑訴 273 之 1 III）。

習題：何謂更新審判？其情形為何？

三、再開辯論與更新審判之不同

	再開辯論	更新審判
宣布原因	辯論終結後，為回復終結前之訴訟狀態，使審判期日得以延續。	因法官更易或連續開庭之期日間隔 15 日以上，為重行開始之審理程序。
法院裁量	辯論終結後，遇有必要情形，法院「得」命再開辯論（刑訴 291）。	法院於審判期日遇有法官更易時，應更新審判（刑訴 292）。
法院職權	再開辯論，法院以裁定行之。	更新審判由審判長諭知，但審判筆錄內又無諭知更新審判之記載，但實際上已更新審判之程序者，亦不能指為違法（29 上 1601）。
前證據之運用	前次程序所得之證據資料及其他審理之程序，得為裁判之基礎。	前程序所得之證據資料，非經合法調查，不得採為裁判之基礎。

習題：再開辯論與更新審判之性質有何不同？

第八款　審判之停止

審判之停止者，因某種因素的存在，妨礙審判之進行，而暫時停止

審判程序之謂。有應停止與得停止之分，如應停止而未經停止者，其判決為違背法令（刑訴 379 ⑨），所進行之程序為無效，足為第三審上訴之理由（刑訴 377）。

一、審判停止之原因

(一)應停止訴訟程序者：

1.法官被聲請迴避者：法官因有本法第 17 條應自行迴避之原因，不自行迴避，而被聲請迴避者，除因急速處分或以第 18 條第 2 款為理由者外，應即停止訴訟程序（刑訴 22）。

2.被告因心神喪失或疾病不能到庭：被告心神喪失者，應於其回復以前停止審判（刑訴 294 I）。被告因疾病不能到庭者，應於其能到庭以前停止審判（刑訴 294 II）。前二項被告顯有應諭知無罪或免刑判決之情形者，得不待其到庭，逕行判決（刑訴 294 III）。許用代理人案件委任有代理人者，不適用前三項之規定（刑訴 294 IV）。

3.等候總統卸任之停止審判：依憲法第 52 條規定，總統除犯內亂或外患罪外，非經罷免或解職，不受刑事上之訴究。因此依釋字第 627 號解釋，總統除犯內亂、外患罪以外刑事犯罪，無論公訴或自訴，於其就職之日起，應暫時停止審判，俟其卸職之日起，始得繼續審判。

(二)得停止訴訟程序者：等候他罪判決（刑訴 295-297）：

1.等候相關之他罪判決：犯罪是否成立以他罪為斷，而他罪已經起訴者，得於其判決確定前，停止本罪之審判（刑訴 295）。如刑法之收受贓物罪（刑 349），以收受之物確係贓物為要件，即是否為竊盜、搶奪、侵占、詐欺等之不法取得為前提，因此如他罪已經起訴，法官得於他案確定前，停止審判。

2.等候無關之他罪判決：被告犯有他罪已經起訴應受重刑之判決，法院認為本罪科刑於應執行之刑無重大關係者，得於他罪判決確定前停止本罪之審判（刑 296）。

3.等候民事判決者：犯罪是否成立或刑罰應否免除，以民事法律關係為斷，而民事已經起訴者，得於其程序終結前停止審判（刑 297）。

依 33 上 1355 號判例：「犯罪是否成立或刑罰應否免除，以民事法律關係為斷，而民事已經起訴者，刑事審判應否停止，刑事法院原有審酌之權，如併就民事法律關係自行審認，以為刑事判決之基礎，不停止刑事審判之程序，亦為法之所許。」

二、審判停止之回復

本法第 294 條第 1 項被告心神喪失，或第 2 項因疾病不能到庭，及第 295 條、第 296 條等候他罪判決，或第 297 等候民事判決，及等候總統卸任等原因消滅時，法院應繼續審判，當事人亦得聲請法院繼續審判（刑訴 298）。

第九款　審判之判決

一、判決之意義

判決（英：judgment, decree, decision；德：Urteil；法：jugement, arrêt）者，乃法院就實體法上或訴訟法上，對於訴訟關係之權利義務所為之意思表示之謂。為裁判之一種，原則上須基於當事人之言詞辯論，達到可為裁判之程度，由承辦之法官為之。

二、裁判之評議

㈠**獨任裁判案件**，由法官單獨決定之。

㈡**合議裁判案件**，應由參與合議庭之法官評議決定之（法組 101）。裁判之評議，以審判長為主席（法組 102），裁判之評議於裁判確定前均不公開（法組 103）。

1.評議時陳述意見之順序：評議時法官應各陳述意見，其次序以資淺者為先，資同以年少者為先，遞至審判長為終（法組 104）。

2.評議意見之決定：評議以過半數之意見決定之。關於數額，如法官之意見分三說以上，各不達過半數時，以最多額之意見順次算入次多額之意見，至達過半數為止。關於刑事，如法官之意見分三說以上，各不達過半數時，以最不利於被告之意見順次算入次不利於被告之意見，至達過半數為止（法組 105）。

3.評議意見之記載及保密義務（法組 106）：評議時各法官之意見應記載於評議簿，並應於該案裁判確定前嚴守秘密。案件之當事人、訴訟代理人、辯護人或曾為輔佐人，得於裁判確定後聲請閱覽評議意見。但不得抄錄、攝影或影印（法組 106）。

第十款　判決之種類

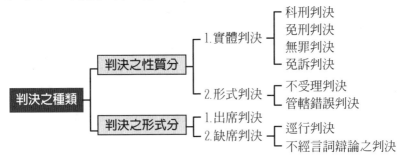

實體判決者，即在實體法上，確定刑罰權之有無及其範圍之裁判，稱為「**實體判決**」。除法律有特別規定外，一般認為須具備：1.基於當事人之辯論，2.法院須公開審理，3.依法由定員法官出庭審理，4.須由當事人進行言詞辯論。

一、實體判決之種類

㈠**科刑判決**：法院基於所得之證據，被告犯罪已經證明者，應諭知科刑之判決（刑訴 299 I 前段）。即為有罪之判決。所謂「**犯罪已經證明**」者，即法院依其調查所得之證據，已經證明被告犯罪事實之謂。法院當須依據法律，予以科處刑罰。

㈡**免刑判決**：法院依據證據，雖足證明被告之犯罪事實，應諭知科刑之判決，但如其所犯之罪，法律規定，免除其刑者，當應諭知免刑之判決（刑訴 299 I 但）。

　　1.免刑判決之種類：實體法上有關免刑之判決，有絕對的免除與相對的免除[1]。

---

[1] 參照褚劍鴻，前揭書（下），頁 527。朱石炎著：前揭書，頁 376。

⑴絕對的免除其刑（即免除其刑），如：中止犯（刑 27）、內亂罪之自首（刑 102）、行賄自首（刑 122III）、湮滅證據罪自白（刑 166）、親屬間藏匿人犯及湮滅證據（刑 167）、偽證誣告之自白（刑 172）、因疾病或防止生命上危險而墮胎（刑 288III）、貪污或行賄之自首或自白（貪 8 I、11IV）、犯槍砲彈藥刀械管制自首與自白（槍 18）、犯洗錢防制法自首（洗 11 V）、總統、副總統選舉對於有投票權人賄賂自首（總選 86IV、89IV、V）、對於有投票權人賄賂自首或自白（公選 99IV、100VI、101IV、V）。

⑵相對的免除其刑（得免除其刑），如：正當防衛過當（刑 23 但）、緊急避難過當（刑 24 I 但）、輕微犯罪（刑 61）、親屬相盜（刑 324 I）、親屬贓物罪（刑 351）、違反集會結社之自白（國安 5 之 1IV）。

2.免刑判決之附帶處分：依刑法第 61 條規定，為前項免刑判決前，並得斟酌情形經告訴人或自訴人同意，命被告為下列各款事項（刑訴 299 II），並應附記於判決書內（刑訴 299III）：

⑴向被害人道歉。

⑵立悔過書。

⑶向被害人支付相當數額之慰撫金。本款並得為民事強制執行名義（刑訴 299IV）。

3.變更法條：因科刑與免刑判決都屬有罪判決，而法院不得就未經起訴之犯罪審判（刑訴 268），以免違反不告不理原則，為此，本法第 300 條乃規定，前條科刑或免刑之判決，得就起訴之犯罪事實，變更檢察官所引應適用之法條。此係法院按審理的結果，認定被告犯罪之事實後，引用正確的法條而予論罪科刑或予免刑。但在變更起訴之法條時，須受同一事實之限制，亦不許逾越同一事實之範圍。茲舉案例說明之：

⑴得變更法條之案例：如 30 上 1574 號判例：「刑事訴訟法第二百九十二條（現行法第三百條）所謂得就起訴之犯罪事實變更檢察官所引應適用之法條，係指法院於**不妨害事實同一之範圍內**，得自由認定事實，適用法律而言，故同一殺人事實，檢察官以教唆犯起訴，而法院認為正犯或從犯者，仍不妨害事實之同一，即

得變更檢察官所引應適用之法條。」

⑵錯誤變更法條之案例：69 台上 1802 號判例：「科刑或免刑之判
決，得就起訴之犯罪事實，變更檢察官所引應適用之法條者，係
指法院得在事實同一之範圍內，亦即必不變更起訴之犯罪事實，
始得自由認定事實，適用法律。本案起訴書，係指上訴人有詐欺
事實，並無一語涉及行求賄賂，且詐欺與行賄，乃截然不同之兩
事，要無事實同一之可言，乃原審遽行變更檢察官對上訴人詐欺
犯罪之起訴法條，論處上訴人行賄罪刑，殊屬違誤。」

㈢**無罪判決**：不能證明被告犯罪或其行為不罰者應諭知無罪之判決（刑
訴 301）。故其情形有二：

1.不能證明被告犯罪：犯罪事實應依證據認定之，無證據不得認定
犯罪事實（刑訴 154 II）。依 20 上 893 號判例：「認定犯罪事實，須憑證據，
為刑事訴訟法所明定，故被告犯罪嫌疑，經審理事實之法院，已盡其調查
職責，仍不能發現確實證據足資證明時，自應依同法第三百十六條（現行
法第三百零一條）為無罪判決。」

再依 73 台上 3892 號判例：「偵查程序以發現真實之犯罪人為目的，
如某甲不屬於犯罪之人時，應繼續發現何人（乙或丙甚或丁）為犯罪之人；
但審判程序，法院祇須判斷已被起訴之被告是否為真實之犯罪行為人，若
經為必要之調查，其所獲得之證據資料，仍不足為該被告有罪之論證時，
即應為無罪之諭知。至該項犯罪事實，究係被告以外何人所為，則無查明
之義務。」

2.行為不罰者：依本法第 252 條第 8 款行為不罰者，檢察官本應為
不起訴處分，惟此種情形，可分為二：

⑴行為不成立犯罪者：如民事上糾紛，應依民事程序解決，其觸
犯行政罰者，則依行政訴訟處理之。

⑵其行為有阻卻違法或責任者：如依法令之行為，正當防衛行為，
緊急避難行為或無責任能力之未滿 14 歲人（刑 18），精神障礙
或心智缺陷人（刑 19），縱其觸犯殺人、傷害等罪，因法律規定
阻卻犯罪之成立，故其行為不罰，凡此情形，法院應諭知無罪
之判決。惟如法院認有宣付保安處分之必要時，應同時依本法
第 481 條第 2 項諭知其保安處分及期間。

　　至於未滿 14 歲人有違法行為者，應優先適用少年事件處理法，並移送少年法庭處理，而不適用行為不罰之規定，作不起訴處分。因此如檢察官誤予起訴，法院不應適用本法第 301 條之規定，而應判決不受理，以終結訴訟繫屬。

　四**免訴判決**：乃否認犯罪之刑罰權的存在，不得再為訴訟之客體，而免於追訴處罰之謂。免訴判決雖為形式判決，但仍兼具實體性質之程序判決。案件有下列情形之一者，應諭知免訴之判決（刑訴302）：

　　1.曾經判決確定者：判決確定之同一案件，依一事不再理之原則，不得更為實體上之判決，**係以該案已有實體上之確定裁判者為限**，如僅從程序上所為之裁判，既與案件之內容無關，即不受前項原則之拘束（22上2514）。

　　又同一案件曾經判決確定者，應諭知免訴之判決，刑事訴訟法第二百九十四條第一款（現行法第三百零二款）規定甚明，縱令後之起訴事實較之確定判決之事實有減縮或擴張之情形，仍不失為同一案件。偽造文書為行使偽造文書之階段行為，偽造文書之事實既經判決確定，對於行使偽造文書再行起訴者，其範圍雖較確定判決擴張，仍屬同一案件，即應諭知免訴（30上2244）。

　　2.時效已完成者：此之時效係刑法上追訴權之時效期間而言（刑80），追訴權時效已完成者，犯罪之起訴權消滅。時效已完成者，偵查中檢察官本應為不起訴之處分（刑訴252②），如經提起公訴，則法院應諭知免訴之判決。

　　3.曾經大赦者：大赦之效力（赦2），凡已受罪刑之宣告者，其宣告為無效。未受罪刑之宣告者，其追訴權消滅。曾經大赦者，檢察官本應為不起訴之處分，如經起訴，則法院應諭知免訴之判決（刑訴252③）。依36上4483號判例：「罪犯之赦免，係一種特典，如被訴罪刑合於赦免之規定者，即應適用刑事訴訟法第二百九十四條第三款（現行法第三百零二條）予以免訴，其實體如何，自非所問。」

　　4.犯罪後之法律已廢止其刑罰者：所謂「**犯罪後之法律已廢止其刑罰**」者，是指處罰條文廢止而言，又如處罰條文修改後，犯罪之構成要件已有變更，起訴時認為是犯罪之行為，審判時已修改而不以為犯罪者，亦包括在內。至於其他形式判決，如不受理、管轄錯誤判決，因其僅為

確定訴訟法上之法律關係，屬於單純程序之形式判決，並無實質的確定力，故與免訴判決並不相同。

習題：免訴判決屬於形式判決，是否具有實質的確定力？其他的形式判決是否相同？試說明其理由。（85 司㈡）

二、形式判決之種類

㈠**不受理判決**：不受理判決，為形式上之審理，屬程序判決。因欠缺訴訟要件，就不須進入實體上之審理，故有下列情形之一者，法院應諭知不受理之判決（刑訴 303）。

1.起訴之程序違背規定者：

⑴未依程序提出書狀者：無論提起公訴或自訴應向管轄法院提出起訴書或自訴狀為之（刑訴 264、320）。否則即屬起訴之程序違背規定，法院收到此類案件，應先為形式上之審理，如經審理後，認為欠缺訴訟之要件，則應為形式之判決，毋庸再為實體上之審理（72 台上 4481）。當應諭知不受理之判決。

⑵機關不得為犯罪之被告：刑事訴訟上之被告，以行為人為限，依 54 台上 1894 號判例：「法人為刑事被告，除有明文規定外，在實體法上不認其有犯罪能力，在程序法上不認其有當事人能力，故以法人為被告而起訴，其程序即屬違背規定，應依刑事訴訟法第二百九十五條第一款（現行法第三百零三條）為不受理之判決，與案件不得提起自訴而提起之情形迥異，不容相混。」

2.已經提起公訴或自訴之案件，在同一法院重行起訴者：依司法院釋字第 168 號解釋：「已經提起公訴或自訴之案件，在同一法院重行起訴者，應諭知不受理之判決，刑事訴訟法第三百零三條第二款，定有明文。縱先起訴之判決，確定在後，如判決時，後起訴之判決，尚未確定，仍應就後起訴之判決，依非常上訴程序，予以撤銷，諭知不受理。」

所謂「**同一案件重行起訴**」，即被告與犯罪事實均為同一。所謂「**重行起訴**」，係指同一案件在同一法院重行起訴而言，其目的在避免二重判決之分歧。其情形如下：

⑴提起公訴有前後重行起訴者，則後訴應不受理。

　　(2)提起自訴有前後重行起訴者，則後訴應不受理。

　　(3)自訴在前，公訴在後，對於公訴應不受理。

　　3.告訴或請求乃論之罪，未經告訴、請求或其告訴、請求經撤回或已逾告訴期間者：本款因缺乏刑事追訴要件，在偵查中檢察官原應依本法第 252 條第 5 款予以不起訴之處分，審判中當應諭知不受理之判決。至於告訴或請求乃論之罪，如於偵查中或審判中撤回告訴或請求，亦應予以不起訴之處分，或諭知不受理之判決。

　　4.曾為不起訴處分、撤回起訴或緩起訴期滿未經撤銷，而違背本法第 260 條之規定再行起訴者：不起訴處分已確定或緩起訴處分期滿未經撤銷者，非有(1)發現新事實或新證據者，(2)有第 420 條第 1 項第 1 款、第 2 款、第 4 款或第 5 款所定得為再審原因之情形者，不得對同一案件再行起訴，撤回起訴者，亦準用此規定（刑訴 270）。所謂「**新事實或新證據**」者，即於不起訴處分後，新發現以前未知覺之事實之謂。如有違背而再行起訴，則應諭知不受理之判決。

　　5.被告死亡或為被告之法人已不存續者：刑事訴訟關係，乃由原告、被告與法院之三者關係所構成，如被告於訴訟中死亡，刑事訴訟關係就不能成立，法院自應諭知不受理之判決。又如法人在訴訟進行中，法人解散者，當不在本款適用範圍內，自應諭知不受理之判決。惟如於判決確定後，發現被告未死亡者，則應由檢察官或自訴人，向判決之原審法院聲請再審以救濟之（刑訴 422 ①,③）。

　　6.對於被告無審判權者：對於被告無審判權，應以判決當時為標準而決定之。依本法第 1 條第 2 項規定，現役軍人之犯罪，除犯軍法應受軍事裁判者外，仍應依本法之規定追訴處罰。因此如被告應受軍法審判或享有治外法權者，對之就無審判權，當應諭知不受理之判決。

　　7.依第 8 條之規定不得為審判者：依本法第 8 條之規定，同一案件繫屬於有管轄權之數法院者，由繫屬在先之法院審判之，繫屬在後之法院，則應依法為不受理之判決。但如經共同之直接上級法院裁定，亦得由繫屬在後之法院審判。此時繫屬在先之法院即應諭知不受理之判決。

　　8.自訴代理人經合法通知無正當理由不到庭，應再行通知，並告知自

訴人。自訴代理人無正當理由仍不到庭者，應諭知不受理之判決（刑訴331）。

本法改採自訴強制律師代理制度，如非必要，不須傳喚自訴人到庭，自訴人縱不到庭或到庭不為陳述，於訴訟已無大影響，不宜有失權效果之規定。

為落實自訴強制律師代理制度，於自訴代理人經合法通知，無正當理由不到庭時，法院應改期審理，再行通知自訴代理人，並同時告知自訴人，以便自訴人決定是否另行委任代理人。如自訴代理人無正當理由，仍不到庭者，可見其不重視自訴或係濫行訴訟，法院自應諭知不受理之判決，以終結自訴程序，惟此屬形式判決，仍不影響自訴人實質之訴訟權。

9.不得提起自訴而提起者，應諭知不受理之判決（刑訴334）：依31上2097號判例：「不得提起自訴而提起者，應諭知不受理之判決，固為刑事訴訟法第三百二十六條（現行法第三百三十四條）所明定，唯被害人死亡後，其有告訴權之親屬具狀申告，並未請求依照自訴程序辦理，且於訴狀內自己姓名之上註明其為告訴人，自非法院所得任意將告訴改為自訴而諭知不受理。」

㈡**管轄錯誤之判決**：法院對於無管轄權之案件（包括土地管轄及事務管轄），應諭知管轄錯誤之判決，並同時諭知移送於有管轄權之法院（刑訴304）。受移送之法院應逕為審判，勿庸再經配置之檢察官重行起訴。

在自訴案件，經諭知管轄錯誤之判決者，非經自訴人聲明，毋庸移送案件於管轄法院（刑訴335）。

依28上3636號判例：「刑事案件除有特別規定外，固由犯罪地或被告之住所、居所或所在地之法院管轄，但數同級法院管轄之案件相牽連而未繫屬於數法院者，自得依刑事訴訟法（舊）第六條由其中一法院合併管轄。本件自訴人向某地方法院自訴甲、乙、丙、丁共同背信，雖甲、乙、丙三人散居別縣，其犯罪地亦屬他縣轄境，而丁則仍居住該地方法院所轄境內，該地方法院依法既得合併管轄，即不得謂無管轄權，乃竟對於甲、乙、丙部份諭知管轄錯誤之判決，殊屬違誤。」

三、出席判決與缺席判決

從判決之形式分，得區分為出席判決與缺席判決。

㈠**出席判決**：法院基於被告直接到庭審理所為之判決，稱為出席判決。

⸻⸻**缺席判決**：我刑事訴訟法採直接審理及言詞審理爲基本原則，因此在審判期日，除有特別規定及許被告用代理人之案件由代理人到庭外，被告不到庭者，不得審判（刑訴281）。而且判決，除有特別規定外，應經當事人之言詞辯論爲之（刑訴221）。故審判期日，原則上均須被告出庭，始得判決，否則即屬違背法令，以保障被告之防禦權；但亦有例外，允許於被告未直接到庭，而得爲判決者，此即通稱之缺席判決。其情形如下：

1. 得不待陳述逕行判決：

   ⑴被告拒絕陳述者，得不待其陳述逕行判決；其未受許可而退庭者亦同（刑訴305）。

   　　此所謂「**拒絕陳述者**」，係指被告已經到庭而不陳述者而言，若未到庭而又係最重本刑爲有期徒刑之案件，即不得不待被告之陳述逕爲科刑判決之諭知（18非87）。

   ⑵法院認爲應科拘役、罰金或應諭知免刑或無罪之案件，被告經合法傳喚無正當理由不到庭者，得不待其陳述逕行判決（刑訴306）。惟仍應經過檢察官或自訴人一造之辯論終結程序爲之（院1688）。

   ⑶被告心神喪失或因疾病不能到庭，而被告顯有應諭知無罪或免刑判決之情形，且未委有代理人者，得不待其到庭，逕行判決（刑訴294III,IV）。

   ⑷自訴人於辯論終結前，喪失行爲能力或死亡者，得由第319條第1項所列得爲提起自訴之人，於1個月內聲請法院承受訴訟；如無承受訴訟之人或逾期不爲承受者，法院應分別情形，逕行判決或通知檢察官擔當訴訟（刑訴332）。

   　　依29上1811號判例：「傷害致死罪爲結果犯，受傷人既就傷害行爲提起自訴，其效力即及於傷害行爲所生結果之全部，嗣後自訴人因傷死亡，法院除得依法通知檢察官擔當訴訟外，應就其自訴傷害事實所發生之死亡結果而爲審判。」

   ⑸第二審上訴，被告經合法傳喚，無正當之理由不到庭者，得不待其陳述，逕行判決（刑訴371）。

依 29 上 2324 號判例：「被告不到庭得不待其陳述逕行判決者，以經合法傳喚，而無正當之理由不到庭，始得為之。如被告確在繫屬法院之監所羈押，該法院僅發給傳票，臨期不予簽提，致被告事實上不能到庭應訊，即不得謂其不到為無正當之理由。」

再依 53 台上 2928 號判例：「上訴人對於原審所定審判期日之傳票，雖已合法收受，但其早已遷居臺灣，前往金門應訊，因辦理出入境手續因難，無法如期到庭應訊，自不能謂無正當之理由，原審竟不待其陳述而逕行判決，於法顯有未合。」

(6)許被告用代理人之案件，得由代理人到庭（刑訴 281 II）。因被告應為之訴訟行為由代理人代為處理，法院自得逕行判決。

習題：我國刑事訴訟法第 281 條規定「審判期日，除有特別規定外，被告不到庭者，不得審判」，與同法第 371 條「被告經合法傳喚，無正當之理由不到庭者，得不待其陳述，逕行判決」之規定不同，其理由為何？請詳述之。（92 司）

四、不經言詞辯論而為判決

所謂「**不經言詞辯論而為判決**」，係指法院不必傳喚當事人，即不經言詞辯論，就書面審理，而逕行判決。蓋此類判決，均屬程序上之問題，不及實體上之裁決，故可不經言詞辯論為之。其情形為：

㈠**對免訴、不受理、管轄錯誤之判決**：第 161 條第 4 項、第 302 條至第 304 條之判決，得不經言詞辯論為之（刑訴 307）。

㈡**對管轄錯誤、免訴或不受理之判決上訴**：第 367 條之判決及對於原審諭知管轄錯誤、免訴或不受理之判決上訴時，第二審法院認其為無理由而駁回上訴，或認為有理由而發回該案件之判決，得不經言詞辯論為之（刑訴 372）。

㈢**第三審法院之判決**，不經言詞辯論為之。但法院認為有必要者，得命辯論（刑訴 389 I）。

㈣**受判決人已死亡者，為其利益聲請再審之案件**，應不行言詞辯論，由檢察官或自訴人以書狀陳述意見後，即行判決。但自訴人已喪失行為能力或死亡者，得由第 332 條規定得為承受訴訟之人於 1 個月內聲請法

院承受訴訟；如無承受訴訟之人或逾期不為承受者，法院得逕行判決，或通知檢察官陳述意見（刑訴437 I）。為受判決人之利益聲請再審之案件，受判決人於再審判決前死亡者，準用前項規定（刑訴437II）。

(五)**非常上訴之判決**，不經言詞辯論為之（刑訴444）。

(六)**簡易判決處刑**：第一審法院依被告在偵查中之自白或其他現存之證據，已足認定其犯罪者，得因檢察官之聲請，不經通常審判程序，逕以簡易判決處刑。但有必要時，應於處刑前訊問被告（刑訴449 I）。此項案件檢察官依通常程序起訴，經被告自白犯罪，法院認為宜以簡易判決處刑者，得不經通常審判程序，逕以簡易判決處刑（刑訴449II）。

(七)**協商判決**：協商判決，應不經言詞辯論，於協商合意範圍內為判決（刑訴455之4II）。

第十一款　判決書之製作與宣示判決

一、判決書之記載

(一)**判決書之一般規定**：判決書應分別記載其判決之主文與理由；有罪之判決書並應記載犯罪事實，且得與理由合併記載（刑訴308）。

所謂「**犯罪事實**」，係指法院依職權認定之被告犯罪事實而言，即犯罪之時、日、處所、動機、目的、手段、結果等與論罪科刑有關之事項，亦應依法認定，予以明確之記載（46台上1296）。

判決書應由法官製作之（刑訴50），並應記載受判決人之姓名、性別、年齡、職業、住所或居所；及檢察官或自訴人、並代理人、辯護人之姓名。判決書之原本，應由法官簽名；審判長有事故不能簽名者，由資深法官附記其事由，法官有事故者，由審判長附記其事由（刑訴51）。

(二)**其他特定之判決書**：

1.簡易判決：簡易判決，應記載下列事項（刑訴454）：

(1)第51條第1項之記載。

(2)犯罪事實及證據名稱。

(3)應適用之法條。

(4)第309條各款所列事項。

(5)自簡易判決送達之日起 10 日內，得提起上訴之曉示。但不得上訴者，不在此限。

前項判決書，得以簡略方式爲之，如認定之犯罪事實、證據及應適用之法條，與檢察官聲請簡易判決處刑書或起訴書之記載相同者，得引用之。

2.簡式審判程序爲有罪判決：適用簡式審判程序之有罪判決書之製作，準用第 454 條之規定（刑訴 310 之 2）。

3.協商程序之協商判決：協商判決書之製作及送達，準用第 454 條、第 455 條之規定（刑訴 455 之 8）。

二、通常程序之判決書的製作內容

㈠**標題**：標明所屬法院之民刑事判決，如臺灣臺北地方法院刑事判決，再記年度字號。

㈡**當事人**：

1.原告：因公訴、自訴而不同：

⑴公訴案件：記載公訴人臺灣臺北地方法院檢察署檢察官。

⑵自訴案件：記明姓名、性別、年齡、職業、住所或居所。

2.被告：記明姓名、性別、年齡、職業、住所或居所。

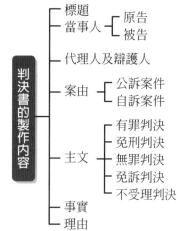

㈢**代理人及辯護人**：自訴人或被告委任代理人或選任辯護人者，亦應於判決書記載之。

1.代理人：姓名、性別、年齡、職業、住所或居所。（如係律師代理者，僅記載某某律師即可。）

2.辯護人：某某律師。（如指定辯護人係法院公設辯護人，或法官者，則記載本院公設辯護人或本院法官。）

㈣**案由**：即標明被告所犯之罪名，以公訴或自訴之罪名爲準。如：

1.公訴案件：右列被告等因懲治走私條例案件，經檢察官提起公訴，本院判決如左：

2.自訴案件：右列被告傷害案件，經自訴人提起自訴，本院判決如左：

㈤**主文**（德：Urteilsformel）：主文係法院對於起訴案件，基於調查之事實及理由所爲之判斷，即是判決之主旨，以爲執行之依據。因判決分爲科刑、免刑、無罪、免訴、不受理、管轄錯誤等六種不同之判決，主文當亦不同。

1.有罪判決：有罪之判決書，應於主文內載明所犯之罪，並分別情形，記載下列事項（刑訴309）：

⑴諭知之主刑、從刑或刑之免除：主刑分爲死刑、無期徒刑、有期徒刑、拘役及罰金五種。即應所諭知，標明主刑之種類及刑期或額數。

　從刑包括沒收及褫奪公權二種。沒收則依刑法第38條，褫奪公權則依第37條記明之。刑之免除者，則參照刑法第61條記明。

⑵諭知有期徒刑或拘役者，如易科罰金，其折算之標準：有期徒刑或拘役，如易科罰金，參照刑法第41條折算之。

⑶諭知罰金者，如易服勞役，其折算之標準：罰金如易服勞役，參照刑法第42條折算之。

⑷諭知易以訓誡者，其諭知：則參照刑法第43條之記載之。

⑸諭知緩刑者，其緩刑之期間：參照刑法第74條處理。

⑹諭知保安處分者，其處分及期間：參照刑法第86條至第95條定其處分及期間。

2.免刑判決：免刑亦爲有罪判決之一，惟免其刑而已。因此其主文應記載「某某犯某罪免刑」。

3.無罪判決：判決主文應諭知「某某無罪」，依法如有應諭知保安處分之必要者，應諭知其處分及期間。

4.免訴判決：如所犯數罪全部諭知免訴者，主文爲「本件免訴」，其一部之罪免訴者，應諭知「本件關於某部分免訴」。

5.不受理判決：如全部不受理，則主文應諭知「本件公訴（或自訴）

不受理」，一部不受理者，則諭知「本件關於某部分之公訴（或自訴）不受理」。

6.管轄錯誤判決：主文爲「本件管轄錯誤，移送某某法院」。

(六)**事實**（德：Urteilstatbestand）：有罪之判決書應記載犯罪事實，且得與理由合併記載（刑訴308）。有罪之判決書，不論是科刑或免刑判決，均應記載構成犯罪之事實及免除刑罰之原因。凡犯罪之主體、客體，犯罪之時、日、處所、動機、目的、手段、結果等，因果關係及其他與適用法律有關係之事實，均應依法認定，明確之記載。又沒收之物，亦須於犯罪有具體之記載。又犯罪事實，係法院所認定之犯罪行爲的事實，而無罪判決書因無認定之犯罪事實可供記載，固不必記載其犯罪事實，但仍應將檢察官之公訴意旨或自訴人之自訴意旨，於事實欄予以明確記載，始足以判斷法院所判決之範圍，是否與公訴意旨或自訴意旨之範圍相一致，以及有無已受請求之事項未予判決或未受請求事項予以判決之違法（76台上3332）。免訴、不受理、管轄錯誤判決，一般均不記載事實。

(七)**理由**（德：Entscheidungsgründe）：判決應敘述理由（刑訴223前段），因理由爲判決主文及認定事實所構成之依據，有罪之判決書，包括科刑或免刑之判決，應依本法第310條，於理由內，分別情形，記載下列事項：

1.認定犯罪事實所憑之證據及其認定之理由：犯罪事實應依證據認定之，無證據不得認定犯罪事實（刑訴154II）。因此，有罪判決書內所認定之犯罪事實及所憑之證據，應於理由書內記載。

所謂「**證據**」，舉凡犯罪行爲之實施及態樣，與適用法律有關之一切證據，均應詳爲記載，否則就有理由不備之違法（50台上3）。又此項證據，自係指實際上確係存在，就該案卷宗不難考見者而言，如判決書內所記載之證據，與原卷內容顯不相符，即其判決基以認定犯罪之根據實際上並不存在，自屬採證違法（29上2782）。

2.對於被告有利之證據不採納者，其理由：實施刑事訴訟程序之公務員，就該管案件，應於被告有利及不利之情形，一律注意（刑訴2I）。本條規定旨在保護被告之利益，尚且詢問被告，應先告知被告得請求調查有利之證據（刑訴95④），並應以辨明犯罪嫌疑之機會；如有辨明，應

命就其始末連續陳述，其陳述有利之事實者，應命其指出證明之方法（刑訴96）。法院為發見真實，得依職權調查證據。但於公平正義之維護或對被告之利益有重大關係事項，法院應依職權調查之（刑訴163 II）。

　　因此，對於被告有利之證據，如不採為判決之依據，則應於判決書內記載其理由，否則，其訴訟程序即屬違背法令（刑訴379 ⑭）。

　　3.科刑時就刑法第 57 條或第 58 條規定事項所審酌之情形：刑法第 57 條係規定科刑輕重應審酌之事項，第 58 條為科處罰金時，所應審酌之事項。法院之判決理由，自應說明量刑科罰所憑之標準，刑法第 57 條共有 10 款，理由書內，當應選擇適當之條款說明為已足。

　　4.刑罰有加重、減輕或免除者，其理由：刑法上之加重，有累犯加重（刑47）、公務員假借職務犯罪之加重（刑134）、傷害直系血親尊親屬罪（刑280）等。至於刑法上之減輕情形，如正當防衛過當（刑23但）、緊急避難過當（刑24但），未成年人、滿 80 歲人之責任能力（刑18）、瘖啞人之責任能力（刑20）、未遂犯（刑25）、幫助犯（刑30），及自首（刑62）之情形等是。此等均應於判決書內說明其理由。

　　至於裁判上之酌量減輕或免除，如刑法第 59 條至第 61 條規定之情形，亦應於判決之理由內敘述說明。

　　5.易以訓誡或緩刑者，其理由：刑法第 43 條，得易以訓誡，第 74 條及少年事件處理法第 79 條，得宣告緩刑，均須具有法定要件，有關緩刑問題司法院於 95 年 11 月 13 日發布「法院加強緩刑宣告實施要點」，於 98 年 12 月 2 日修正，其第 2 點規定：「法院對符合刑法第七十四條及少年事件處理法第七十九條規定之被告，依其犯罪情節及犯後之態度（列舉十二項），足信無再犯之虞，宜認為以暫不執行為適當，並予宣告緩刑。」

　　故如易以訓誡或緩刑者，除應於主文諭知之外，並應於理由書內說明其裁酌之理由。

　　6.諭知保安處分者其理由：保安處分為刑法第十二章（刑86-99），及「竊盜犯贓物犯保安處分條例」所明定，對於被告是否有諭知保安處分之必要，由法院斟酌犯罪之情形決定之。

　　7.適用之法律：即判決所依據之實體法及程序法。通常判決之理由前一段記載前述 1.～ 6.之情形，後一段再記載適用之法律。再綜合結論記述「據上論結，應依刑事訴訟法第○○○條，刑法第○○○條，判決如主文」。

三、判決書之簡化

　　㈠**簡易判決書之記載**：有罪判決，論知 6 月以下有期徒刑或拘役得易科罰金、罰金或免刑者，其判決書得僅記載判決主文、犯罪事實、證據名稱、對於被告有利證據不採納之理由及應適用之法條。此項判決，法院認定之犯罪事實與起訴書之記載相同者，得引用之（刑訴 310 之 1 II ）。

　　㈡**簡式審判程序有罪判決之記載**：適用簡式審判程序之有罪判決書之製作，準用第 454 條之規定（刑訴 310 之 2 ）。

四、判決之更正

　　判決顯係文字誤寫，而不影響於全案情節與判決之本旨，除判決宣示前得依同法第 40 條增刪予以訂正外，其經宣示或送達者，得參照民事訴訟法第 232 條，依刑事訴訟法第 199 條由原審法院依聲請或本職權以裁定更正，以昭鄭重（司釋 43 ）。更正裁定，不以原判決法官之參與爲必要（司釋 118 ）。但如判決原本主文有期徒刑刑期錯誤，則不得援用此一解釋，以裁定更正（民刑總會 44.12.26 決議）。

五、判決之宣示（德：Urteilsverkündung）

　　所謂「**宣示判決**」，係指法院將已經成立之判決，公諸於外之謂。判決除不經言詞辯論者外，均應宣示之（刑訴 224 I ）。在獨任制之審判，由獨任制之法官 1 人決定判決之內容，在合議制之裁判案件，則以評議過半數之意見決定之。判決必須經宣示後，始對外發生效力。

　　㈠**判決宣示之日期**：宣示判決，應自辯論終結之日起 14 日內爲之（刑訴 311 ）。爲使合議制法院能詳爲評議，受命法官或獨任審判之法官可詳細製作判決書原本，俾求增進裁判品質，將宣示判決期限自辯論終結之日起 14 日內爲之。

㈡**判決宣示之內容**：宣示判決，應朗讀主文，說明其意義，並告以理由之要旨（刑訴 225 I），判決得為上訴者，應於宣示時，將上訴期間及提出上訴狀法院於宣示時一併告知（刑訴 314）。

㈢**判決宣示之公告與通知**：判決之宣示應於宣示之翌日公告之，並通知當事人（刑訴 225III）。

㈣**判決宣示之被告與法官**：宣示判決，被告雖不在庭亦應為之（刑訴 312）。宣示判決，不以參與審判之法官為限（刑訴 313）。

㈤**論罪法條之附記**：有罪判決之正本，應附記論罪之法條全文（刑訴 314之 1）。

第十二款　判決後之處理

一、判決正本之送達

法官於判決宣示後，應於宣示當日將判決書原本交付書記官。但於辯論終結之期日宣示判決者，應於 5 日內交付之。書記官應於判決原本記明接受之年、月、日並簽名（刑訴 226）。書記官自接受判決原本之日起，至遲不得逾 7 日，將判決書正本送達於當事人、代理人、辯護人、告訴人及告發人，告訴人於上訴期間內，得向檢察官陳述意見（刑訴 227、314）。告訴人或被害人對於下級法院之判決有不服者，亦得具備理由，請求檢察官上訴。檢察官為被告之利益，亦得上訴（刑訴 344III, IV）。

二、判決書之登報

犯刑法偽證及誣告罪章或妨害名譽及信用罪章之罪者，因被害人或其他有告訴權人之聲請，得將判決書全部或一部登報，其費用由被告負擔（刑訴 315）。如被告不繳納登報費用時，得準用強制執行法強制執行（27院 1744）。

三、判決對羈押之效力

羈押之被告，經諭知無罪、免訴、免刑、緩刑、罰金或易以訓誡或第 303 條第 3 款、第 4 款不受理之判決者，視為撤銷羈押。但上訴期間

內或上訴中，得命具保、責付或限制住居；如不能具保、責付或限制住居，而有必要情形者，並得繼續羈押之（刑訴 316）。

四、扣押物之處分

扣押物未經諭知沒收者，應即發還。但上訴期間內或上訴中遇有必要情形，得繼續扣押之（刑訴 317）。扣押之贓物若無留存之必要者，不待案件終結，應以法院之裁定或檢察官之命令發還之（刑訴 142 I 前段）。

五、贓物之處理

㈠扣押物係贓物，而無第三人主張權利者，應不待被害人之請求，即行發還（刑訴 318 I）。

㈡扣押物因所有人、持有人、或保管人之請求，得命其負保管之責，而暫行發還者，若於發還後，無他項諭知者，視為已有發還之裁定（刑訴 318II）。

第二章　自　訴

第一節　自訴概說

一、自訴之意義

自訴（德：Privatklage）者，乃犯罪之被害人，可不經檢察官之偵查程序，逕向法院請求，對於被告確定刑罰權之有無及其範圍之訴。

刑事訴訟法之主義，本有國家追訴主義與私人追訴主義之別，其由檢察官代表國家對犯罪人提起訴訟之權，稱為「**公訴**」。其由犯罪之被害人向法院請求追訴犯罪者，稱為「**自訴**」。自訴與公訴有下列之不同：

二、自訴與公訴之不同

	自　訴	公　訴
提起人	由犯罪被害人提起自訴。但無行為能力或限制行為能力或死亡者，得由法定代理人、直系血親或配偶為之，此項自訴，應委任律師行之（刑訴319 I , II）。	由檢察官提起之訴訟。
起訴之內容	自訴稱起訴狀，除記載被告之特徵及有關犯罪事實及犯罪之日、時、處所、方法外，並應按被告之人數提出自訴狀之繕本（刑訴320 II , III）。	公訴稱起訴書，除記載被告之特徵及有關犯罪事實及所犯法條外，應將卷宗及證物一併移送法院（刑訴264 II）。
起訴之程式	自訴，應向管轄法院提出自訴狀為之（刑訴320 I）。	提起公訴，應由檢察官向管轄法院提出起訴書為之（刑訴264 I）。
起訴之代理	自訴並無代行自訴之規定（刑訴319 I），但書並非代行告訴，惟應委由律師行之（刑訴319 II）。	檢察官提起公訴後，得依利害關係人之聲請或依職權指定代行告訴人（刑訴236 I）。

習題：自訴程序與公訴程序有何不同？（58普書）

三、自訴與告訴之不同

	自　訴	告　訴
主體不同	由犯罪之被害人提起（被害人爲無行爲能力或限制行爲能力或死亡者）其法定代理人、直系血親或配偶爲之（刑訴319 I）。	得爲告訴之人除被害人及其法定代理人或配偶外，被害人已死亡者，得由其配偶、直系血親、三親等內之旁系血親、二親等內之姻親或家長、家屬告訴（刑訴232、233）。
程式不同	自訴狀應向管轄法院提出，並按被告之人數提出繕本（刑訴320III）。	即以書狀或言詞向檢察官或司法警察官提出即可。
當事人不同	自訴人爲當事人（刑訴3）。	告訴人非當事人。
管轄不同	自訴，應向管轄法院提出（刑訴320 I）。	告訴，則應向檢察官或司法警察官爲之（刑訴242 I）。
訴訟繫屬不同	提起自訴，即發生訴訟繫屬之效果。	提出告訴僅爲檢察官開始偵查原因之一（刑訴228 I），若未經檢察官提起公訴，尚不發生訴訟繫屬之效果。
有無不可分之不同	自訴之效力不及於自訴人所指被告以外之人（準刑訴266）。	適用告訴不可分原則，即告訴之效力，不僅對所告訴之犯罪人及事實發生，且及於未經告訴之其他共犯（刑訴239）。
代理不同	自訴之提起必須委任律師爲代理人行之（刑訴319 I）。	得委任代理人行之，不以律師爲限（刑訴236之1 I）。
提起限制之不同	對於直系尊親屬或配偶，不得提起自訴（刑訴321）。	告訴之提出則無此限制。

習題：試簡述自訴及告訴之意義及其區別。（68普書、96司）

四、告訴與公訴及自訴之不同

	告　訴	公　訴	自　訴
撤回之主體	有告訴權者，並已實施告訴之人，才可撤回。	僅檢察官可撤回，在檢察一體原則下，撤回公訴不以原檢察官爲限。	須自訴人始得撤回。

撤回之時間	須於第一審辯論終結前為之（刑訴238 I）。	檢察官於第一審辯論終結前，發見有應不起訴或以不起訴為適當情形，得撤回之（刑訴269 I）。	告訴或請求乃論之罪，於第一審辯論終結前，得撤回之（刑訴325 I）。
撤回之範圍	只要告訴人合法告訴後，如欲撤回，即可撤回。	限於應不起訴或以不起訴為適當者，始得撤回。	必限於告訴或請求乃論之罪，始得撤回。
撤回之程序	以言詞或書狀向法院或檢察官或司法警察官撤回均可（刑訴242 I）。	檢察官發見有應不起訴或以不起訴為適當之情形者，得提出撤回書敘述理由（刑訴269）。	原則上應以書狀為之，但於審判期日或受訊問時，得以言詞為之（刑訴325 II）。
撤回之效力	告訴乃論之罪，告訴人於撤回告訴後，不得再行告訴（刑訴328 II）。但其他有告訴權之人，於告訴期間內仍得再行告訴。	撤回起訴與不起訴處分有同一之效力（刑訴270）。告訴人接受不起訴處分書後，得聲請再議（刑訴256）。或聲請交付審判（刑訴258之1）。	撤回自訴之人，不得再行自訴或告訴或請求（刑訴325 IV）。但自訴之撤回，不影響於反訴（刑訴342）。

習題：告訴與公訴及自訴之撤回，其主體、時間、範圍、程序及效力，是否不盡相同，試比較之。（82 司）

第二節　自訴之主體

一、犯罪之被害人

犯罪之被害人得提起自訴。但無行為能力或限制行為能力或死亡者，得由其法定代理人、直系血親或配偶為之。此項自訴之提起，應委任律師行之（刑訴319 I，II）。

㈠**所謂「犯罪之被害人」**（英：victim；德：Verletzte；法：victime）：係指因侵權行為或犯罪而被侵害或受到侵害之危險者而言。但本條所指之受害人，必須是自訴人由於直接遭受損害，而非由於他人之轉嫁所造成。

亦即犯罪之被害人，固以因犯罪而直接被害之人為限，惟所謂「**直接被害人**」，係指其法益因他人之犯罪而直接被其侵害者而言，故凡財產法益被侵害時，其財產之所有權人固為直接被害人，即對於該財產有事實上

管領之人，因他人之犯罪行為而其管領權受有侵害者，亦不失為直接被害人，且被害之是否直接，須以犯罪行為與受侵害之法益有無直接關係為斷，如就同一客體有二以上之法益同時併存時，苟其法益為直接犯罪行為所侵害，則兩法益所屬之權利主體均為直接被害人，並不因另有其他之直接被害人而發生影響，即非不得自訴（42 台非 18）。

如非犯罪當時之直接被害人，依法既不得提起自訴，縱使嗣後因其他原因，致犯罪時所侵害之法益歸屬於其所有，要亦不能追溯其當時之自訴為合法（56 台上 2361）。

㈡**所謂「犯罪」**：不僅是普通法上之犯罪，特別法上之犯罪，亦得適用自訴程序（34 院 1319）。

㈢**法人亦得為被害人**：被害人並不限於自然人，法人亦得為被害人。因此股份有限公司為被害人時，僅得由其代表人提起自訴，公司之股東董事等，如未取得代表資格，自無以公司名義提起自訴之權（27 上 946）。又依法組織之公司被人侵害，雖股東之利益亦受影響，但直接受損害者究為公司，當以該公司為直接被害人（25 上 1305）。

㈣**國家機關不得提起自訴**：國家機關如稅捐稽徵處，既非自然人，又非有行為能力之法人，自不得提起自訴（49 台上 80）。但如具有公法人資格之政府機關，得提起自訴。

習題：何謂犯罪被害人？被害人於偵查中有哪些權利？（89 檢）

二、犯罪被害人之法定親屬

犯罪之被害人如無行為能力或限制行為能力或死亡者，得由其法定代理人、直系血親或配偶提起自訴（刑訴 319 I 但）。此因擁有獨立自訴權，應由法定代理人、直系血親或配偶之名義提起之。

習題：財產法益被侵害時，財產之管理人可否以其自己名義提起自訴？

第三節　自訴之程式

犯罪之被害人向管轄法院提起自訴，應委任律師行之（刑訴 319 II），並應提出自訴狀，自訴狀應按被告之人數，提出繕本（刑訴 320 IV）。

一、自訴之程式

自訴狀應記載下列事項（刑訴 320II）：

㈠被告之姓名、性別、年齡、住所或居所，或其他足資辨別之特徵。

㈡犯罪事實及證據並所犯法條。此項犯罪事實，應記載構成犯罪之具體事實及其犯罪之日、時、處所、方法。

如記載所犯法條而與所訴之犯罪事實不相適合，法院不受該項記載之拘束（82 台上 2014）。

自訴狀應按被告人數提出繕本，其未提出而情形可以補正者，法院應以裁定限期補正，此係以書狀提起自訴之法定程序，如故延不遵，應諭知不受理之判決。惟法院未將其繕本送達於被告，而被告已受法院告知自訴內容，經為合法之言詞辯論時，即不得以自訴狀繕本之未送達而認為判決違法（司釋 134）。法院於接受自訴狀後，應速將其繕本送達於被告（刑訴 328）。

二、自訴與公訴程式之不同

	自訴程式	公訴程式
起訴文書	犯罪被害人提起自訴狀（刑訴 319）。	由檢察官提出起訴書（刑訴 264 I）。
提起人	由自然人或法人提起自訴，並應委任律師行之（刑訴 319II）。	由檢察官提起。
書狀送達	自訴應向管轄法院提出自訴狀為之（刑訴 320 I），法院應速將其繕本送達於被告（刑訴 328）。	檢察官應將起訴書正本送達於告訴人、告發人、被告及辯護人（刑訴 263 準 255II,III）。
卷宗附送	自訴不須移送卷宗及證物，惟應按被告人數提出繕本（刑訴 320IV）。	起訴時應將卷宗及證物一併移送法院（刑訴 264III）。
簡易程序	無簡易程序之規定。	檢察官認為宜以簡易判決處刑者，應即以書面為聲請（刑訴 451 I）。

習題：自訴程序與公訴之程序有何不同？

三、自訴之限制

依國家追訴主義與私人追訴主義並行之原則，犯罪之被害人亦得提

起自訴，但無行為能力或限制行為能力或死亡者，得由其法定代理人、直系血親或配偶為之（刑訴 319 I）。但下列之情形，則不許自訴人提起自訴：

㈠**對於被告之限制**：對於直系尊親屬或配偶，不得提起自訴（刑訴 321）。蓋被害人與被告兩方為當事人，雙方立於攻擊防禦之對立地位，施之於直系尊親屬等，涉及人倫，有違孝道，而配偶關係之對立傷及夫婦情誼，自不適於提起自訴。此所稱之直系尊親屬，包括直系血親尊親屬及直系姻親尊親屬而言（26 院 1685）。惟被害人雖不得提起自訴，但仍可逕向檢察官告訴，由檢察官偵查並依公訴程序辦理。

若直系卑親屬與他人共同對於直系尊親屬提起自訴，或其自訴之被告除直系尊親屬外，尚列有他人，且非與直系尊親屬為親告罪之共犯者，則直系卑親屬對於直系尊親屬之自訴部分雖非合法，其非卑親屬之他人所提起之自訴及以直系尊親屬以外之人為被告所提起之自訴，均應認為適法（25上 2639）。

㈡**不得告訴或請求者**：告訴或請求乃論之罪，已不得為告訴或請求者，不得再行追訴（刑訴 322）。所謂「已不得為告訴或請求」，指告訴人於得為告訴期間內，未經合法告訴，或其告訴經撤回者而言，若已於法定期間內告訴，在偵查終結前，自得隨時提起自訴（40 台上 176）。但同一案件經提起自訴者，不得再行告訴或為第 243 條之請求（刑訴 324）。但該項自訴如因不合程序，經諭知不受理之判決而確定者，即已回復未自訴前之狀態，仍得由被害人依法告訴（27 上 792）。

㈢**同一案件經檢察官偵查終結者**：同一案件經檢察官依第 228 條規定開始偵查者，不得再行自訴。但告訴乃論之罪，經犯罪之直接被害人提起自訴者，不在此限（刑訴 323 I）。於開始偵查後，檢察官知有自訴在先或第 1 項但書之情形者，應即停止偵查，將案件移送法院。但遇有急迫情形，檢察官仍應為必要之處分（刑訴 323 II）。

　　1.同一案件：所謂「同一案件」，係指同一被告被訴之犯罪事實係屬同一者而言，如其被訴之犯罪事實同一，不因自訴人與檢察官所主張之罪名不同，遂謂非同一案件（28 上 1474）。

2.經檢察官開始偵查者：爲避免利用自訴程序干擾檢察官之偵查犯罪，或利用告訴，再改提自訴，以恫嚇被告，同一案件既經檢察官依法開始偵查，告訴人或被害人之權益當可獲保障。因此被害人不得再行自訴是採「**公訴優於自訴**」之原則；但告訴乃論之罪，經犯罪之被害人提起自訴者，不在此限。依此規定，則告訴乃論之罪，直接被害人得依法（刑訴 232）提出告訴，亦得提起自訴（刑訴 319 I 前段），除禁止在緩起訴期間（刑訴 253 之 1IV）之外，被害人得於檢察官偵查終結前改提自訴，可不受限制，檢察官知有被害人改提自訴時，應即停止偵查，將案件移送法院。

3.自訴在先或告訴乃論之罪：如檢察官知有自訴在先，或告訴乃論之罪，檢察官應即停止偵查，將案件移送法院。由法院與自訴在先之證據資料一併審判。但遇有急迫情形，檢察官仍應爲必要之處分。

㈣**少年事件不適用自訴之規定**：刑事訴訟法關於自訴之規定，於少年刑事案件不適用之（少 65II）。此項禁止規定，以被告於行爲時未滿 18 歲之少年爲準，少年犯罪後已滿 18 歲者，仍適用此禁止規定（少 65III）。

㈤**告訴乃論調解成立之撤回自訴**：告訴乃論之刑事事件於偵查中或第一審法院辯論終結前，調解成立，並於調解書上記載當事人同意撤回意旨，經法院核定者，視爲於調解成立時撤回告訴或自訴（鄉調 28II）。

四、法院收受自訴案件後之審查

法院受理自訴案件時，應詳加審核自訴之提起，有無委任律師行之、自訴人是否爲犯罪之直接被害人、是否爲被告之直系血親卑親屬或配偶，及自訴狀有無記載犯罪事實及證據並所犯法條、犯罪事實有無記載構成犯罪之具體事實及其犯罪之日、時、處所、方法；被害人無行爲能力或限制行爲能力，或死亡者，其法定代理人、直系血親或配偶，提起自訴時，法院應先查明該自訴人與被害人之身分關係。審核結果認有欠缺時，如能補正，應裁定命自訴人限期補正，逾期未補正，應諭知不受理判決；如不能補正，則逕諭知不受理判決；但對於與自訴人直系血親尊親屬或配偶共犯告訴乃論罪者，並非不得依法提起自訴，故不得以其違反刑訴法第 321 條規定爲由，諭知不受理判決（刑訴事項 151）。

第四節　自訴之效力

自訴提起後，即發生下列之效力，所謂「**自訴之提起**」，係指自訴狀送達管轄法院之時。

一、一部提起自訴，效力及於他部

犯罪事實之一部提起自訴者，他部雖不得自訴亦以得提起自訴論。但不得提起自訴部分係較重之罪，或其第一審屬於高等法院管轄，或第321 條（對直系親屬或配偶不得提起自訴）之情形者，不在此限（刑訴 319 III）。

所謂「**犯罪事實之一部**」者，係指同一案件裁判上或實質上一罪之結合犯等一部犯罪事實而言，蓋基於「**審判不可分之原則**」犯罪事實之一部得提起自訴者，他部雖不得自訴，亦得以提起自訴論。

如某甲拾得手槍一支占為己有，而槍砲類係屬違禁物，某甲既犯槍砲彈藥刀械管制條例及刑法第 337 條之侵占遺物罪。某乙對於遺失物被某甲侵占一節，雖可提起自訴，惟因某甲違反槍砲彈藥刀械管制條例第14 條第 3 項部分不得提起自訴之罪，且屬較重之罪，與侵占遺失物部分具有裁判上一罪關係，因此某乙對某甲侵占遺失物部分就受到限制，法院當不應受理。

又如暴動內亂罪殺害政府官員，犯刑法殺人罪及內亂罪者，殺人罪雖經被害政府官員之妻提起自訴，但暴動內亂罪部分，因第一審屬於高等法院管轄，則不能以提起自訴論[1]。

二、自訴之效力，不及於自訴狀所指被告以外之人

此係本法自訴章第 343 條之規定，準用公訴章起訴節第 266 條規定之結果。惟如自訴人對共犯中之一人提起自訴，又對另一共犯向檢察官告訴者，應分別依自訴及公訴程序辦理。

---

[1] 褚劍鴻著：前揭書，下，頁 588。

三、同一案件經提起自訴者，不得再行告訴或請求

同一案件被害人既可提起自訴，亦可向檢察官告訴，因此檢察官遇有犯罪發生，在偵查終結前，知有自訴者，應即停止偵查，將案件移送法院；但同一案件，被害人既經提起自訴，自不許再行向檢察官為告訴，或為第 243 條之請求。但該項自訴如因不合程序，經諭知不受理之判決而確定者，即已回復未自訴前之狀態，仍得由被害人依法告訴（27 上 792）。

第五節　自訴之撤回

所謂「**自訴之撤回**」，係自訴人提起自訴之後，表示不願訴追之意思之謂。自訴之撤回與公訴之撤回，限於發見有應不起訴而起訴或以不起訴為適當之情形，得撤回起訴（刑訴 269）。而自訴之撤回有下列情形：

一、自訴得予撤回之情形

（一） 自訴人自動撤回	1.告訴或請求乃論之罪，自訴人於第一審辯論終結前，得撤回其自訴（刑訴 325 I）。 2.多數被害人各有獨立之自訴權，於共同提起自訴後，一部分之自訴人撤回自訴，其影響不及於其他之自訴人，法院應分別判決（19 院 220）。提起自訴，與告訴不同，設有數人共犯告訴乃論之罪，被害人於提起自訴後，對於共犯中之一人請求撤回自訴，其效力自不能及於共犯（27 院 1739）。
（二） 被動撤回	1.曉諭撤回自訴：法院或受命法官，得於第一次審判期日前，訊問自訴人、被告及調查證據，於發見案件係民事或利用自訴程序恫嚇被告者，得曉諭自訴人撤回自訴（刑訴 326 I）。此項訊問不公開之；非有必要，不得先行傳訊被告（刑訴 326 II）。 2.裁定駁回自訴：第一項詢問及調查結果，如認為案件有第 252 條（絕對不起訴處分）、第 253 條（微罪相對不起訴處分）、第 254 條（於執行刑無實益之相對不起訴處分）之情形者，得以裁定駁回自訴，並準用第 253 條之 2 第 1 項第 1 款至第 4 款、第 2 項及第 3 項（即緩起訴之附帶處分）之規定（刑訴 326 III）。 3.調解成立視為撤回自訴：刑事案件已繫屬第一審法院，經辯論終結前調解成立，並在調解書上記載當事人同意撤回意旨，經法院核定者，視為撤回自訴（鄉調 28 II）。

4.自訴代理人不到庭者：爲落實自訴強制律師代理制度，於自訴代理人經合法通知，無正當理由不到庭時，法院應改期審理，再行通知自訴代理人，並同時告知自訴人，以便自訴人決定是否另行委任代理人。如自訴代理人無正當理由，仍不到庭者，可見其不重視自訴或係濫行訴訟，法院自應諭知不受理之判決，以終結自訴程序（刑訴 331）。

二、撤回自訴之方式

告訴或請求乃論之罪撤回自訴，應以書狀爲之。但於審判期日或受詢問時，得以言詞爲之（刑訴 325II）。書記官除記名筆錄外，並應速將撤回自訴之事由，通知被告（刑訴 325III）。

三、撤回自訴之效力

㈠撤回自訴之人，不得再行自訴或告訴或請求（刑訴 325IV）。依 53 台上 450 號判例：「刑法案件不起訴處分已經確定，如有刑事訴訟法第二百三十九條（現行法第二百六十條）各款情事之一，得對同一案件再行起訴者，乃公訴制度特設之規定，非自訴所得準用。」因此法院應即諭知不受理之判決（刑訴 334）。

又所謂撤回自訴之人，不得再行自訴，係指自訴人於撤回自訴後，就同一事實另行提起自訴而言，如果自訴人對於依法不得撤回之案件狀請撤回，嗣又請求究辦，僅屬自訴人於同一訴訟行為中，不同意思表示，不能認其後狀之表示為另行提起自訴，自無上開規定之適用（56 台上 78）。

㈡**對共犯中之一人撤回，效力不及於其他共犯**：自訴與告訴不同，因此撤回自訴，不適用告訴不可分之原則，即數人共犯告訴乃論之罪，被害人於提起自訴後，對共犯中之一人請求撤回自訴者，其效力自不能及於其他共犯（27 院 1739）。

㈢**裁判上或實質上一罪撤回之效力**：裁判上或實質上一罪，係不可分割之訴訟客體，故如全部爲告訴乃論之罪，其一部撤回，其效力自及於全部。如一部爲告訴乃論，另一部爲非告訴乃論之罪，如撤回告訴乃論之罪，當然不及於非告訴乃論之罪。又如自訴人爲 2 人，其中 1 人撤回，而另 1 人未撤回者，法院仍應對未撤回之部分裁判。

㈣**撤回自訴效力不及於反訴**：所謂「反訴」，乃提起自訴之被害人犯罪，而被告爲其被害人，被告於第一審辯論終結前，對自訴人提起反訴之謂（刑訴 338）。法律之設反訴規定，以便合併反訴及自訴之訴訟程序，以便利訴訟程序，但兩者之訴訟爲獨立性質，故撤回自訴，其效力不及於反訴。

第六節　自訴之審判程序

一、自訴代理人之通知及自訴人之傳喚

提起自訴，應委任律師爲代理人行之（刑訴 319II）。法院於審判期日應通知自訴代理人到場；如有必要命自訴人本人到場者，應傳喚之（刑訴 327 I）。第 71 條（被告之書面傳喚）、第 72 條（口頭傳喚）及第 73 條（對在監所被告之傳喚）之規定，於自訴人之傳喚準用之（刑訴 327II）。

二、自訴狀繕本之送達

自訴人提出自訴狀時，應按被告之人數，提出繕本（刑訴 320IV）。法院於接受自訴狀後，應速將其繕本送達於被告（刑訴 328）。俾被告得悉被訴內容，使其於審判期日前先行作防禦之準備。如自訴人未依法按被告人數提出自訴狀繕本，法院應以裁定令其限期補正，如自訴人未遵守補正之規定，法院當可依第 343 條準用第 303 條第 1 款之規定，諭知不受理之判決。

三、審判期日自訴代理人之訴訟行爲

㈠**檢察官於審判期日所得爲之行為，由自訴代理人為之**：檢察官於審判期日所得爲之訴訟行爲，於自訴程序，由自訴代理人爲之（刑訴 329 I）。例如論告、詰問證人、鑑定人、聲請調查證據及辯論等，均應由自訴代理人爲之。

㈡**自訴人拒未委任代理人，法院應諭知不受理之判決**：本法既改採自訴強制律師代理制度，如自訴人未委任代理人，其程式即有未合，法院應先定期命其補正。如逾期仍不委任代理人，足見自訴人濫行自訴或不

重視其訴訟，法院自應諭知不受理之判決（刑訴 329II）。因所諭知之不受理判決並非實體判決，自訴人仍可依法爲告訴或自訴，不生失權之效果，對其訴訟權尚無影響。縱然所訴之罪屬告訴乃論，依司法院院字第 1844 號解釋意旨，檢察官在接受自訴不受理之判決後，認爲應提起公訴者，仍得開始偵查，尚毋須另行告訴，不致產生告訴逾期之疑慮。

四、檢察官協助自訴

法院應將自訴案件之審判期日通知檢察官（刑訴 330 I）。檢察官對於自訴案件，得於審判期日出庭陳述意見（刑訴 330II）。本條只規定檢察官對於案件得於審判期日出庭陳述意見，並非以檢察官之出庭陳述爲必要之程序（28 上 2661）。

五、自訴代理人不到庭之處理

自訴代理人經合法通知無正當理由不到庭，法院應改期審理，再行通知自訴代理人，並同時告知自訴人，以便自訴人決定是否另行委任代理人。如自訴代理人無正當理由，仍不到庭者，可見其不重視自訴或係濫行訴訟，法院自應諭知不受理之判決（刑訴 331），以終結自訴程序，惟此屬形式判決，仍不影響自訴人實質之訴訟權。

六、自訴人喪失行爲能力或死亡之處理

自訴人於辯論終結前，喪失行爲能力或死亡者，得由第 319 條第 1 項所列得爲提起自訴之人（由其法定代理人、直系血親或配偶），於 1 個月內聲請法院承受訴訟；如無承受訴訟之人或逾期不爲承受者，法院應分別情形，逕行判決或通知檢察官擔當訴訟（刑訴 332）。

七、犯罪是否成立以民事法律關係爲斷之處理

犯罪是否成立或刑罰應否免除，以民事法律關係爲斷，而民事未起訴者，停止審判，並限期命自訴人提起民事訴訟，逾期不提起者，應以裁定駁回其自訴（刑訴 333）。

第七節 自訴之承受與擔當

一、自訴之承受

(一) 自訴承受之意義	即犯罪之被害人提起自訴,而自訴人於辯論終結前喪失行為能力或死亡,由其他得予提起自訴之人,接替原自訴人續行訴訟之謂(刑訴 332 前段)。
(二) 承受之原因	即原自訴人於辯論終結前,因喪失行為能力或死亡,原告當事人之自訴人,事實上已不能為有效之訴訟行為,或已不存在,故應由其他得為自訴之人接替,以續行訴訟。
(三) 承受訴訟之人	即可由得為提起自訴之人,即刑事訴訟法第 319 條第 1 項所列得為提起自訴之人;即喪失行為能力或死亡之自訴人的法定代理人,直系血親或配偶,均得於 1 個月內聲請法院承受訴訟,以代自訴人續行訴訟(刑訴 332 前段)。
(四) 承受程式	承受自訴應採何種程式,本法雖未規定,但參照本法第 320 條提起自訴之規定,即可依自訴之方式,以書狀為之。

二、自訴之擔當

(一) 自訴擔當之意義	即犯罪之被害人提起自訴,而自訴人於辯論終結前喪失行為能力或死亡,如無承受訴訟之人,或有第 319 條第 1 項所列得提起自訴之人,而逾期不為承受者,法院應分別情形,或通知檢察官擔當訴訟(刑訴 332 後段)。
(二) 自訴擔當之情形	1. 自訴人於辯論終結前,喪失行為能力或死亡者:得由第 319 條第 1 項所列得為提起自訴之人(即喪失行為能力人或死亡之自訴人的法定代理人、直系血親或配偶),於 1 個月內聲請法院承受訴訟;如無承受訴訟之人或逾期不為承受者,法院應分別情形,逕行判決或通知檢察官擔當訴訟。 2. 自訴人因事實上原因,無法到庭者:自訴人雖應委任律師提起自訴狀,並代理訴訟,但因自訴人事實上無法自理訴訟,而代理人亦未善盡職責,如自訴人因服兵役,或遠赴國外,此時法院當得通知檢察官擔當訴訟(33 院 2673)。

第八節　自訴之裁判

一、逕行判決

此為無承受自訴之逕行判決；即自訴人於辯論終結前，喪失行為能力或死亡者，得由第 319 條第 1 項所列得提起自訴之人，於 1 個月內聲請法院承受訴訟；如無承受訴訟之人或逾期不為承受者，法院亦得逕行判決（刑訴 332）。

二、不受理之判決

（一）**準用公訴不受理之規定**：依第 343 條準用第 303 條公訴不受理之規定者。

（二）**自訴人不委任代理人者**：自訴人未委任代理人，法院應定期以裁定命其委任代理人；逾期仍不委任者，應諭知不受理之判決（刑訴 329II）。

（三）**自訴代理人不到庭者**：自訴代理人經合法通知無正當理由不到庭，法院應改期審理，再行通知，並告知自訴人。自訴代理人無正當理由仍不到庭者，應諭知不受理之判決（刑訴 331）。

（四）**依本法第 334 條規定，應諭知不受理之判決者**：

1.自訴係由犯罪之被害人所提起，如非犯罪之被害人而提起自訴者，當應諭知不受理判決（刑訴 319 I 前段）。

2.犯罪之被害人為無行為能力人或限制行為能力或死亡者，非由其法定代理人、直系血親或配偶提起自訴者（刑訴 319 I 後段）。

3.對於直系親屬或配偶，提起自訴者（刑訴 321）。

4.告訴或請求乃論之罪，已不得為告訴或請求，而再行自訴者（刑訴 322）。

5.同一案件經檢察官依第 228 條規定開始偵查者，但告訴乃論之罪，經犯罪之直接被害人提起自訴者，不在此限（刑訴 323 I）。

6.撤回自訴之人，再行自訴者（刑訴 325IV）。

7.駁回自訴之裁定已確定，無本法第 260 條各款情形之一，而再行自訴者（刑訴 326IV）。

8.非公法人或私法人之團體或機關，而提起自訴者。

9.自訴之被告，對於非提起自訴之被害人或與自訴事實無直接相關，而提起反訴者（刑訴 338）。

10.對於少年刑事案件之被告提起自訴者（少 65 II）。

犯罪被害人以上述十款情形之一提起自訴者，法院應依本法第 334 條規定，諭知不受理之判決。

三、管轄錯誤之判決

法院對於無管轄權之案件，應諭知管轄錯誤之判決（刑訴 304），自訴案件亦準用之。惟公訴案件，諭知管轄錯誤之判決，應同時諭知移送於管轄法院（刑訴 304 後段），但自訴案件依第 335 條規定，諭知管轄錯誤之判決者，非經自訴人聲明，毋庸移送案件於管轄法院。

四、判決宣判之告知事項

依本法第 343 條準用第 314 條第 1 項規定，自訴案件之判決得為上訴者，其上訴期間及提出上訴狀之法院，應於宣示時一併告知，並應記載於送達被告之判決正本。此項規定亦於本法第 337 條特別明定，第 314 條第 1 項之規定，於自訴人準用之。

五、判決書之送達

㈠**自訴案件之判決書**：裁判製作判決書者，除有特別規定外，應以正本送達於當事人、代理人、辯護人及其他受裁判之人（刑訴 227 I）。在自訴程序中檢察官雖非當事人，但在自訴案件中檢察官負有協助自訴之職責，故依本法第 336 條第 1 項規定：「自訴案件之判決書，並應送達於該管檢察官。」

檢察官收受判決書後，對於該判決不服者，如認為應行上訴時，並得獨立上訴（刑訴 347）。其接受不受理或管轄錯誤之判決書後，認為應提起公訴者，應即開始或續行偵查（刑訴 336 II）。即使該案件為告訴乃論之罪，亦毋須另行告訴（28 院 1844）。此所謂「不受理判決」，係指不得提起自訴而提起者之判決而言（刑訴 334）。

㈡**得上訴判決宣示方法之準用**：判決得為上訴者，其上訴期間及提出

上訴狀之法院，應於宣示時一併告知，並應記載於送達被告之判決正本（刑訴 337 準 314 I）。

第九節　自訴之反訴

一、反訴概説

(一)**反訴之意義**：所謂「**反訴**」（英：counterclaim；德：Widerklage；法：demande reconventionnelle），即提起自訴之被害人犯罪，與自訴事實直接相關，而被告爲其被害人者，被告得於第一審辯論終結前，提起反訴（刑訴 338）。因此反訴與自訴是互易原告與被告的地位，基於訴訟經濟之原則，利用同一訴訟之自訴的程序，

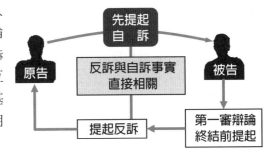

反控自訴人犯罪，合併其訴訟程序以爲審判，以收事半功倍之效。

(二)**反訴提起之要件**：

1.須先有自訴之提起：因先有自訴後，被告認爲提起自訴之原告是眞正的加害人，因而就在法院的繫屬中，提起反訴。

2.須提起自訴之被害人犯罪，與自訴事實直接相關，而被告爲其被害人者：即原提起自訴之被害人犯罪，而提起自訴之被告爲該被害人，如今提起反訴，就使原告與被告易位，如甲自訴乙傷害，而乙亦前往驗傷反訴甲傷害是。

3.須反訴事實與自訴事實直接相關：所謂「**與自訴事實直接相關**」，係指自訴之事實須與反訴之事實，兩者有直接相關而言。即反訴事實不能脫離自訴事實之關連性。

4.反訴須於自訴案件第一審辯論終結前提起之：刑事訴訟設立反訴之規定，原爲審判便利而設，以使反訴與自訴之程序，得合併審理，故特設此提起反訴時間之限制。

二、反訴之程序

㈠**反訴準用自訴之規定**（刑訴 339）。蓋反訴係循著自訴而來，原在使反訴與自訴合併其訴訟程序，以資審判之便利，而準用自訴之程序，故提起反訴，自應委任律師爲代理行之。但兩者之訴訟係各別存在，既使自訴部分爲不受理，法院對於合法之反訴，仍應受理審判，故如自訴案件不得上訴於第三審，反訴並不受其影響，仍得上訴於第三審。

㈡**反訴之判決**：反訴應與自訴同時判決。但有必要時，得於自訴判決後判決之（刑訴 341）。因反訴與自訴之訴訟程序合併爲之，故最好是同時判決，但如不能同時判決，亦得於自訴判決後判決之，但不得於自訴判決前判決之。

㈢**自訴之撤回不影響於反訴**：反訴雖因自訴之繫屬而提起，法院爲審判之便利而合併其程序，並以同時判決爲宜，惟兩者之犯罪事實與訴訟關係，本屬各別而獨立存在，並非不可分離，亦無互爲終結之必要。縱使自訴因不合法而諭知不受理，反訴則仍以自訴之程序繼續獨立存在。因此自訴之撤回，不影響於反訴（刑訴 342）；而反訴之撤回，自訴程序亦不受影響。

習題：何謂反訴？其立法理由為何？提起反訴應具備何種要件？又自訴之撤回於反訴有無影響？試分別析述之。（87 律）

三、自訴準用公訴程序

自訴程序，除本章有特別規定外，準用公訴章規定如下（刑訴 343）：

㈠**就地訊問被告**：即第 246 條，遇被告不能到場，或有其他必要情形，得就其所在訊問之。

㈡**偵查之輔助**：第 249 條，實施偵查遇有急迫情形，得命在場或附近之人爲相當之輔助，檢察官於必要時，並得請附近軍事官長派遣軍隊輔助。

㈢**其他之準用**：第一章第二節（起訴，第 264-270 條）、第三節（審判，第 271-318 條）關於公訴之規定。

第三編　上　訴

第一章　通　則

第一節　上訴概說

一、上訴之意義

所謂「**上訴**」(英：appeal；德：Rechtsmittel；法：recours)，乃訴訟法上，對於法院之判決不服，於確定前，請求上級法院再審查之救濟方法之謂。

刑事訴訟法所以設有上訴制度，乃人之智能難免疏失，所謂「智者千慮，必有一失」，無論是事實之認定，法律之適用，量刑是否妥適，難免發生錯誤或不當之情事，對於當事人之利益，不無影響，故設上訴制度以爲救濟。茲分述之：

㈠**對於未確定之判決聲明不服**：須對於未確定之判決表示不服；如對於已確定之判決表示不服，則稱爲非常上訴或再審。如對於不起訴處分聲明不服，則稱爲再議(刑訴256)。對於裁定不服，則稱爲抗告(刑訴403)。又如對於審判長或受命法官有關證據之調查或訴訟指揮之處分不服者，則稱爲聲明異議(刑訴283之3)，皆非上訴。

㈡**爲請求變更，或撤銷原判決之方法**：上訴之目的，在指摘原判決有所違誤，請求該管上級法院予以撤銷或變更原判決。如原判決處3年有期徒刑者，認爲太重，請求改判，或以原判決採證有誤，適用法律不當請求改判是。

㈢**上訴係請求該管上級法院救濟之方法**：上訴之目的原係向上級法院請求變更或撤銷原判決，而非向原審法院爲之者。此與向原審法院提出再審，及向最高法院提出非常上訴者不同。依法院組織法及本法規定：

1.不服地方法院及其分院第一審判決而上訴之民事、刑事訴訟案件

（法組 32②）。

2.不服高等法院及其分院第一審判決而上訴之刑事訴訟案件（法組 48①）。

3.不服高等法院及其分院第二審判決而上訴之民事、刑事訴訟案件（法組 48②）。

4.不服地方法院第一審判決而上訴者，應向管轄第二審之高等法院為之（刑訴 361 I）。

5.不服高等法院第二審或第一審判決而上訴者，應向最高法院為之（刑訴 375）。

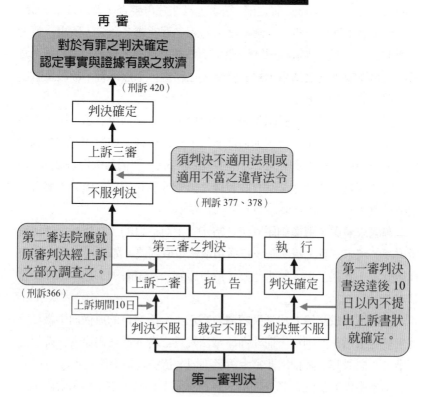

判決不服時之上訴與再審流程圖

再　審

對於有罪之判決確定 認定事實與證據有誤之救濟
（刑訴 420）

判決確定

上訴三審

不服判決

須判決不適用法則或 適用不當之違背法令
（刑訴 377、378）

第二審法院應就 原審判決經上訴 之部分調查之。
（刑訴 366）

第三審之判決

執　行

上訴期間 10 日

上訴二審　　抗　告　　判決確定

第一審判決書送達後 10 日以內不提出上訴書狀就確定。

判決不服　　裁定不服　　判決無不服

第一審判決

6.對於簡易判決有不服者，得上訴於管轄之第二審地方法院合議庭（刑訴 455 之 1 I）。

但法院依本法第 451 條之 1 之請求所爲之科刑判決，不得上訴（刑訴 455 之 1 II）。

二、上訴審之構造

㈠**事實審與法律審**：第一審與第二審之審判均爲事實審與法律審。其刑事訴訟法之規定如下：

1.第二審之審判，除本章有特別規定外，準用第一審審判之規定（刑訴 364）。

2.審判長依第 94 條（人別訊問）訊問被告後，應命上訴人陳述上訴之要旨（刑訴 365）。

3.第二審法院，應就原審判決經上訴之部分調查之（刑訴 366）。

4.第二審法院對不合法之上訴以判決駁回，或命補正（刑訴 367）。

5.第二審法院認爲上訴無理由者，應以判決駁回之（刑訴 368）。

㈡**第三審爲法律審**：

1.上訴於第三審法院，非以判決違背法令爲理由，不得爲之（刑訴 377）。

2.第三審法院應以第二審所確認之事實爲判決基礎。但關於訴訟程序及得依職權調查之事項，得調查事實（刑訴 394 I）。

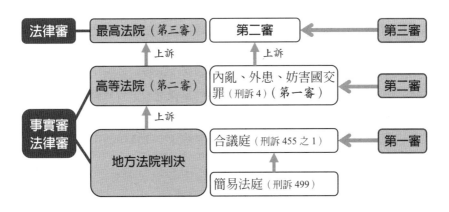

三、覆審、續審、事後審

㈠**覆審**（拉：novum iudicium；德：Neuverhandlung）：係對續審與事後審而言。即上訴審法院對原審調查之證據資料，重覆審理調查之謂。亦即上訴審之法院對下級審之審理法院，在完全無關之情形下，開始新之審理，自行對案件之證據資料加以判斷之謂。因由法官依重新調查之證據資料，認定事實而予裁判，因重覆調查，雖更能發見眞實，但對第一審之審理，完全忽視，不符訴訟經濟之原則。

不過我刑事訴訟法第二審採覆審制，依本法第 364 條規定：「第二審之審判，除本章有特別規定外，準用第一審審判之規定。」而第 366 條規定：「第二審法院，應就原審判決經上訴之部分調查之。」因此，第一審調查之有關上訴部分之證據資料，第二審均應全面重覆調查之，無論其所不服理由為事實，或為法律，對之均有審判之權限。以免違反第 155 條第 2 項規定：「未經合法調查之證據，不得作為判斷之依據。」

㈡**續審**：即上級審繼續下級審之訴訟程序，凡在下級審所進行之訴訟行為，於上級審亦有效力。即除了前審的訴訟資料外，新的訴訟資料亦得追加提出。上級審對於後續發見之新事實及新證據，予以審理調查，法官對於原下級審及後續所調查發見之證據資料，形成其心證而認定事實，如符合原審之內容，則駁回上訴，如有不同，則將原判決撤銷自為判決。

㈢**事後審**（德：Nachprüfung）：乃事後審查制。即上級審對下級審認定之犯罪事實，不再加以調查，僅針對下級審之訴訟資料，審查下級的判決有無違誤，事後審又可分為：

1.專就法律方面為審查：即以原審認定之事實為基礎，審查原審適用法令及訴訟程序有無違背法令，而對於事實之認定有無錯誤，不予審查。我國之第三審上訴，即採此制度。

2.就法律與事實同時審查：即審查原審認定事實與適用法令有無錯誤。

第二節　上訴之主體

上訴之主體，即得提起上訴之人，亦即上訴權人。其詳如下：

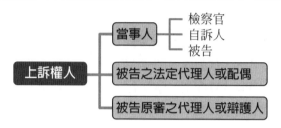

一、當事人

當事人對於下級法院之判決有不服者，得上訴於上級法院（刑訴 344 I），而所謂當事人，係指訴訟之檢察官、自訴人及被告（刑訴 3），茲分述之：

（一）**原告之檢察官及自訴人**（刑訴 344 I, II）：

1.檢察官：在刑事訴訟之關係上，檢察官為公訴案件之當事人，檢察官係代表國家行使犯罪追訴權之公務員，立於原告之地位，如不服下級法院之判決，自得提起上訴。此類上訴並不限於被告之不利益，如檢察官認為法院判決適用法條不當，量處被告刑罰過重，即為被告之利益亦得上訴（刑訴 344IV）。

此外，在自訴案件，檢察官雖非當事人，但為協助自訴，對於自訴案件之判決，得獨立上訴（刑訴 347）。又告訴人或被害人對於下級法院之判決有不服者，亦得具備理由，請求檢察官上訴（刑訴 344III）。

2.自訴人：自訴人亦為當事人，如對於下級法院之判決有不服者，得上訴於上級法院（刑訴 344 I）。但其上訴以被告受不利益之裁判為限。又如自訴人於辯論終結後喪失行為能力或死亡者，得由其法定代理人、直系血親或配偶為之（刑訴 344II）。

（二）**被告**：無論在公訴案件或自訴案件，被告為當事人之一，對於下級法院之判決有不服者，自得上訴於上級法院（刑訴 344 I）。但其上訴應以為自己之利益請求上級法院救濟為限，故被告不得為自己之不利益而提

起上訴（71 台上 5938）。

又宣告死刑或無期徒刑之案件，原審法院應不待上訴依職權逕送該管上級法院審判，並通知當事人。此項情形，視爲被告已提起上訴（刑訴 344V,VI）。

二、被告之法定代理人或配偶

被告之法定代理人或配偶，得爲被告之利益獨立上訴（刑訴 345）。

被告之法定代理人或配偶，應以上訴時之身分爲準，且須以被告生存爲必要，若被告業已死亡，則訴訟之主體已不存在，自無獨立上訴之餘地（33 上 476）。又被告之父母以法定代理人之資格爲被告利益獨立上訴，必以被告係無行爲能力人或限制行爲能力人爲前提要件。上訴人業經成年，且非禁治產人，其父既無法定代理人之資格，自無獨立上訴之餘地（40 台上 281）。

三、被告原審之代理人或辯護人

原審之代理人或辯護人，得爲被告之利益而上訴，但不得與被告明示之意思相反（刑訴 346）。被告原審之代理人（刑訴 36）與被告之辯護人（刑訴 27），均係維護被告利益之人，故爲被告之利益，得代行上訴，但不得與被告明示之意思相反。但應以被告之名義行之，如以自己之名義行之，則爲違背法律上之程式，但法院應定期命其補正（院 3027）。

習題：依刑事訴訟法規定，試說明何人得提起上訴？（95 法警）又被害人或
　　　告訴人、告發人可否提起上訴？
　答：㈠得提起上訴之人，如上所述。
　　　㈡被害人、告訴人或告發人並非當事人，依法並無上訴之權，惟告訴
　　　　人或被害人對於下級法院之判決有不服者，亦得具備理由，請求檢
　　　　察官上訴（刑訴 344Ⅲ）。

第三節　上訴之範圍

上訴是上訴權人對於下級法院未確定之判決表示不服，請求上級法院撤銷或變更之方法，其不服之範圍，自應以當事人或其他有上訴權人

之意思爲準，全部或一部均無不可，依本法第 348 條之規定：「上訴得對於判決之一部爲之；未聲明爲一部者，視爲全部上訴。對於判決之一部上訴者，其有關係之部分，視爲亦已上訴。」茲分述如下：

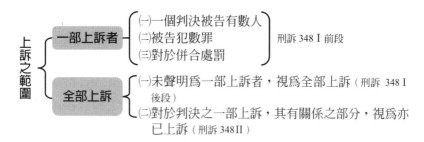

上訴之範圍

一部上訴者
- (一)一個判決被告有數人
- (二)被告犯數罪　　　　　刑訴 348 I 前段
- (三)對於併合處罰

全部上訴
- (一)未聲明爲一部上訴者，視爲全部上訴（刑訴 348 I 後段）
- (二)對於判決之一部上訴，其有關係之部分，視爲亦已上訴（刑訴 348 II）

一、一部上訴者

上訴得對於判決之一部爲之（第 1 項前段）。其情形爲：

(一)**一個判決被告有數人**：對於該案雖合併審理，宣告一個判決，各被告對於自己所宣告之部分，得各自上訴。

(二)**被告犯數罪**：對數個犯罪所宣告之判決，其中一罪或數罪判決不服者，得分別提起上訴。

(三)**對於併合處罰**：定其應執行刑部分中之一罪得提起上訴。依 49 台上 206 號判例：「第一審判決係就上訴人所犯脫逃與連續竊盜兩罪併合處罰，其脫逃部分並已確定，原審於上訴人就連續竊盜部分上訴而爲判決，竟將第一審包括脫逃罪刑在內之全部判決撤銷，顯有違誤。」

(四)**對於適用法律或量刑輕重，均得爲一部上訴。**

二、全部上訴

(一)**未聲明為一部上訴者，視為全部上訴**（刑訴 348 I 後段）：刑事訴訟法第三百四十八條第一項規定，上訴得對於判決之一部為之，未聲明為一部者，視為全部上訴，乃於當事人之真意不甚明確時，依此規定，以確定其上訴之範圍，若當事人之真意甚為明確，即無適用此項規定之餘地，本件上訴人因販賣禁藥、竊盜及恐嚇案件，不服第一審判決，提起第二審上訴，其上訴狀雖未聲明為一部上訴或全部上訴，惟其在原審審判期日陳述上訴之要旨時，業已表明「祇對販賣禁藥部分上訴，竊盜、恐嚇部分沒有上訴」

云云，原審猶認恐嚇部分係在上訴之範圍，一併予以審判，自係對於未受請求之事項予以判決，其判決當然為違背法令（68 台上 1325）。

　　㈡**對於判決之一部上訴，其有關係之部分，視為亦已上訴**（刑訴 348Ⅱ）：此由於判決之內容，在審判上不可分之關係，如一部上訴，而其全部必受影響者而言，茲列舉如下：

　　　　1.裁判上一罪，如想像競合犯（刑 55），或實質上一罪，如結合犯（刑 226 之 1）、集合犯（刑 149）等，在審判中無從分割，對其一部上訴者，視為全部上訴。

　　　　2.數罪併罰，並宣告唯一之刑者，若對其一部上訴者，亦視為全部上訴。

　　　　3.如對於認定事實之一部提起上訴，難免影響適用法律及量定刑期，故如對此一部上訴，亦視為全部上訴。

　　　　4.主刑與從刑間，在原則上有不可分離之關係，對於主刑或從刑之一上訴者，其效力及於二者。

　　　　5.如對於諭知緩刑與否而上訴者，因犯罪之成立與科刑關係密切，因此對於緩刑問題而上訴者，亦已全部上訴論。

　　　　6.對於科刑或量刑問題而上訴，因罪與刑，在審判上有不可分離之關係，因此亦以全部上訴論。

習題：被告提起第二審上訴時，如未聲明係一部上訴，應如何認定其上訴範圍？如係聲明一部上訴，對於與聲明上訴部分有關係之部分是否為上訴聲明效力所及？又何謂有關係之部分？請分別說明之。（100 調三）

第四節　上訴之期間與上訴之程式

　　上訴期間者，乃對於行使上訴權所加之時間限制，以免訴訟久延不決。

一、上訴期間之計算

　　㈠**上訴期間**：上訴之期間為 10 日，自送達判決後起算。但判決宣示後

送達前之上訴，亦有效力（刑訴 349）。所謂「**自送達判決後起算**」，即自收受判決之翌日起算，10 日內爲上訴期間。此項送達，係指經有合法之送達者而言。如該項判決並非合法送達，祇能以受送達人實際接受判決時，爲計算上訴期間之標準（28 上 8）。

　　㈡**期間之計算**：係依民法之規定（刑訴 65）。又依本法第 66 條規定，提起上訴之當事人，其住所、居所或事務所不在法院所在地者，計算上訴期間時，應扣除其在途之期間（刑訴 66 I）。並以被告收受判決之日爲標準，對辯護人爲判決送達時，不生法律上起算上訴期間之效力（30 上 2702）。

　　㈢**在監所被告之上訴**：在監獄或看守所之被告，於上訴期間內向監所長官提出上訴狀者，視爲上訴期間內之上訴（刑訴 351 I）。

　　㈣**回復原狀**：當事人非因過失，遲誤上訴期間者，於其原因消滅後 5 日內，得聲請回復原狀（刑訴 67 I）。

二、上訴之程式

　　上訴爲要式行爲，故應遵守法律規定之程式，如未提出，原審法院，或上訴法院，應以上訴違背法律上之程式，分別以裁定或判決駁回之。茲分述之：

　　㈠**提出上訴書狀於原審法院**：提起上訴，應以上訴書狀提出於原審法院爲之（刑訴 350 I）。而上訴之效力即發生於上訴書狀提出於原審法院之時，不得以書狀之作成日期爲準，蓋上訴期限爲法定期限，並不以當事人之作成書狀而阻卻其期限之進行，此項限制，無論當事人之爲被告或自訴人或檢察官，均須嚴格遵守，不容有所軒輊（23 上 1919）。上訴人之住所、居所或事務所不在法院所在地者，計算該期間時，應扣除其在途之期間（刑訴 66）。

　　㈡**上述書狀**：第二審或第三審上訴，均須提出上訴書狀，且上訴書狀均應敘述具體理由（刑訴 361 II）。如僅於宣示判決時以言詞聲明上訴，係屬無效，其後所提之上訴書狀，如已逾送達判決書後之 10 日期間，法院仍應以上訴逾期予以駁回（25 上 210）。

　　上訴書狀應按他造當事人之人數，提出繕本（刑訴 350 II）。原審法院

書記官，應速將上訴書狀之繕本，送達於他造當事人（刑訴 352），以便他造當事人有所準備或提出攻擊或防禦之答辯。縱使原審法院未將檢察官之上訴書繕本送達上訴人，因上訴人於原審審理時既經出庭應訊，而由受命法官曉諭檢察官之上訴意旨，於公判庭並曾由檢察官踐行論告之程序，是上訴人並非不能為充分之防禦，因此上訴書狀繕本未送達上訴人，其訴訟程序雖有違法，但於判決主旨顯然不生影響，依刑訴法第 380 條規定，即不得為合法之上訴第三審理由（72 台上 4542）。

㈢**在監所被告之上訴**：在監獄或看守所之被告，於上訴期間內向監所長官提出上訴書狀者，視為上訴期間內之上訴。被告不能自作上訴書狀者，監所公務員應為之代作。監所長官接受上訴書狀後，應附記接受之年、月、日、時，送交原審法院。被告之上訴書狀，未經監所長官提出者，原審法院之書記官於接到上訴書狀後，應即通知監所長官（刑訴 351）。

第五節　上訴權之喪失

因捨棄上訴權或撤回上訴者，喪失上訴權（刑訴 359）。因上訴乃當事人在訴訟法之權利，由當事人自由行使，但未於法定 10 日之期間內提起上訴，如無聲請回復原狀之原因而經依法准許者，因喪失其上訴權，即於提起上訴前捨棄，或於提起上訴後撤回者，均喪失上訴之權利。

一、上訴權之捨棄

㈠**意義**：所謂「上訴權之捨棄」，係指當事人於原審判決宣示或送達後，在得行使上訴權之法定期間內，明示不為上訴之謂。至提起上訴後，僅得撤回上訴，無所謂捨棄上訴權（31 抗 58）。

㈡**捨棄上訴權限於當事人**：當事人得捨棄其上訴權（刑訴 353）。而當事人以外之上訴權人，不得為之。因此被告之法定代理人、配偶，雖得為被告之利益獨立上訴（刑訴 343），而被告原審之代理人或辯護人，得為被告之利益而上訴，但不得與被告明示之意思相反（刑訴 346）。但捨棄上訴權者，只限於訴訟之當事人，其他任何上訴權人，均不得為之。但宣告死刑或無

期徒刑之案件，原審法院應不待上訴依職權逕送上訴者，則不受被告之捨棄上訴權而受影響，此項情形，視爲被告已提起上訴（刑訴344V,VI）。

㈢**捨棄上訴權之期間**：於判決宣示後，上訴期滿前，隨時均得爲之。因如上訴期間已過，則上訴權既已消滅，自無捨棄問題。但捨棄上訴，不能於判決宣示前爲之，因判決既未宣示，尚不知判決之內容，何能捨棄？

㈣**捨棄上訴之程序**：

1.捨棄上訴權，應向原審法院爲之（刑訴357 I）。因此對於檢察官之聲明捨棄，在法律上應無效力（19抗192）。

2.應以書狀爲之，但於審判期日，得以言詞爲之（刑訴358 I）。

3.在監獄或看守所之被告捨棄上訴權，準用第351條之規定（刑訴358 II）。

4.捨棄上訴權，書記官應速通知他造當事人（刑訴360）。

㈤**捨棄上訴權之效力**：

1.捨棄上訴權者，喪失其上訴權（刑訴359）。嗣後不得再行上訴。如再行上訴，法院應分別以裁定駁回（刑訴362 I、384前段）或判決駁回之（刑訴367前段、395前段）。

2.捨棄之效力不及於上訴權以外之人。因此一案內有數被告時，須各有捨棄上訴權之表示，始能發生全體喪失上訴權之效果，不能因少數被告之捨棄上訴權，遂認爲全體被告之上訴權，概歸於喪失（23抗41）。

二、上訴之撤回

㈠**意義**：即當事人或其他有上訴權人，撤銷其所提起之上訴，不求爲裁判之意思表示也。此項意思表示，不得附有條件，否則爲無效。

㈡**當事人對於上訴之撤回**：上訴於判決前，得撤回之。案件經第三審法院發回原審法院，或發文與原審法院同級之他法院者，亦同（刑訴354）。惟依本法第344條第5項及第6項之規定，宣告死刑或無期徒刑之案件，原審法院應不待上訴依職權逕送該管上級法院審判者。視爲被告已提起上訴。

㈢**上訴撤回之限制**：

1.為被告之利益而上訴者，非得被告之同意，不得撤回（刑訴 355）。
其情形為：

 (1)檢察官為被告之利益，亦得上訴（刑訴 344IV）。

 (2)被告之法定代理人或配偶，得為被告之利益而獨立上訴（刑訴 345）。

 (3)原審之代理人或辯護人，得為被告之利益而上訴。但不得與被告明示之意思相反（刑訴 346）。

2.自訴人上訴者，非得檢察官之同意，不得撤回（刑訴 356）。

㈣上訴撤回之程序：

1.撤回上訴應向上訴審法院為之。但於該案卷宗送交上訴審法院以前，得向原審法院為之（刑訴 357II）。

2.撤回上訴，應以書狀為之。但於審判期日，得以言詞為之（刑訴 358 I）。

3.在監獄或看守所之被告撤回上訴者，準用第 351 條之規定（刑訴 358 II）。

4.撤回上訴，書記官應速通知他造當事人（刑訴 360）。

㈤上訴撤回之效力：

1.撤回上訴者，喪失其上訴權（刑訴 359），不得再行上訴。如撤回後，再行上訴者，原審法院或第二審法院、第三審法院，應以不合法分別以裁定駁回（刑訴 362,384）或判決駁回之（刑訴 367,395）。

2.當事人中之 1 人，撤回上訴僅對於撤回之一造發生效果，如經當事人兩造各自提起上訴，則一造之撤回，於他造上訴之存在，並不受其影響（23 抗 434）。

3.被告撤回上訴，其效力不及於有獨立上訴權之被告之法定代理人或配偶，但對原審之代理人或辯護人則發生效力。故如被告已撤回上訴，原審之代理人或辯護人則不得再行提起上訴，已提起上訴者，被告亦得自行撤回之。原審之代理人或辯護人，得為被告之利益而上訴。但不得與被告明示之意思相反（刑訴 346）。

三、捨棄上訴與撤回上訴之比較

		捨棄上訴（刑訴353）	撤回上訴（刑訴354）
兩者不同	意義	指當事人於原審判決宣示或送達後，在得行使上訴權之法定期間，內，明示不為上訴之謂。	指當事人或其他有上訴權人，撤銷其所提起之上訴，不求為裁判之意思表示也。
	提出時間	於原審判決宣示或送達後，上訴之法定期間屆滿前。	提起上訴後，於上訴法院判決之前。
	訴訟主體	訴訟之當事人。	當事人或其他有上訴權人。
	提出法院	捨棄上訴權，應向原審法院為之（刑訴357 I）。	撤回上訴，應向上訴審法院為之。但於該案卷宗送交上訴審法院以前，得向原審法院為之（刑訴357 II）。
	效力	1.捨棄上訴權者，喪失其上訴權（刑訴359）。 2.捨棄之效力不及於上訴權以外之人。 3.自訴人上訴者，非得檢察官之同，不得撤回（刑訴356）。	1.撤回上訴權者，喪失其上訴權（刑訴359）。 2.被告撤回上訴，其效力不及於有獨立上訴權之被告之法定代理人與配偶，但對原審之代理人或辯護人則發生效力。 3.為被告之利益而上訴者，非得被告之同意不得撤回（刑訴355）。
兩者相同	方式	應以書狀為之，但於審判期日，得以言詞為之（刑訴358 I）。	應以書狀為之，但於審判期日，得以言詞為之（刑訴358 I）。

習題：試比較捨棄上訴與撤回上訴之異同？

第二章　第二審

第一節　第二審上訴概說

一、第二審上訴之意義

所謂「**第二審上訴**」(德：Berufung)，即上訴權人，不服地方法院第一審未確定之判決，上訴於管轄第二審之高等法院，或地方法院之簡易法庭未確定之判決，上訴於管轄之第二審地方法院合議庭，請求以判決撤銷或變更之救濟方法也(刑訴 361 I ,455 之 1 I)。茲分析之：

㈠**第二審上訴，須係不服地方法院第一審判決**：如係不服第二審之高等法院而提起者，則為第三審上訴。不服高等法院第一審判決而提起者，應向最高法院之第三審為之，此即非屬第二審上訴(刑訴 375 II)。

㈡**第二審上訴須係不服未確定之判決**：如判決已確定而當事人仍不服者，則應向最高法院提起非常上訴(刑訴 441)或向原審法院聲請再審(刑訴 426)。

㈢**第二審上訴為求上級法院之救濟**：為請求第二審之高等法院，或第二審地方法院合議庭，以判決撤銷或變更地方法院第一審或簡易判決處刑。

二、上訴之理由及範圍

㈠**上訴應敘述理由**：上訴書狀應敘述具體理由，上訴書狀未敘述上訴理由者，應於上訴期間屆滿後 20 日內補提理由書於原審法院。逾期未補提者，原審法院應定期先命補正(刑訴 361 II ,III)。

一般認為上訴的理由可分為主觀上及客觀上的理由：

　1.主觀上的理由：即上訴人不服判決所主張之理由。提起上訴，只要上訴人主觀上提出理由即可。

　2.客觀上的理由：當事人如欲在訴訟上求取勝算，除了主觀之主張

外，如無客觀上之上訴理由，則很難獲得勝訴。此客觀上的理由，有事實上及法律上之理由。

(1)事實上之理由：則具體犯罪事實及證據資料，以及犯罪之情狀等，一般刑事學家均從犯罪之偵查上調查證據著手，以解構事實之眞相，有無違背事理及經驗法則等。

(2)法律上之理由：指法令解釋及適用方面，包括量刑之輕重等，是否符合法理之要求等。

㈡**上訴之範圍**：當事人對於地方法院第一審之判決，無論是認定事實或適用法律，如有不服，均得提起上訴。而第二審法院對於上訴案件，不僅是事實及法律方面，均應予以審判。因此當事人如提起上訴狀，就應從事實及法律方面，具體提出上訴之理由，使法院能針對問題，認定事實，適用法律，以爲判決。

第二節 第二審上訴之程序

第一款 原審法院之處理

提起上訴，應以上訴書狀提出於原審法院爲之（刑訴 350 I），原審法院對於上訴是否合於法定程序，應預作審查，其所爲之處理，有裁定駁回與卷宗、證物之送交等二程序，茲說明之：

一、裁定駁回上訴

原審法院認爲上訴不合法律上之程式或法律上不應准許或其上訴權已經喪失者，應以裁定駁回之。但其不合法律上之程式可補正者，應定期間先命補正（刑訴 362）。

㈠**上訴不合法律上程式**：

1.上訴書狀不合本法第 39 條及第 53 條所定之程式者。

2.上訴人未依法提出上訴書狀而僅以言詞爲之者：提起上訴，依法應以上訴書狀提出於原審法院為之，故對於正式法院之判決，僅於宣示判決時以言詞聲明上訴，係屬無效，其後所提之上訴書狀，如已逾送達判決書後之 10 日期間，法院仍應以上訴逾期予以駁回（25 上 210）。

3.上訴書狀，未依他造當事人之人數提出繕本（刑訴 350Ⅱ）。

4.上訴書狀未敘述具體理由並未依規定補正者（刑訴 367）。

5.自訴人未委任律師爲代理人而逕行提起上訴者。

(二)上訴為法律上不應准許者：

1.依第 455 條之 1 第 2 項或第 455 條之 10 第 1 項之科刑判決之規定，不得上訴者。

2.非當事人或無上訴權人之上訴。

3.未經下級法院判決而上訴。

4.被告爲自己之不利益提起上訴（71 台上 5938），或自訴人爲被告之利益提起此訴（72 台聲 53）。

5.被告之法定代理人或配偶，原審之代理人或辯護人爲被告之不利益而上訴（刑訴 345,346）。

6.原審之代理人或辯護人之上訴與被告明示之意思相反等是（刑訴 346）。

7.判決宣示前之上訴。

(三)上訴權已經喪失者：

1.已逾上訴期間者：即當事人於收受判決書後，已逾 10 日之上訴期間者（刑訴 349）。

2.捨棄上訴權者：當事人得捨棄其上訴權（刑訴 353）。

3.撤回上訴權者：上訴於判決前，得撤回之。案件經第三審法院發回原審法院，或發交與原審法院同級之他法院者，亦同（刑訴 354）。

二、卷宗證物之送交

原審法院認爲無上述應以裁定駁回上訴之情形，應速將該案卷宗及證物送交第二審法院（刑訴 363Ⅰ）。

三、監所被告之解送

被告在看守所或監獄而不在第二審法院所在地者，原審法院應命將被告解送第二審法院所在地之看守所或監獄，並通知第二審法院（刑訴 363Ⅱ）。

第二款　第二審法院之審判

一、準用第一審審判之規定

第二審之審判，除本章有特別規定外，準用第一審審判之規定（刑訴364）。蓋第二審為事實審之覆審，故第二審法院為準備審判起見，審判長得預行指定庭員 1 人為受命法官，於審判期日前，訊問被告，檢察官陳述起訴要旨，蒐集或調查證據，辯論及最後陳述之訊問等，大致均與第一審之程序相同。

而此準用規定，不僅是公訴案件，對第一審自訴案件之判決不服而上訴者，第二審仍依第一審自訴程序之規定辦理。

二、第二審之特別規定

第二審法院之審判程序，原則上均準用第一審之程序外，下列程序為特別規定，僅適用於第二審程序：

㈠**上訴人陳述上訴要旨**：第二審審判長依第 94 條訊問被告之姓名、年齡、籍貫、職業、住所或居所，以查驗其人有無錯誤後，應命上訴人陳述上訴之要旨（刑訴365）。因上訴人之不同，其情形如下：

1.檢察官提起上訴：由第二審蒞庭之檢察官陳述上訴要旨，而無須由原審法院之檢察官出庭陳述，蓋檢察一體之故。

2.自訴人提起上訴：由自訴代理人陳述上訴要旨。惟如自訴代理人經合法通知無正當理由不到庭，應再行通知，並告知自訴人。自訴代理人無正當理由仍不到庭者，應諭知不受理之判決（刑訴331）。

3.被告提起上訴：由被告陳述上訴要旨，檢察官或自訴代理人不必陳述上訴要旨。

4.被告法定代理人或配偶獨立上訴後死亡（刑訴345）：被告法定代理人之獨立上訴權是否存在，應以上訴時為準。其法定代理人合法上訴後，縱令死亡，並不影響其上訴之效力，第二審法院仍應予以裁判。又被告之父為被告之利益獨立上訴後死亡，刑事訴訟法並無得由其他法定代理人承受訴訟之規定。而同法第三百四十五條之獨立上訴權，係以被告之法定代理人或配偶之名義行之，與同法第三百四十六條所定原審代理人或辯護人

之上訴，係以被告名義行之者迥異。故不得命被告之母或監護人承受訴訟，亦不能視被告為上訴人。況審判期日被告如已到庭，僅獨立上訴人未到庭者，實務上既不待上訴人陳述上訴要旨，得依法判決。獨立上訴人死亡時，更無法命其陳述上訴之要旨，自得依法判決（64 年第 3 次刑庭庭推總會議決議）。

　　㈡**第二審調查範圍**：第二審法院，應就原審判決經上訴之部分調查之（刑訴 366）。是第二審對於未經上訴之部分自不得審判。如本件第一審判決認為被告蕭某所為係犯共同連續行使明知為不實之事項，而使公務員登載於職務上所掌之公文書罪及連續行使偽造私文書罪，分別判處有期徒刑三月及八月，而被告係僅就行使偽造私文書部分提起上訴，至其行使公務員職務上所掌公文書登載不實部分並不屬於被告之上訴範圍，故除該部分與行使偽造私文書部分，具有審判不可分之關係應並予審判外，自非第二審法院所得審理裁判。乃原判決既未敘明第一審判決所判二罪之間具有審判不可分之關係，而就被告未提起上訴之行使公務員職務上所掌公文書登載不實部分一併審判，即係對未受請求之事項予以判決，自屬違背法令（71台上 3033）。

第三節　第二審法院之判決

一、駁回判決

　　第二審駁回上訴之判決，可分為形式上的駁回與實體上的駁回，茲分述之：

　　㈠**形式上的駁回**：即程序上之駁回。依本法第 367 條規定：「第二審法院認為上訴書狀未敘述理由或上訴有第三百六十二條前段之情形者，應以判決駁回之。但其情形可以補正而未經原審法院命其補正者，審判長應定期間先命補正。」此項規定有三種情形：

　　　1.上訴不合法律上之程式。

　　　2.法律上不應准許。

　　　3.其上訴權已經喪失者。

　　而有此三種情形之一，除上訴不合法律上之程式可補正者，應定期先命補正外，原審法院應以裁定駁回其上訴，不必再將卷宗證物送交第二審法院。

㈡**實體上的駁回**：即本法第 368 條規定：「第二審法院認為上訴無理由者，應以判決駁回之。」即上訴有無理由，法院應依第二審判決之特別程序及準用第一審審判之規定。如第二審法院認為上訴無理由者，此係指第一審判決與第二審審理結果所應為之判決相同者而言（47 台上 484），應以判決駁回其上訴。而第二審法院應於判決主文內宣告上訴駁回，並應於判決理由內引用本法第 368 條始為適法。否則即屬於本法第 378 條所定判決不適用法則，為違背法令之判決。

二、撤銷原審判決

第二審法院認為上訴有理由，或上訴雖無理由，而原判不當或違法者，應將原審判決經上訴之部分撤銷（刑訴 369 I 前段）。茲分述之：

㈠**自為判決**：通稱為「**撤銷改判**」。其情形如下：

1.認定事實範圍：

⑴調查之事實相異：即第二審之調查結果，認定與第一審認定之事實相異者，則應依新認定之事實而為判決。所謂「**事實之變更認定**」，係指所調查之犯罪事實，與判決所適用之犯罪構成要件不同，以致判決有罪或無罪，發生錯誤或量刑失當而言。有此情形當應撤銷原判決，重行依認定之事實，自為判決。

⑵訴訟進行中犯罪事實變更：在第二審訴訟進行中，如犯罪行為之結果罪名變更時，第二審應撤銷原判決，依變更之罪，變更法條科處刑罰。如第一審原判刑法第 277 條第 1 項傷害罪，在第二審訴訟中傷害致死，則第二審應撤銷原判決，改判第 277 條第 2 項傷害致人於死罪科處。

⑶認定事實錯誤，引用法條失當：第二審認上訴為無理由，而第一審判決確係不當者，亦應將第一審判決撤銷，更為判決，所謂「**不當**」，包括認定事實錯誤，或引用法律失當而言，故第一審所認定之事實，如與引用之法律顯不相當，第二審即應撤銷改判（22 上 4951）。

⑷依罪刑不可分之原則：如認原審之論罪或科刑有一不當者，應

　　　將上訴部分撤銷，不得只就罪或刑之部分撤銷。

　⑸第二審法院撤銷第一審科刑判決改判，應將第一審判決全部撤銷：若僅將第一審判決關於罪刑部分撤銷，另行改判被告無罪，則第一審判決所認定之犯罪事實與第二審法院所爲無罪判決並存，於法即有違誤。本件被告因僞造文書案件，經第一審法院判處罪刑，提起上訴後，原審法院僅將第一審判決關於罪刑部分撤銷，而保留其所認定之犯罪事實，並改判被告無罪，自嫌違誤（69台上2608）。

2.適用法律方面：

　⑴所依據之法律錯誤或遺漏者：第一審法院審判所依據之法律，如引用錯誤或遺漏情事，致影響罪刑之輕重者，應即撤銷原判決，予以改判。

　⑵原判決不當或違法者：第一審法院，適用法律有誤，如判決主旨與適用之法律無關，而原判決不當或違法者，應將原審判決經上訴之部分撤銷，就該案自爲判決。

　⑶法令有變更者：第一審判決後，如法令變更，應將原判決撤銷，自爲判決。

　⑷主刑與從刑之同時處理：主刑與從刑具有從屬關係，第二審如撤銷主刑，從刑應一併處理。

3.訴訟程序違法：第一審法院之判決，如有程序違法，第二審法院認爲上訴有理由者，應撤銷原判決，自爲判決（47台上103）。

　⑴第一審法官應自行迴避，而不迴避之違法判決，第二審法院應撤銷原判決，自爲判決。

　⑵自訴案件不合法律要件，而經第一審判決者，第二審法院應撤銷原判決，將自訴撤回。

　⑶判決應經當事人之言詞辯論爲之，此項言詞辯論，自爲事實審法院所應踐行之程序，而違背上開程序所爲之判決，仍屬違法判決（29上2264），第二審應撤銷之，自爲實體上之判決。

　⑷第一審法院組織不合法，或判決書之製作不依法定程式，第二

審應撤銷改判。

㈡**發回原審法院**：因原審判決諭知管轄錯誤、免訴、不受理係不當而撤銷之者，得以判決將該案件發回原審法院（刑訴 369 I 但）。由於原審法院未就案件為實體裁判，因此第一審既未為證據之調查，且往往未經言詞辯論，及事實之認定，為保全當事人審級之利益，自宜將案件發回原審法院，更為第一審之判決。因本法規定，發回與否第二審「得」斟酌決定，如不發回，應自行判決之。

㈢**自為第一審判決**：第二審法院因原審判決未諭知管轄錯誤係不當而撤銷之者，如第二審法院有第一審管轄權，應為第一審之判決（刑訴 369 II）。如被告甲犯內亂罪，其犯罪地及住所均在台北，結果檢察官誤向第一審之台北地方法院提起公訴，經台北地方法院為科刑之判決。被告嗣就上訴第二審之台灣高等法院，因該案屬於高等法院之管轄，該高等法院應將原判決撤銷對該案自為第一審之判決。如被告甲之犯罪地及住所均在台南，則第二審之高等法院，應將原第一審台北地方法院之判決撤銷，將案件移送台灣高等法院台南分院審理。

第四節　不利益變更之禁止原則

一、意義

所謂「**不利益變更之禁止原則**」（德：Verbot der reformatio in peius），即不服法院之裁判而上訴時，審理之結果，上級法院之新判決，不得對被告諭知較重於原審判決之刑。主要是以上訴與再審為對象。依本法第 370 條規定：「由被告上訴或為被告之利益而上訴者，第二審法院不得諭知較重於原審判決之刑。但因原審判決適用法條不當而撤銷之者，不在此限。」其立法理由係基於不使被告畏懼上訴而妨害上訴權之行使，以保障其憲法第 16 條之訴訟救濟權。其適用之案件為：

㈠**即由被告上訴或為被告利益而上訴之案件為限**：如遇自訴人或檢察官為被告之不利益亦提起上訴時，則兩造均有上訴，除非自訴人或檢察官之上訴經認定為不合法或無理由而被駁回，否則不受不利益變更之禁

止限制。

(二)所稱「**由被告上訴者**」,係指被告提起之上訴而言,既為被告所提,必為自己之利益而提,原被告不得為自己之不利益而上訴,因此第 344 條第 6 項之擬制上訴,自應受不利益變更之限制。

(三)所稱「**為被告之利益而上訴者**」,係指本法第 344 條第 4 項、第 345 條及第 346 條規定之情形而言。但均應遵守第 370 條禁止不利益變更原則之規定。

二、所謂適用法條不當,是否得諭知較重之刑

有關判例及決議如下:

(一)**上訴合法為前提**:原審判決對於被告所以諭知較重於第一審判決之刑,係因被告提起第二審上訴後,檢察官亦為該被告之不利益而提起上訴,並非因第一審適用法律之不當,唯查得因當事人之上訴而改判,必須以其上訴合法為前提,否則假使原判決量刑確係不當,斷無改判之餘地。本件原檢察官在第二審之上訴業已逾期,原審不將其上訴駁回,反因其上訴對於被告諭知較重於第一審判決之刑,顯係違誤(28 上 1122)。

(二)**應依共同正犯論擬,誤以教唆犯處斷**:原審雖因上訴人提起第二審上訴,撤銷第一審判決,而諭知較重於第一審判決之刑,但原審係因第一審判決未依共同正犯論擬,誤以教唆犯處斷,顯係適用法條不當,將其撤銷改判,自不受刑事訴訟法第 362 條前段(現行法第 370 條)之限制(26 渝上 48)。

(三)**刑法變更**:

1.依新修正刑法規定變更法條:第一審係在舊刑法有效時期,依舊刑法判處罪刑,迨至第二審時,舊刑法已經廢止,改依新刑法論處(即因法令變更而改判),不得認為適用法條不當,而依刑事訴訟法第 362 條但書(現行法第 370 條)加重其刑(最高法院 26 年 4 月 13 日決議)。

2.刑法法條之變更包括刑法分則:刑事訴訟法第 362 條(現行法第 370 條)所謂適用法條不當,凡對於第一審判決所引用之刑法法條有所變更者,皆包含之,並非專指刑法分則上之法條而言(32 上 969)。

(四)**從一重處斷案件,重罪與輕罪均應論及**:應依刑法第 55 條從一重處斷之案件,第一審僅論重罪,對於輕罪未論及,縱係由被告或為被告之

利益提起上訴，第二審亦得諭知較重於第一審判決之刑（最高法院 28 年 8 月 15 日決議）。

三、不利益變更禁止原則，可否適用於三審

因本法第 370 條不利益變更禁止規定於第二審，未規定在第三審，惟不利益變更禁止規定，原係為保障被告上訴之權利，不因第二審或第三審而有所區別，故應以肯定說為當。

習題：所謂「不利益變更禁止之原則」，於檢察官為被告之利益而上訴時有無適用？又於第三審有無適用？試分別說明之。（85 司(二)、90 檢）

第五節　第二審之缺席判決及不經言詞辯論之判決

一、逕行判決

依本法第 371 條規定：「被告經合法傳喚，無正當之理由不到庭者，得不待其陳述，逕行判決。」本條係第 306 條：「法院認為應科拘役、罰金或應諭知免刑或無罪之案件，被告經合法傳喚無正當理由不到庭者，得不待其陳述逕行判決。」之特別規定。惟是否逕行判決，法院有自由斟酌之權，即使逕行判決，亦非必為被告不利之裁判（29 上 234）。

至於所謂「**合法傳喚**」，如第一次審判期日之傳票，至遲應於 7 日前送達，刑法第 61 條所列各罪之案件至遲應於 5 日前送達（刑訴 272）。所謂「**無正當理由**」，係指在社會通常觀念上，認為非正當之原因而不到庭者而言（30 上 2020）。法院對被告雖可逕行判決，惟審判上仍須開庭踐行調查證據之程序，非謂不待被告陳述，即可逕用書面審理（22 上 1454）。

二、不經言詞辯論之判決

依本法第 372 條規定：「第三百六十七條之判決及對於原審諭知管轄錯誤、免訴或不受理之判決上訴時，第二審法院認其為無理由而駁回上訴，或認為有理由而發回該案件之判決，得不經言詞辯論為之。」其情形分析如下：

㈠**上訴不合法**：依第 367 條第二審法院認為上訴書狀未敘述理由，或上訴不合法律上之程式或法律上不應准許或其上訴權已經喪失，而駁回其上訴之判決。

㈡**認為上訴無理由**：第二審法院對於第一審諭知管轄錯誤、免訴或不受理之判決，認為並無不當，認為上訴無理由，而駁回上訴之判決。

㈢**認為上訴有理由**：第二審法院對於第一審諭知管轄錯誤、免訴或不受理之判決，認為上訴有理由，而發回該案件於第一審法院之判決。

以上判決均就訴訟程序上而為審理，未對具體刑罰權之有無作出審判，為訴訟經濟之原則，自不必經言詞辯論，而採書面審理。

第六節　第二審之判決書

一、判決書之記載

依本法第 373 條規定：「第二審判決書，得引用第一審判決書所記載之事實、證據及理由，對案情重要事項第一審未予論述，或於第二審提出有利於被告之證據或辯解不予採納者，應補充記載其理由。」第二審之判決書，應準用本法第 308 條之規定，記載其裁判之主文與理由；有罪之判決書並應記載犯罪事實。而第二審是事實審與法律審之覆審，故如第二審所認定事實及證據資料，與第一審判決書所認定者相同時，

第二審判決書，得引用第一審判決書所載之事實，此以第二審認定之事實與第一審判決書所認定者完全一致，毋庸更為事實之記載者為限，如第二審審認結果，與第一審判決書所載之事實顯然有異，即應本事實審職權重行認定，於判決書內加以記載，始得據以改判，否則第二審判決書所載理由，與其引用第一審判決書所載事實互相矛盾，其判決即屬違法（28 上 2388）。

第二審法院判決書，固得引用第一審判決書所載之事實，但第一審判決書對於犯罪事實如毫無記載，或記載不明時，第二審判決書即應依職權調查證據之結果所認定之事實，詳予記載，無再引用第一審判決書之餘地（31 上 1020）。

有罪之判決書，其所認定之犯罪事實，必須記載明白，而後本於所

憑之證據，說明論科之理由，故第二審調查結果，發見第一審判決所記之事實有未完備，即應本諸事實審之職權，重加認定，自不能將第一審不完備或記載錯誤之事實予以引用（46 台上 576）。

二、得上訴正本之記載方法

依本法第 374 條規定：「第二審判決，被告或自訴人得為上訴者，應併將提出上訴理由書之期間，記載於送達之判決正本。」被告或自訴人提起第三審上訴，不依刑事訴訟法第 382 條第 1 項之規定，第三審上訴，提出之上訴書狀應敘述上訴之理由；其未敘述者，得於提起上訴後 10 日內補提理由書於原審法院，如係因第二審法院送達之判決正本，未照同法第 374 條規定，記載提出上訴理由書之期間，以致陷於錯誤者，則其遲誤前項期間，不能歸責於該上訴人之過失，應准其回復原狀（25 上 144）。

第三章　第三審

第一節　第三審上訴概說

一、第三審上訴之意義

所謂「**第三審上訴**」（德：Rerision），即上訴權人，不服高等法院第二審或第一審判決，以違背法令為理由，上訴於最高法院，請求撤銷或變更原判決之救濟方法（刑訴 375、377）。茲分述之：

㈠**第三審上訴，須係不服高等法院之第二審或第一審之判決**：所謂「**高等法院之第二審判決**」，即指當事人不服地方法院之判決，而向高等法院提起上訴，由高等法院所為之判決；至於「**高等法院之第一審判決**」，係指內亂、外患罪或妨害國交罪，由高等法院管轄所為之第一審判決而言。

㈡**第三審上訴，係指不服高等法院未確定之判決**：如判決業已確定，只能提起非常上訴，而非第三審上訴。

㈢**第三審上訴，須以違背法令為理由而提起**：依本法第 377 條規定，上訴於第三審法院，非以判決違背法令為理由，不得為之。蓋第三審為法律審，並以第二審判決所確認之事實，以審查第二審判決之適用法律，是否適當。除關於訴訟程序及本法第 393 條規定，得依職權調查之事項外，不得涉及事實之審理。

㈣**第三審上訴，係請求撤銷或變更高等法院之判決**：對第二審判決之上訴，應依判決宣示或送達時本法之規定定之。如為請求撤銷或高等法院之裁定，則謂之抗告，而非上訴。惟其誤用裁定經提起上訴時，第三審法院仍應視作判決，而為第三審之裁判（25 上 1826）。

二、刑事上訴三審流程圖

收受書狀	收受上訴書狀，不合法律上之程序而可補正者，命補正。
書狀分配	收受書狀後，逕送承辦法官或刑事庭處理。
上訴審查	審查是否合法，上訴不合法律上程序或不應准許或上訴權已經喪失者裁定駁回。
送請答辯	將上訴書或理由書繕本送達他造，請其提出答辯。
發還卷宗	接受答辯書後，將其繕本送達他造，俟送達證書繳齊後，或提出答辯書之期間屆滿（十日）後應將卷證送交最高法院檢察署檢察官添具意見書（自訴案件勿庸送交），送交最高法院審判。

第二節　第三審上訴之限制

一、不得上訴第三審法院之規定

依本法第 376 條規定，下列各罪之案件，經第二審判決者，不得上訴於第三審法院。

㈠最重本刑為 3 年以下有期徒刑、拘役或專科罰金之罪。

㈡刑法第 320 條、第 321 條之竊盜罪。

㈢刑法第 335 條、第 336 條第 2 項之侵占罪。

㈣刑法第 339 條、第 341 條之詐欺罪。

㈤刑法第 342 條之背信罪。

㈥刑法第 346 條之恐嚇罪。

㈦刑法第 349 條第 2 項之贓物罪。

上述列舉之案件，因不得上訴於第三審法院，故經第二審判決後，即告確定。除有違背法令，得於提起非常上訴（刑訴 441），或依一般再審之規定，聲請再審（刑訴 420）外，如就足生影響於判決之重要證據漏未審

酌者（刑訴 421），應於送達判決後 20 日內聲請再審（刑訴 424）以爲救濟。此即本法三級三審制之例外的三級二審制。

二、可否提起第三審上訴應酌情決定者

㈠**著重在刑**：即上述第 376 條第 1 款之規定，著在重刑，如因刑法分則之規定，加重其刑，而超過 3 年有期徒刑者，就不受第 1 款 3 年有期徒刑之限制，而可上訴於第三審法院。如對直系血親傷害罪，加重其刑至二分之一（刑 280），因加重結果，其最重本刑既已超過 3 年有期徒刑，當可上訴於第三審法院。如「上訴人所犯刑法第三百四十九條第一項之贓物罪，依同法第一百三十四條加重其刑二分之一後，其法定本刑已伸長至四年六月以下有期徒刑，而非同法第六十一條第一款上段所列之案件，自不受不得上訴於第三審法院之限制。」（52 台上 1554）

但如依刑法總則之規定，應加重其刑者，則因其爲處斷刑之加重，非如分則之法定刑之延伸，故仍不得上訴於第三審法院。依 43 台上 163 號判例：「刑法第二百七十七條第一項之犯罪，如依刑法分則加重結果，其最重本刑超過三年以上有期徒刑時，即非同法第六十一條第一款前段之案件，不受刑事訴訟法第三百六十八條（現行法第三百七十六條）不得上訴第三審之限制。原審認爲上訴人具備累犯條件，應依刑法總則第四十七條加重其刑二分之一，既非依刑法分則加重，縱使加重結果最重本刑超過三年以上有期徒刑，仍不失爲同法第六十一條第一款前段之案件，經第二審判決後不得上訴第三審法院。」

㈡**著重在罪**：即上述第 376 條第 2 款至第 7 款，均注重在罪，與第 1 款注重在刑者不同，縱因分則條文加重至 5 年以上時，亦仍無上訴於第三審法院之餘地（42 台上 616）。

㈢**實質上一罪或裁判上一罪**：依審判不可分之原則，其中一部得提起第三審上訴者，其他部分，無分輕重，均得提起上訴。依 76 台上 2202 號判例：「裁判上一罪案件之重罪部分得提起第三審上訴，其輕罪部分雖不得上訴，依審判不可分原則，第三審法院亦應併予審判，但以重罪部分之上訴合法爲前提，如該上訴爲不合法，第三審法院既應從程序上予以駁回，而無從爲實體上判決，對於輕罪部分自無從適用審判不可分原則，併爲實體上審判。」

㈣**是否屬於刑法第 61 條所列之罪，應以當事人所主張者為準**：依釋字第 60 號：「案件是否屬於刑法第六十一條所列各罪之範圍，尚有爭執者，應視當事人在第二審言詞辯論終結前是否業已提出，如當事人本已主張非刑法第六十一條所列各罪，第二審仍為認係該條各罪之判決者，始得上訴於第三審法院。」

1. 本解釋案在此有三種情形[①]：

⑴檢察官或自訴人起訴意旨認定被告係本法第 376 條所列要件，而第二審法院不依第 376 條論處被告罪刑者，則檢察官或自訴人，均得上訴於第三審法院，如判決無罪，則均不得上訴。

⑵檢察官或自訴人認定被告非屬本法第 376 條所列案件，而第二審法院卻依第 376 條論處被告罪刑者，被告不得上訴第三審法院，但檢察官或自訴人卻得上訴第三審。如第二審諭知無罪、不受理、免訴或管轄錯誤之判決亦同。

⑶檢察官或自訴人認為非本法第 376 條所列各罪之案件，而第二審法院依本法第 376 條之罪判決者。被告認為係本法第 376 條所列各罪之案件，而第二審法院認為非本法第 376 條之罪判決者。

　　以上三種情形，檢察官、自訴人及被告對各該判決，得分別提起第三審上訴。

2. 對釋字第 60 號之補充解釋：依 48 台上 1000 號判例：「檢察官在原審言詞辯論終結前，未就起訴法條有所爭執，即按確認之事實又非顯然不屬於刑法第六十一條之案件，既經原審判決，即不得上訴於第三審法院。」即能否上訴第三審法院，應視其所認定之事實，是否顯然不屬於刑法第 61 條之案件以為斷。

㈤**行為後法律有變更者**：實體上雖可依刑法第 2 條第 1 項但書，而適用最有利於行為人之法律，但程序法上均以裁判時之法律，以定其可否上訴於第三審法院。

㈥**自訴與反訴**：兩者本為各別獨立之訴，因此自訴案件縱不得上訴第三審，如反訴非屬於第 376 條所列限制案件，則仍得上訴於第三審法院。

[①] 褚劍鴻著：前揭書，頁 667。

習題：乙向甲購買貨物，持乙自己簽發但已被拒絕往來戶之支票以付貨款，屆期該支票不能兌現。甲以乙蓄意詐欺，持不能兌現之支票騙取財物之此項事實，提起自訴，自訴狀內引用刑法第 339 條第 1 項（詐欺取財罪）、第 342 條第 1 項（背信罪）、第 201 條（偽造有價證券罪）等法條。第一、二審均判處乙以詐欺之罪刑。甲不服，提起第三審上訴。問：甲之此項第三審上訴應否准許？(85 司㈠)

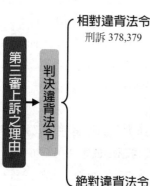

第三審上訴之理由

判決違背法令

相對違背法令
刑訴 378,379

判決不適用法則
{ 未正確適用實體法則
  不適用程序上之法則 }

判決適用法則不當
{ 適用實體法則不當
  適用程序法則不當 }

絕對違背法令

1. 法院之組織不合法者。
2. 依法律或裁判應迴避之法官參與審判者。
3. 禁止審判公開非依法律之規定者。
4. 法院所認管轄之有無係不當者。
5. 法院受理訴訟或不受理訴訟係不當者。
6. 除有特別規定外，被告未於審判期日到庭而逕行審判者。
7. 依本法應用辯護人之案件或已經指定辯護人之案件，辯護人未經到庭辯護而逕行審判者。
8. 除有特別規定外，未經檢察官或自訴人到庭陳述而為審判者。
9. 依本法應停止或更新審判而未經停止或更新者。
10. 依本法應於審判期日調查之證據而未予調查者。
11. 未與被告以最後陳述之機會者。
12. 除本法有特別規定外，已受請求之事項未予判決，或未受請求之事項予以判決者。
13. 未經參與審理之法官參與判決者。
14. 判決不載理由或所載理由矛盾者。

第三節　第三審上訴之理由

依本法第 377 條規定:「上訴於第三審法院，非以判決違背法令為理由，不得為之。」此係法定要件，因第三審為法律審，因此上訴於第三審，自應主張原判決具有法律上之瑕疵。

所謂「**違背法令**」，有三種情形:**一是**判決不適用法則或適用法則不當之情形;**二是**訴訟程序違背法令之情形;**三是**訴訟程序違背法令，顯然對判決有影響之情形。茲將此三種情形分述如下:

一、相對違背法令

即凡不屬於本法第 379 條所列舉「判決當然違背法令」之事由，則第 378 條規定之「**判決不適用法則或適用不當者**」，可謂係「相對違背法令」之規定:

(一)**判決不適用法則**:此法則係兼指不適用實體法與程序法而言。

　　1.判決未正確適用實體法則:即應適用之法令，而不適用之謂。其有關事項可列舉如下:

　　　(1)犯罪之罪名:對於犯罪之罪名，未列舉適用科刑之法條。

　　　(2)犯罪之情狀:如教唆犯未適用刑法第 29 條。

　　　(3)有關數罪法律上之關係:如想像競合犯未適用刑法第 55 條。

　　　(4)刑之責任或加減:如滿 80 歲人之行為得減輕其刑，未適用刑法第 18 條第 3 項。正當防衛未適用刑法第 23 條，累犯未適用刑法第 47 條是。

　　　(5)對構成要件所依據之認定事實:如原判決對於被告等為緩刑之宣告，於其是否合於刑法第 74 條第 1、2 兩款之條件，及如何認為以暫不執行為適當之情形，未加說明，且未於理由內引用上述法條，顯有判決不適用法則之違法 (53 台上 1889)。

　　2.判決不適用程序上之法則:如本法第 368 條規定:「第二審法院認為上訴無理由者，應以判決駁回之。」原第二審法院認定上訴無理由，雖於判決主文內宣告上訴駁回，但於判決理由內未適用上述法條，其判

決主文所謂上訴駁回，殊嫌無據，依同法第 370 條前段（現行法第 378 條）之規定，自屬違背法令（39 台上 183）。

㈡判決適用法則不當：

1.判決適用實體法則不當：即不應適用之實體法而適用，或適用不應適用之實體法之謂。例如：應適用特別法，而適用普通法，或其相反之適用，或如傷害致死，而適用殺人罪（刑 271）是。

如依 73 台上 4994 號判例：「原判決既認為被告使用槍枝擊斃死者之行為，係符合警械使用條例第四條第一項第五款、第八條之規定，即依同條例第十一條規定為依法令之行為，是被告之行為係依刑法第二十一條第一項之規定為不罰，核與第一審判決認為被告開槍擊斃死者係正當防衛且未過當，依刑法第二十三條之規定其行為不罰，適用法則顯屬不同，乃原判決未依法撤銷改判，竟予維持，自難謂無不適用法則之違誤。」

2.判決適用程序法則不當：即不應適用之程序法而適用，或適用不應適用之程序法之謂。

如 70 台非 85 號判例：「被告之直系血親於起訴後，得向法院以書狀陳明為被告之輔佐人，在法院陳述意見，又審判期日應通知輔佐人，此觀刑事訴訟法第三十五條及第二百七十一條之規定甚明。……乃原法院審判期日，未通知該輔佐人到庭，即行辯論終結，定期宣判，揆諸前揭說明，自有判決不適用法則之違誤。」

二、絕對違背法令

即本法第 379 條所列舉之違背法令之情形：

㈠**法院組織不合法**（刑訴 379 ①）：係指參與審理之法官，未依法院組織法第 3 條所規定之人數組成。又審判期日，應由法官、檢察官及書記官出庭（刑訴 280）。而法院組織是否合法，應以審判筆錄為證（刑訴 47）。

㈡**依法律或裁判應迴避之法官參與審判者**（刑訴 379 ②）：依本法第 17 條之規定，應迴避之法官不自行迴避而仍參與審判者，其判決為違背法令。又法官具有第 18 條第 2 款之情形（即法官有第 17 條以外之情形足認其執行職務有偏頗之虞者），經裁定命其迴避而不迴避參與審判者，其判決當然為違背法令，如未經裁定，而參與審判，其判決當非違法。

㈢**禁止審判公開非依法律之規定者**（刑訴 379 ③）：訴訟之辯論及裁判之宣示，應公開法庭行之。但有妨害國家安全、公共秩序或善良風俗之虞時，得經法院之決議，得不公開（法組 86）。法庭公開時，審判長應將不公開之理由宣示（法組 87 I）。而此不公開之理由，應於審判筆錄中記載，故法庭禁止公開而未宣示理由並載明筆錄者，其訴訟程序即非合法（22 上 1224）。

㈣**法院所認管轄之有無係不當者**（刑訴 379 ④）：可分為兩種判決違背法令之情形：

　　1.法院本有管轄權，而誤認為無管轄權（刑訴 4、5），而諭知管轄錯誤之判決（刑訴 304）。

　　2.法院本無管轄權，而誤認為有管轄權，竟為實體之判決（刑訴 299-301），而未諭知管轄錯誤之判決。

　　如 28 上 3635 號判例：「刑事案件除有特別規定外，固由犯罪地或被告之住所、居所或所在地之法院管轄。但數同級法院管轄之案件相牽連而未繫屬於數法院者，自得依刑事訴訟法（舊）第六條第一項，由其中一法院合併管轄。本件自訴人向某地方法院自訴甲、乙、丙、丁共同背信，雖甲、乙、丙三人散居別縣，其犯罪地亦屬他縣轄境，而丁則仍居住該地方法院所轄境內，該地方法院依法既得合併管轄，即不能謂無管轄權，乃竟對於甲、乙、丙部分諭知管轄錯誤之判決，殊屬違誤。」

㈤**法院受理訴訟或不受理訴訟係不當者**（刑訴 379 ⑤）：可分為兩種違背法令之情形：

　　1.受理訴訟不當：即案件不具備起訴或上訴之要件，而法院誤認為已具備要件，為實體上之判決，未諭知不受理或駁回之判決。如告訴乃論之罪，已逾告訴期間（刑訴 237），法院仍依檢察官提起之公訴，判處罪刑是。

　　2.不受理訴訟係不當者：即案件本已具備公訴、自訴或上訴之要件，法院應為實體上之判決，而誤認為未具備公訴、自訴或上訴之要件，而諭知不受理或駁回之判決。如告訴乃論之罪之上訴案件，在第二審撤回告訴，因告訴乃論之撤回告訴應在第一審辯論終結前為之（刑訴 238），因此第二審應為實體上之判決，而竟諭知不受理之判決是。

㈥**除有特別規定外，被告未於審判期日到庭而逕行審判者**(刑訴 379⑥)：
所謂「**特別規定**」，係指本法有明文規定，被告雖未到庭，仍得逕行審判
者而言。關於被告應否到庭，始得審判，有兩種情形列舉說明：

1.被告不到庭仍得審判者：

⑴即許被告用代理人之案件，得由代理人到庭(刑訴 281 II、294 IV)。

⑵被告因心神喪失或疾病不能到庭，顯有應諭知無罪或免刑判決
之情形(刑訴 294 III)。

⑶被告拒絕陳述者，得不待其陳述逕行判決；其未受許可而退庭
者亦同(刑訴 305)。

⑷法院認為應科拘役、罰金或應諭知免刑或無罪之案件，被告經
合法傳喚無正當理由不到庭者，得不待其陳述逕行判決(刑訴
306)。

⑸第 161 條第 4 項、第 302 條至第 304 條之判決，得不經言詞辯
論為之(刑訴 307)。

⑹自訴代理人經合法通知無正當理由不到庭，應再行通知，並告
知自訴人。自訴代理人無正當理由仍不到庭者，應諭知不受理
之判決(刑訴 331)。

⑺自訴人於辯論終結前，喪失行為能力或死亡者，得由第 319 條
第 1 項所列得為提起自訴之人，於 1 個月內聲請法院承受訴訟；
如無承受訴訟之人或逾期不為承受者，法院應分別情形，逕行
判決或通知檢察官擔當訴訟(刑訴 332)。

⑻被告合法傳喚，無正當之理由不到庭者，得不待其陳述，逕行
判決(刑訴 371)。

⑼第 367 條之判決及對於原審諭知管轄錯誤、免訴或不受理之判
決上訴時，第二審法院認其為無理由而駁回上訴，或認為有理
由而發回該案件之判決，得不經言詞辯論為之(刑訴 372)。

2.被告未於審判期日到庭，則不得審判者；如逕行審判，其訴訟程
序，即非合法。

⑴被告不到庭乃未經合法傳喚者。

(2)被告不到庭有正當理由者。

(3)並非許用代理人之案件。

(4)並非具備前述 1. 之情形，而逕行審判者。

㈦依本法應用辯護人之案件或已經指定辯護人之案件，辯護人未經到庭辯護而逕行審判者（刑訴 379 ⑦）。

1. 所謂「依法應用辯護人之案件」，係指「最輕本刑爲三年以上有期徒刑或高等法院管轄第一審案件或被告因智能障礙無法爲完全之陳述，於審判中未經選任辯護人者，審判長應指定公設辯護人或律師爲其辯護。」（刑訴 31 I 前段）之強制辯護案件而言。

2. 所謂「已經指定辯護人之案件」，係指雖非強制辯護案件，但其他審判案件，低收入戶被告未選任辯護人而聲請指定，或審判長認有必要者（刑訴 31 I 後段）。及上述案件選任辯護人於審判期日無正當理由而不到庭者，審判長得指定公設辯護人（刑訴 31II）。

此項應用辯護人之案件，辯護人未經到庭者，不得審判（刑訴 284），如逕行審判，當然爲違背法令。

此外，雖經辯護人到庭，並未命其爲辯護者，或辯護人雖到庭而未爲辯護者，與未經辯護無異，其訴訟程序亦屬違法。辯護人之出庭與否，專以筆錄爲證。

又依本法規定，審判期日應通知辯護人（刑訴 271），如上訴人等在原審既曾委任律師爲共同辯護人，乃原審並未於審判期日通知該辯護人到庭辯護，而逕行判決，其所踐行之訴訟程序，自屬於法有違（49 台上 1356）。

習題：刑事訴訟法第 379 條第 7 款規定：「依本法應用辯護人之案件或已經指定辯護人之案件，辯護人未經到庭辯護而逕行審判者。」係指何而言？判斷標準爲何？試說明之。（100 特警鐵三）

㈧除有特別規定外，未經檢察官或自訴人到庭陳述而爲審判者（刑訴 379 ⑧）。所謂「**特別規定**」，乃指本法第 307 條、第 331 條、第 332 條、第 372 條、第 437 條第 1 項、第 449 條。至於第 294 條第 3 項、第 305 條、第 306 條、第 371 條，得不待被告到庭陳述逕行判決，均爲一造缺席判決，但審判長仍須開庭踐行調查證據之程序，非謂不待被告陳述，即可

逕用書面審理（22上454）。

　　本款謂檢察官與自訴人，均爲刑事訴訟之原告，依本法第 280 條、第 286 條、第 289 條、第 329 條之規定，檢察官、自訴代理人均應於審判期日出庭，陳述起訴要旨，並對證人、鑑定人爲詰問或覆問，以實施追訴犯罪之目的。倘未經檢察官或自訴代理人到庭陳述而爲審判，當然違背法令。

　　㈨**依本法應停止或更新審判而未經停止或更新者**（刑訴 379⑨）。

　　　1.應停止審判者：

　　　　⑴法官被聲請迴避者（刑訴 22）。

　　　　⑵被告心神喪失者，應於其回復以前停止審判（刑訴 294 I）。

　　　　⑶被告因疾病不能到庭者，應於其能到庭以前停止審判（刑訴 294 II）。

　　　　⑷犯罪是否成立或刑罰應否免除，以民事法律關係爲斷，而民事未起訴者，停止審判（刑訴 333 I 前段）。至於第 295 條至第 297 條，其應否停止審判，法官有自由裁量權，自不包括在內。

　　　2.應更新審判者：凡下列應更新審判情形，而未更新者，均係違背法令：

　　　　⑴審判期日，應由參與之法官始終出庭；如有更易者，應更新審判程序（刑訴 292 I）。

　　　　⑵審判非一次期日所能終結者，除有特別情形外，應於次日連續開庭；如下次開庭因事故間隔至 15 日以上者，應更新審判程序（刑訴 293）。

　　至於第 273 條之 1 第 3 項應更新審判之規定，如當事人無異議者，不在此限。

　　㈩**依本法應於審判期日調查之證據而未予調查者**（刑訴 379⑩）：刑事訴訟係採直接審理主義及言詞辯論主義爲原則，非經合法調查證據，不得採爲判決之基礎。依本法第 288 條規定，審判期日，檢察官提出起訴要旨後，審判長應告知被告第 95 條規定之事項，然後應進行調查證據。

　　至於何謂「依本法應於審判期日調查之證據」，指該證據在客觀上爲

法院認定事實及適用法律之基礎者而言。此種證據，未予調查，同條特明定其判決爲當然違背法令。其非上述情形之證據，未予調查者，本不屬於上開第十款之範圍，縱其訴訟程序違背法令，惟如應受同法第 380 條之限制者，既不得據以提起第三審上訴，自不得爲非常上訴之理由（司釋 238）。

關於本款所稱「應行調查之證據」，乃指第二審判決中存在之證據，且與待證事實有重要關係，在客觀上認爲應行調查者而言。關於應予調查之事項，列舉如下：

1. 應行調查之證據未經依法調查：

　(1)審理事實之法院，對於案內一切證據，除認爲不必要者外，均應詳爲調查，然後基於調查所得之心證，以爲判斷事實之基礎，如有應行調查之證據未經依法調查，率予判決，即屬本款所稱之當然爲違背法令（30 上 289）。

　(2)金融機構爲防制犯罪，裝置錄影機以監視自動付款機使用情形，其錄影帶所錄取之畫面，全憑機械力拍攝，未經人爲操作，未伴有人之主觀意見在內，自有證據能力。法院如以之爲物證，亦即以該錄影帶之存在或形態爲證據資料，其調查證據之方法，固應依刑事訴訟法第 164 條之規定，提示該錄影帶，命被告辨認；如係以該錄影帶錄取之畫面爲證據資料，而該等畫面業經檢察官或法院實施勘驗，製成勘驗筆錄，則該筆錄已屬書證，法院調查此項證據，如已依同法第 165 條第 1 項之規定，**就該筆錄內容向被告宣讀或告以要旨**，即無不合。縱未將該錄影帶提示於被告，亦不能謂有同法第 379 條第 10 款所稱應於審判期日調查之證據未予調查之違法（80 台上 4672）。

2. 證據調查之內容尚未明瞭者：證據雖已調查而其內容尚未明瞭者，即與未經調查無異，如遽行判決，仍屬應於審判期日調查之證據未予調查（31 上 87）。

3. 審判長未宣讀證據或告以要旨之程序者：審判期日之訴訟程序，是否依法踐行，應依審判筆錄爲證，原審審判筆錄記載，審判長訊問被告姓名、年齡、籍貫、住所、職業後，並未命被告等陳述上訴要旨，對

於卷宗內驗斷書之記載，被告之自白及證人之證言，亦未踐行宣讀或告以要旨之程序，乃遽行宣告辯論終結，並採爲判決之基礎，自係應於審判期日調查之證據未予調查，顯屬違法（39台上243）。

4.未再開辯論調查：

　　(1)當事人聲請調查之證據，未再開辯論調查者：當事人聲請調查之證據，縱係於辯論終結後始行提出，如其所聲請調查之證據，確有調查之必要，未經再開辯論予以調查者，仍係於審判期日應行調查之證據未予調查，其判決即屬違背法令（41台上438）。

　　(2)囑託調查之證據，未再開辯論遽行判決者：原審囑託臺灣屏東地方法院訊問證人某甲筆錄，既在原審辯論終結以後始行收到，嗣後未經再開辯論，即行判決，是此項筆錄，顯未經原審於審判期日踐行調查之程序，遽採爲認定事實之證據，自屬違法（65台上1556）。

5.原審未對上訴人有利之證據調查，亦不於判決理由內論列者：原審未於審判期日，就上訴人否認犯罪所爲有利之辯解事項與證據，予以調查，亦不於判決理由內加以論列，率行判決，自屬於法有違（48台上1325）。

6.有罪之證據應詳爲記載：有罪之判決書，應於理由內記載認定犯罪事實所憑之證據，所謂證據，舉凡犯罪行爲之實施及態樣，與適用法律有關之一切證據，均應詳爲記載，否則即有理由不備之違法（50台上3）。

7.傳喚證人未令出庭陳述遽行判決者：原審對於上訴人狀請傳喚之證人，既未認爲不必要，裁定予以駁回，且已傳喚經於審判期日報到，乃竟未令其出庭陳述，遽行判決，自難謂無審判期日應行調查之證據未予調查之違法（50台上763）。

8.所聲請調查之證據確與待證事實有重要之關係者：

　　(1)當事人聲請調查之證據如事實審未予調查，又未認其無調查之必要，以裁定駁回之，或於判決理由予以說明者，其踐行之訴訟程序，雖屬違法，但此項訴訟程序之違法，必須所聲請調查之證據確與待證事實有重要之關係，就其案情確有調查之必要

者，方與刑事訴訟法第 379 條第 10 款之「應於審判期日調查之證據」相當，而爲當然違背法令，始得爲上訴第三審之理由。

因之，此項「**調查之必要性**」，**上訴理由必須加以具體敘明**，若其於上訴理由狀就此並未敘明，而依原判決所爲之證據上論斷，復足認其證據調查之聲請，事實審法院縱曾予調查，亦無從動搖原判決就犯罪事實之認定者，即於判決顯無影響，依刑事訴訟第 380 條之規定，自仍應認其上訴爲非合法（71 台上 3606）。

⑵刑事訴訟法第 379 條第 10 款所稱應調查之證據，係指與待證事實有重要關係，在客觀上認爲應行調查者而言。本件上訴人與吳某將僞造背書之支票交付周某，而詐購茶葉得手時，犯罪已成立，如何將詐得之茶葉轉售，售與何人，得款若干，如何朋分價金？均屬犯罪後處分贓物之行爲，於犯罪之成立並無影響，原審認爲上訴人犯罪已臻明確，無須調查處分贓物之情形而未予調查，自不能指爲應調查之證據未予調查（72 台上 7035）。

9.應調查證據內容：並不限於具有認定犯罪事實能力之證據，其用以證明證據憑信性之證據，亦包括在內（74 台上 6444）。

10.應調查之證據，指認定事實及適用法律之基礎：刑事訴訟法第三百七十九條第十款所稱「依本法應於審判期日調查之證據」，乃指該證據在客觀上爲法院認定事實及適用法律之基礎者而言，若非上述情形之證據，其未予調查者，本不屬於上開第十款之範圍，縱其訴訟程序違背法令，如應受同法第三百八十條之限制者，仍不得據爲非常上訴之理由。有罪之判決所認定之事實而應記載於判決書者，乃指與論罪科刑暨適用法令有關之事實而言——如犯罪構成要件之事實、刑之加重減輕之事由、故意、過失等等。故事實欄所記載之部分，倘無關於論罪科刑或法律之適用者，既不屬於必要記載之事項，自亦非理由所應敘述之範圍，則該判決援用以認定此部分非必要記載之事實之證據，即令內容上與此部分之事實不相適合，亦因其不予記載原不生理由不備之違法，倘其予以記載，縱與客觀事實不符，本亦無礙於其應爲之論罪科刑與法條之適用，從而亦不構成理由矛盾之違法（78 台非 90）。

㈩**未與被告以最後陳述之機會者**（刑訴 379 ⑪）：審判長於宣示辯論終結

前，最後應詢問被告有無陳述（刑訴 290）。使其得充分答辯，以保障被告之防禦權。如未給予被告以最後陳述之機會，當然爲違背法令。但是否踐行此程序，以審判筆錄爲準。

此之所謂「未與被告最後陳述之機會」，係指非被告到庭不得審判之案件而言。若在第二審程序，被告經合法傳喚，無正當理由不到庭者，法律既明定得不待其陳述逕行判決，自無須與以最後陳述之機會（31 上 701）。

㈩除本法有特別規定外，已受請求之事項未予判決，或未受請求之事項予以判決者（刑訴 379 ⑫）：本款可分爲兩點說明：

1. 已受請求之事項未予判決：係指法院對於已經起訴或上訴之事項，其中係屬裁判上應行一併裁判之一部分漏未判決者而言。此即所謂「漏判」之情形。其實例如下：

⑴審判之範圍應與訴之範圍一致：本件係檢察官及被告均不服第一審對於被告殺害王某未遂之單一犯罪事實所爲同一判決，向原審提起上訴，審判之範圍應與訴之範圍，互相一致。乃原審未待檢察官陳述上訴要旨，即行辯論終結宣判，而原判決亦未列檢察官爲上訴人，對其上訴予以裁判，自有對於已受請求之事項未予判決之違法（69 台上 1442）。

⑵對於多數上訴人之上訴均須判決：卷查本件經第一審判決後，被告曾提起上訴，否認其有妨害風化之犯行，檢察官亦曾提起上訴，指摘第一審判決量刑過輕，乃原判決僅在當事人欄列檢察官爲上訴人，而理由欄對於檢察官之上訴，全未論及，顯係對於已受請求之事項未予判決，其判決自屬違背法令（69 台上 1552）。

2. 未受請求之事項予以判決者：係指法院對於未經起訴或上訴之事項，或起訴或上訴效力所不及之事項，予以判決者而言（32 上 1775）。此即違反「無訴即無裁判」原則，亦違反「不告不理」原則。其實例如下；

⑴就撤回之上訴，予以裁判：當事人於提起上訴後聲請撤回，即係表示不求裁判之意思，故自聲明之日起，即生撤回之效力，刑事訴訟法第 372 條第 3 項已有明文。而受理上訴之法院，不得就已撤回之上訴，予以任何之裁判，自不待言（19 非 196）。

⑵法院不就起訴事實而爲審判者：被告某甲違反票據法一案，檢

察官係提起公訴而非聲請以命令處刑，被告更未聲請正式審判，乃原審法院不就起訴事實而爲裁判，竟認爲被告聲請正式審判而爲聲請駁回之判決，顯係對於未經請求之事項予以判決，當然爲違背法令（54台非197）。

㈢未經參與審理之法官參與判決者（刑訴379⑬）：第一、二審均採事實審與法律審，原則上係採直接審理及言詞辯論主義，故審判期日，應由參與之法官始終出庭；如有更易者，應更新審判程序（刑訴292），否則，即爲違背法令。至判決之法官，是否曾參與審理，以審判筆錄爲證。但未參與審理之法官，參與判決之宣示者，則不在此限。其實例如下：

　　未經參與之推事依法不得參與判決，本件原審審判筆錄所載最後出席審理之推事爲甲、乙、丙，而附卷之判決原本其推事姓名則易丙爲丁，是顯以未經參與審理之推事參與判決，不能謂非違法，雖原審隨同上訴狀附送之判決正本又易丁爲丙，然判決正本乃書記官依據原本所作成，正本與原本不符爲書記官職務上之過失，仍應以原本爲準，不能因正本之推事姓名與筆錄相符，即謂原判決非屬違法（21上1988）。

㈣判決不載理由或所載理由矛盾者（刑訴379⑭）：其情形有二：

　　1.判決不載理由：判決應敘述理由（刑訴203）。此外，判決書應分別記載其判決之主文與理由；有罪之判決書並應記載犯罪事實，且得與理由合併記載（刑訴308）。且有罪之判決書，更應於理由內分別情形記載本法第310條規定之相關事項。故如判決未載理由或所載理由不備，所謂「理由不備」係指所載理由尚不足以完善釋明判決主文所由構成之根據是。如29上3330號判例謂：「原判決所云，就本案各種情節觀察，該被告顯係確知其無此事實而爲誣告等語，究竟所稱之各種情節，果何所指，並無具體的說明，是原審判決關於證據上之理由，顯屬不備，即係具有判決不載理由之違法。」

　　2.判決所載理由矛盾：所謂「理由矛盾」，係指判決所載之理由彼此有相牴觸者而言，原判決理由內僅推論共同被告之供述時，謂被告涉有犯罪嫌疑，而其結論仍認該被告之罪嫌爲不能證明，諭知無罪，其前後論旨並無牴觸，自不得指爲判決理由矛盾而爲第三審之上訴理由（27上2910）。如有罪之判決書，其認定事實、所敘理由及援用科刑法條均無錯誤，僅主

文論罪之用語欠周全，於全案情節與判決本旨並無影響，難謂有判決理由矛盾之違法（84台非190）。

其所載理由矛盾有兩種情形：

(1)科刑判決所認定之事實，與其所採用之證據不相適合，即屬證據上之理由矛盾，其判決當然為違背法令（31上1412）。

(2)科刑之判決書其宣示之主文，與所載之事實及理由必須互相適合，否則即屬理由矛盾，其判決當然為違背法令（64台上893）。

三、違背法令無影響判決結果之問題

依本法第380條規定，除第379條情形外，訴訟程序雖係違背法令而顯然於判決無影響者，不得為上訴之理由。而第377條雖規定上訴於第三審法院，須以判決違背法令為理由，始得為之。因此，違背法令與判決之間，兩者須有因果之關聯性，始能成立上訴之理由。

至此，則上訴之理由有二種情形：

㈠為第378條判決不適用法則或適用不當之情形。

㈡為違反第379條之違背程序法部分；但除第379條之情形外，訴訟程序雖違背法令而不影響判決之結果者，仍不得提起上訴。

四、刑事妥速審判法對上訴之限制

㈠**無罪判決不得上訴最高法院**：案件自第一審繫屬日起已逾6年且經最高法院第三次以上發回後，第二審法院更審維持第一審所為無罪判決，或其所為無罪之更審判決，如於更審前曾經同審級法院為二次以上無罪判決者，不得上訴於最高法院（速審8）。

㈡**上訴之限制**：除第8條情形外，第二審法院維持第一審所為無罪判決，提起上訴之理由，以下列事項為限（速審9）：

1.判決所適用之法令牴觸憲法。

2.判決違背司法院解釋。

3.判決違背判例。

刑事訴訟法第377條至第379條、第393條第1款規定，於前項案件之審理，不適用之。

五、準違背法令

依本法第 381 條規定:「原審判決後,刑罰有廢止、變更或免除者,得為上訴之理由。」此種情形,係指原判決並無違背法令,適用法律並無錯誤,因其判決尚未確定,刑罰既有廢止、變更或免除等之變更,當可上訴使其改依新法判決。惟在此應注意者,刑罰變更之結果,應對被告有利始可適用,如刑罰變更之結果反對被告不利,有加重之情形時,依刑法第 2 條第 1 項之規定,當無本條規定之適用。

第四節　第三審上訴之程序

一、提出上訴書狀,敘述上訴理由

㈠**上訴書狀之提出**:第三審原則上為法律審,故採書面審理主義,毋須行言詞辯論(刑訴 389)。因此,提起第三審上訴,應以上訴書狀提出於原審法院(刑訴 350 I),並應敘述上訴之理由;其未敘述者,得於提起上訴後 10 日內補提理由書於原審法院;未補提者,毋庸命其補提(刑訴 382 I)。

㈡**上訴書狀繕本及送達**:上訴書狀應按他造當事人之人數,提出繕本(刑訴 382 II 準 350 II)。原審法院書記官,應速將上訴書狀之繕本,送達於他造當事人(刑訴 382 II 準 352)。

㈢**在監獄或看守所之被告**:在監獄或看守所之被告,於上訴期間內向監所長官提出上訴書狀者,視為上訴期間內之上訴。被告不能自作上訴書狀者,監所公務員應為之代作。監所長官接受上訴書狀後,應附記接受之年、月、日、時,送交原審法院。被告之上訴書狀,未經監所長官提出者,原審法院之書記官於接到上訴書狀後,應即通知監所長官(刑訴 382 II 準 351)。

㈣**第三審法院之調查**:第三審法院之調查,以上訴理由所指摘之事項為限(刑訴 393 I 前段)。因此上訴理由,必須指明原判決如何適用法則或適用不當,其違背法令之具體內容,不得以籠統詞句,聲明不服。並不可引用或檢附其他文書代替,以為上訴之理由。蓋刑事訴訟法規定各種文

書之制作，應具備一定之程式，其得引用其他文書者，必有特別之規定始可（例如刑事訴訟法第 48 條，第 373 條）。否則，即難認其上訴已合法律上之程式（69 台上 2724）。

二、他造當事人提出答辯書

㈠**10 日內提出答辯書**：他造當事人接受上訴書狀或補提理由書之送達後，得於 10 日內提出答辯書於原審法院（刑訴 383 I）。此 10 日期間為訓示規定，縱有逾期亦不影響答辯之效力，且在第三審法院未判決前仍可補提答辯書（刑訴 386 I）。

㈡**檢察官之答辯**：如係檢察官為他造當事人者，應就上訴之理由提出答辯書（刑訴 383 II）。

㈢**答辯書之繕本**：答辯書應提出繕本，由原審法院書記官送達於上訴人（刑訴 383 III）。

三、原審法院之處理

提起第三審上訴，必須向原審法院提出上訴書狀、上訴理由書及其繕本（刑訴 350、382）。由原審法院加以審查，如認為上訴不合法，即以裁定駁回，否則，就應將卷宗及證物送交第三審（刑訴 385）。茲說明之：

㈠**裁定駁回上訴**：原審法院認為上訴不合法律上之程式或法律上不應准許或其上訴權已經喪失者，應以裁定駁回之。但其不合法律上之程式可補正者，應定期間先命補正（刑訴 384）。本條與第 362 條之規定相同，茲分述之：

1.上訴不合法律上程式者：如上訴書狀未依法簽名（刑訴 39、53），但可補正者，應定期先命補正（刑訴 384 但），又未依法提出上訴書狀而僅以言詞為之者，或未敘述具體理由，並未依規定補正等是。至於所提理由是否依卷存資料具體敘述，則應由第三審法院審認之。

2.法律上不應准許者：除第 362 條規定第二審上訴原審法院程序內所述上訴為法律上不應准許之情形外，本法第 376 條所列各罪之案件，經第二審判決者，不得上訴於第三審法院，但如上訴主旨是主張非屬該條所列之罪時，則應由第三審法院審認之。

3.其上訴權已經喪失者：如逾 10 日之上訴期間及捨棄上訴權或撤回上訴後，再行提起上訴是。

4.違背刑事妥速審判法之規定而上訴者，其上訴為不合法：

⑴無罪判決不得上訴最高法院（速審 8）。

⑵上訴之限制（速審 9）。

5.對裁定駁回上訴可抗告：上訴人對於原審法院駁回上訴之裁定不服者，得於 5 日內提起抗告（刑訴 403）。對此抗告所為之裁定，並得提起再抗告（刑訴 415 I ①）。

㈡**卷宗及證物送交三審法院檢察官**：除因上訴第 384 條之上訴不合法經原審法院以裁定駁回者外，應為如下之處理（刑訴 385）。

1.卷宗證物送交第三審法院檢察官：原審法院於接受答辯書或提出答辯書之期間已滿後，應速將該案卷宗及證物，送交第三審法院之檢察官（第 1 項）。

2.第三審法院檢察官之處理：第三審法院之檢察官接受卷宗及證物後，應於 7 日內添具意見書送交第三審法院。但於原審法院檢察官提出之上訴書或答辯書外無他意見者，毋庸添具意見書（第 2 項）。

3.卷宗、證物逕交第三審法院：無檢察官為當事人之上訴案件，原審法院應將卷宗及證物逕送交第三審法院（第 3 項）。

第五節　第三審上訴之審判

一、移審後當事人得補提書狀

上訴人及他造當事人，在第三審法院未判決前，得提出上訴理由書、答辯書、意見書或追加理由書於第三審法院（刑訴 386 I）。前項書狀，應提出繕本，由第三審法院書記官送達於他造當事人（刑訴 386 II）。

二、第一審審判程序之準用

㈠**準用第一審審判之規定**：第三審之審判，除本章有特別規定外，準用第一審審判之規定（刑訴 387）。但不適用強制辯護之規定（刑訴 31）。因第三

審為法律審，以書面審理為原則，故無適用強制辯護之必要（刑訴388）。

(二)**例外命行言詞辯論**：不過第三審之判決，雖不須經言詞辯論為原則，但法院認為有必要者，得命辯論。所謂「有辯論之必要」，係指為闡明或補充卷內之訴訟資料等而言。但此項辯論，非以律師充任之代理人或辯護人，不得行之（刑訴389）。

(三)**命行辯論之程序**：

　　1.指定受命法官及製作報告書：第三審法院於命辯論之案件，得以庭員1人為受命法官，調查上訴及答辯之要旨，制作報告書（刑訴390）。

　　2.朗讀報告書與陳述上訴要旨：審判期日，受命法官應於辯論前，朗讀報告書。檢察官或代理人、辯護人應先陳述上訴之意旨，如兩造均有上訴，在公訴優先之原則下，由檢察官先行陳述之，陳述後，再行辯論（刑訴391）。

　　3.一造辯論與不行辯論：審判期日被告或自訴人無代理人、辯護人到庭者之情形（刑訴392）：

　　　　(1)應由檢察官或他造當事人之代理人、辯護人陳述後，即行判決。

　　　　(2)被告及自訴人均無代理人、辯護人到庭者，得不行辯論。

三、第三審法院之調查範圍

(一)**上訴理由之職權調查事項**：第三審法院之調查，以上訴理由所指摘之事項為限。故凡上訴未加指摘之事項，第三審法院固不得調查裁判，但下列事項，第三審法院得依職權調查之（刑訴393）。

　　1.第379條各款所列之情形：亦即當然為違背法令之情形。

　　2.免訴事由之有無：係指有無第302條規定之情形。

　　3.對於確定事實援用法令之當否：第三審法院在法律審之原則下，第三審法院之判決，應以第二審所確定之事實為基礎。

　　但第二審是否援用適當的法則，以認定事實，則屬有否違背法令之問題，第三審法院自得依職權調查之。如原審並未將被告之犯罪事實明確認定，遽為有罪之裁判，則其援用之法令，與所認定之事實，顯不相符，原判決即屬用法不當，上訴意旨雖未指摘及之，第三審法院仍應以

職權將其撤銷（28 上 2002）。

4.原審判決後刑罰之廢止、變更或免除：依罪刑法定主義之原則，裁判時自應依據當時法律之規定，因此如判決尚未確定，刑罰既已廢止、變更或免除者，依本法第 381 條之規定，為上訴之理由，而第三審法院依本法第 398 條第 3 款之規定，自應依職權調查之，以撤銷原判決並自為判決。

5.原審判決後之赦免或被告死亡：原審判決後，經赦免者，第三審法院自得依職權調查，被告是否為赦免之對象。至被告死亡者，刑罰權之主體已消滅，既應諭知不受理判決（刑訴 303 ⑤），第三審法院自應依職權調查之，並撤銷原判決自為判決。

㈡**第三審之裁判基礎**：第三審為法律審，應以第二審判決所確認之事實為判決基礎（刑訴 394 I 前段）；故於第二審判決後不得主張新事實或提出新證據而資為第三審上訴之理由（73 台上 5230）。但關於訴訟程序及得依職權調查之事項，得調查事實（刑訴 394 I 但）。因此，第三審法院得調查之事實有二：

1.關於訴訟程序。

2.得依職權調查之事項：

(1)第 379 條所列各款之情形。

(2)免訴事由之有無。

(3)對於確定事實援用法令之當否。

(4)原審判決後刑罰之廢止、變更或免除。

(5)原審判決後之赦免或被告死亡。

3.調查之方法及結果：

(1)調查之方法：此項調查，得以受命法官行之，並得囑託他法院之法官調查（刑訴 394 II）。

(2)調查之結果（刑訴 394 III）：

①認為起訴程序違背規定者，第三審法院得命其補正。

②其法院無審判權而依原審判決後之法令有審判權者，不以無審判權論。

第六節　第三審法院之判決

第三審法院之判決，與第二審法院之判決相同，有駁回判決與撤銷原判決兩種。茲說明之：

一、駁回判決

第三審駁回上訴之判決，亦可分為形式上的駁回與實體上的駁回，茲分述之：

㈠**形式上的駁回**：即程序上之駁回。上訴第三審法院之案件，是否以判決違背法令為上訴理由，應就上訴人之上訴理由書狀加以審查。至原判決究有無違法，與上訴是否以違法為理由為兩事。如上訴理由書狀非以判決違法為上訴理由，其上訴第三審之程式即有欠缺，應認上訴為不合法，依刑事訴訟法第 395 條前段予以駁回（71 台上 7728）。

依本法第 395 條規定：「第三審法院認為上訴有第三百八十四條之情形者，應以判決駁回之；其以逾第三百八十二條第一項所定期間，而於第三審法院未判決前，仍未提出上訴理由書狀者亦同。」

　　1.上訴之不合法者：即第 384 條之情形。

　　　⑴上訴不合法律上之程式者：但其不合法律上之程式可以補正者，審判長應定期間先命補正（刑訴 384 但）。

　　　⑵上訴法律上不應准許者：此指本法第 376 條所列各罪之案件，以二審為終結者而言。

　　　⑶上訴權已經喪失者：指合法上訴已經逾期，或捨棄上訴、撤回上訴而再行上訴而言。

　　2.已逾補提上訴理由書之期間（刑訴 359 後段）：上訴人未於提起上訴後 10 日內補提理由書，而於第三審法院未判決前，仍未向第三審法院提出者；即上訴人未按期補提上訴理由書於原審法院，而在第三審法院未判決前，雖得提出上訴理由書於第三審法院，如上訴人仍未提出者，則第三審當可以上訴不合法律上程式，予以駁回之。

㈡**實體上的駁回**：依本法第 396 條第 1 項規定：「第三審法院認為上訴無理由者，應以判決駁回之。」即第三審法院對於上訴案件，經形式上調查，認為上訴合法者，則進入實體上調查；因第三審並非「事實覆審」，而是依據原案卷證資料審查之結果，如調查之結果，認為上訴為無理由，就是法院依職權調查之結果，亦認為原判決並無如上訴理由書狀所指摘之違背法令情形，或雖係違背法令而顯然於判決無影響者（刑訴 280），應以判決駁回其上訴。惟第三審法院，為駁回上訴之判決時，如有合於緩刑之情形者，得逕行諭知緩刑（刑訴 396Ⅱ）。

二、撤銷原判決

依本法第 397 條規定：「第三審法院認為上訴有理由者，應將原審判決中經上訴之部分撤銷。」如第三審法院審理之結果，認為原審判決，確有違背法令之情形，並顯然對於判決有影響者，應將原判撤銷，並依第 398 條至第 401 條之規定，自為判決，發回更審或發交審判。茲說明之：

㈠**自為判決（亦稱撤銷改判）**：第三審法院因原審判決有下列情形之一而撤銷之者，應就該案件自為判決。但應為第 399 條（發回更審）、第 400 條（發交審判）之判決者，不在此限（刑訴 398）：

1.雖係違背法令，而不影響於事實之確定，可據以為裁判者：即原審法院所認定之事實，並無違誤，第三審法院自可依據原審法院所認定之事實，適用正確之法律，撤銷原判決，而自為判決。

所謂「**不影響於事實之確定**」，係指不影響於重要事實之確定而言，下列事實應認為重要事實（最高法院 77 年度第 11 次刑事庭會議決議）：

⑴犯罪構成要件之事實。

⑵法定刑罰加重或減免之原因事實。

⑶阻卻違法性事由之事實。

⑷阻卻責任性事由之事實。

⑸特別經驗法則（專指具有特別知識或經驗者始得知之事實）。

⑹其他習慣、地方制定自治法規及外國法之類，依法應予適用者

亦屬要證事實，自應經事實審調查證明爲必要。至於量定刑罰
之事實，裁判上刑罰加重、減免之原因事實，訴訟法上之事實，
公衆週知之事實及事實於法院已顯著或爲其職務上所已知者等
等，此或無庸舉證，或爲第三審得依職權調查，或屬各級法院
所得自由裁量，解釋上應不包括在內。

2.應諭知免訴或不受理者：原審法院原應爲免訴之判決，而爲科刑
之判決者，對此第三審法院，應撤銷原判決，自爲免訴之判決。

　⑴應諭知免訴之判決：犯罪後之法律已廢止其刑罰者，依法應爲
　　免訴之判決，如第三審上訴中發生此種情形時，亦應將原判決
　　撤銷，自爲免訴之判決 (26渝上470)。

　⑵應諭知不受理之判決：如原審未爲不受理之判決者，第三審亦
　　應將原判決撤銷，自爲不受理之判決。

3.有第393條第4款或第5款之情形者：即原審判決後，有下列事
項者；此規定原屬於第三審法院，得依職權調查之事項，第三審法院如
發現有下列事項，自應將原判決撤銷，而自爲判決。

　⑴原審判決後刑罰有廢止、變更或免除者：如第二審法院判決後，
　　發生上述情形，自應將原判決撤銷，依變更後有利於被告之法
　　律，自爲科刑或無罪之判決。

　⑵原審判決後之赦免或被告死亡者：即依大赦而諭知免訴之判
　　決；依減刑而減輕宣告之刑。被告死亡者，如刑事被告於第三
　　審上訴中死亡，依法應諭知不受理之判決者，係以被告死亡在
　　有合法上訴之後者爲限。本件被告死亡雖在上訴人向本院提起
　　上訴之後，然原判決係認上訴人之獨立上訴爲違背法律上之程
　　式，而上訴人向本院提起之上訴又屬顯無理由，是第一審判決
　　已因無合法上訴而確定，自難因被告死亡，將原判決撤銷，諭
　　知不受理之判決 (28滬上173)。

㈡發回更審：依本法第399條規定：「第三審法院因原審判決諭知管轄
錯誤、免訴或不受理係不當而撤銷之者，應以判決將該案件發回原審法
院。但有必要時，得逕行發回第一審法院。」在此可分爲兩項說明之：

1.發回原審法院更為審判：因原審判決諭知管轄錯誤、免訴或不受理係不當而撤銷之者；此種情形，因該案件經第一審為實體判決以後，第二審只就形式上而為判決，未就實體上為判決，故應發回第二審法院更為審判。

2.發回第一審法院更為審判：如第一審與第二審法院均誤為諭知管轄錯誤、免訴或不受理係不當而被第三審撤銷之者，第三審當得逕行發回第一審法院。

⊜**發交審判**：依本法第 400 條規定：「第三審法院因原審法院未諭知管轄錯誤係不當而撤銷之者，應以判決將該案件發交該管第二審或第一審法院。但第四條所列之案件，經有管轄權之原審法院為第二審判決者，不以管轄錯誤論。」

所謂「發交審判」，係由第三審法院，以判決將該案件發交其他法院審判之謂。可分為三種情形說明：

1.發交該管第二審法院審判：即第三審法院因原審法院未諭知管轄錯誤係不當而撤銷之者，應判決將該案件發交該管第二審法院審判（刑訴 400 前段）。此即第三審法院認為原審法院本無管轄權，誤未諭知管轄錯誤之判決，而為實體上之裁判，此因違背法令，第三審法院應將原判決撤銷。

但刑事訴訟法第 4 條所列之案件（即第一審管轄權屬於高等法院案件），經有管轄權之原審法院為第二審判決者，不以管轄錯誤論（刑訴 400 但）。

2.發交該管第一審法院審判：即第三審法院因原審法院未諭知管轄錯誤係不當而撤銷之者，應判決將該案件發交該管第一審法院審判（刑訴 400 前段）。此即第一審、第二審均誤認有管轄而未諭知管轄錯誤，而為實體上之裁判，第三審法院應將原判決撤銷，逕予發交該有管轄權之第一審法院審理。

3.發回原審法院，或發交與原審法院同級之他法院：依本法第 401 條規定：「第三審法院因前三條以外之情形而撤銷原審判決者，應以判決將該案件發回原審法院，或發交與原審法院同級之他法院。」依此，

則發回原審法院更審或發交原審法院同級之他法院更審，如何取捨，如認為原審法院恐有本法第10條第1項各款之情形或原審法院不免固執己見，無法期待為公平適當之裁判者，則以發交原審法院同級之他法院為宜；如無此種顧慮時，仍以發回原審法院為當。

依29上1105號判例：「第三審法院調查下級審裁判有無違背法令，必以該案件之訴訟卷宗及所附證據為根據，故原審裁判後，其卷證如有滅失或被水浸濕莫辨字跡，當事人尚就原審認定事實是否合法有所爭執，則第三審法院無從憑以調查，為法律上之判斷，自應認其上訴為有理由，將原判決撤銷予以發回。」

三、最高法院與檢察署對調查證據之論辯

㈠**最高法院如何製造更審**：名檢察官陳瑞仁在媒體
發表論文謂：刑案久懸未決，檢察官要負一半的責任，另一半的責任則在於最高法院。有許多在二、三審間翻滾多年的案件，是最高法院刻意製造出來的。

陳瑞仁

以民國87年馬祖的一個案件為例。該案被告涉嫌共同虛報幽靈人口使投票發生不正確之結果，由於其中一戶高達135人，加上多名共犯自白，所以一、二審法院都判被告有罪。

但案件到了最高法院後，第十二庭以金門高分院漏未告知被告「變更有罪法條為偽造文書罪」為由，撤銷判決發回更審。更一審仍判有罪，並告知被告「變更法條為偽造文書」。被告再上訴，最高法院第十庭竟以「根本不能成立偽造文書罪」為由，撤銷原判決。二庭之法律見解顯然不同，金門高分院徒然被最高法院耍了二次。

更二審維持有罪，被告再上訴，輪到最高法院第六庭審理，不再挑法律問題，改挑犯罪事實的毛病，其中之一就是「被告到底虛報多少名幽靈人口？」第六庭指示說，「不能僅憑戶籍資料與部分人之供述」即認定是幽靈人口。

更三審仍有罪（筆者剛好調到金門高分檢以蒞庭檢察官身分參與辯論庭）。第六庭再度撤銷判決，理由還是「幽靈人口人數不明」。更四審時，筆者發現第六庭好像有意要金門高分院傳喚所有136名馬祖的幽靈人口到金門開庭，才甘罷休，這簡直是一件「登陸月球式的任務」，遂當

庭提出這些選民的 87 年薪資所得稅務資料，並聲請法院調查勞健保資料，用來證明這些人該年度都是在台灣本島工作，以免除法院傳喚 136 名證人之艱辛任務。

二審準此聲請並努力傳喚證人，終於另有 24 人到庭（筆者已調離），仍維持有罪。但最高法院第五庭（五名法官中有四名與先前第六庭同），仍堅持不能僅憑 33 名證人證詞與在台灣本島的領薪資料即確定幽靈人口數，再將判決撤銷。

更五審時，法院還是無法傳喚全部幽靈人口到庭，但仍維持有罪。案件到最高法院時，第五庭法官剛好全部換人，終於駁回被告上訴，理由是先前有罪判決「並未違背經驗法則與論理法則」，案件才確定下來，前後費時整整十年。

從此案例可知最高法院創造案件之常用手法是：先以「法院未依職權調查有利於被告事項」之高貴理由（注意不是「不利於被告」），將判決撤銷，然後給下級審一項登陸月球式的不可能任務（如本案之「查明幽靈人口究有幾人」，或鄭太吉案的「查明被告總共開幾槍」），再分段釋出各項問題，讓下級審先解決一項，等再度上訴時再丟出另一項，反覆為之，即可一案數吃。

在最高法院限量分案下（每位法官每月十八件），若每月都有這種回籠案件，豈不樂得輕鬆愉快？而司法資源、社會正義與當事人的青春，就這樣流失掉了。[1]

（二）**最高法院反擊，檢不盡責還靜坐**：最高法院於 101 年 6 月 21 日公布一件妨害性自主案判決，檢察官起訴廿一歲被告與國三女生性交廿次，定讞判決只認定一次；指責檢察官蒐證不夠，卻發起六四靜坐行動，批評法院未盡查證職責，很不可取。

檢察官六四靜坐後，檢院對峙火花未熄。最高檢察署 6 月 20 日發函最高法院，批評最高法院今年初所作決議「限縮」法官職權調查的義務，請最高法院回覆；最高法院昨天以判決見解說明，要檢方「回到個案論辯」。

陳姓男子是高雄市工務局養工處的技工，因借行李箱給同事的國三女兒參加畢業旅行，認識而交往。同事不反對，但明確警告陳與女兒不能逾矩。兩人交往四個月後分手，女生的母親發現兩人曾有性行為而提告。

---

[1]引自：101 年 6 月 6 日，聯合報 A15。陳瑞仁／檢察官、檢察官六四運動發起人之一（台北市）

檢察官起訴陳與國中女生合意性交廿次，一審只認定十次，每次判刑七個月，應執行三年。陳不服上訴，提出不在場證明，二審只就少女清楚記得的第一次性交，判陳七個月徒刑；檢方再上訴，最高法院駁回。

由花滿堂擔任庭長、法官洪昌宏執筆的判決指出，刑法現採一罪一罰，檢察官須就每一罪詳細舉證，不能籠統以片段行為的證據。判決指出，檢察官不能有「合理懷疑」就起訴，然後袖手旁觀，等法院補足、判罪；不能只有「多半是如此」的證據，而應該「八、九不離十」。

公訴檢察官到法庭辯論，更應接棒說服法院「毫無合理懷疑」，形成被告有罪心證；否則要接受敗訴結果，落實無罪推定原則[①]。

筆者詳閱雙方論點：發現一、二審審理通常都偏向依職權主義進行，未能依新修訂之改良式當事人進行審理之故，因一、二審法官都依其職權自行取捨證據內容，致第三審發現漏洞百出，才有數度發回更審之舉，如一、二審審理時，遵守新修正之刑訴法，檢察官竭盡責任蒐集證據，在審判庭上為自己之起訴理由論告，依當事人進行主義之方式進行審判，證據之取捨將較週全完整，當事人也較易於心服。

四、為被告利益撤銷原判決之效力

依本法第 402 條規定：「為被告之利益而撤銷原審判決時，如於共同被告有共同之撤銷理由者，其利益並及於共同被告。」此指第三審法院為被告之利益撤銷原審判決，而自為判決而言。如其他共同被告，有共同撤銷之理由，其利益之效力，及於其他共同被告。在此並詳為說明：

㈠**所謂共同被告**：即在同一訴訟程序中，有數人被訴者而言。訴訟開始時，只有一個起訴書狀而有 2 人以上被訴之情形，或經過合併的手續而合併審判之情形。

㈡**所謂利益及於共同被告**：係指合法上訴之共同被告未就該利益部分據為上訴理由，因上訴中之另一被告指摘該事項，認有共同之撤銷理由，對於該共同被告為利益之裁判者而言，如共同被告未經上訴或上訴不合法，則該共同被告部分之判決已經確定，即無適用該條之餘地（33 非 5）。

---

① 引自：101 年 6 月 22 日，聯合報 A16，王文玲報導。

㈢**至於所謂「於被告有利益」者**：係指撤銷原判決，而自爲無罪、免訴、管轄錯誤、不受理或減輕其刑、或免刑之有罪各項判決而言。即指改判或發回、發交更審，亦認爲有利益。如對於被告有不利益時，如撤銷原審之無罪判決，而改爲有罪判決，或將輕罪改判加重其刑，則其效力自不及於其他共同被告。

習題：第三審對第二審判決諭知或未諭知管轄錯誤、免訴、不受理係不當者，應如何裁判？試說明之。（85律）

第七節　第二審上訴與第三審上訴之異同

	第二審上訴	第三審上訴
一、上訴程式敘述理由	第二審採第一審之覆審制，原不必敘述理由，後修正應敘述具體理由（刑訴361 II）。	第三審採事後查制，並規定上述書狀應敘述理由（刑訴382 I）。
二、審理方式	第二審爲事實審兼法律審，原則上須經言詞辯論。	第三審爲法律審，且爲終審，原則上不經言詞辯論（刑訴389 I）。
三、審理性質	爲第一審之覆審，重覆審理事實審與法律審之雙重性質。	第三審爲法律審，以第二審所蒐集之證據資料爲依據，即事後審查原判決是否違背法令爲目的。
四、代理人與辯護人之委任	第二審之代理人或辯護人不限於律師，非律師亦得爲之。	因屬法律審，非以律師充任之代理人或辯護人，不得行之（刑訴389 II）。
五、判決結果	第二審因事實審兼法律審，故爲實體判決後，當事人尚可上訴第三審法院。	第三審因實施法律審，故與事實無關部分，除應自爲判決外，餘可發回或發交第二審法院。
六、救濟程序	不服第二審之判決，依上訴程序爲之。	不服第三審之判決，如涉及事實則提起再審，如涉及法律上理由，則得提起非常上訴。

習題：試說明第二審上訴與第三審之異同？

第四編　抗　　告

第一章　抗　　告

第一節　抗告概說

一、抗告之意義

所謂「**抗告**」（Beschwerde），即有抗告權人，對於法院未確定之裁定不服，請求上級法院，以裁定撤銷或變更其裁定之救濟方法。茲說明之：

㈠**對未確定之裁定聲明不服**：對於上訴不服者，得提起上訴，對於未確定之裁定，則得提起抗告。

抗告與上訴之不同如下：

	抗　　告	上　　訴
聲明不服之方法	抗告是對裁定不服而提起。	上訴是對判決不服而提起。
期間	原則上為 5 日（刑訴 406）。	上訴期間為 10 日（刑訴 349）。
提起之限制	裁定係中間裁判，內容涉及訴訟程序，為恐妨礙訴訟之進行，故對於抗告有若干限制。	上訴係對下級法院判決之不服而為，故法律不予限制。

㈡**須由抗告權人提起之**：對於法院之裁定，有抗告權人向直接上級法院提起抗告（刑訴 403 I）。

㈢**請求上級法院為司法救濟**：此與向原審法院聲明異議（刑訴 288 之 3）不同，但本法對審判長、受命法官、受託法官或檢察官所為之處分，有不服者，受處分人得聲請所屬法院撤銷或變更之，稱為準抗告（刑訴 416）。此種抗告並不向上級法院抗告，而是聲請所屬法院為之，此與一般抗告者不同。

習題：何謂抗告？抗告與上訴有何區別？

二、抗告之主體

所謂抗告之主體，指得提起抗告之人，即對於法院之裁定，有抗告權者而言。依本法第 403 條之規定：「當事人對於法院之裁定有不服者，除有特別規定外，得抗告於直接上級法院。證人、鑑定人、通譯及其他非當事人受裁定者，亦得抗告。」因此抗告之主體如下：

(一)**當事人**：刑事訴訟之當事人為檢察官、自訴人及被告（刑訴 3）。

1.檢察官：檢察官對於法院之裁定有不服者，除有特別規定外，得抗告於直接上級法院。

2.自訴人：自訴人之地位與檢察官類似，故亦得提起抗告。

3.被告：被告為保護自己之利益，對於法院之裁定，如有不服，當得提起抗告。

(二)**非當事人而受裁定者**：證人、鑑定人、通譯及其他非當事人受裁定者，亦得抗告（刑訴 403 II）。

刑事抗告（再抗告）流程圖

收受書狀
收受抗告（再抗告）書狀，不合法律上程式者，先命補正。

案件與書狀分配
收受書狀後，即分案或逐送承辦法官或刑事庭處理。

抗告審查
收受（再抗告）不合法律上程式或法律上不應准許或抗告權已喪失者，裁定駁回。

制作裁定
認為抗告（再抗告）有理由者，更正裁定。

發送卷宗
原法院認為無理由者，得添具意見書後，送交抗告法院（再抗告法院）。

1.證人：證人無正當理由不到場（刑訴 178）、拒絕具結或為不實之具結（刑訴 193），得裁定罰鍰，對於此項裁定，得提起抗告（刑訴 178III、193 II）。

2.鑑定人：鑑定人之抗告，準用人證之規定（刑訴 197）。

3.通譯：通譯之抗告，準用鑑定人之規定（刑訴 211）。

4.其他非當事人：如被告之輔佐人、辯護人聲請具保停止羈押，如被裁定，亦得提起抗告（刑訴 404②）。

習題：抗告之主體為何（何人得提起抗告）？

第二節　抗告之限制

依本法第 403 條規定，當事人或非當事人（第 2 項），對於法院之裁定有不服者，除有特別規定外，得抗告於直接上級法院。由此得知，對於法院之裁定，原則上，得提起抗告為原則，惟其特別規定者，則不得提起抗告。

一、對於判決前，關於管轄或訴訟程序之裁定，原則上不得抗告（刑訴 404）

但下列裁定，例外則許其抗告（刑訴 404 但）：

㈠有得抗告之明文規定者：

　1.聲請推事迴避經裁定駁回者（刑訴 23）。

　2.聲請書記官及通譯之迴避，經裁定駁回者（刑訴 25 I ）。

　3.對證人科處罰鍰之裁定（刑訴 178Ⅲ、193Ⅱ）。

　4.對鑑定人科處罰鍰之裁定（刑訴 197）。

　5.對通譯科處罰鍰之裁定（刑訴 211）。

　6.被告對於交付審判之裁定，得提起抗告（刑訴 258 之 3Ⅴ）。

　7.法院為再審之裁定，得於 3 日內提起抗告（刑訴 435Ⅲ）。

㈡關於羈押、具保、責付、限制住居、搜索、扣押或扣押物發還、因鑑定將被告送入醫院或其他處所之裁定及依第 105 條第 3 項、第 4 項所為之禁止或扣押之裁定（刑訴 404 I ②）。

㈢對於限制辯護人與被告接見或互通書信之裁定（刑訴 404 I ③）。憲法第 16 條保障人民訴訟權，係指人民於其權利遭受侵害時，有請求法院救濟之權利。基於有權利即有救濟之原則，人民認為其權利遭受侵害時，必須給予向法院請求救濟之機會，此乃訴訟權保障之核心內容，不得因身分之不同而予以剝奪（司法院釋字第 653 號解釋參照），辯護人即屬第 403 條第 2 項之「非當事人受裁定者」，故對於接見或互通書信權利受限制之辯護人或被告，自應給予救濟機會。

二、不得上訴於第三審法院之案件

　　其第二審法院所為裁定，不得抗告（刑訴405）。所謂「不得上訴於第三審法院之案件」為本法第 376 條所列各罪之案件，既不得上訴於第三審法院到第二審判決後，即行終結，第二審法院對此抗告，應以裁定駁回之。第三審法院自應認為抗告為無理由而駁回之。

　　依 29 抗 5 號判例認為，此項抗告之限制包括再審之裁定，「刑事訴訟法第三百九十七條規定，不得上訴於第三審法院之案件，其第二審法院所為裁定，不得抗告。本件抗告人因犯妨害人行使權利罪，經地方法院依刑法第三百零四條第一項判處罰金，並由第二審駁回上訴判決確定在案，該條項之最重本刑為三年有期徒刑，依刑法第六十一條第一款前段及刑事訴訟法第三百六十八條，係不得上訴於第三審之案件，茲抗告人聲請再審，業由原第二審法院裁定駁回，自無抗告之餘地。」

三、第三審法院之裁定不得抗告

　　因第三審為終審法院，第三審以上，即無裁定之機關，故對其所為之裁定，當然不得抗告。

四、法院就本法第 416 條之聲請所為之裁定

　　以不得抗告為原則，因此類裁定已經審判長、受命法官、受託法官或檢察官之處分而為，既先經審判長、受命法官、受託法官或檢察官之處分，又經法官之裁定，當不致有重大之違誤（刑訴 418 I）。但例外對於其就撤銷罰鍰之聲請而為者，得提起抗告（刑訴 418 I 但）。

五、附帶民事訴訟移送民事庭審判之裁定，不得抗告

　　㈠附帶民事訴訟：法院認係確屬繁雜，非經長久時日不能終結其審判者，得以合議裁定移送該法院之民事庭之裁定（刑訴 504 I, III）。

　　㈡適用簡易訴訟程序案件之附帶民事訴訟，移送該管法院之民事庭審判之裁定（刑訴 505 I, III）。

　　㈢法院如僅應就附帶民事訴訟為審判者，應以裁定將該案件移送該法院之民事庭之裁定（刑訴 511 I）。

習題：何種裁定不得抗告？試說明之。

第三節　抗告之程序

一、抗告之期間

抗告應在本法規定之期間內提起，此稱爲「法定期間」。依本法第406 條規定：「抗告期間，除有特別規定外，爲五日，自送達裁定後起算。但裁定經宣示者，宣示後送達前之抗告，亦有效力。」

㈠**抗告期間之種類**：抗告期間有兩種：

1.一般抗告期間爲 5 日：即本法無特別規定之一般抗告期間均爲 5日。

2.特別規定之抗告期間爲 3 日：法院認爲有再審之理由者，應爲再審之裁定，對於此項裁定，得於 3 日內抗告（刑訴 435III）。

㈡**抗告期間之計算**：自送達裁定後起算，即自當事人或受裁定人收受裁定書正本送達之翌日起算。故依 42 台特抗 9 號判例：「原法院所爲准許被告具保停止羈押之裁定，並未經製作裁判書送達，其抗告期間無從起算，自不生逾期之問題。」但如裁定經宣示者，宣示後送達前之抗告，亦有效力。

㈢**遲誤抗告期間之補救**：非因過失，遲誤抗告之期間者，於其原因消滅後 5 日內，得聲請回復原狀（刑訴 67 I）。

二、抗告人之程序

依本法第 407 條規定：「提起抗告，應以抗告書狀，敍述抗告之理由，提出於原審法院爲之。」依此可分兩點說明之：

㈠**向原審法院提出抗告書狀**：提出抗告應以書狀爲之，言詞抗告係屬無效，此即抗告書狀。抗告書狀應向原審法院提出，此與上訴之情形相同。如被告羈押於監所者，準用在監所被告之上訴（刑訴 351），凡於抗告期間內向監所長官提出抗告書狀者，視爲抗告期間內之抗告。

㈡**抗告書狀，應敍述抗告理由**：即表明抗告之範圍及其證據方法，如未敍述抗告之理由者，應認爲違背法律上程式駁回之，在抗告期間外，始補提抗告理由者，亦爲不合法，均應駁回之。因上級法院對於抗告之

裁定，通常不經言詞辯論，故應於抗告書內敘明理由，俾抗告法院易於調查裁判。

三、原審法院之程序

㈠**應以裁定駁回者**：依本法第 408 條第 1 項規定：「原審法院認為抗告不合法律上之程式或法律上不應准許，或其抗告權已經喪失者，應以裁定駁回之。但其不合法律上之程式可補正者，應定期間先命補正。」原審法院接受抗告書狀後，先作程序上審查，如認為有下列情形之一者，應以裁定駁回之。

　　1.抗告不合法律上之程式者：如抗告已逾期或未敘述理由，但其不合法律上之程式可補正者，應定期先命補正。

　　2.抗告法律上不應准許者：如無抗告權人提起之抗告，或違背本法第 405 條，對於不得抗告之裁定為抗告是。

　　3.抗告權已經喪失者：如當事人捨棄抗告權，或抗告後撤回抗告，再提起抗告是。

　　4.對於不得抗告之裁定，提起抗告者：即前節抗告之限制已詳為說明。如違反抗告之限制的規定，即由原審法院裁定駁回之。

㈡**應更正裁定者**：依本法第 408 條第 2 項規定：「原審法院認為抗告有理由者，應更正其裁定；認為全部或一部無理由者，應於接受抗告書狀後三日內，送交抗告法院，並得添具意見書。」依本項規定，其情形有二：

　　1.抗告為有理由者：即原審法院進行實體上之審查，審查之結果，如認為抗告為有理由者，應更正其裁定，將原裁定撤銷或變更之，而不必送上級法院。

　　2.抗告為無理由者：應即送交抗告法院，其情形為：

　　⑴認為全部或一部無理由者。

　　⑵應於接受抗告書狀後 3 日內為之。

　　⑶原審法院並得添具意見書。

　　⑷原審法院認為有必要者，應將該案卷宗及證物送交抗告法院（刑訴 410 I）。

㈢**抗告之效力**：抗告無停止執行裁判之效力。但原審法院於抗告法院之裁定前，得以裁定停止執行（刑訴 409 I）。抗告法院得以裁定停止裁判之執行（刑訴 409 II）。

四、抗告法院

即原審法院之直接上級法院，亦即管轄抗告之法院，其處理之情形如下：

㈠**抗告法院要求該案卷宗及證物**：抗告法院認為有必要者，得請原審法院送交該案卷宗及證物（刑訴 410 II）。

㈡**裁定駁回**（刑訴 411 I）：

　　1.抗告不合法律上之程式者：但其不合法律上之程式可補正者。

　　2.法律上不應准許者。審判長應定期間先命補正。

　　3.抗告權已經喪失者。

　　4.認為抗告無理由者（刑訴 412）。

㈢**對抗告之裁定**：

　　1.撤銷原裁定或自為裁定：抗告法院認為抗告有理由者，應以裁定將原裁定撤銷；有必要時，並自為裁定（刑訴 413）。

　　2.停止裁判之執行：抗告法院得以裁定停止裁判之執行（刑訴 409 II）。

　　3.通知原審法院：抗告法院之裁定，應速通知原審法院（刑訴 414）。

第二章　再抗告

第一節　再抗告概說

一、再抗告之意義

所謂「**再抗告**」（德：weitere Beschwerde），乃對於抗告法院所爲未確定之裁定，向其上級法院再行提起抗告之謂。茲說明如下：

㈠再抗告係對於抗告法院所爲之裁定，聲明不服之方法而非對於原審法院所爲之駁回抗告，或更正原裁定之裁定（刑訴 408）。

㈡再抗告係有抗告權人向第三審法院請求撤銷或變更第二審法院所爲裁定之方法。

㈢再抗告係對於抗告法院，未確定之裁定，請求救濟之方法。

二、再抗告之限制

對於抗告法院之裁定，不問是駁回或撤銷，亦不問其爲抗告人或相對人，均以不得再行抗告爲原則，蓋爲免裁判之久懸，與訴訟進行之延誤也；但對於下列所爲之裁定，得提起抗告（刑訴 415）。

㈠**得提起再抗告**：

1.對於駁回上訴之裁定抗告者：即指依本法第 362 條第二審法院對第一審法院，認上訴不合法駁回上訴之裁定抗告後，所爲之裁定，所提起之再抗告。至於第 384 條之裁定，祇有抗告問題，並無再抗告問題。

2.對於因上訴逾期聲請回復原狀之裁定抗告者。

3.對於聲請再審之裁定抗告者：包括駁回聲請再審之裁定及開始之裁定。

4.對於第 477 條刑之裁定抗告者：大赦條例之減刑裁定，係屬量刑裁定，實與刑法上更定其刑之裁定性質相同，而定刑之裁定，依該條第 3 款既得再行抗告，則不服減刑裁定，自應許其再行抗告，以符法意（22抗34）。

5.對於第 486 條聲明疑義或異議之裁定抗告者。

6.證人、鑑定人、通譯及其他非當事人，對於所受之裁定抗告者：本款規定，就證人得提起再抗告之規定，於依同法第 397 條（現行法第 405 條）不得抗告之裁定，不適用之（48 台抗 92）。

㈡**不得提起再抗告**：不得上訴於第三審法院之案件，其第二審法院就其抗告所爲之裁定，既不得抗告自無再抗告之情形（刑訴 415Ⅱ）。

第二節　再抗告之程序

再抗告之程序本法未特別規定，自應準用本法第 406 條至第 414 條有關抗告程序之規定：

一、再抗告人之程序

㈠向抗告法院提出再抗告書狀。

㈡再抗告書狀應敘述再抗告理由。

二、抗告法院之程序

㈠**裁定駁回再抗告**：抗告法院接受抗告書狀後，認爲抗告有下列情形之一者，應以裁定駁回之：

1.抗告不合法律上之程式者：但其情形可以補正者，應定期先命補正。

2.再抗告法律上不應准許者。

3.再抗告權已經喪失者。

㈡**更正原抗告之裁定**：抗告法院認爲再抗告爲合法並有理由者，應自行更正原抗告裁定。

㈢**送交再抗告法院**：抗告法院認爲全部或一部無理由者，應於接受抗告書狀後 3 日內，送交再抗告法院，並得添具意見書（刑訴 408）。

三、再抗告法院之裁判

㈠**裁定駁回再抗告**：再抗告法院認爲再抗告有下列情形之一者，應以

裁定駁回之：

　　1.再抗告不合法律上之程式者。

　　2.再抗告法律上不應准許者。

　　3.再抗告權已經喪失者。

　　4.對於不得抗告之裁定再抗告者。

　　5.對於不得再抗告之裁定再抗告者。

　　6.再抗告無理由者。

㈡**對再抗告之裁定：**

　　1.撤銷原裁定或自爲裁定：再抗告法院認爲抗告有理由者，應以裁定將原抗告法院裁定撤銷；有必要時，並自爲裁定（準刑訴413）。

　　2.通知抗告法院：對於再抗告所爲之裁定，應製作裁定，分別送達，再抗告法院之裁定，並應從速通知抗告法院（準刑訴414）。

第三章 準抗告

第一節 準抗告概說

一、準抗告之意義

準抗告者，乃當事人或非當事人，不服審判長、受命法官、受託法官或檢察官所為處分，聲請所屬法院，撤銷或變更之方法也（刑訴416 I）。蓋此聲請所屬法院撤銷或變更原處分，請求救濟之方法與抗告之性質類似，故稱為準抗告。但獨任審判之法官，雖以該法官行使審判長之職權（法組4），其所為之裁定，乃以法院之名義為之（刑訴121），對此如有不服，應提起抗告，而非準抗告。因其裁定與處分之不同，而有抗告與準抗告之差異，對此司法院以釋字第639號認為並未違憲。

二、抗告與準抗告之區別

聲明異議	抗　　告	準　抗　告
當事人、代理人、辯護人或輔佐人對於審判長或受命法官有關證據調查或訴訟指揮之處分不服，得向法院聲明異議（刑訴288之3 I）。	乃不服法院關於管轄或訴訟程序之裁定（刑訴403）。	不服審判長、受命法官、受託法官或檢察官所為處分之表示（刑訴416 I）。
係向為處分之所屬法院聲明。	乃係向裁定法院之直接上級法院請求。	係向為處分之所屬法院聲請。

習題：裁定有由法院為之者，有由審判長、受命法官或受託法官為之者，不服裁定者有應提起抗告者，有應聲明異議者或聲請撤銷或變更者，其區別之標準如何？試分別說明之。（83律）

第二節 準抗告之範圍

一、準抗告聲請之事由

㈠對於審判長、受命法官、受託法官或檢察官所為下列處分有不服者，受處分人得聲請所屬法院撤銷或變更之（刑訴 416）：

　　1.關於羈押之處分（刑訴 121）、命具保、責付或限制住居（刑訴 121）、扣押之處分（刑訴 133-136）、扣押物發還之處分（刑訴 142、317、318）、因鑑定將被告送入醫院或其他處所之處分（刑訴 203Ⅲ）、及第 105 條第 3 項、第 4 項所為之禁止或扣押之處分。（第 1 款）

　　2.對於證人、鑑定人或通譯科罰鍰之處分（刑訴 178Ⅱ）。（第 2 款）

　　3.對於限制辯護人與被告接見或互通書信之處分（第 3 款）：上述限制如係以法院裁定為之者，得依第 404 條第 3 款提起抗告救濟之；如係由審判上或受命法官為之者，自得聲請所屬法院撤銷或變更之。

　　4.對於第 34 條第 3 項指定之處分（第 4 款）：辯護人、被告或犯罪嫌疑人對於檢察官依第 34 條第 3 項規定，指定接見之時間、場所之處分，如有不服，亦應給予救濟之機會。

㈡前項之搜索、扣押經撤銷者，審判時法院得宣告所扣得之物，不得作為證據。

㈢第 1 項聲請期間為 5 日，自為處分之日起算，其為送達者，自送達後起算。

㈣第 409 條至第 414 條規定，於本條準用之。

㈤第 21 條第 1 項規定，於聲請撤銷或變更受託法官之裁定者準用之。

二、準抗告聲請之期間

　　準抗告聲請之期間為 5 日，自為處分之日起算，其為送達者，自送達後起算（刑訴 416Ⅲ）。此為不變期間，不得伸展或縮短，有扣除在途期間及回復原狀之適用。

三、準抗告之處理

(一)**對於聲請案之處理**：審判長、受命法官、受託法官或檢察官所屬法院接受聲請書狀後，應於 10 日內為下列之裁定（刑訴 410III）。並依本法第 416 條第 4 項之規定，準用第 409 條至第 414 條抗告程序之規定（刑訴 416 IV）。

(二)**聲請撤銷或變更受託法官之裁定**：應由受託法官所屬之法院以合議裁定之，其因不足法定人數不能合議者，由院長裁定之；如不能由院長裁定者，由直接上級法院裁定之（刑訴 416V）。

(三)**搜索、扣押處分經撤銷之效果**：對於準抗告有關搜索、扣押經撤銷者，審判時法院得宣告所扣得之物，不得作為證據（刑訴 416II）。

(四)**準抗告之聲請程式**：準抗告之聲請應以書狀敘述不服之理由，提出於該管法院為之（刑訴 417）。

(五)**準抗告之救濟**：法院就第 416 條之聲請所為裁定，不得抗告。但對於其就撤銷罰鍰之聲請而為者，得提起抗告（刑訴 418 I）。

(六)**誤為抗告或聲請之效力**：依本編規定得提起抗告，而誤為撤銷或變更之聲請者，視為已提抗告；其得為撤銷或變更之聲請而誤為抗告者，視為已有聲請（刑訴 418II）。

習題：學說上稱「準抗告」係指何而言？試說明其適用之範圍。（100 特員級鐵路-法律政風）

第三節　抗告準用上訴之通則

依本法第 419 條規定，抗告除抗告編有特別規定外，準用第三編第一章關於上訴之規定。其重要者如下：

一、上訴範圍之準用

即抗告得對於裁定之一部為之；未聲明為一部者，視為全部抗告。對於裁定之一部抗告者，其有關係之部分，視為亦已抗告（刑訴 348）。

二、上訴程式之準用

㈠抗告書狀，應按他造當事人之人數，提出抗告書狀之繕本，由原審法院送達於他造當事人（刑訴350Ⅱ、352）。

㈡在監所被告之抗告，準用在監所被告上訴之規定，可參閱本法第351條及第352條。

㈢關於捨棄上訴權及撤回上訴規定之準用：抗告權之捨棄及撤回，準用本法第353、354、357至360條之規定。

　　例如20抗38號判例：「不服法院之裁定，得提起抗告，以當事人及受裁定之非當事人為限，在刑事訴訟法第四百十四條（現行法第四百零三條）著有明文，雖同法第四百三十二條（現行法第四百十九條）載有抗告準用上訴之規定，而第三百五十九條（現行法第三百四十五條）復載有被告之配偶為被告利益起見，得獨立上訴，但關於有抗告權人在抗告編中既經分別訂明，即不能更準用該項法條，准許被告配偶亦得獨立抗告，此按諸第四百三十二條所載抗告以無特別規定為限，始得準用上訴規定之本旨，自屬無可置疑。」

第五編　再　審

第一節　再審概說

一、再審設立之原因

在刑事案件受有罪或無罪一旦確定，刑事上紛爭已由公權力介入解決，嗣後不得再有爭執，乃是刑事訴訟之原則；但如在裁判之過程中發現有瑕疵之存在，則這個原則將無法貫徹到底，否則將有危害正義之原則。因此在刑事訴訟上，乃對確定判決設有非常救濟程序，這就是**再審與非常上訴之程序**；前者係為糾正事實之誤認，而後者係為糾正確定判決之法律適用錯誤，並不涉及事實問題而設，此亦為兩者之不同。

其次，再審與上訴也不同；前者係請求撤銷或變更已確定之判決，而後者則為請求撤銷或變更未確定之判決。

再審制度在大陸法系源於法國法制與德國法制兩類；前者係引自中世國王之特赦的系統，只限於為被告之利益而提起，後者除為被告利益而聲請再審外，並為被告之不利益亦得再審。在英美法系刑事案件之事實的認定，係由陪審及法官專責判定，原對誤認事實為理由之上訴本不允許，故並不如大陸法系之再審的設置；只以特赦或人權維護之令狀，以處理救濟措施。

二、再審制度之立法例

我國因受德國法制之影響，故不論為受判決人之利益（刑訴420）或不利益（刑訴422），均得聲請再審。並由判決之原審法院管轄（刑訴426 I）。

法源別	再審案件之範圍	管轄法院
法國式	只限於為被告之利益聲請再審。	由上訴法院管轄
德國式	除為受判決人之利益得聲請再審外，並為受判決人之不利亦得再審。	由原審法院管轄
我國制	不論為受判決人之利益，均得聲請再審。	由原審法院管轄

三、刑事再審流程圖

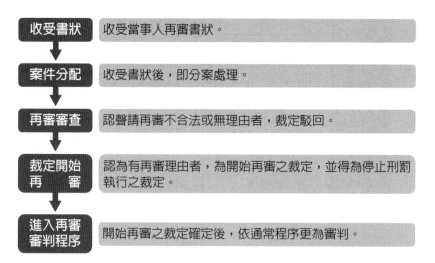

四、再審之意義

　　所謂「**再審**」(德：Wiederaufnahme des Verfahrens)，乃對於確定判決，以認定事實不當為理由，請求原審法院，以為重新審判之特別救濟方法也。

<h1 style="text-align:center">第二節　聲請再審</h1>

一、聲請再審之原因

㈠為受判決人之利益者：

　　1.一般原因：有罪之判決確定後，有下列情形之一者，為受刑人之利益，得聲請再審 (刑訴 420 I)：

　　　　⑴原判決所憑之證物，已證明其為偽造或變造者：此所指之「原判決」，係指有罪之確定判決。所謂「原判決所憑之證物」，係指在判決理由中採為證據者，既已證明其為偽造或變造，即有不當。

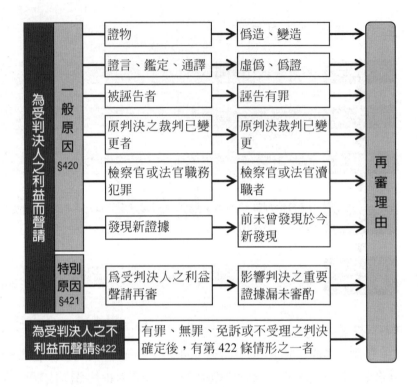

(2)原判決所憑之證言、鑑定或通譯已證明其為虛偽者：再審法院
就形式上審查，如認為合於法定再審要件，即應為開始再審之
裁定。有罪之判決確定後，以原判決所憑之證言已證明其為虛
偽，為受判決人之利益聲請再審者，此項證明祇須提出業經判
決確定為已足，刑事訴訟法第四百二十條第一項第二款及第二
項定有明文，非如同條第一項第六款規定之因發見確實新證據
為再審，須以足動搖原確定判決為要件，原裁定以證人許某雖
經判處偽證罪刑確定，仍不足以動搖原確定判決，駁回抗告人
再審之聲請，尚嫌失據（69台抗352）。

(3)受有罪判決之人，已證明其係被誣告者：即對於受有罪判決之
人，而為自訴、告訴或告發者，經判決確定其為誣告者而言。

(4)原判決所憑之通常法院或特別法院之裁判，已經確定裁判變更
者：即原判決根據通常法院或特別法院之裁判認定事實而為有

罪之判決，事後該項判決，已經確定裁判變更，即喪失其原來有罪確定判決之基礎，當得以此為再審之理由。

(5)參與原判決或前審判決或判決前所行調查之法官，或參與偵查或起訴之檢察官，因該案件犯職務上之罪已經證明者，或因該案件違法失職已受懲戒處分，足以影響原判決者。

即參與判決之法官或參與偵查或提起公訴之檢察官，承辦該案件，因犯有枉法瀆職，並判決確定者而言，並須經確定判決證明，始得聲請再審。

(6)因發現確實之新證據，足認受有罪判決之人應受無罪、免訴、免刑或輕於原判決所認罪名之判決者。

所謂「**發見之新證據**」，係指該項證據，事實審法院於判決前因未經發見，不及調查斟酌，至其後始行發見者而言，若判決前已經當事人提出或聲請調查之證據，經原法院捨棄不採者，即非該條款所謂「發見之新證據」，不得據為聲請再審之原因（28抗8）。

所謂「**發見確實之新證據**」，亦並非必須於判決確定後發見者為限，苟在事實審法院判決前不能提出主張有利之證據，而於第二審判決後第三審上訴前或上訴中發見者，仍得於判決確定後，以發見確實新證據之原因，聲請再審，否則該項權利之證據既無在一、二兩審提出之機會，而於第三審上訴中又不許為新證據之提出，坐令該項有利之證據始終不能利用，揆諸立法本旨，當非如是。至該款所謂「發見確實之新證據」，須顯然足為受判決人有利之判決，不須經過調查程序，固經本院著有明例，惟所謂顯然足為受判決人有利之判決，不須經過調查者，係指就證據本身之形式上觀察，無顯然之瑕疵，可以認為足以動搖原確定判決者而言，至該證據究竟是否確實，能否准為再審開始之裁定，仍應予以相當之調查，而其實質的證據力如何，能否為受判決人有利之判決，則有待於再審開始後之調查判斷，徵諸同法第四百二十九條（現行法第四百三十六條）法院於開始再審之裁定確定後，應依其審級之通常程序而為審判之規定，亦可瞭然無疑，否則縱有新證據之提出，亦絕無開始再審之機會，而再審一經開始，受判決人必可受有利之判決，尤與再審程序係為救濟事實錯誤之旨，大相背謬（32抗113）。

前項第 1 款至第 3 款及第 5 款情形之證明，以經判決確定，或其刑事訴訟不能開始或續行非因證據不足者爲限，得聲請再審（刑訴 420II）。

2.特別原因：不得上訴於第三審法院之案件，除第 420 條規定外，其經第二審確定之有罪判決，如就足生影響於判決之重要證據漏未審酌者，亦得爲受判決人之利益，聲請再審（刑訴 421）。

本條規定，不得上訴於第三審法院之案件，除第 420 條規定外，其經第二審確定之有罪判決，如就足生影響於判決之重要證據漏未審酌者，亦得為受判決人之利益，聲請再審等語，所謂不得上訴於第三審法院之案件，依同法第三百七十六條之規定，係指根本上不許上訴於第三審者而言，因此類案件不得上訴於第三審，設第二審法院對於足生影響於判決之重要證據漏未審酌，即予判決，則判決後無復救濟之途，為受判決人利益起見，故特許其聲請再審，以資救濟，至本得上訴於第三審法院之案件，而因其他程序上之關係，不能上訴者，除具有普通再審之原因，得聲請再審外，要不許援用刑事訴訟法第四百十四條之規定，聲請再審（24抗361）。

(二)**為受判決人之不利益聲請再審**：有罪、無罪、免訴或不受理之判決確定後，有下列情形之一者，爲受判決人之不利益，得聲請再審（刑訴 422）：

　1.有第 420 條第 1 款、第 2 款、第 4 款或第 5 款之情形者。

　　(1)原判決所憑之證物，已證明其爲僞造或變造者。

　　(2)原判決所憑之證言、鑑定或通譯已證明其爲虛僞者。

　　(3)原判決所憑之通常法院或特別法院之裁判已經確定裁判變更者。

　　(4)參與原判決或前審判決或判決前所行調查之法官，或參與偵查或起訴之檢察官，因該案件犯職務上之罪已經證明者，或因該案件違法失職已受懲戒處分，足以影響原判決者。

　2.受無罪或輕於相當之刑之判決，而於訴訟上或訴訟外自白，或發見確實之新證據，足認其有應受有罪或重刑判決之犯罪事實者。

受無罪之判決，而於訴訟上或訴訟外自白其應受有罪判決之犯罪事實者，依照本款之規定，固得為受判決人之不利益聲請再審，但該條款所稱訴訟上之自白，係指在其他案件訴訟上之自白而言，若於前案訴訟上早經自白，而為原確定之無罪判決所不採者，自不得據為聲請再審之理由（30上189）。

3.受免訴或不受理之判決，而於訴訟上或訴訟外自述，或發見確實之新證據，足認其並無免訴或不受理之原因者。

二、聲請再審之期間

聲請再審之期間，因聲請再審之原因，依其為受判決人之利益或受判決人之不利益而聲請再審之不同，而其期間亦有不同。茲分述之：

㈠為受判決人之利益聲請再審之期間：

1.聲請再審於刑罰執行完畢後，或已不受執行時亦得為之（刑訴423）。足見再審之聲請原則上並無時間之限制，因再審制度之目的，在於發見真實，故無論在刑罰之執行前、執行中或執行後，或已不受執行時，均得聲請再審。

2.依第421條規定，因重要證據漏未審酌而聲請再審者，應於送達判決後20日內為之（刑訴424）。此所謂「送達判決」，係指第二審法院之有罪判決的送達，故此20日內，係自送達判決後起算。

㈡為受判決人之不利益聲請再審之期間：為受判決人之不利益聲請再審，於判決確定後，經過刑法第80條第1項期間二分之一者，不得為之（刑訴425）。刑法第80條第1項為追訴權時效期間之規定，此項期間之進行，並不適用關於追訴權時效停止之規定。蓋為受判決人之不利益聲請再審，具有繼續追訴處罰之性質，當應有一定期間之限制，茲將刑法第80條第1項所定追訴權消滅期間之二分之一，如下：

1.犯最重本刑為死刑、無期徒刑或10年以上有期徒刑之罪者，15年。

2.犯最重本刑為3年以上10年未滿有期徒刑之罪者，10年。

3.犯最重本刑為1年以上3年未滿有期徒刑之罪者，5年。

4.犯最重本刑為1年未滿有期徒刑、拘役或罰金之罪者，2年6個月。

第三節　再審之管轄法院

聲請再審，由判決之原審法院管轄（刑訴426 I）為原則。因再審是以救濟原判決認定事實，發生錯誤為目的，故再審之管轄法院當應為事實

審之法院。此所謂「**原審法院**」，係指原審級之法院而言，並非指為判決之原法院，故第二審法院之管轄區域有變更時，對於第二審法院之確定判決聲請再審，自應由繼受該審級之法院管轄之（52 台抗 152）。

一、第一審判決之再審歸原第一審法院管轄

即案件經第一審法院判決後，當事人未提起上訴，或撤回上訴者，其聲請再審，由該第一審法院管轄之（刑訴 426 I）。

二、第二審判決之再審歸原第二審法院管轄

判決之一部曾經上訴，一部未經上訴，對於各該部分均聲請再審，而經第二審法院就其在上訴審確定之部分為開始再審之裁定者，其對於在第一審確定之部分聲請再審，亦應由第二審法院管轄之（刑訴 426 II）。

三、第三審判決之再審歸原為該案第二審判決之法院管轄

判決在第三審確定者，對於該判決聲請再審，除以第三審法院之法官，就該案件犯有第 420 條第 5 款之職務上之罪，已經證明為原因者外，應由第二審法院管轄之（刑訴 426 III）。

第四節　再審之聲請權人

一、為受判決人之利益聲請再審

下列各人，得為受判決人之利益，聲請再審（刑訴 427）：

㈠管轄法院之檢察官。

㈡受判決人。

㈢受判決人之法定代理人或配偶。

㈣受判決人已死亡者，其配偶、直系血親、三親等內之旁系血親、二親等內之姻親或家長、家屬。

二、為受判決人之不利益聲請再審

下列各人，得為受判決人之不利益聲請再審（刑訴 428）：

㈠管轄法院之檢察官。

㈡**自訴人**：自訴人聲請再審者，限於有罪、無罪、免訴或不受理之判決確定後，有第 420 條第 1 款、第 2 款、第 4 款或第 5 款之情形者，即：

1.原判決所憑之證物，已證明其為偽造或變造者。

2.原判決所憑之證言、鑑定或通譯已證明其為虛偽者。

3.原判決所憑之通常法院或特別法院之裁判已經確定裁判變更者。

4.參與原判決或前審判決或判決前所行調查之法官，或參與偵查或起訴之檢察官，因該案件犯職務上之罪已經證明者，或因該案件違法失職已受懲戒處分，足以影響原判決者。

自訴人已喪失行為能力或死亡者，得由其法定代理人、直系血親或配偶為之（刑訴 319 I），此項聲請應委任律師行之。

第五節　聲請再審之程式

聲請再審，應以再審書狀敘述理由，附具原判決之繕本及證據，提出於管轄法院為之（刑訴 429）。因此聲請再審之必備程式如下：

一、敘述再審理由之書狀

再審理由為本法第 420 條至第 422 條所列舉之情形，則以書狀敘明，係根據上述各條規定之何項條款為理由而提出。

二、附具原判決之繕本

所謂「原判決」，係指確定之原判決而言，惟如前審之判決可供參考，亦應一併提起，其所以須提原判決之繕本，在方便法院得先行了解原案情節及確定判決內容，以便早日進入情況，惟祇提出繕本即可，不必提出其正本。

三、附具證據

再審係對於確定判決，以認定事實不當為理由，請求原審法院重新審判而提出者，故如何證明認定事實不當，當須提出相當之證據，以說服法院改進先前不當之判決，才能竟其功。在通常情形下，當事人應能

提出新證據，此並不限於判決確定後新發見者，即使在判決前就已存在，仍可提出，惟如在原審法院判決前，則已調查斟酌，但未予採爲證據者，當不得作爲再審之證據。

四、向管轄法院提出

聲請再審人應將再審書狀及所附之原判決之繕本，及證明再審原因之證據，提出於管轄法院。

五、聲請再審

聲請再審，法院書記官應速通知他造當事人（刑訴432）。

六、在監所受判決人之聲請再審（刑訴432準351）

㈠在監所羈押之受判決人，其聲請再審書狀者，視爲再審期間內之聲請。

㈡如其不能自作再審書狀，監所公務員應爲之代作。

㈢監所長官接受聲請再審書狀後，應附記接受之年、月、日、時，送交原審法院。

㈣受判決人之聲請再審，未經監所長官提出者，原審法院之書記官於接到聲請再審書狀後，應即通知監所長官。

第六節　再審之效力

依本法第430條規定：「聲請再審，無停止刑罰執行之效力。但管轄法院之檢察官於再審之裁定前，得命停止。」因此，應否停止刑罰之執行，該管法院檢察官有斟酌之權（24院1189）。茲說明如下：

一、再審裁定前，檢察官得命停止執行

此以宣告死刑者，最受影響，因如確定判決，被宣告死刑，聲請再審後，如不予裁定前停止執行，則受判決人一旦執行完畢，則死者不能復生，再審又有何用？因此本法規定，再審裁定前，檢察官得命停止執行。

二、法院開始再審之裁定後，得以裁定停止刑罰之執行

法院認為有再審之理由者，應為開始再審之裁定，法院為此項裁定後，得以裁定停止刑罰之執行（刑訴 435II）。

第七節　聲請再審之撤回

一、 撤回之時期	再審之聲請，於再審判決前，得撤回之（刑訴 431 I）。
二、 撤回之主體	聲請再審之人得自行撤回之。因此受判決人或檢察官聲請再審，得不受限制，隨時撤回。但如係受判決人之法定代理人、配偶或檢察官為受判決人之利益而提起之再審，撤回時學者認為應準用第 355 條須得受判決人之同意。至於自訴人為受判決人之不利益而聲請再審，其撤回時似應準用第 356 條規定，須得檢察官之同意[①]。
三、 撤回之效力	撤回再審聲請之人，不得更以同一原因聲請再審（刑訴 43II）。因此，有聲請權人如以其他原因而聲請，或其他有聲請權人，以同一原因聲請者，當應予以許可。
四 撤回之程式	依本法第 432 條之規定，準用本法第 358 條及第 360 條撤回上訴之規定，依此為： (一)撤回再審，應以書狀為之。但於審判期日，得以言詞為之（刑訴 432 準 358 I）。 (二)在監所羈押之受判決人，撤回再審者，其程式與聲請同（刑訴 432 準 358II）。 (三)撤回再審，法院書記官應速通知他造當事人（刑訴 432 準 360）。

第八節　再審之審判

本節可分為對於聲請再審之裁判及對再審案件之審判二種程序說明之：

---

① 見褚劍鴻著：前揭書，頁 786。

一、聲請再審之裁判

(一)裁定駁回：

1.程序不合之駁回：法院認爲聲請再審之程序違背規定者，應以裁定駁回之（刑訴433）。所謂「再審之程序」，即爲本法第429條規定之程序而言。如程序不合，法院自不必進入實質之審查，應逕爲駁回聲請之裁定。聲請人對此裁定如有不服，得於5日內抗告，但應注意第405條限制抗告之規定。

2.對於聲請再審無理由之駁回：法院認爲無再審理由者，應以裁定駁回之（刑訴434Ⅰ）。管轄法院經審查認再審之聲請合於法定程序者，即應進入實質審查，是否符合第420條至第422條得再審之各種原因，如不符合，應以裁定駁回之。聲請對此裁定，當可於5日內抗告，但應注意第405條限制抗告之規定。經法院之裁定後，不得更以同一原因聲請再審（刑訴434Ⅱ）。

(二)對開始再審之裁定：
本法第435條第1項規定：「法院認爲有再審理由者，應爲開始再審之裁定。」所謂「有再審理由」，係指聲請人所敘述之理由，符合聲請再審之法定原因，且聲請人所附之證據，能證明其確係存在，而爲形式上之審查而已。苟審查結果，不符法定再審原因，又不足以證明其原因之存在，即應以裁定駁回之。

對於此項裁定，聲請人得於3日內抗告（刑訴435Ⅲ）。又此項抗告仍須受第405條之限制。又同條第3項規定，法院爲第1項之裁定後，得裁定停止刑罰之執行。

二、再審案件之審判

(一)一般的規定：
開始再審之裁定確定後，法院應依其審級之通常程序，更爲審判（刑訴436）。所謂「依其審級之通常程序更爲審判」者，如係第一審確定判決之再審，依第一審程序更爲審判，如係第二審法院，依第二審程序更爲審判。如係第三審法院者，除以第三審法院法官有第420條第5款情形爲原因者外，應由第二審法院管轄之（刑訴426Ⅲ）。

(二)特別的規定：

1.受判決人死亡者：

(1)受判決人已死亡者，爲其利益聲請再審之案件，應不行言詞辯論，由檢察官或自訴人以書狀陳述意見後，即行判決。但自訴人已喪失行爲能力或死亡者，得由第 332 條規定得爲承受訴訟之人於 1 個月內聲請法院承受訴訟；如無承受訴訟之人或逾期不爲承受者，法院得逕行判決，或通知檢察官陳述意見（刑訴 437 Ⅰ）。

(2)爲受判決人之利益聲請再審之案件，受判決人於再審判決前死亡者，準用前項規定（刑訴 437Ⅱ）。

(3)依前二項規定所爲之判決，不得上訴（刑訴 437Ⅲ）。

(4)爲受判決人之不利益聲請再審之案件，受判決人於再審判決前死亡者，其再審之聲請及關於再審之裁定，失其效力（刑訴 438）。

2.爲受判決人之利益聲請再審之案件：

(1)禁止不利益變更原則：爲受判決人之利益聲請再審之案件，諭知有罪之判決者，不得重於原判決所諭知之刑（刑訴 439）。

(2)再審諭知無罪判決之公示：爲受判決人之利益聲請再審之案件，諭知無罪之判決者，應將該判決書刊登公報或其他報紙（刑訴 440）。

第六編 非常上訴

第一章 非常上訴概說

一、非常上訴之意義

非常上訴者,即對於已確定之判決,以**違背法令為理由**,最高法院檢察署檢察總長向最高法院請求撤銷或變更原判決之救濟方法也(刑訴441)。

這是從法國的「**為法律的利益而上訴**」(pourvoi en cassation dans l'intérêt de la loi)的法理而來。非常上訴與再審雖同是對刑事確定案件所設置之特別救濟程序,但是非常上訴完全係以**法令解釋之統一為目的**;此與再審是以認定事實之錯誤為救濟者不同。換言之,在判決上具體的法律安定性與法律秩序上,抽象的法律安定性產生矛盾時,完全是為達成後者為目的所設立之制度。

二、非常上訴之性質

非常上訴與通常上訴及再審均有不同,茲比較其間之不同如下:

㈠非常上訴與通常上訴之比較:

	非常上訴	通常上訴
1. 請求目的	係請求撤銷或變更原已確定之判決。	係請求撤銷或變更原未確定之判決。
2. 請求權人	由最高法院之檢察總長向最高法院提出。	由上訴權人以上訴書狀提出於原審法院為之。
3. 審理程序	其判決不經言詞辯論為之。	其判決以經言詞辯論為原則,第三審法院之判決,雖不經言詞辯論,但認為必要者,得命辯論。
4. 管轄法院	由最高法院審判。	由高等法院或最高法院審判。

(二)非常上訴與再審之比較：

	非常上訴	再　審
1. 請求目的	以原判決違背法令爲理由，爲糾正法律之錯誤，以統一審判上法律之適用（刑訴 441）。	以原判決認定事實不當爲理由，爲糾正事實之誤認爲目的（刑訴 420-422）。
2. 聲請主體	須由最高法院檢察署檢察總長提起（刑訴 441）。	依爲受判決人之利益或不利益而定其再審聲請權人（刑訴 427、428）。
3. 管轄法院	最高法院管轄（刑訴 441）。	原則上爲判決之原法院，例外爲第二審法院（刑訴 426）。
4. 審理程序	其判決不經言詞辯論爲之（刑訴 444）。	依其審級之通常程序，更爲審判（刑訴 436），故爲事實審，須行言詞辯論（刑訴 432-436）。
5. 判決效力	非常上訴之判決，除有第 447 條之情形外，其效力不及於被告（刑訴 448）。	再審判決之效力及於受判決人。

習題：
一、非常上訴與通常上訴有何不同？試說明之。
二、非常上訴與再審有何不同？試說明之。

三、非常上訴之學說

　　非常上訴之立法精神爲何？其設置之本意有三說：

(一) 統一法令 解釋說	以非常上訴之目的，係爲統一法令之解釋而設，凡原判決有違背法令之情形時，不論其對被告是否有利，爲統一對法令之見解，均應提起非常上訴。
(二) 保護被告 利益說	以非常上訴之目的，係爲保護被告之利益，爲救濟不利於被告之違法判決爲目的，如原確定判決對於被告並無不利，因此即使有違背法令情形，仍不得提起非常上訴。
(三) 折衷說	以非常上訴不僅爲統一法令之解釋，兼亦採保護被告之利益，近年來各國立法例，亦多採此說。
(四) 我國制度	我國亦採折衷說。即以非常上訴係以統一解釋法令爲主旨，兼亦採保護被告之利益，故必原判決不利於被告或經撤銷後，由原審

法院依判決前之程序更為審判者，其效力始及於被告，但不得諭知較重於原確定判決之刑（刑訴 448）。

習題：非常上訴之學說有幾？我國採何說？刑事訴訟上設置非常上訴之本意何在？試說明之。

第二章　非常上訴之提起

一、非常上訴之上訴權人

(一) 檢察總長	依本法第 441 條規定：「判決確定後，發見該案件之審判係違背法令者，最高法院檢察署檢察總長得向最高法院提起非常上訴。」所謂「**審判違背法令**」，係指其審判程序或其判決之援用法令，與當時應適用之法令有所違背者而言，至終審法院之判決內容，關於確定事實之援用法令如無不當，僅係前後判決所持法令上之見解不同者，尚不能執後判決所持之見解而指前次判決為違背法令，誠以終審法院判決關於法律上之解釋，有時因探討法律之真義，期求適應社會情勢起見，不能一成不變，若以後之所是即指前之為非，不僅確定判決有隨時搖動之虞，且因強使齊一之結果，反足以阻過運用法律之精神，故就統一法令解釋之效果而言，自不能因後判決之見解不同，而使前之判決效力受其影響(25 非 139)。
(二) 檢察官	依本法第 442 條規定：「檢察官發見有前條情形者，應具意見書將該案卷宗及證物送交最高法院檢察署檢察總長，聲請提起非常上訴。」

二、非常上訴之對象

(一) 確定判決		提起非常上訴，須以確定判決為對象(刑訴 441)，未確定之判決，不得為非常上訴之對象。至於判決種類如何，及其程序係普通程序或以簡易程序(刑訴 454)，均屬之。
(二) 裁定		其內容有關實體事項與程序事項者：
	1.實體事項 　而裁定者	(1)依刑法第 48 條更定其刑之裁定(刑訴 477 I 前段)。 (2)依刑法第 53 條及第 54 條應依刑法第 51 條第 5 款至第 7 款之規定，定其應執行之刑之裁定(刑訴 477 I 中段)。 (3)單獨宣告沒收之裁定(刑 40 II、刑訴 259 之 1)。 (4)基於大赦條例所為減刑之裁定(21 非 152)。 (5)撤銷緩刑宣告之裁定(44 台非 41)。 (6)更定其刑之裁定(議 26.2.16)。 (7)宣付保安處分之裁定(刑訴 481)。

	2.程序事項而裁定者	如就程序上而爲判斷，及其他關於訴訟程序上之裁定，則不得爲非常上訴之對象。
(三) 訴訟程序		原審之訴訟程序違背法令，足以影響判決者，固得提起非常上訴加以糾正；但其違法並不影響於判決者，則不得提起。

三、提起非常上訴之程式

依本法第 443 條規定：「提起非常上訴，應以非常上訴書敘述理由，提出於最高法院爲之。」依此非常上訴應具備下列程式：

㈠**非常上訴書應敘述理由**：提起上訴應以上訴書狀爲之（刑訴 350）。此對於非常上訴當無例外，且非常上訴又是採書面審理主義，而不經言詞辯論也。又提出非常上訴書應對於已確定判決違背法令之情形，證據等予以詳細敘述。如對於「有罪之判決書，其認定事實、所敘理由及援用科刑法條均無錯誤，僅主文論罪之用語欠周全，於全案情節與判決本旨並無影響，難謂有判決理由矛盾之違法。」（84 台非 190）

㈡**附具該案卷宗及證物**：因非常上訴應由最高法院檢察署檢察總長具名提出，提起非常上訴本法雖無明文規定，應否附具該案卷宗及證物，但爲便於最高法院之審判，實際上也都有附送。

四、非常上訴之管轄法院

㈠**最高法院為管轄法院**：因提起非常上訴應向最高法院爲之（刑訴 441）。此不問該違背法令之判決是第一審或爲第二審之判決。因此對於地方法院之確定判決其有違背法令者，仍須向最高法院提起非常上訴。

㈡**提起非常上訴之時期**：提起非常上訴之時期，本法並無限制，故不問何時發見原確定判決有違背法令，均得提起之。不過對已死亡之被告不得提起。

第三章　非常上訴之審判

一、審判之程序

依本法第 444 條規定：「非常上訴之判決，不經言詞辯論爲之。」此係本法第 221 條言詞辯論之特別規定。蓋其以解決違背法令之確定判決爲重點，故採書面審理主義。

二、調查之範圍

(一)**限於非常上訴理由所指摘之事項**：依本法第 445 條第 1 項規定：「最高法院之調查，以非常上訴理由所指摘之事項爲限。」其未經指摘之事項，不得調查之。

(二)**第三審法院得依職權調查之事項**：依本法第 445 條第 2 項規定：「第三百九十四條之規定，於非常上訴準用之。」即第三審法院，除應以原確定判決所確認之事實爲其判決基礎外，關於訴訟程序及得依職權調查之事項亦得調查事實。依 68 台非 181 號判例：「非常上訴審，應以原判決確認之事實為基礎，以判斷其適用法律有無違誤，至非常上訴審所得調查之事實，僅以關於訴訟程序、法院管轄，免訴事由及訴訟之受理者為限。」

(三)**調查之法官**：此項調查，得以受命法官行之，並得囑託他法院之法官調查（刑訴 445 II 準 394 II）。

三、非常上訴之判決

非常上訴之判決有駁回判決與撤銷之判決兩種：

(一)**駁回判決**：依本法第 446 條規定：「認爲非常上訴無理由者，應以判決駁回之。」所謂「無理由」者，即指原判決及其訴訟程序均不違背而言。

(二)**撤銷之判決**：認爲非常上訴有理由者，應分別爲下列之判決（刑訴 447 I）：

1.原判決違背法令者，將其違背之部分撤銷。但原判決不利於被告者，應就該案件另行判決（第1款）。對此可分為兩項說明之：

　　(1)原判決違背法令：原判決違背法令者，將其違背之部分撤銷，如應為竊盜罪之判決，原審竟為強盜罪之判決，或應為不受理之判決，原審竟為有罪之判決是。無論係違反實體法或程序法均屬判決違背法令，應依本款將其違背法令部分撤銷之（決議29.2.22）。

　　(2)原判決不利於被告者：應就該案件另行判決（第 1 款但）。即應撤銷改判。如提起非常上訴之判決所載理由矛盾致適用法律違誤者，為判決違法，如不利於被告，即應將其撤銷，另行判決（68台非 148）。

2.訴訟程序違背法令者，撤銷其程序（刑訴447 I ②）：所謂「**訴訟程序違背法令**」，係指判決本身以外之訴訟程序，違背程序法之規定而言。與判決違背法令在理論上雖可分立，實際上時相牽連。

　　訴訟程序違背法令，如第 379 條所規定之情形：如法院之組織不合法者、依法律或裁判應迴避之法官參與審判者、禁止審判公開非依法律之規定者、被告未於審判期日到庭而逕行審判者、依法應用辯護人或已經指定辯護人之案件、未經辯護人到庭辯護而逕行判決者、未經檢察官或自訴人到庭陳述而為審判者等均是。

　　依 91 台非 152 號判例：所謂「**審判違背法令**」，包括判決違背法令及訴訟程序違背法令，後者係指判決本身以外之訴訟程序違背程序法之規定，與前者在理論上雖可分立，實際上時相牽連。第二審所踐行之訴訟程序違背同法第三百七十九條第七款、第二百八十四條之規定，固屬判決前之訴訟程序違背法令。但非常上訴就個案之具體情形審查，如認判決前之訴訟程序違背被告防禦權之保障規定，致有依法不應為判決而為判決之違誤，顯然於判決有影響者，該確定判決，即屬判決違背法令。案經上訴第三審，非常上訴審就上開情形審查，如認其違法情形，第三審法院本應為撤銷原判決之判決，猶予維持，致有違誤，顯然影響於判決者，應認第三審判決為判決違背法令。

第四章　非常上訴之效力

依本法第 448 條規定：「非常上訴之判決，除依前條第一項第一款但書及第二項規定者外，其效力不及於被告。」即原判決違背法令者，將其違背部分撤銷，如原判決不利於被告者，應就該案另行判決；或因原判決違背法令，誤認爲無審判權而不受理，或其他有維持被告審級利益之必要者，得將原判決撤銷，發回原審法院，由原審法院依判決前之程序更爲審判，不得諭知較重於原確定判決之刑；故其效力及於被告外，其他非常上訴之效力均不及於被告。

因非常上訴原則上是在糾正法律適用上之錯誤，對於被告法律上所取得之利益，不能因法院本身之未能盡責而受影響。

第七編　簡易程序

第一章　簡易程序概說

一、簡易程序之意義

所謂「**簡易程序**」（英：summary proceeding），即對於輕微犯罪案件，第一審法院依被告在偵查中之自白或其他現存之證據，已足認定其犯罪者，得因檢察官之聲請，不經通常審判程序，逕以簡易判決處刑之程序之謂（刑訴 449 I 前段）。

二、簡易程序之要件

依本法第 449 條之規定，其要件如次：

㈠**須於第一審法院**：適用簡易程序，僅第一審法院由檢察官審酌案件提出聲請，不經通常審判程序，逕以簡易程序判決處刑（刑訴 449 I）。此第一審法院，專以地方法院而言。此簡易程序案件，得由簡易庭辦理之（刑訴 449 之 1）。依法院組織法第 10 條規定，「地方法院得設簡易庭，其管轄事件依法律之規定。」因此地方法院設簡易庭者，得辦理簡易判決處刑案件。如被告為少年者，簡易程序案件應由少年法庭法官審理。

㈡**須足認被告之犯罪證據**：即依被告在偵查中之自白或其他現存之證據，已足認其犯罪者，檢察得聲請法院以簡易判決處刑（刑訴 449 I）。蓋犯罪事實應依證據認定之，無證據不得認定犯罪事實（刑訴 154 II）。因此必須證據明確檢察官始可聲請。

㈢**須因檢察官聲請**：法院始得不經通常審判程序，逕以簡易判決處刑。如係由原告之自訴人聲請，則於法不合。但如檢察官依通常程序起訴，經被告自白犯罪，法院認為宜以簡易判決處刑者，得由法官不經通常審判程序，自動逕以簡易判決處刑（刑訴 449 II）。

㈣**須所列之罪為輕微案件**：簡易程序所定科之刑以宣告緩刑、得易科罰金或得易服社會勞動之有期徒刑及拘役或罰金爲限（刑訴 449Ⅲ）。

三、簡易程序之聲請

㈠**由檢察官提出聲請**：檢察官審酌案件情節，認爲宜以簡易判決處刑者，應即以書面爲聲請（刑訴 451Ⅰ）。此項聲請爲檢察官之職權，自訴人不得爲之。

㈡**聲請書準用起訴書**（刑訴 451Ⅱ準 264）：

　　1.被告之姓名：被告之姓名、性別、年齡、籍貫、職業、住所或居所或其他足資辨別之特徵。

　　2.犯罪事實及證據並所犯法條。

　　聲請時，並應將卷宗及證物，一併送交法院，此項聲請與起訴有同一之效力（刑訴 451Ⅱ,Ⅲ）。

㈢**被告之請求**：被告於偵查中自白者，得請求檢察官向法院爲簡易判決處刑之聲請（刑訴 451Ⅳ）。

第二章　檢察官之求刑與 法院之量刑

一、檢察官之求刑

㈠**檢察官向法院求刑或請求為緩刑之宣告**：檢察聲請以簡易判決之案件，「被告於偵查中自白者，得向檢察官表示願受科刑之範圍或願意接受緩刑之宣告，檢察官同意者，應記明筆錄，並即以被告之表示爲基礎，向法院求刑或爲緩刑宣告之請求。」(刑訴 451 之 1 I)

　　即被告於偵查中自白者，經檢察官同意並記明筆錄後，檢察官應以被告表示爲基礎，向法院爲具體之求刑或求爲緩刑之宣告，此一制度，使檢察官求處被告緩刑或得易科罰金之罪並記明筆錄時，得藉此交換被告同意自白，且於第 4 項增設此時法官原則上必須受檢察官求刑及求爲緩刑宣告之拘束，此係**引進認罪協商制度之精神**。

㈡**檢察官求刑前之附帶處分**：檢察官爲前項之求刑或請求前，得徵詢被害人之意見，並斟酌情形，經被害人同意，命被告爲下列各款事項 (刑訴 451 之 1 II)：

　　1.向被害人道歉。

　　2.向被害人支付相當數額之賠償金。

㈢**被告在審判中得向法院請求**：被告自白犯罪未爲第 1 項之表示者，在審判中得向法院爲之，檢察官亦得依被告之表示向法院求刑或請求爲緩刑之宣告 (刑訴 451 之 1 III)。

二、法院之量刑

㈠**法院量刑之範圍**：第 1 項及前項情形，法院應於檢察官求刑或緩刑宣告請求之範圍內爲判決 (刑訴 451 之 1 IV)。

㈡**法院之自由裁量**：但有下列情形之一者，法院不受檢察官求刑或緩

刑宣告請求之範圍內為判決（刑訴451之1IV）：

　　1.被告所犯之罪不合第449條所定得以簡易判決處刑之案件者。

　　2.法院認定之犯罪事實顯然與檢察官據以求處罪刑之事實不符，或於審判中發現其他裁判上一罪之犯罪事實，足認檢察官之求刑顯不適當者。

　　3.法院於審理後，認應為無罪、免訴、不受理或管轄錯誤判決之諭知者。

　　4.檢察官之請求顯有不當或顯失公平者。

三、簡易程序變更為通常程序

　　依本法第452條規定：「檢察官聲請以簡易判決處刑之案件，經法院認為有第四百五十一條之一第四項但書之情形者，應適用通常程序審判之。」即檢察官聲請以簡易判決處刑之案件，如法院認為有第451條之1第4項但書之情事，就得改以通常程序為判決，始能符合認罪協商制度之精神。此即簡易程序轉換為通常程序，此時原案應即移送刑事庭，適用通常程序審判之，並為合法之裁判。

　　依43台非231號判例：「刑法第六十一條所列各罪之案件，第一審法院依被告在偵查中之自白，或其他現存之證據，已足認定其犯罪者，固得經檢察官之聲請，不經通常審判程序，逕以命令處刑，但聲請以命令處刑之案件，經法院認為全部或一部不得或不宜以命令處刑者，仍應適用通常程序審判，……本件被告妨害自由等罪案件，檢察官係依刑法第三百零二條第一項、第二百七十七條第一項、第三百十條第一項聲請命令處刑，查同法第二百七十七條第一項及第三百十條第一項，固屬刑法第六十一條之案件，得以命令處刑，但同法第三百零二條之最高本刑為五年以下有期徒刑，不屬同法第六十一條所列各罪之案件，不得以命令處刑，依首開說明，自應適用通常程序辦理，方為適法，原法院竟以處刑命令處罰，訴訟程序自屬違背法令。」

四、簡易判決之立即處分

　　依本法第453條規定：「以簡易判決處刑案件，法院應立即處分。」所謂「**立即處分**」，指不經通常審判程序，逕以簡易判決處刑，但有必要

時，應於處刑前訊問被告（刑訴 449 I），以結束訴訟程序。

五、簡易判決應記載事項

簡易判決應記載下列事項（刑訴 454 I）：

㈠第 51 條第 1 項之記載。

㈡犯罪事實及證據名稱。

㈢應適用之法條。

㈣第 309 條各款所列事項。亦即：

　1.諭知之主刑、從刑或刑之免除。

　2.諭知有期徒刑或拘役者，如易科罰金，其折算之標準。

　3.諭知罰金者，如易服勞役，其折算之標準。

　4.諭知易以訓誡者，其諭知。

　5.諭知緩刑者，其緩刑之期間。

　6.諭知保安處分者，其處分及期間。

㈤自簡易判決送達之日起 10 日內，得提起上訴之曉示。但不得上訴者，不在此限。

前項判決書，得以簡略方式為之，如認定之犯罪事實、證據及應適用之法條，與檢察官聲請簡易判決處刑書或起訴書之記載相同者，得引用之（刑訴 454II）。

六、簡易判決正本之送達

書記官接受簡易判決原本後，應立即製作正本為送達，並準用第 314 條第 2 項之規定（刑訴 455）。即此項判決書正本之送達，依準用第 314 條第 2 項之規定，並應送達於告訴人及告發人，告訴人於上訴期間內，得向檢察官陳述意見。

第三章　　簡易裁判之救濟

此可分為簡易判決不服之上訴與裁定不服之抗告兩種：

一、上訴部分

㈠**簡易判決上訴之管轄法院**：對於簡易判決有不服者，得上訴於管轄之第二審地方法院合議庭（刑訴451之1I）。所謂「管轄之第二審地方法院合議庭」，指同一簡易判決之地方法院合議庭而言。此與一般上訴案件，應向原審地方法院之上級法院高等法院或其分院為之者不同。簡易判決之上訴，準用第三編第一章及第二章除第361條外之規定（刑訴455之1III）。

㈡**簡易判決不得上訴之規定**：對於第451條之1請求所為之科刑判決，不得上訴（刑訴451之1II）。其情形如下：

1.檢察官不得上訴：被告於偵查中自白，並向檢察官表示願受科刑之範圍或願受緩刑之宣告，檢察官同意，並即以被告為基礎，向法院為請求者，如法院依檢察官之求刑或緩刑宣告請求之範圍內為判決，檢察官自不得上訴。又審判中檢察官依被告之表示向法院請求者，自亦不得上訴。

2.被告不得上訴者：如被告於偵查中或審判中表示願受科刑之範圍或願受緩刑之宣告，經法院依其表示為判決者，被告自不得上訴。但如未經檢察官之同，檢察官自仍得上訴。

二、抗告部分

關於抗告案件，其有關之規定如下：

㈠**抗告之法院**：對於適用簡易程序案件所為裁定有不服者，得抗告於管轄之第二審地方法院合議庭（刑訴455之1IV）。所謂「管轄之第二審地方法院合議庭」，指原為簡易裁定之地方法院合議庭。此與一般之抗告，應向原審地方法院之上級法院高等法院或其分院為之者，有所不同。

㈡**抗告之程序**：對於適用簡易程序案件所裁定之抗告，準用本法第四編抗告之規定（刑訴455之1V）。

第七編之一　協商程序

一、協商程序之立法及其缺失

（一）**認罪協商制度之源起**：本制濫觴於美國，一般而言，指檢察官與被告、辯護人在法院判決前就被告所涉案件進行之協商，於此協商中，被告希望以其有罪答辯來協商取得檢察官對於判決較輕刑罰之建議或其他可能之讓步。依美國法制，認罪協商可以適用於所有案件，其協商之範圍包含「控訴協商」（Charge Bargaining）、「罪狀協商」（Count Bargaining）、「量刑協商」（Sentence Bargaining）及其混合型態，但各州之狀況容有差異。至於義大利於 1988 年新修訂之刑事訴訟法則規定適用認罪協商之案件，以科處罰金刑或宣告 2 年以下有期徒刑爲限（義大利刑事訴訟法第 444 條第 1 項）。審酌我國國情、目前簡易判決處刑、簡式審判程序之適用範圍等各種狀況，於本條第 1 項限定協商之案件須非高等法院管轄第一審之案件，且須以被告所犯爲死刑、無期徒刑或最輕本刑 3 年以上有期徒刑以外之罪爲限。

（二）**我國協商程序之增訂**：我國之協商程序係於 93 年 4 月增訂，於同月 9 日公布施行。我國因朝改良式當事人進行主義修正，爲本「明案速判、疑案愼斷」之原則，對於進入審判程序之被告不爭執之非重罪案件，允宜運用協商制度，使其快速終結，於是參考美國聯邦刑事訴訟規則，依中央法規標準法第 10 條第 3 項之規定，將有關「協商」制度之相關條文，增訂於第七編之一，並定編名爲「協商程序」。

二、我國運用協商程序產生之弊端

協商程序在英美國家在適用上尙能發揮微罪速審之結果，但引進我國以後，難免漏洞顯現，以筆者在高等法院實際審判過程中，扮演聽衆，聆聽觀察言詞辯論的情形，親聞辯護人**張靜律師**聲調鏗鏘的說：

張靜律師

證人在原先偵查中其實是全然否認，檢察官偵訊時

忽然又全部承認，我印象中前面三次的庭，包括檢事官、調查局、檢察官偵查證人都否認，第四次到了高檢署指揮查黑中心就承認了，其實葉○○的證詞可信性就有問題，其承認換得今天的緩刑，本來認罪協商的本意很好，認自己的罪，協自己的商，可是現在檢察官要求認罪協商是**「要認別人的罪，協自己的商」**，就是**「認自己的罪還不夠，沒有咬出別人，就不跟你認罪協商」**，一定要咬出張俊宏才給你認罪協商，認別人的罪，協自己的商，這是今天檢察官把認罪協商搞成一個很畸形的制度，二十年來我看過太多這樣的例子，包括我們本案中，謝○○也承認自己的罪，但是不願意咬張俊宏，結他照樣被判比較重的罪，他也沒有被緩刑，這就是我們今天的認罪協商制度。

張俊宏

　　「認罪協商」、「緩起訴」及「證人保護法」
　　本來都是非常好的制度，可是這三個制度放在一起，讓不肖的、不想認真辦案的檢察官，找到一個很好的疏洪道，**只要你咬著他，我們就起訴，案子就很好結**，造成今天很多被告被緩起訴，只是因為他咬了另外其他更重要的被告。每個檢察官都想辦大咖，甚至檢察官用刑求的方式教訓小咖、威脅小咖再咬出大咖。我希望法官的觀念能夠扭過來，我可能用了很強烈的字眼，卻反應真實狀況[1]。

習題：試述在實際刑事訴訟程序上，法官或檢察官如何運用認罪協商方式羅織被告入罪？

三、適用協商程序之要件

(一) **非重罪案件**	除所犯為死刑、無期徒刑、最輕本刑為 3 年以上有期徒刑之罪或高等法院管轄第一審案件以外之其他刑事案件。
(二) **協商程序之聲請期間**	協商程序之聲請限於案件經檢察官提起公訴或聲請簡易判決處刑，於第一審言詞辯論終結前或簡易判決處刑前為之（刑訴455之2 I中段）。
(三) **須徵詢被害人意見經法**	檢察官得於徵詢被害人意見後，逕行或依被告或其代理人、辯護人之請求，經法院同意，就下列事項於審判外進行協商（刑訴455之2 I前段）：

① 96 年度上重訴字第 103 號證券交易法等案件，於 101 年 4 月 3 日上午 9 時 30 分，在高等法院專二法庭公開審判。

院同意	1.被告願受科刑之範圍或願意接受緩刑之宣告。 2.被告向被害人道歉。 3.被告支付相當數額之賠償金。 4.被告向公庫或指定之公益團體、地方自治團體支付一定之金額。 檢察官就前項第 2 款、第 3 款事項與被告協商，應得被害人之同意（刑訴 455 之 2 II）。
(四) 檢察官聲請	經當事人雙方合意且被告認罪者，由檢察官聲請法院改依協商程序而為判決（刑訴 455 之 2 I 後段）。
(五) 協商程序之期間	本法明定協商之期間不得逾 30 日（刑訴 455 之 2III）。
(六) 自訴案件之排除適用	依本法第 455 條之 2 第 1 項所列各款協商事項，本法規定僅由檢察官聲請法院同意進行協商，因此，自訴案件並無適用協商程序之機會。

四、協商之撤銷或撤回

　　法院應於受理檢察官所提協商聲請後 10 日內，訊問被告，而法院除告以第 95 條之事項外，並應向被告告知其所認罪名、法定刑度及因適用協商程序審理所喪失之權利，例如㈠受法院依通常程序公開審判之權利、㈡與證人對質詰問之權利、㈢保持緘默之權利、㈣法院如依協商合意而為判決時，除有第 455 條之 4 第 1 項第 1 款、第 2 款、第 4 款、第 6 款、第 7 款所定情形之一，不得上訴，於確認被告係自願放棄前述權利後，始得作成協商判決（刑訴 455 之 3 I）。

　　協商為被告放棄依通常程序審判等多項權利，已如前述。如被告於前項訊問及告知程序終結前，以言詞或書狀撤銷協商之合意，要求法院回復通常或簡式審判程序或仍依簡易判決處刑，依憲法保障人民訴訟權之基本精神，應予准許。又檢察官如在協商過程中，與被告有所協議，但事後發現被告違反協議之內容時，亦應准許檢察官於前項訊問及告知程序終結前，以言詞或撤回書向法院撤回協商之聲請（刑訴 455 之 3II）。

五、法院不得爲協商判決之情形

有下列情形之一者，法院不得爲協商判決（刑訴 455 之 4）：

㈠有前條第 2 項之撤銷合意或撤回協商聲請者。

㈡被告協商之意思非出於自由意志者。

㈢協商之合意顯有不當或顯失公平者。

㈣被告所犯之罪非第 455 條之 2 第 1 項所定得以聲請協商判決者。

㈤法院認定之事實顯與協商合意之事實不符者。

㈥被告有其他較重之裁判上一罪之犯罪事實者。

㈦法院認應論知免刑或免訴、不受理者。

除有前項所定情形之一者外，法院應不經言詞辯論，於協商合意範圍內爲判決。法院爲協商判決所科之刑，以宣告緩刑、2 年以下有期徒刑、拘役或罰金爲限。

當事人如有第 455 條之 2 第 1 項第 2 款至第 4 款之合意，法院應記載於筆錄或判決書內。

法院依協商範圍爲判決時，第 455 條之 2 第 1 項第 3 款、第 4 款並得爲民事強制執行名義。

六、法院爲協商判決

協商判決係法院依檢察官之聲請，基於檢察官與被告所達成之協商合意而爲之判決，自無庸踐行言詞辯論程序。又因協商判決係不經言詞辯論之判決，對被告接受通常審判程序之權利多所限制，故必須對其宣告之刑度，有一定之限制，始符程序實質正當之要求。乃於本條第 2 項一併明定協商判決所科之刑以宣告緩刑、2 年以下有期徒刑、拘役或罰金者爲限（刑訴 455 之 4II）。

七、執行與協商範圍之記錄

㈠**執行範圍之記錄**：爲明執行範圍，檢察官及被告如就本法第 455 條之 2 第 1 項第 2 款至第 4 款所定事項達成合意，法院於作成協商判決時，應將上開事項附記於宣示判決之筆錄或判決書內（刑訴 455 之 4III）。

㈡**協商範圍之記錄**：法院依協商範圍爲判決時，檢察官及被告就本法

第 455 條之 2 第 1 項第 2 款、第 3 款所定事項達成合意，並經記載於宣示判決筆錄或判決書時，其並得為民事強制執行名義，乃參考本法第 299 條第 4 項之規定增訂之（刑訴 455 之 4IV）。

八、公設辯護人之指定

（一） 辯護人之選任	為使被告能有足夠之能力或立於較平等之地位與檢察官進行協商，實有加強被告辯護依賴權之必要。乃於本條第 1 項明定協商之案件，被告表示所願受科之刑逾有期徒刑 6 月者，且未受緩刑宣告，應由辯護人協助進行協商，並規定被告未選任辯護人時，法院應指定公設辯護人或律師協助協商，以確實保障被告之權益。至於被告表示所願受科之刑未逾有期徒刑 6 月或被告受緩刑宣告者，仍許不經公設辯護人或律師之協助，進行協商。以節約辯護資源之使用（刑訴 455 之 5 I）。
（二） 辯護人之權限	辯護人於協商程序進行時，得就協商事項陳述事實上及法律上之意見，以保障被告權益，乃於第 2 項前段規定之。而為尊重被告之程序主體地位，辯護人陳述意見不得與被告明示之意思相反（刑訴 455 之 5II）。

九、協商聲請之裁定駁回

法院對於本法第 455 條之 2 第 1 項之協商聲請，認有第 455 條之 4 第 1 項所定不得為協商判決之情形時，應將該聲請以裁定駁回。此時案件既已經檢察官起訴或聲請以簡易判決處刑，法院自應回復適用通常、簡式審判或簡易程序繼續審判（刑訴 455 之 6 I）。法院駁回檢察官協商聲請之裁定，為終結協商程序之程序裁定，故不得抗告（刑訴 455 之 6II）。

十、協商過程中陳述採為證據之禁止規定

為了確保在認罪協商期間能有充分之討論空間，若法院未為協商判決時，被告或其代理人、辯護人於協商過程中所作之陳述，在本案或其他案件中，均不得採為不利之證據，用來對抗被告或其他共犯，以保被告或其他共犯權益，並示公允（刑訴 455 之 7）。

至於法院作成協商判決時，被告或其代理人、辯護人於協商過程中之陳述是否得採為其他被告或共犯之不利證據，應適用本法其他規定解

決。惟在其他被告及共犯之審判中，法院應審酌此等陳述係在協商過程中取得，更應確保其他被告及共犯之對質詰問權得有效行使，併此敘明。

十一、判決書製作及送達之準用

明定法院接受協商內容後判決書之製作及送達，應準用本法第 454 條、第 455 條有關簡易判決書製作及送達之規定（刑訴 455 之 8）。

十二、宣示判決筆錄

因法院所為之協商科刑判決，均經當事人同意，原則上亦不得上訴（參照第 455 條之 10 第 1 項前段），為減輕法官製作裁判書之負擔，法院接受協商所為之判決，應許以宣示判決筆錄之記載替代判決書。但於宣示判決之日起 10 日內，當事人聲請交付判決書者，法院即應準用簡易判決之體例，為判決書之製作。乃參考我國少年保護事件審理細則第 19 條、第 40 條第 2 項及日本刑事訴訟規則第 219 條之規定（刑訴 455 之 9 I）。

本條第 1 項所定宣示判決筆錄正本或節本之送達，應準用本法第 455 條之規定，其送達與判決書之送達有同一之效力（刑訴 455 之 9II）。

十三、協商上訴之限制規定

法院依第 455 條之 4 第 2 項作成之科刑判決，均經當事人同意，故於本條第 1 項前段明訂法院依本章所為之科刑判決，以不得上訴為原則。惟為兼顧裁判之正確、妥適及當事人之訴訟權益，如有第 455 條之 4 第 1 項第 1 款、第 2 款、第 4 款、第 6 款、第 7 款所定情形之一，或協商判決違反同條第 2 項之規定者，仍得提起上訴（刑訴 455 之 10 I）。

對於依本條第 1 項但書規定上訴之案件，第二審法院應審查原審判決之認事用法有無違誤，而其調查範圍以上訴理由所指摘事項為限（刑訴 455 之 10II）。

因協商判決係未經言詞辯論之判決，為維護當事人之審級利益，第二審法院如認為上訴有理由時，應將原審判決撤銷，發回第一審法院，依判決前之程序更為審判，不應逕為判決（刑訴 455 之 10III）。

十四、協商判決之上訴準用

協商判決之上訴，除本編有特別規定外，仍應準用第三編第一章及第二章之規定（刑訴 455 之 11 I）。

協商程序之適用係以被告自白犯罪事實及其所犯非重罪案件爲前提，爲求司法資源之妥適及有效運用，協商程序案件之證據調查程序應予簡化，本法第 159 條第 1 項所定傳聞法則無須適用，法院亦無庸行第 284 條之 1 規定之合議審判（刑訴 455 之 11 II）。

第八編　執　行

第一章　執行之概念

一、執行之意義

執行（德：Vollstreckung）者，乃執行機關，依裁判之內容，使確定之刑罰，實際發生效力之處分也。所謂確定之刑罰，應包括保安處分及其他處分之執行。此即刑法第 85 條第 1 項所謂「刑之執行」。

二、執行裁判之時期

依本法第 456 條規定：「裁判除關於保安處分者外，於確定後執行之。但有特別規定者，不在此限。」

㈠**保安處分部分**：刑法對保安處分部分有特別規定者，如：

1.處罰或保安處分之裁判確定後，未執行或執行未完畢，而法律有變更不處罰其行為或不施以保安處分者，在從新從輕之原則下，免其刑或保安處分之執行（刑2III）。

2.感化教育執行已逾 6 個月，認無繼續執行之必要者，法院得免其刑之執行（刑86III但）。

3.監護處分之期間為 5 年以下。但執行中認無繼續執行之必要者，法院得免其處分之執行（刑87III但）。

4.煙毒之禁戒處分期間為 1 年以下。但執行中認無繼續執行之必要者，法院得免其處分之執行（刑88II但）。

5.酗酒之禁戒處分期間為 1 年以下。但執行中認無繼續執行之必要者，法院得免其處分之執行（刑89II但）。

6.強制工作處分之期間為 3 年。但執行滿 1 年 6 月後，認無繼續執行之必要者，法院得免其處分之執行（刑90II但）。

7.假釋出獄者，在假釋中交付保護管束（刑93II）。

8.外國人受有期徒刑以上刑之宣告者，得於刑之執行完畢或赦免後，驅逐出境（刑95）。

9.依竊盜犯贓物犯保安處分條例規定，如執行強制工作之結果，執行機關認為無執行刑之必要者，得報請檢察官聲請法院免其刑之執行（竊贓6）。

10.已受刑之宣告者，其宣告為無效（赦2 I ①）。

㈡**特別規定部分**：

1.裁定言：抗告無停止執行裁判之效力，但原審法院於抗告法院之裁定前，得以裁定停止執行（刑訴409 I ），抗告法院得以停止裁判之執行（刑訴409 II ）。

2.判決言：

⑴聲請再審，無停止刑罰執行之效力。但管轄法院之檢察官於再審之裁定前，得命停止（刑訴430）。

⑵法院認為有再審之理由，而為開始再審之裁定後，亦得以裁定停止刑罰之執行（刑訴435 II ）。

⑶死刑，應經司法行政最高機關令准，於令到3日內執行之。但執行檢察官發見案情確有合於再審或非常上訴之理由者，得於3日內電請司法行政最高機關，再加審核（刑訴461）。

⑷受徒刑或拘役之諭知而有下列情形之一者，依檢察官之指揮，於其痊癒或該事故消滅前，停止執行：

①心神喪失者。

②懷胎5月以上者。

③生產未滿2月者。

④現罹疾病，恐因執行而不能保其生命者。

第二章　裁判執行之機關

　　裁判執行之機關有兩種：一為指揮執行；另一為實施之執行。前者係由裁判法院之檢察官指揮之；後者係由監獄及保安處分處所之長官，受他人之指揮而為執行。法院組織法第 60 條第 1 項第 1 款規定：檢察官職權之一為「指揮刑事裁判之執行」。

　　依本法第 457 條規定：「執行裁判由為裁判法院之檢察官指揮之。但其性質應由法院或審判長、受命法官、受託法官指揮，或有特別規定者，不在此限。因駁回上訴抗告之裁判，或因撤回上訴、抗告而應執行下級法院之裁判者，由上級法院之檢察官指揮之。前二項情形，其卷宗在下級法院者，由該法院之檢察官指揮執行。」茲分述之：

一、裁判法院之檢察官

　　執行裁判原則上由裁判法院之檢察署檢察官指揮之（刑訴 457 I 前段）。因裁判之執行，屬於行政權之性質，與獨立行使審判權之法官不同，執行既與審判無關，故由司法行政之檢察官執行為宜。而檢察官之指揮執行，以刑事裁判為限。而附帶民事訴訟確定裁判之執行，應由原告依據附帶民事訴訟之裁判聲請法院民事執行處，依照強制執行法之規定辦理。

二、上級法院之檢察官

　　在檢察一體之制度下，蓋為便利於執行，亦有由上級法院檢察官執行者，故本法復規定下列情形之一者，得由上級法官之檢察官指揮之（刑訴 457 II）。

　　㈠因駁回上訴、抗告之裁判，而應執行下級法院之裁判者。

　　㈡因撤回上訴、抗告，而應執行下級之法院之裁判者。

　　上述兩種情形，因卷宗多在上級法院，為便於執行，自以由上級法院檢察官執行為宜，但如其卷宗在下級法院者，由該管法院之檢察官指揮執行之（刑訴 457 III）。

三、法院審判長、受命法官或受託法官

依裁判之性質，應由法院或審判長、受命法官或受託法官指揮或有特別規定者，得不由檢察官指揮。其情形有二：

㈠**財產刑之執行**：如本法第 470 條規定：「罰金、罰鍰、沒收、沒入、追徵、追繳及抵償之裁判，應依檢察官之命令執行之。但罰金、罰鍰於裁判宣示後，如經受裁判人同意而檢察官不在場者，得由法官當庭指揮執行。(第 1 項) 前項命令與民事執行名義有同一之效力。(第 2 項) 罰金、沒收、追徵、追繳及抵償，得就受刑人之遺產執行。(第 3 項)」

㈡**羈押之執行**：執行羈押，偵查中依檢察官之指揮；審判中依審判長或受命法官之指揮，由司法警察將被告解送指定之看守所，該所長官查驗人別無誤後，應於押票附記解到之年、月、日、時並簽名 (刑訴 103 I)。

習題：刑事訴訟法第 457 條：執行裁判由為裁判法院之檢察官指揮之。但其性質應由法院或審判長、受命推事、受託推事指揮，或有特別規定者，不在此限。試述本條但書規定所指之情形為何？(93 檢)

第三章　指揮執行與執行之順序

一、指揮執行

㈠指揮執行應以指揮書為之：依本法第 458 條前段規定：「指揮執行，應以指揮書附具裁判書或筆錄之繕本或節本為之。」

因裁判之執行，關係人民之生命、自由、財產，自應以書面為之，以免發生錯誤，並須附具裁判書或筆錄之繕本或節本，使執行機關了解裁判之內容，故如上述之文件不完備者，監獄不得隨意收容之。

㈡指揮執行不須製作指揮書者：依本法第 458 條後段但書規定：「但執行刑罰或保安處分以外之指揮，毋庸制作指揮書者，不在此限。」

二、執行之順序

依本法第 459 條規定：「二以上主刑之執行，除罰金外，應先執行其重者，但有必要時，檢察官得命先執行他刑。」茲分述之：

㈠罰金：罰金與其他主刑之執行，並不須定其順序，得就與其他主刑同時執行，或其先或後執行均可。

㈡其他主刑：二以上主刑之執行，應先執行其重者。如係死刑與無期徒刑、有期徒刑、拘役之順序，則應先就較重之主刑先執行，再及於輕者。但有必要時，檢察官得命先執行他刑。

第四章　各種裁判之執行

一、死刑之執行

(一) 死刑執行前之強制處分	受死刑之諭知,而未經羈押者,檢察官於執行時,應傳喚之;傳喚不到者,應行拘提(刑訴 469 I)。如應受刑人無一定之住所或居所,逃亡或事實足認爲有逃亡之虞,得逕行拘提;如有逃亡或藏匿者,得通緝之(刑訴 469 II)。
(二) 死刑執行前之審核	1.檢察官應將卷宗送司法行政最高機關:諭知死刑之判決確定後,檢察官應速將該案卷宗送交司法行政最高機關(刑訴 460)。 2.死刑執行時期:死刑,應經司法行政最高機關令准,於令到 3 日內執行之(刑訴 461 前段)。 3.執行檢察官得再審核:但執行檢察官發見案情確有合於再審或非常上訴之理由者,得於 3 日內電請司法行政最高機關,再加審核(刑訴 461 但)。
(三) 死刑執行之場所	死刑,應於監獄內執行之(刑訴 462)。
(四) 死刑執行之在場人	執行死刑,應由檢察官蒞視,並命書記官在場(刑訴 463 I)。執行死刑,除經檢察官或監獄長官之許可者外,不得入行刑場內(刑訴 463 II)。
(五) 死刑執行之方法	死刑用藥劑注射或槍斃,在監獄特定場所執行之。其執行規則,由法務部定之(監行刑 90)。
(六) 執行日期之告知及限制	1.預先告知:執行死刑,應於當日預先告知本人(監行刑 91)。 2.停止作業日:下列日期,停止執行死刑(監行刑 31): 　(1)國定例假日。 　(2)直系親屬及配偶喪 7 日,三親等內旁系親屬喪 3 日。 　(3)其他認爲必要時。
(七) 執行之筆錄	執行死刑,應由在場之書記官制作筆錄。筆錄,應由檢察官及監獄長官簽名(刑訴 464)。

(八) 停止執行 事由及恢 復執行	受死刑之諭知者，如在心神喪失中，由司法行政最高機關命令停止執行。受死刑諭知之婦女懷胎者，於其生產前，由司法行政最高機關命令停止執行。依前二項規定停止執行者，於其痊癒或生產後，非有司法行政最高機關命令，不得執行（刑訴465）。
(九) 執行後之 處置	死亡者之屍體經通知後 24 小時內無人請領者，埋葬之，如有醫院或醫學研究機關請領解剖者，得斟酌之情形許可之。但生前有不願解剖之表示者，不在此限。此項已埋葬之屍體，經過 10 年後得合葬之，合葬前有請求領回者，應許可之（監行刑89）。

二、自由刑之執行

　　自由刑（德：Freiheitsstrafe；法：peine privative de la liberte），在我國現行法制下指徒刑與拘役。其意義一般認為係「在一定期間內，剝奪犯罪者之自由，使其與社會隔離，並藉刑事矯治手段，以達改善更生之目的。」茲將執行之程序、處所及方法分述如下：

(一) 執行之程序	受徒刑或拘役之諭知，而未經羈押者，檢察官於執行時，應傳喚之；傳喚不到者，應行拘提（刑訴469II）。如受刑人無一定之住所或居所、逃亡或事實足認為有逃亡之虞，得逕行拘提；如有逃亡或藏匿者，得通緝之（刑訴469II）。
(二) 執行之場所	1.徒刑、拘役之執行處所：處徒刑及拘役之人犯，除法律別有規定外，於監獄內分別拘禁之，令服勞役。但得因情節，免服勞役（刑訴466）。此項免服勞役者，應由檢察官斟酌其情節，以命令行之（刑訴478）。通常以受刑人有不宜勞役之疾病或生理上缺陷等屬之。處拘役者，應與處徒刑者分別監禁（監行刑2II）。 2.少年矯正機構：受刑人未滿 18 歲者，應收容於少年矯正機構。收容中滿 18 歲而殘餘刑期不滿 3 個月者，得繼續收容於少年矯正機構。受刑人在 18 歲以上未滿 23 歲者，依其教育需要，得收容於少年矯正機構至完成該級教育階段為止（監行刑3）。 3.女監及其分界：受刑人為婦女者，應監禁於女監。女監附設於監獄時，應嚴為分界（監行刑4）。
(三) 執行之方法	1.入監文書之調查：受刑人入監時，應調查其判決書、指揮執行書、指紋及其他應備文件。此項文件不具備時，得拒絕收監，或通知補送（監行刑7）。

	2.身體、衣類及物品之檢查：受刑人入監時，應檢查其身體、衣類及攜帶物品，並捺印指紋或照相；在執行中認爲有必要時亦同。受刑人爲婦女者，此項檢查由女管理員爲之（監行刑12）。
(四) **執行之停止**	1.停止執行自由刑之事由：受徒刑或拘役之諭知而有下列情形之一者，依檢察官之指揮，於其痊癒或該事故消滅前，停止執行（刑訴467）： (1)心神喪失者。 (2)懷胎5月以上者。 (3)生產未滿2月者。 (4)現罹疾病，恐因執行而不能保其生命者。 2.停止執行受刑人之醫療：依本法第467條第1款及第4款情形停止執行者，檢察官得將受刑人送入醫院或其他適當之處所（刑訴468）。 3.監獄之拒絕收監：受刑人入監時，應行健康檢查；有下列情形之一者，應拒絕收監（監行刑11）： (1)心神喪失或現罹疾病，因執行而有喪生之虞者。 (2)懷胎5月以上，或分娩未滿2月者。 (3)罹急性傳染病者。 (4)衰老、殘廢，不能自理生活者。 　　此項被拒絕收監者，應由檢察官斟酌情形，送交醫院、監護人或其他適當處所。

三、財產刑之執行

　　財產刑（德：Vermögensstrafe；法：peine pécuniaire），係以剝奪犯人之財產上利益爲內容之刑罰。財產刑包括罰金、沒收、追徵、追繳及抵償，故財產刑乃被列爲刑罰之一。只刑之重輕較死刑、無期徒刑、有期徒刑或拘役輕微而已。蓋財產刑係以金錢或財產爲對象之故。茲將本法有關財產刑執行之規定，分述如次：

(一) **執行之程序**	本法第470條第1項規定：「罰金、罰鍰、沒收、沒入、追徵、追繳及抵償之裁判，應依檢察官之命令執行之。但罰金、罰鍰於裁判宣示後，如經受裁判人同意而檢察官不在場者，得由法官當庭指揮執行。」 所謂「**罰金**」，乃指刑法及其他刑罰法令規定之罰金，但易科罰

	金並包括在內。因易科罰金在性質上是執行自由　刑是否准予易科罰金，仍由檢察官斟酌之故（司釋245）。「**罰鍰**」，係對於第三人違背義務所科之秩序法（刑訴121），證人不到場之科罰鍰。「**沒入**」，係對具保之被告逃匿者，應命具保人繳納指定之保證金額，並沒入之。不繳納者，強制執行。保證金已繳納者，沒入之（刑訴118）。「**追徵、追繳及抵償**」，係按價額之追徵、追繳或抵償之規定，原係執行沒收之替代方法（院解3895）。 因現今德國及日本立法例有類似規定，我國刑法乃列為從刑之一。而此罰金、罰鍰於裁判宣示後，如經受裁判人同意而檢察官不在場者，得由法官當庭指揮執行（刑訴470Ⅰ但）。
(二) **執行之方法**	科罰金之裁判確定後，應於 2 個月完納，期滿而不完納者，強制執行，其無力完納者，易服勞役（刑42Ⅰ）。罰金、罰鍰、沒入、追徵、追繳及抵償執行之命令與民事執行名義有同一之效力（刑訴470Ⅱ）。此項裁判之執行，準用執行民事裁判之規定（刑訴471Ⅰ）。檢察官於必要時得囑託地方法院民事執行處行之，檢察官之囑託執行，免徵執行費（刑訴471Ⅱ,Ⅲ）。
(三) **罰金得就遺產執行**	罰金、沒收、追徵、追繳及抵償，得就受刑人之遺產執行（刑訴470Ⅲ）。檢察官應命繼承人繳納，不繳納者，得就其遺產為強制執行。又受刑人須於裁判確定後死亡，始能對其遺產予以執行。如在裁判確定前死亡，則不能對其遺產予以執行。然而受罰金刑宣告之被告，於裁判確定後死亡，經法院查明現無遺產可供執行，應停止強制執行之程序（23院1181）。
(四) **沒收物之處分機關**	沒收物，由檢察官處分之（刑訴472）。究應如何處分，應依個案決定之。例如違禁物之彈藥，通常都送軍事治安機關處理之。其他如易於腐敗而難以保管之物，如水果、動植物等，得於拍賣而保存其價金。
(五) **沒收物之聲請發還**	依本法第 473 條規定：「沒收物，於執行後三個月內，由權利人聲請發還者，除應破毀或廢棄者外，檢察官應發還之；其已拍賣者，應給與拍賣所得之價金。」例如刑法第 349 條第 3 項規定：「因贓物變得之財物，以贓物論。」如判決誤以為因犯罪所得之物而予宣告沒收，並已執行，檢察官得據權利人之聲請，而發還之。
(六) **發還偽造**	依本法第 474 條規定：「偽造或變造之物，檢察官於發還時，應將其偽造、變造之部分除去或加以標記。」如扣押物，如係偽造

| 變造物之處置 | 或變造者，固得宣告沒收，但如僅偽造或變造其中一部分，其他部分仍須發還者，檢察官於發還時，應將其偽造、變造之部分，予以除去或加以標記，以其餘發還之。上述之偽造部分，法院於判決時，仍應依刑法第 38 條第 1 項第 2 款及同條第 3 項規定，以屬於犯罪行為人為限，得沒收之。 |

四、扣押物之處分之發還

扣押物，乃檢察官、審判長或受命法官，就可為證據或得沒收之物，取得占有之強制處分（刑訴 133 I）。因此，扣押物如與犯罪無關者，自應發還。依刑訴法第 475 條規定：扣押物之應受發還人所在不明，或因其他事故不能發還者，檢察官應公告之；自公告之日起滿 6 個月，無人聲請發還者，以其物歸屬國庫。雖在此 6 個月期間內，其無價值之物得廢棄之；不便保管者，得命拍賣保管其價金。

五、撤銷緩刑宣告之聲請

檢察官對於確定判決有宣告緩刑，而有法定原因之發生，應撤銷緩刑之宣告者（刑訴 476 前段）。就撤銷之原因，引用刑法第 75 條之規定分述如下：

(一)撤銷之原因：可分為兩種：

1.應撤銷宣告：若緩刑期內因故意犯他罪或緩刑前已犯他罪，而被科刑者，原不應予以緩刑，自應撤銷其緩刑，而執行原宣告之刑。我刑法第 75 條規定：「受緩刑之宣告而有下列情形之一者，撤銷其宣告：一、緩刑期內因故意犯他罪，而在緩刑期內受不得易科罰金之有期徒刑以上刑之宣告確定者。二、緩刑前因故意犯他罪，而在緩刑期內受不得易科罰金之有期徒刑以上刑之宣告確定者。」

2.得撤銷宣告：至於有上開情形，而受可易科罰金之有期徒刑刑之宣告者，因犯罪情節較輕，以此列為「應撤銷」緩刑之事由，似嫌過苛，爰改列為第 75 條之 1「得撤銷」緩刑之事由，以資衡平。又我刑法第 75 條之 1 規定：

受緩刑之宣告而有下列情形之一，足認原宣告之緩刑難收其預期效

果，而有執行刑罰之必要者，得撤銷其宣告：

　　⑴緩刑前因故意犯他罪，而緩刑期內受得易科罰金之有期徒刑、拘役或罰金之宣告確定者。

　　⑵緩刑期內因故意犯他罪，而在緩刑期內受得易科罰金之有期徒刑、拘役或罰金之宣告確定者。

　　⑶緩刑期內因過失更犯罪，而在緩刑期內受有期徒刑之宣告確定者。

　　⑷違反第 74 條第 2 項第 1 款至第 8 款所定負擔情節重大者。

　　前條第 2 項之規定，於前項第 1 款至第 3 款情形亦適用之。

　　㈡**撤銷之程序**：由受刑人所在地或其最後住所地之地方法院檢察官聲請該管法院裁定之（刑訴 476 後段）。

六、更定其刑之聲請

　　依本法第 477 條第 1 項規定：「依刑法第四十八條應更定其刑者，或依刑法第五十三條及第五十四條應依刑法第五十一條第五款至第七款之規定，定其應執行之刑者，由該案犯罪事實最後判決之法院之檢察官，聲請該法院裁定之。」茲分述之：

㈠ **聲請之原因**	1.依刑法第 48 條應更定其刑者：如於裁判確定後，發覺為累犯，而裁判時，未依法加重科處者，應依上述加重之規定，更定其刑。但如於刑之執行完畢或赦免後，始行發覺者，則不在此限。 2.依刑法第 53 條數罪併罰，有二裁判以上者，及第 54 條數罪併罰，已經處斷，如各罪中有受赦免者，餘罪仍依第 51 條第 5 款至第 7 款之規定，定其應執行之刑。數罪併罰之裁判確定後，如因赦免而應分別減刑者，俟其減刑之裁定確定後，再依本條規定，定其應執行之刑。
㈡ **聲請之檢察官**	上項定其應執行之刑者，受刑人或其法定代理人、配偶，亦得請求前項檢察官聲請之（刑訴 477 II）。

七、易刑處分之執行

(一) 易服社會 勞動或易 服勞役之 執行	依本法第 479 條規定：「依刑法第四十一條、第四十二條及第四十二條之一易服社會勞動或易服勞役者，由指揮執行之檢察官命令之 (第 1 項)。易服社會勞動，由指揮執行之檢察官命令向該管檢察署指定之政府機關、政府機構、行政法人、社區或其他符合公益目的之機構或團體提供勞動，並定履行期間 (第 2 項)。」 1.配合刑法第 41 條、第 42 條之 1 增訂易服社會勞動制度，爰於第一項增訂易服社會勞動由指揮執行之檢察官命令之。 2.易服社會勞動將釋放大量人力，其服務對象之範圍不宜過於狹隘，乃增訂第 2 項明定易服社會勞動之服務對象包括政府機關、政府機構、行政法人、社區或其他符合公益目的之機構或團體。政府機關包含中央及地方政府機關，中央政府機關包含總統府、五院及所屬各部會，地方政府機關包括直轄市政府、縣 (市) 政府、鄉 (鎮、市) 公所、直轄市議會、縣 (市) 議會、鄉 (鎮、市) 民代表會。政府機構係指依中央行政機關組織基準法第 16 條規定，機關於其組織法規規定之權限、執掌範圍內，得設實 (試) 驗、檢驗、研究、文教、醫療、矯正、收容、訓練等附屬機構。 　故政府機構，於組織上並非機關或其內部單位。而行政法人係依據中央行政機關組織基準法第 37 條規定，爲執行特定公共事務，於國家及地方自治團體以外，所設立具公法性質之法人，例如國立中正文化中心 (國立中正文化中心設置條例第 2 條參照)。由於政府機構及行政法人員有特定行政目的，故將政府機關、行政法人納入。乃增訂第 2 項，規定易服社會勞動之服務對象包括政府機關、政府機構、行政法人、社區或其他符合公益目的之機構或團體。 3.第 2 項所稱指定之政府機關、政府機構、行政法人、社區或其他符合公益目的之機構或團體，仍須其有接受服務之意願及需求，並無強制接受問題。 4.社會勞動之履行期間，由執行檢察官斟酌個案勞動時數之多寡及勞動者身心健康、家庭、工作狀況等各項因素後，決定履行期間之起迄時點，故於第 2 項明定。依刑法第 41 條第 5 項規定，徒刑、拘役、易服社會勞動之履行期間最長不得逾 1 年。依刑法第 42 條之 1 第 2 項規定，罰金易服勞役後之易服社會勞動之履行期間最長不得逾 2 年。刑法第 41 條第 6 項及第 42 條之 1

	第 3 項所稱「履行期間屆滿仍未履行完畢者」，係指個案執行檢察官所定之履行期間，而非法定最長的履行期間。
(二) 易服勞役 之分別執 行與準用	依本法第 480 條規定：「罰金易服勞役者，應與處徒刑或拘役之人犯，分別執行。第四百六十七條及第四百六十九條之規定，於易服勞役準用之。第四百六十七條規定，於易服社會勞動準用之。」配合刑法第 41 條、第 42 條之 1 增訂易服社會勞動制度，乃增訂第 3 項，明定易服社會勞動者亦有第 467 條之適用。 社會勞動屬於徒刑、拘役或罰金易服勞役之一種易刑處分，於經檢察官准許易服社會勞動前，係依原宣告之徒刑、拘役或罰金易服之勞役而為傳喚、拘提及通緝。徒刑、拘役原有第 469 條之適用，罰金易服之勞役亦有同條之準用。故毋庸另訂易服社會勞動準用第 469 條之規定。
(三) 易以訓誡	受拘役或罰金之宣告，而犯罪動機在公益或道義上顯可宥恕者，得易以訓誡（刑 43）。易以訓誡應於有罪判決中，由法官斟酌案情，自由裁量，予以諭知（刑訴 309 I ④）。法官諭知易以訓誡者，由檢察官執行之（刑訴 482）。至其執行之方式，由檢察官斟酌情形，以言詞或書面行之。

八、保安處分之執行

若依古典學派，刑罰係對於行為者過去犯罪行為之報應，乃以行為者行為中所顯示之道義責任為比例科刑之基礎，因此不一定忠實地反映犯人之危險性。蓋為抑制該犯罪之危險性，今日之刑政已不如道義責任論之時代將無責任能力者放置不問，反之應在其被判無罪之同時，或對於限制責任能力者，在其刑期屆滿時，收容於一定處所，加以感化教育。至於習慣之酗酒泥醉人或有特定不良習慣者，在刑罰執行期間施以強制治療處分或予以隔離禁戒之。因此基於教育與改善之社會防衛政策，保安處分誠為補救或代替刑罰最有效之制度也。

依保安處分之種類而執行：我國刑法關於保安處可分為兩大類，依其性質可分為拘束人身自由之保安處分與非拘束人身自由之保安處分兩大類。拘束人身自由之保安處分（如強制工作），係以剝奪受處分之人身為其內容，在性質上帶有濃厚自由刑之色彩，亦應有罪刑法定主義衍生之不溯及既往原則之適用，故第 1 條後段規定「拘束人身自由之保安

處分」亦有罪刑法定主義之適用。

　㈠拘束自由的保安處分：

1. 感化教育 處分	⑴因未滿 14 歲而不罰者，得令入感化教育處所施以感化教育。 ⑵因未滿 18 歲而減輕或免除其刑者，或依少年事件處理法諭知管訓處分者，得於刑之執行完畢或赦免後，令入感化教育處所施以 3 年以下之感化教育。但執行已逾 6 月，認無繼續執行刑之必要者，法院得免其處分之執行（刑 86）。
2. 監護處分	因第 19 條第 1 項之原因而不罰者，其情狀足認有再犯或危害公共安全之虞時，令入相當處所，施以監護。 有第 19 條第 2 項及第 20 條之原因，其情狀足認有再犯或有危害公共安全之虞時，於刑之執行完畢或赦免後，令入相當處所，施以監護。但必要時，得於刑之執行前為之。 前 2 項之期間為 5 年以下，但執行中認無繼續執行之必要者，法院得免其處分之執行。
3. 禁戒處分	⑴煙毒犯：施用毒品成癮者，於刑之執行前令入相當處所，施以禁戒。前項禁戒期間為 1 年以下。但執行中認無繼續執行之必要者，法院得免其處分之執行（刑 88）。 ⑵酗酒犯：因酗酒而犯罪足認其已酗酒成癮並有再犯之虞者，得於刑之執行前，令入相當處所，施以禁戒，其期間為 1 年以下。但執行中認無繼續執行之必要者，法院得免其處分之執行（刑 89）。
4. 強制工作 處分	有犯罪之習慣或因遊蕩或懶惰成習而犯罪者，於刑之執行前，令入勞動場所，強制工作。前項之處分期間為 3 年。但執行滿 1 年 6 月後，認無繼續執行之必要者，法院得免其處分之執行。執行期間屆滿前，認為有延長之必要者，法院得許可延長之，其延長之期間不得逾 1 年 6 月，並以一次為限（刑 90）。
5. 強制治療 處分	⑴花柳病或痲瘋之治療：對於明知自己患有花柳病或痲瘋，隱瞞而與他人為猥褻之行為或姦淫，致傳染於他人者，得令入相當處所，強制治療，其期間至治癒時為止（刑 91）。 ⑵犯妨害性自主或強制性交罪之治療：犯妨害性自主罪（刑 221-227、228、229）及妨害風化罪（刑 230、234）、犯強盜罪而強制性交罪（刑 332II②）、海盜而強制性交罪（刑 334II②）、擄人勒贖而強制性交罪（刑 348II①）及特別刑法之罪，而有下列情形之一者，得令入相當處所施以治療（刑 91 之 1）。 ①徒刑執行期滿前，於接受輔導或治療後，經鑑定、評估，認有再犯之危險者。

②依其他法律規定，於接受身心治療或輔導教育後，經鑑定、評估，認有再犯之危險者。

前項處分期間至其再犯危險顯著降低爲止，執行期間應每年鑑定、評估有無停止治療之必要。

(二)非拘束自由之保安處分：

1. 保護管束處分	(1)代替保安處分之保護管束：凡受感化教育、監護、禁戒、強制工作等處分，均按其情形，得以保護管束代之。其期間爲 3 年以下（刑 92）。 (2)緩刑與假釋之保護管束：受緩刑之宣告者，除有下列情形之一，應於緩刑期間付保護管束外，得於緩刑期間付保護管束： ①犯第 91 條之 1 所列之罪者。 ②執行第 74 條第 2 項第 5 款至第 8 款所定之事項者。 假釋出獄者，在假釋中付保護管束。
2. 驅逐出境處分	外國人受有期徒刑以上刑之宣告者，得於刑之執行完畢或赦免後，驅逐出境（刑 95）。

習題：試說明保安處分如何執行？

九、聲明疑義或異議

(一)**裁判之聲明疑義**：依本法第 483 條規定：「當事人對於有罪裁判之文義有疑義者，得向諭知該裁判之法院聲明疑義。」

　　1.聲明疑義由當事人爲之：聲明疑義爲訴訟上之權利，由當事人爲之，即由被告、自訴人、檢察官外，其他訴訟關係人均不得爲之。

　　2.聲明疑義之要件：

　　　(1)限於有罪之裁判：聲明疑義限於有罪之裁判，此即包括科刑及免刑之裁判。如爲無罪、免訴、不受理、管轄錯誤之裁判，則不得爲之。

　　　(2)須對裁判之文義有疑義：即對裁判之主文，在執行時，發生疑義者。

　　　(3)須向諭知該裁判之法院爲之：即指諭知有罪之裁判，即爲裁判宣示主刑與從刑之法院而言。

㈡**指揮執行之聲明異議**：依本法第 484 條規定：「受刑人或其法定代理人或配偶以檢察官執行之指揮爲不當者，得向諭知該裁判之法院聲明異議。」

　　1.聲明異議人：限於受刑人或其法定代理人、或配偶始得爲之，自訴人、告訴人均不得爲之。

　　2.針對檢察官之指揮聲明異議：即對於檢察官執行之指揮認爲不當，聲明異議，以求變更或撤銷之救濟方法。

㈢**聲明疑義或異議之程式**：依本法 485 條規定：「聲明疑義或異議，應以書狀爲之。聲明疑義或異議，於裁判前得以書狀撤回之。第三百五十一條之規定，於疑義或異議之聲明及撤回準用之。」茲分述之：

　　1.應以書狀爲之：聲明疑義或異議，應以書狀爲之，若以言詞聲明及撤回，則爲法所不許。

　　2.準用本法第 351 條規定：在監獄或看守所之被告，其聲明疑義或異議，及其撤回，即可向監所長官，提出聲明或撤回書狀。被告不能自作書狀者，應由監所公務員代作之。

㈣**聲明疑義或異議之裁定**：依本法第 486 條規定：「法院應就疑義或異議之聲明裁定之。」此項裁定係採書面審理，不經言詞辯論；有二點說明之：

　　1.裁判文義明瞭者：如無須解釋，應以裁定駁回之。

　　2.聲明爲有理由者：

　　　⑴即以裁定闡明原裁判之疑義，如事實不明瞭時，得調閱有關文書，或原案卷宗。

　　　⑵應以裁定撤銷或變更檢察官關於指揮執行所爲不當之處分。

㈤**司法院對於異議之解釋**：依司釋第 245 號：「受刑人或其他有異議權人對於檢察官不准易科罰金執行之指揮認爲不當，依刑事訴訟法第四百八十四條向諭知科刑裁判之法院聲明異議，法院認爲有理由而爲撤銷之裁定者，除依裁定意旨，得由檢察官重行爲適當之斟酌外，如有必要法院自非不得於裁定內同時諭知准予易科罰金，此與本院院解字第二九三九號及院字第一三八七號解釋所釋情形不同。」

(六)**聲明疑義與聲明異議之不同：**

	聲明疑義	聲明異議
概　念	當事人對於有罪裁判之文義有疑者，得向諭知該裁判之法院聲明疑義。	受刑人或其法定代理人或配偶以檢察官執行之指揮爲不當者，得向諭知該裁判之法院聲明異議。
法律依據	刑訴第 483 條。	刑訴第 484 條。
聲請主體	由當事人爲之；即由被告、自訴人、檢察官爲之。其他訴訟關係人均不得爲之。	限於受刑人或其法定代理人、或配偶始得爲之，自訴人、告訴人均不得爲之。
聲請客體	聲明疑義係針對裁判之文義有疑者。	聲明異議則針對檢察官之指揮執行認爲不當而聲請。
聲請時期	限於判決確定後，執行完畢前聲請。	聲明異議不得於執行前爲之。

習題：刑事訴訟法第 483 條、第 484 條聲明疑義與聲明異議有何不同？
　　　又對於檢察官不准易科罰金聲明異議，法院得否逕爲准許之裁
　　　定。（80 司）

第九編　附帶民事訴訟

第一章　附帶民事訴訟之概念

一、附帶民事訴訟之意義

係因犯罪而受損害之人，爲請求回復之損害，於刑事訴訟程序，附帶提起民事訴訟之謂。

刑事訴訟與民事訴訟，兩者不同，因刑事訴訟之目的，在確定國家刑罰權之存否，而民事訴訟之目的在保護私法上個人之私權，二者目的既不同，其訴訟程序亦異。尤對於同一行爲，同時發生刑事責任與民事責任者，亦即因犯罪行爲，而同時侵害到被害人之私權者，如汽車駕駛人因業務上過失，而致人於死傷者，則可利用刑事訴訟程序，附帶請求私法上之損害賠償，不僅可利用訴訟資料簡化程序，節省勞費，復可避免裁判之相互牴觸，並便利人民，此乃附帶民事訴訟制度設立之緣由。

二、附帶民事訴訟提起之要件

㈠**須因犯罪而受有損害之人，始得提起**：所謂「**因犯罪而受損害者**」，係指因刑事被告之犯罪行爲而受有損害者而言。換言之，即受損害原因之事實，即係被告之犯罪事實。故附帶民事訴訟之是否成立，應注意其所受損害，是否因犯罪行爲所生。至其損害之爲直接間接，在所不問，不能因其非直接被害之人，即認其附帶民事訴訟爲不合法，而不予受理（注意事項 179）。

㈡**須以刑事訴訟程序之存在爲前提**：若刑事訴訟未起訴，或已經終結者，均不得爲之。故如刑事訴訟未經提起公訴或自訴，即不得對於應負賠償責任之人，提起附帶民事訴訟（29 附 64）。

㈢**須對於被告及依民法應負賠償責任之人，始得提起**：所謂「依民法應負賠償責任之人」，指依民法第 187 條、第 188 條，因侵權行爲，應負

損害賠償責任者。

三、附帶民事訴訟之範圍

凡因犯罪而受損害之人，均得對於被告及依民法負賠償責任之人，請求回復其損害。其請求之範圍，依民法之規定（刑訴487II）。其內容為：

㈠**一般侵權行為**：因故意或過失，不法侵害他人之權利者，負損害賠償責任（民184 I）。

㈡**侵害生命權之損害賠償**：

1.不法侵害他人致死者，對於支出醫療及增加生活上需要之費用或殯葬費之人，亦應負損害賠償責任（民192 I）。

2.被害人對於第三人負有法定扶養義務者，加害人對於該第三人亦應負損害賠償責任（民192II）。

㈢**侵害身體健康之財產上損害賠償**：不法侵害他人之身體或健康者，對於被害人因此喪失或減少勞動能力或增加生活上之需要時，應負損害賠償責任（民193）。

㈣**侵害生命權之非財產上損害賠償**：不法侵害他人致死者，被害人之父、母、子、女及配偶，雖非財產上之損害，亦得請求賠償相當之金額（民194）。

㈤**侵害身體健康等非財產法益之損害賠償**：不法侵害他人之身體、健康、名譽、自由、信用、隱私、貞操，或不法侵害其他人格法益而情節重大者，被害人雖非財產上之損害，亦得請求賠償相當之金額。其名譽被侵害者，並得請求回復名譽之適當處分（民195）。

㈥**物之毀損之賠償方法**：不法毀損他人之物者，被害人得請求賠償其物因毀損所減少之價額（民196）。

第二章　附帶民事訴訟之當事人

本法第 487 條所稱之當事人與本法第 3 條所稱之當事人不同，兩者不得相混淆。因此附帶民事訴訟當事人與刑事訴訟之當事人，不盡相同，茲分述之：

一、原告	本條所謂「因犯罪而受有損害」，不問為直接被害或間接被害均得提起。惟其損害之發生，須與加害人之不法行為有因果關係為限。如不法侵害他人致死者，被害人之父、母、子、女及配偶，雖非財產上之損害，亦得請求賠償相當之金額（民 194）。至於國家機關，如因被告犯罪而受有損害，均可由該機關之代表，提起刑事訴訟，附帶提起民事訴訟，並得委任代理人，代為訴訟行為。
二、被告	附民事訴訟之被告，指在民法上，因刑事被告之犯罪行為，而應賠償責任之人。因此除了刑事訴訟之被告外，依民法應負賠償責任之人，均得為附帶民事訴訟之被告。茲分述之： ㈠**刑事訴訟中之被告**：即因犯罪而侵害他人生命、身體、自由、名譽或財產之人，當應負損害賠償責任，此種刑事被告，當包括共同正犯、幫助犯、教唆犯在內。 ㈡**共同侵權行為人**：附帶民事訴訟之被告，不以刑事案件為限，即凡民法應負賠償責任之人，亦包括在內。如： 　1.依 71 台附 5 號判例：「附帶民事訴訟之對象，依刑事訴訟法第四百八十七條第一項之規定，不以刑事案被告為限，即依民法負賠償責任之人，亦包括在內，被上訴人林某雖經移送軍法機關審理，但其為共同侵權行為人，應負連帶賠償責任，上訴人自得對之一併提起附帶民事訴訟，原審以其犯罪未經司法機關審理，不得對之提起附帶民事訴訟為駁回之理由，自有未合。」 　2.依 73 台附 66 號判例：「因犯罪而受損害之人於刑事訴訟程序得附帶提起民事訴訟，對被告及依民法負賠償責任之人請求回復其損害，刑事訴訟法第四百八十七條第一項定有明文。本件上訴人因被上訴人林某及其妻林婦共同詐欺，請求賠償新台幣八十五萬元，林婦刑事責任，已為原審刑事判決所認定，林某既為共同加害人，縱非該案被告，依民法第一百八十五條規定，不得謂非應負賠償責任之人，乃原審僅對林婦部分裁定移送民事庭，而以未

曾受理林某刑事訴訟，認上訴人之起訴不合程序予以駁回，自非適法。」

(三)**依民法應負賠償責任之人**：即依民法規定，對於刑事被告之侵權行為負有賠償責任者，亦得為附帶民事訴訟之被告。茲述之：

　　1.刑事被告為限制行為能力人之侵權行為所生之損害，法定代理人與其負連帶賠償責任（民187）。

　　2.刑事被告為受僱人：其所生之損害，僱用人應負連帶賠償責任（民188）。

第三章 附帶民事訴訟之提起

一、提起之期間

依本法第 488 條規定:「提起附帶民事訴訟,應於刑事訴訟起訴後第二審辯論終結前為之。但在第一審辯論終結後提起上訴前,不得提起。」

附帶民事訴訟,因係附帶於刑事訴訟,故必先有刑事訴訟為前提,否則,不得提起之。茲分析之:

㈠**應於刑事訴訟起訴後第二審辯論終結前為之**:故尚在刑事偵查中,因是否起訴尚未決定,故不得提起。依 70 台附 18 號判例:「提起附帶民事訴訟,應於刑事訴訟起訴後,第二審辯論終結前為之,本件上訴人自訴被上訴人瀆職案件,業經原審法院為第二審判決駁回上訴在案,上訴人遲至原審法院刑事判決後始行提起本件附帶民事訴訟,於法顯屬不合。」

㈡**第三審發回更審中之提起**:本法第 376 條(上訴第三審之限制)所列各罪以外之案件,經第三審發回更審中,於其辯論終結前,亦得提起。

㈢**在第一審辯論終結後提起上訴前,不得提起**:因第一審既已辯論終結,如予提起,亦不能合併審判,又第一審刑事判決,既未提起上訴,第二審刑事訴訟,當然無從開始,也不能附帶合併審判,故在此期間內規定不能提起附帶民事訴訟。

㈣**第三審上訴中不得提起**:依 29 附 72 號判例:「提起附帶民事訴訟,應於刑事訴訟起訴後,第二審辯論終結前為之,刑事訴訟法第四百九十二條(現行法第四百八十八條)已有規定,是第三審上訴程序中,不得提起附帶民事訴訟,極為明瞭。本件原告因自訴被告等搶奪一案,於上訴第三審之刑事訴訟程序中,請求判令被告等返還所搶奪棺木及分關契約等件,提起附帶民事訴訟,此項原告之訴,顯非合法。」

二、提起之程式

依本法第 492 條規定:「提起附帶民事訴訟,應提出訴狀於法院為之。前項訴狀,準用民事訴訟法之規定。」但依第 495 條規定:「原告於

審判期日到庭時，亦得以言詞爲之。」茲分述之：

㈠**原則上應提出書狀**：提起附帶民事訴訟，原則上應以書面爲之。此項訴狀，準用民事訴訟法第 244 條之規定。民事訴訟起訴書狀，應記載下列規定（民訴 244）：

　　1.當事人及法定代理人。

　　2.訴訟標的及其原因事實。

　　3.應受判決事項之聲明。

㈡**例外得以言詞提起**：依本法第 495 條規定：「原告於審判期日到庭時，得以言詞提起附帶民事訴訟。其以言詞起訴者，應陳述訴狀所應表明之事項，記載於筆錄。第四十一條第二項至第四項之規定，於前項筆錄準用之。原告以言詞起訴而他造不在場，或雖在場而請求送達筆錄者，應將筆錄送達於他造。」

㈢**訴狀及準備書狀之送達**：訴狀及各當事人準備訴訟之書狀，應按他造人數提出繕本，由法院送達於他造（刑訴 493）。

第四章　附帶民事訴訟之管轄

附帶民事訴訟制度之設立，蓋爲刑事被害人之便利而設，故其管轄以刑事訴訟爲標準。民事訴訟法上關於普通審判籍及特別審判籍之規定，均不適用於附帶民事訴訟。而刑事訴訟上之土地管轄、事務管轄，均準用於附帶民事訴訟。茲分述之：

一、牽連管轄或管轄競合之裁定

法院就刑事訴訟爲第 6 條第 2 項（繫屬數法院之合併審判）、第 8 條（管轄競合）至第 10 條（指定管轄及移轉管轄）之裁定者，視爲就附帶民事訴訟有同一之裁定（刑訴 489 I）。

二、對管轄錯誤及移送案之諭知

就刑事訴訟諭知管轄錯誤及移送該案件者，應併就附帶民事訴訟爲同一之諭知（刑訴 489 II）。

第五章　附帶民事訴訟之程序

一、原則上準用刑事訴訟之規定

依本法第 490 條規定:「附帶民事訴訟除本編有特別規定外,準用關於刑事訴訟之規定。但經移送或發回、發交於民事庭後,應適用民事訴訟法。」規定中所謂「本編有特別規定」,係指本法第 491 條(適用民訴法之準據)及第 492 條(提起之訴狀)及第 512 條(附帶民訴之再審)。凡此均須準用民事訴訟法之規定而言。除此特別規定之外,附帶民事訴訟之調查、審判、言詞辯論、判決書之製作、提起上訴、捨棄上訴等規定,均準用刑事訴訟之規定。

二、準用民事訴訟法之事項

依本法第 491 條規定:「民事訴訟法關於左列事項之規定,於附帶民事訴訟準用之:

一當事人能力及訴訟能力。

二共同訴訟。

三訴訟參加。

四訴訟代理人及輔佐人。

五訴訟程序之停止。

六當事人本人之到場。

七和解。

八本於捨棄之判決。

九訴及上訴或抗告之撤回。

十假扣押、假處分及假執行。」茲分述之:

㈠當事人能力及訴訟能力:

1.當事人能力:有權利能力者,有當事人能力。胎兒,關於其可享受之利益,有當事人能力。非法人之團體,設有代表人或管理人者,有

當事人能力。中央或地方機關，有當事人能力（民訴40）。

　　2.訴訟能力：能獨立以法律行為負義務者，有訴訟能力（民訴45）。外國人依其本國法律無訴訟能力，而依中華民國法律有訴訟能力者，視為有訴訟能力（民訴46）。

　㈡**共同訴訟**：2 人以上於下列各款情形，得為共同訴訟人，一同起訴或一同被訴（民訴53）：

　　1.為訴訟標的之權利或義務，為其所共同者。

　　2.為訴訟標的之權利或義務，本於同一之事實上及法律上原因者。

　　3.為訴訟標的之權利或義務，係同種類，而本於事實上及法律上同種類之原因者。但以被告之住所在同一法院管轄區域內，或有第 4 條至第 19 條所定之共同管轄法院者為限。

　㈢**訴訟參加**：就兩造之訴訟有法律上利害關係之第三人，為輔助一造起見，於該訴訟繫屬中，得為參加。參加，得與上訴、抗告或其他訴訟行為，合併為之。就兩造之確定判決有法律上利害關係之第三人，於前訴訟程序中已為參加者，亦得輔助一造提起再審之訴（民訴58）。

　㈣**訴訟代理人及輔佐人**：訴訟之代理人及輔佐人應準用民事訴訟法第 68 條至第 77 條之規定。

　㈤**訴訟程序之停止**：準用民事訴訟法第 168 條至第 191 條之規定。

　㈥**當事人本人之到場**：準用民事訴訟法第 203 條，法院因闡明或確定訴訟關係，得為之處置。

　㈦**和解**：準用民事訴訟法第 377 條至第 380 條。

　㈧**本於捨棄之判決**：準用民事訴訟法第 384 條。

　㈨**訴及上訴或抗告之撤回**：訴之撤回準用民事訴訟法第 262、263 條。上訴之撤回準用民事訴訟法第 459 條第 1 項，抗告之撤回準用民事訴訟法第 493 條。

　㈩**假扣押、假處分及假執行**：假扣押準用民事訴訟法第 522 條至第 531 條。假處分準用民事訴訟法第 532 條至第 538 條。假執行準用民事訴訟法第 390 條至第 395 條。

第六章　附帶民事訴訟之審判程序

一、傳喚當事人及關係人

依本法第 494 條規定：「刑事訴訟之審判期日，得傳喚附帶民事訴訟當事人及關係人。」所謂「得傳喚」者，係指有傳喚之必要時，由法院酌定之。因附帶民事訴訟之目的，在利用刑事訴訟之程序，以節省人力及物力，故刑事訴訟審判期日，得傳喚附帶民事訴訟當事人及關係人到場，以便合併審判。

二、審理之時期

依本法第 496 條規定：「附帶民事訴訟之審理，應於審理刑事訴訟後行之。但審判長如認為適當者，亦得同時調查。」原則上，應於審理刑事訴訟後，再審理附帶民事訴訟，因須先有刑事訴訟之成立，附帶民事訴訟才得提起。但如審判長認為適當者，亦得於刑事訴訟中同時調查之。

三、檢察官不參與

依本法第 497 條規定：「檢察官於附帶民事訴訟之審判，毋庸參與。」

四、缺席判決

依本法第 498 條規定：「當事人經合法傳喚，無正當之理由不到庭或到庭不為辯論者，得不待其陳述而為判決；其未受許可而退庭者亦同。」蓋刑事訴訟之裁判，原則上係採言詞辯論主義，依本法第 221 條規定：「判決，除有特別規定外，應經當事人之言詞辯論為之。」又本法第 491 條第 6 款規定：「當事人本人之到場。」因民、刑事訴訟，當事人一造或兩造不到庭者，原則上均不得逕為判決。本條規定，係上述第 221 條及第 491 條第 6 款之特別規定（30 院 2184）。即使兩造不到庭，亦得逕為判決。

五、調查證據之方法

㈠就刑事訴訟所調查之證據，視為就附帶民事訴訟亦經調查（刑訴 499

Ⅰ）：因附帶民事訴訟係附隨於刑事訴訟而生，因此刑事訴訟所調查之證據，亦即爲附帶民事訴訟之證據。

㈡前項之調查，附帶民事訴訟當事人或代理人得陳述意見（刑訴 499Ⅱ）。

六、附帶民事訴訟判決之依據

㈠**事實之認定**：附帶民事訴訟之判決，應以刑事訴訟判決所認定之事實爲據。但本於捨棄而判決者，不在此限（刑訴 500）。所謂「捨棄」，係指原告捨棄其訴訟標的之請求，此時法院應本於其捨棄，爲該當事人敗訴之判決（民訴 384）。因附帶民事訴訟，係附隨於刑事訴訟者，其民事責任，自應以刑事犯罪爲先決條件，故其所認定之事實，自應與刑事訴訟判決所認定之事實爲依據。

㈡**判決期間**：附帶民事訴訟，應與刑事訴訟同時判決（刑訴 501）。蓋所以節省勞費，使裁判獲得一致。但此乃訓示規定，縱有違背，亦不影響於判決之效力。依 26 鄂附 2 號判例：「原第二審對於附帶民事訴訟既漏未判決，上訴人自可向其請求依法裁判，雖刑事訴訟法第五百零五條（現行法第五百零一條）規定，附帶民事訴訟應與刑事訴訟同時判決，或於刑事訴訟判決後五日內判決之，然此不過一種訓示規定，非謂附帶民事訴訟於刑事訴訟判決逾五日後，其訴訟繫屬即歸消滅，換言之，即不能謂原審對於附帶民事訴訟已不得再行裁判。」

第七章　附帶民事訴訟之裁判

一、駁回原告之訴及判決被告敗訴

依本法第 502 條規定：「法院認爲原告之訴不合法或無理由者，應以判決駁回之。認爲原告之訴有理由者，應依其關於請求之聲明，爲被告敗訴之判決。」茲分述之：

㈠**原告之訴不合法者**：所謂「不合法」，係指不具備訴訟要件而言。如不具備下列要件之一者，即爲不合法，法院應以判決駁回原告之訴。茲將附帶民事訴訟應具備之要件，列述如下：

1.法院須有管轄權：法院對於附帶民事訴訟案件須有管轄權。

2.當事人能力：當事人須有當事人能力及訴訟能力。

3.起訴須合於法定程式：即應依第 492 條提出訴狀，第 493 條提出訴狀及繕本於法院，或依第 495 條於審判期日以言詞提起。

4.提起之時限：附帶民事訴訟之提起，須在刑事訴訟起訴後，第二審辯論終結前爲之。

5.起訴人：原告須爲因犯罪而受損害之人，被告須爲刑事訴訟之被告，及依民法負有賠償責任之人。

6.須不違背一事不再理原則：依 32 附 495 號判例：「**一事不再理，爲訴訟法上之大原則，故就確定終局判決中已經裁判之法律關係，提起附帶民事訴訟，其當事人兩造如係確定判決之既判力所及之人，法院應以其訴爲不合法而駁回之。**」

7.須不欠缺訴訟要件：須符合民事訴訟法第 249 條第 1 項各款情形之一。

㈡**原告之訴無理由者**：法院認爲原告之訴無理由者，應以判決駁回之（刑訴 502）。所謂「無理由者」，即依民事實體法之規定，原告之請求損害賠償與被告之行爲，並無權利義務之因果關係，法院於此情形，應認爲原告之訴爲無理由，以判決駁回原告之訴。

㈢**程序上為駁回原告之訴**：刑事訴訟諭知無罪、免訴或不受理之判決者，應以判決駁回原告之訴（刑訴 503 I 前段）。原告對於此項未經實體上審理之案件，得另行提起民事訴訟（院 1601）。但經原告聲請時，應將附帶民事訴訟移送管轄法院之民事庭（刑訴 503 I 但）。此項移送案件，應繳納訴訟費用（刑訴 503III）。

㈣**裁定駁回原告之訴**：如刑事訴訟係自訴案件，該自訴案件經裁定駁回自訴者，應以裁定駁回原告之訴，並準用第 503 條第 1 項至第 3 項之規定（刑訴 503IV）。因依本法第 326 條之規定，法院或受命法官，於第一次審判期日前，訊問自訴人、被告及調查證據結果，如認為案件有第 252 條絕對不起訴處分，及第 253 條相對不起訴處分，第 254 條相對不起訴處分者，得以裁定駁回自訴。此項駁回自訴與公訴案件諭知無罪、免訴、不受理之判決相同。故此項駁回，與本法第 503 條第 1 項以判決駁回原告之訴之性質及效果相同。

二、判決被告之敗訴

法院認為原告之訴有理由者，應依其關於請求之聲明，為被告敗訴之判決（刑訴 502II）。所謂「應依原告關於請求之聲明者」，即法院不得就原告未聲明之事項，而為判決。

三、移送法院民事庭

㈠**經原告之聲請而移送**：復有下列兩種情形：

1.刑事訴訟諭知無罪、免訴或不受理之判決，經原告聲請時，應將附帶民事訴訟移送管轄法院之民事庭（刑訴 503 I 但）。惟本項移送案件原告，應繳納訴訟費用（刑訴 503III）。

2.刑事訴訟係自訴案件，經裁定駁回自訴者，法院經原告之聲請，應將附帶民事訴訟，移送管轄法院之民事庭審理之（刑訴 503IV）。

㈡**法院依職權裁定移送**：有兩種情形：

1.法院認附帶民事訴訟確係繁雜，非經長久時日不能終結其審判者，得以合議裁定移送該法院之民事庭；其因不足法定人數不能合議者，由院長裁定之。前項移送案件，免納裁判費。對於第 1 項裁定，不得抗

告（刑訴 504）。依 76 台上 781 號判例：「刑事法院依刑事訴訟法第五百零四條第一項以裁定將附帶民事訴訟移送同院民事庭，依同條第二項規定，固應免納裁判費。然所應免納裁判費之範圍，以移送前之附帶民事訴訟為限，一經移送同院民事庭，即應適用民事訴訟法之規定。如原告於移送民事庭後，為訴之變更、追加或擴張應受判決事項之聲明，超過移送前所請求之範圍者，就超過移送前所請求之範圍部分，仍有繳納裁判費之義務。」

2.法院如僅應就附帶民事訴訟為審判者，應以裁定將該案件移送該法院之民事庭。但附帶民事訴訟之上訴不合法者，不在此限。對於前項裁定，不得抗告（刑訴 511）。依 28 移 3 號判例：「上訴人等因被上訴人等行竊案，提起附帶民事訴訟，其刑事部分經原審法院判決後，未據上訴，茲上訴人雖對於原審附帶民事訴訟判決合法上訴，但第三審法院既應僅就附帶民事訴訟為審判，自應移送本院民事庭。」

3.簡易程序案件之準用：適用簡易訴訟程序案件之附帶民事訴訟，準用第 501 條或 504 條之規定（即應與刑事訴訟同時判決，或以合議裁定移送民事庭）。此項移送案件，免納裁判費用。對於第 1 項裁定，不得抗告（刑訴 505）。

第八章　附帶民事訴訟之上訴

一、第二審上訴

㈠**上訴之期間及其提起**：附帶民事訴訟之上訴，除本編有特別規定外，準用刑事訴訟之規定（刑訴 490 前段）。即其上訴期間應準用刑事訴訟法第 349 條規定，自送達判決後翌日起，10 日內為之。關於其提起第二審上訴之規定，可分獨立上訴與附於刑事訴訟所提起之上訴兩種，茲說明之：

　　1.獨立上訴：附帶民事訴訟之當事人，如對於刑事訴訟諭知有罪判決，而原告對於第一審所為附帶民事訴訟之判決不服者，除得與刑事訴訟一併上訴外，並得單獨就民事訴訟部分，提起上訴。

　　2.附於刑事訴訟所提起之上訴：如刑事訴訟諭知無罪、免訴或不受理之判決，而以判決駁回原告之訴者，則非對於刑事訴訟之判決有上訴時，不得獨立上訴（刑訴503Ⅱ）。依 48 台附 14 號判例：「刑事判決諭知被告無罪後，未經有上訴權之檢察官提起上訴者，即不得就附帶民事訴訟之判決而為上訴，上訴人竟復單獨對之提起上訴，顯非合法。」

㈡**上訴之裁判**：

　　1.判決：尚有二種情形：

　　　⑴駁回上訴：法院認為上訴為不合法或無理由者，應以判決駁回原告之訴。此所謂「不合法」，並包括本法第 503 條第 2 項之「不得上訴」，及刑事訴訟上訴不合法之情形在內。

　　　⑵撤銷原判決：又可分為兩種：

　　　　①駁回原告之訴：此係附帶民事訴訟之被告，不服第一審之判決，而提起上訴者。

　　　　②被告敗訴之判決：如由附帶民事訴訟之原告，提起之上訴，而判被告敗訴之判決。亦可因附帶民事訴訟之原告、被告分別提起上訴，而為一部駁回，一部敗訴之判決。

㈢**移送法院民事庭**：依本法第 511 條：「法院如僅應就附帶民事訴訟為

審判者，應以裁定將該案件移送該法院之民事庭。但附帶民事訴訟之上訴不合法者，不在此限。對於前項裁定，不得抗告。」

二、第三審上訴

(一)**上訴第三審之限制**：對於附帶民事訴訟第三審上訴，亦與第二審同，可分為獨立上訴與附於刑事訴訟所提起之上訴等兩種。但依本法之規定，有下列限制：

1.刑事訴訟經法院諭知無罪、免訴或不受理之判決，並就附帶民事訴訟判決，駁回原告之訴者，非對於刑事訴訟之判決有上訴時，不得上訴（刑訴503 II）。

2.刑事訴訟之第二審判決不得上訴於第三審法院者，對於其附帶民事訴訟之第二審判決，得上訴於第三審法院。但應受民事訴訟法第 466 條之限制。此項上訴，由民事庭審理之（刑訴 506）。並以第二審係實體上之判決者為限。依 81 台附 55 號判例：「刑事訴訟法第五百零六條第一項所指得上訴第三審法院之附帶民事訴訟第二審判決，除應受民事訴訟法第四百六十六條之限制外，並以第二審係實體上之判決者為限，程序判決不在上開得上訴之範圍。此由同條第二項規定「前項上訴，由民事庭審理之」，可以推知。因此項程序判決如許上訴，本院亦無從為實體上之審判，祇能審查此項程序判決之當否，駁回上訴或發回更審。即不能認為確係繁雜，須經長久時日始能終結其審判。而依上開規定，係逕由民事庭審理，又必須繳交第三審裁判費，徒增當事人困惑，且顯然毫無實益，自屬超出立法本旨之外。又按刑事訴訟法第五百十一條第一項所謂審判，專指實體上之審判而言，依該條項規定，須為實體上審判之合法上訴，尚須經由裁定移送程序，始由民事庭審理之。兩相對照，刑事訴訟法第五百零六條第一項所指第二審判決不包括程序判決在內，益可瞭然。」

(二)**上訴之程式**：附帶民事訴訟第三審上訴之程式，準用刑事訴訟之規定，應以上訴書狀提出於原審法院為之。至於上訴之理由，分述如下：

1.專就民事上訴者，應敘述理由：本法第 507 條雖有對於附帶民事訴訟之上訴得不敘述理由之規定，但係指刑事訴訟之上訴已經敘述理由

足資引用者而言，如係獨立就附帶民事訴訟提起上訴者，自應依限提出理由書，否則即應駁回其上訴（31 附 564）。

2.與刑事同一上訴者，得不敘述理由：刑事訴訟之第二審判決，經上訴於第三審法院，對於其附帶民事訴訟之判決所提起之上訴，已有刑事上訴書狀之理由可資引用者，得不敘述上訴之理由（刑訴 507）。依 29 附 408 號判例：「刑事訴訟之第二審判決經上訴於第三審法院者，對於其附帶民事訴訟判決所提起之上訴，得不敘述理由，係因當事人之一造提起刑事上訴，已敘述上訴理由，其附帶民事訴訟之上訴可資引用時所設之規定，若當事人之一造提起刑事上訴敘有上訴理由，而與他造當事人之利害既屬相反，終非他造當事人之附帶民事上訴可爲援用，該他造當事人之上訴，即仍應以書狀敘述上訴理由，方爲合法。」

三、上訴之裁判

第三審法院對於附帶民事訴訟所爲之裁判，列述如下：

㈠駁回上訴：第三審法院認爲刑事訴訟之上訴無理由而駁回者，應分別情形，就附帶民事訴訟之上訴，爲下列之判決（刑訴 508 I）：

1.駁回上訴：附帶民事訴訟之原審判決無可爲上訴理由之違背法令者，應駁回其上訴。

2.撤銷原判決自爲判決：附帶民事訴訟之原審判決有可爲上訴理由之違背法令者，應將其判決撤銷，就該案件自爲判決（刑訴 508 I ②前段）。

3.撤銷原判決發回原審法院之民事庭：但有審理事實之必要時，應將該案件發回原審法院之民事庭，或發交與原審法院同級之他法院民事庭（刑訴 508 I ②但）。

依 32 附 464 號判例：「民法第一百九十二條第二項所定，加害人對於被害人生前負法定扶養義務之第三人所應賠償之損害，依同法第二百十六條之規定，自應按被害人之扶養能力，及與應受扶養之第三人之關係，於可以推知該被害人之生存期內，所應給付之扶養額，爲計算賠償額之標準，原審判決並未依法算定賠償額，對於被告不應賠償之主張，亦毫未有所論斷，憑空酌定賠償額爲八千元，顯有可爲上訴理由之違背法令。」

4.撤銷原判決，發交與原審法院同級之他法院民事庭：如前述發回原審法院民事庭審判，認為有不適合或不便之情形者，得由第三審法院斟酌，發交與原審法院同級之他法院民事庭審判之（刑訴509Ⅰ①但）。

㈡**自為判決**：第三審法院認為刑事訴訟之上訴有理由，將原審判決撤銷而就該案件自為判決者，應分別情形，就附帶民事訴訟之上訴為下列之判決（刑訴509Ⅰ）：

1.撤銷原判決自為判決：刑事訴訟判決之變更，其影響及於附帶民事訴訟，或附帶民事訴訟之原審判決有可為上訴理由之違背法令者，應將原審判決撤銷，就該案件自為判決（刑訴509Ⅰ①前段）。

2.撤銷原判決，發回原審法院之民事庭：但有審理事實之必要時，應將該案件發回原審法院之民事庭（刑訴509Ⅰ①但前段）。

3.撤銷原判決，發交與原審法院同級之法院民事庭：發交與原審法院同級之他法院民事庭（刑訴509Ⅰ①但後段）。

4.駁回上訴：刑事訴訟判決之變更，於附帶民事訴訟無影響，且附帶民事訴訟之原審判決無可為上訴理由之違背法令者，應將上訴駁回（刑訴509Ⅰ②）。依29附468號判例：「上訴人所提起之附帶民事訴訟，第一審因諭知被上訴人無罪，依刑事訴訟法第五百零七條第一項前段（現行法第五百零三條）予以駁回，經原審認為無誤，仍予維持，雖本院上訴人自訴被上訴人恐嚇等罪，應屬軍法裁判，撤銷兩審判決，將其自訴諭知不受理，但刑事訴訟諭知不受理之判決者，應駁回原告之訴，亦為刑事訴訟法第五百零七條前段（現行法第五百零三條）所明定，原審維持第一審判決，駁回上訴人之訴，既係援用該條項之規定，縱其敘述理由容有未當，而判決結果究無違法之可言，因而刑事訴訟之變更，即不能謂於附帶民事訴訟有何影響，仍應將上訴人之上訴予以駁回。」

四、移送該管法院民事庭

依本法第511條規定：「法院如僅應就附帶民事訴訟為審判者，應以裁定將該案件移送該法院之民事庭。但附帶民事訴訟之上訴不合法者，不在此限。對於前項裁定，不得抗告。」其說明與第二審上訴相同，茲不贅述。

第九章　附帶民事訴訟之再審

　　依本法第 512 條規定：「對於附帶民事訴訟之判決聲請再審者，應依民事訴訟法向原判決法院之民事庭提起再審之訴。」

　　依 72 台上 533 號判例：「當事人對民事確定判決，提起再審之訴，應於三十日之不變期間內為之。又該期間自判決確定時起算，為民事訴訟法第五百條第一項、第二項所明定。其對於附帶民事訴訟確定判決，依刑事訴訟法第五百十二條規定向民事法院提起再審之訴者，自亦相同。」

附錄一：100、101 年高普特考測驗題出現率

本書蒐集 100、101 年高普特考測驗題，共 144 題，分析在各編章中命題之出現情形，讀者可依命題之出現率，作重點準備。其情形如下表：

編 章 名		100	101		編 章 名	100	101
	緒論				第五編　再審	1	
	概說				第六編　非常上訴		
	刑事訴訟法之效力			一	非常上訴概說	1	
	第一編　總則			二	非常上訴之提起	2	1
一	法例			三	非常上訴之審判		
二	法院之管轄	5	4	四	非常上訴之效力		
三	法院職員之迴避	3	1		第七編　簡易程序		
四	辯護人、輔佐人及代理人	5	1	一	簡易程序概說	1	1
五	文書			二	檢察官之求刑與法院之量刑		1
六	送達	2	3	三	簡易裁判之救濟		
七	期日及期間	2			第七編之一　協商程序	2	
八	被告之傳喚及拘提	6	3		第八編　執行		
九	被告之訊問	1	5	一	執行之概念	1	
十	被告之羈押	7	1	二	裁判執行之機關		
十一	搜索及扣押	4	3	三	指揮執行與執行之順序		
十二	證據	17	6	四	各種裁判之執行	1	
十三	裁判	1	1		第九編　附帶民事訴訟		
	第二編　第一審			一	附帶民事訴訟之概念		
一	公訴	21	12	二	附帶民事訴訟之當事人		
二	自訴	7	1	三	附帶民事訴訟之提起		
	第三編　上訴			四	附帶民事訴訟之管轄		
一	通則	4	1	五	附帶民事訴訟之程序		
二	第二審			六	附帶民事訴訟之審判程序		
三	第三審	2		七	附帶民事訴訟之裁判		
	第四編　抗告			八	附帶民事訴訟之上訴		
一	抗告	2	1	九	附帶民事訴訟之再審		
二	再抗告						
三	準抗告				總　　計	98	46

總計：100 年(98 題)、101 年(46 題)，共 144 題

附錄二：100 年高普特考測驗題

公務人員特種考試身心障礙人員考試（五等錄事、庭務員）　簡稱（100 身障五）

公務人員特種考試司法人員考試（五等考試）　簡稱（100 特司五）

專門職業及技術人員高等考試律師、會計師、社會工作師、　簡稱（100 專高律）
　不動產估價師、專利師考試（律師第一試）

公務人員特種考試原住民族考試（五等考試）　簡稱（100 特原五）

第一編　總則

第二章　法院之管轄

D 1.住所地在高雄之被告某甲，先在臺南某乙之住所地偷了一部自小客車後，行駛於嘉義縣省道時因超速而不小心撞傷了被害人丙（住所地在雲林），就某甲所涉上開相牽連案件，下列何法院沒有管轄權？（100 身障五）
　A 高雄地方法院　B 臺南地方法院　C 嘉義地方法院　D 雲林地方法院

D 2.有關法院管轄之敘述，下列何者錯誤？（100 特司五）
　A 數同級法院管轄之案件相牽連者，得合併由其中一法院管轄
　B 同一案件繫屬於有管轄權之數法院者，由繫屬在先之法院審判之。但經共同之直接上級法院裁定，亦得由繫屬在後之法院審判
　C 法院因發見真實之必要或遇有急迫情形時，得於管轄區域外行其職務
　D 訴訟程序因法院無管轄權而失效力

B 3.依刑事訴訟法規定，下列何者不屬於相牽連案件？（100 特司五）
　A 數人共犯一罪
　B 犯與本罪有關係之誣告罪
　C 數人同時在同一處所各別犯罪者
　D 數人共犯數罪

A 4.甲向高雄地方法院自訴乙、丙、丁共同背信，乙、丙分別設籍於臺南市、屏東縣，惟丁居住在高雄地方法院管轄境內。則：（100 專高律）
　A 高雄地方法院得合併管轄
　B 高雄地方法院對乙、丙應諭知管轄錯誤判決
　C 高雄地方法院對乙、丙應諭知不受理判決
　D 高雄地方法院須向高雄高等法院聲請裁定移轉管轄，始對乙、丙取得管轄權

D 5.以下有關移轉管轄聲請程序的敘述，何者錯誤？（100 特原五）
　A 可由被告提出聲請　　　　B 可由檢察官提出聲請
　C 應向原案件繫屬法院提出聲請　D 應向原繫屬法院之上級法院提出聲請

第三章　法院職員之迴避

C 1. 下列何種情形，法官於該管案件，無庸自行迴避？（100 身障五）

A 法官曾爲被害人之配偶　　B 法官曾爲告發人
C 法官曾爲告訴人之代理人　D 法官曾爲附帶民事訴訟當事人之代理人

C 2. 下列關於法官迴避的敘述何者正確？（100 特原五）

A 法官迴避之聲請，由該法官所屬之法院以法官會議定之
B 法官若與被告律師曾爲夫妻，法官依法必須自行迴避
C 法官若曾爲本案之偵查檢察官，法官必須自行迴避
D 法官若曾參與本案之羈押的裁定，應自行迴避

A 3. 依刑事訴訟法第 25 條規定，下述法院職員，在可否準用法官迴避規定的問題，那一個組合正確？①司法事務官②法院書記官③法院通譯④法院執達員（100 特原五）

A ②③　B ②④　C ①②　D ③④

第四章　辯護人、輔佐人及代理人

B 1. 下列何者非屬強制辯護之案件？（100 身障五）

A 內亂罪案件　　B 普通詐欺罪案件
C 妨害國交罪案件　D 被告因智能障礙無法爲完全陳述之案件

C 2. 被害人在偵查中受訊問時，下列何人不得陪同在場？（100 身障五）

A 醫師
B 被害人之法定代理人、配偶、直系或三親等內旁系血親、家長、家屬
C 輔佐人
D 社工人員

B 3. 犯罪嫌疑人甲在被逮捕，並接受警詢後，被移送至地檢署接受檢察官複訊。甲向檢察官表示欲與其委任之辯護人談話，檢察官以有事證足認有湮滅、僞造及變造證據爲由，禁止其與辯護人接見。關於檢察官之禁止處分，下列敘述，何者正確？（100 專高律）

A 關於被拘提或逮捕人與辯護人接見的禁止或限制，依現行刑事訴訟法，並未設有任何救濟程序，是故，即便甲不服檢察官之禁止處分，亦無任何聲明不服的方法。此爲亟需修法因應之規範漏洞
B 依現行刑事訴訟法，檢察官僅得爲暫緩接見之處分，不得禁止。是故，甲若不服檢察官之處分，得向法院提起準抗告，請求法院撤銷或變更之
C 依現行刑事訴訟法，檢察官僅得以勾串共犯或證人爲由禁止被告與辯護人接見。是故，檢察官之禁止處分不合法，甲若不服，得向法院提起準抗告，請求法院撤銷或變更之
D 依現行刑事訴訟法，拘提或逮捕後犯罪嫌疑人與辯護人的接見限制，僅得由法院爲之。是故，檢察官之禁止處分違法，甲得向法院提起準抗告，以爲救濟

C 4.有關委任代理人到場，下列敘述，何者錯誤？（100 特原五）

A 涉嫌專科罰金可罰行為案件之被告，偵查中得委任代理人

B 涉嫌專科罰金可罰行為案件之被告，審判中得委任代理人

C 涉嫌專科罰金可罰行為案件之被告，偵查中應委任律師擔任其代理人

D 在司法警察依法主導的調查程序，被告均不得委任代理人

D 5.下列那些案件不是法律所規定之強制辯護的案件？（100 特原五）

A 最輕本刑為 3 年以上有期徒刑

B 高等法院管轄第一審案件

C 被告因智能障礙無法為完全陳述的案件

D 被告表示所願受科之刑逾有期徒刑 4 個月的協商案件

第六章　送達

C 1.刑事訴訟，對於羈押之被告應如何為文書之送達？（100 身障五）

A 應將文書以掛號郵寄送達被告本人

B 向該看守所長官送達

C 囑託該看守所長官送達被告本人

D 交由司法警察直接送達被告本人

A 2.有關送達之敘述，下列何者錯誤？（100 特司五）

A 送達於在監獄或看守所之人，不應囑託該監所長官為之

B 對於檢察官之送達，應向承辦檢察官為之；承辦檢察官不在辦公處所時，向首席檢察官（即檢察長）為之

C 送達文書由司法警察或郵政機關行之

D 送達向送達代收人為之者，視為送達於本人

第七章　期日及期間

D 1.被告非因過失，遲誤上訴、抗告或聲請再審之期間，於其原因消滅後幾日內，得聲請回復原狀？（100 特司五）

A20 日　B10 日　C7 日　D5 日

D 2.根據中央氣象局資料，某天日落時間是下午 17：30，隔天日出時間是上午 6：30。在檢察官指揮下，司法警察對被告住宅進行搜索，下列情形，何者得扣押之？① 17：00 開始搜索，當天 17：25 發現應扣押物② 17：50 開始搜索，到隔天上午 7：00 發現應扣押物③ 17：00 開始搜索，到隔天上午 6：00 發現應扣押物④ 19：00 開始搜索，到隔天上午 5：00 發現應扣押物（100 專高律）

A①②　B②③　C③④　D①③

第八章　被告之傳喚及拘提

D 1.依刑事訴訟法規定，司法警察官或司法警察詢問犯罪嫌疑人，不得於夜
間行之。但下列何種情形，不在此限？（100 身障五）
　　A 受詢問人未為反對之表示
　　B 受詢問人所犯為最輕本刑 3 年以上有期徒刑之罪
　　C 經分局長許可
　　D 於夜間經拘提或逮捕到場而查驗其人有無錯誤所進行之詢問

B 2.司法警察逮捕現行犯後，下列何種情形，得經檢察官許可不予解送？（100
身障五）
　　A 所犯為告訴乃論之罪
　　B 侵占遺失物之罪
　　C 所犯最輕本刑為 1 年以下有期徒刑之罪
　　D 所犯最輕本刑為 6 月以下有期徒刑之罪

C 3.有關通緝之敘述，下列何者錯誤？（100 特司五）
　　A 被告逃亡者，得通緝之
　　B 通緝書，於審判中由法院院長簽名
　　C 通緝書，於偵查中由檢察官簽名
　　D 被告藏匿者，得通緝之

D 4.乙某日竊取丙的金錶，甲知道該金錶是竊取來的，甲仍寄藏了該金錶，
被檢察官以寄藏贓物罪提起公訴，試問，在第一審審理期間，法院在何
種情形下應停止審判？（100 專高律）
　　A 甲犯有殺人重罪，已經檢察官起訴
　　B 甲與乙是否為直系血親，還在民事庭審理中
　　C 乙的竊盜罪尚未被起訴，該金錶是否為贓物根本還未確定
　　D 甲患有疾病不能到庭

B 5.關於訊問被告的敘述，以下何者正確？（100 特原五）
　　A 訊問被告應全程一律錄影
　　B 檢察官得於夜間訊問被告
　　C 司法警察得於夜間詢問犯罪嫌疑人
　　D 司法警察不得於夜間對犯罪嫌疑人進行人別訊問

C 6.以下關於強制處分的敘述，何者錯誤？（100 特原五）
　　A 被告逃亡者，得通緝之
　　B 被告犯罪嫌疑重大，且有事實足認有勾串共犯或證人之虞者，得逕行拘提之
　　C 司法警察合法通知被告，若被告無正當理由不到場者，得逕行拘提之
　　D 被告犯罪嫌疑重大，且所犯為死刑、無期徒刑或最輕本刑為 5 年以上有期徒刑
　　　之罪者，得逕行拘提之

第九章　被告之訊問

B 1.現行犯甲經司法警察逮捕後同意夜間詢問案情，詢問中甲表示身體疲憊
　　精神不濟，拒絕再接受詢問。若警方於日出後再繼續為案情詢問，則依
　　實務見解本件障礙時間應如何計算？（100 專高律）
　　A 以甲被逮捕當日日落後計算至翌日日出
　　B 以甲表示身體不適，拒絕受詢時起算，計至翌日日出
　　C 以甲表示身體不適，拒絕受詢時起算，計至警方於翌日開始詢問時
　　D 以甲表示身體不適，拒絕受詢時起算，計至其休憩完畢，適宜受詢問時

第十章　被告之羈押

C 1.羈押之被告有下列何種情形，如經具保聲請停止羈押，不得駁回？（100
　　身障五）
　　A 懷胎 2 月　　　　　　　　　B 生產後 5 月
　　C 所犯最重本刑為拘役之罪　D 依刑事訴訟法第 101 條之 1 第 1 項羈押者
C 2.下列關於羈押被告期間之敘述，何者正確？（100 身障五）
　　A 偵查中羈押期間不得逾 5 月
　　B 偵查中得經法院裁定許可延長羈押二次
　　C 審判中延長羈押之期間每次不得逾 2 月
　　D 審判中延長羈押無次數之限制
C 3.法院經訊問被告後，認為其犯罪嫌疑重大，有事實足認其有反覆實施同
　　一犯罪之虞，可以為預防性羈押。下列何罪不屬之？（100 身障五）
　　A 刑法第 304 條強制罪　B 刑法第 320 條竊盜罪
　　C 刑法第 335 條侵占罪　D 刑法第 346 條之恐嚇取財罪
D 4.下列何者非屬受命法官行準備程序之權限？（100 特司五）
　　A 訊問被告、代理人、辯護人對於起訴事實是否為認罪之答辯
　　B 處理案件及證據之重要爭點
　　C 曉諭被告為證據調查之聲請
　　D 裁定撤銷羈押，命具保、責付、限制住居
D 5.甲因涉嫌違反洗錢防制法。於偵查中，檢察官認為其犯罪嫌疑重大，有
　　逃亡之虞，且有羈押之必要，故向法院聲請羈押。法院於訊問後，裁定
　　羈押。羈押期間經過 1 個月後，甲之配偶以已無羈押之必要為由，向法
　　院聲請具保停止羈押獲准。法院同時命甲必須定期向檢察官報到。甲經
　　檢察官傳喚後，皆按時到場，但未定期向檢察官報到。下列敘述，何者
　　正確？（100 專高律）
　　A 法院裁定之停止羈押不合法，因僅有甲及甲之辯護人得為甲聲請法院具保停止
　　　羈押

B 甲經傳喚後，皆按時到場，進行偵查程序，並無逃亡之虞，沒有難以進行偵查追訴之疑慮，故法院不得僅依甲未定期向檢察官報到為由，裁定再執行羈押

C 因甲未遵守法院所命應遵守之事項，法院得依職權或依檢察官之聲請，裁定再執行羈押

D 法院僅得依檢察官之聲請，裁定再執行羈押。再者，再執行羈押之期間與停止羈押前已經過之期間，應合併計算

C 6. 甲因涉嫌多起強盜案件。於偵查中，檢察官認為其犯罪嫌疑重大，有逃亡滅證之虞，且有羈押之必要，故向法院聲請羈押。法院於訊問後，裁定羈押。於羈押期間，檢察官認為羈押原因已經消滅，故向法院聲請撤銷羈押。下列敘述，何者正確？（100 專高律）

A 檢察官之聲請不合法，因為羈押與否係由法院審酌有無保全被告之必要而定，當事人並無聲請撤銷或變更之權限

B 檢察官之聲請不合法，因為於裁定羈押後，只有被告、辯護人及得為被告輔佐之人得聲請法院撤銷羈押

C 檢察官之聲請合法，且由檢察官聲請撤銷羈押時，法院必須撤銷羈押，不得駁回。檢察官尚得於聲請時先行釋放甲

D 檢察官之聲請合法，但法院仍得審酌有無繼續羈押甲之必要，以確保日後之訴追及審判程序得以順利進行

B 7. 下列何者不是刑事訴訟法第 100 條之 3 之夜間詢問之例外？（100 特原五）

A 有急迫之情形者

B 有即時羈押之必要者

C 經檢察官或法官許可者

D 於夜間經拘提或逮捕到場而查驗其人有無錯誤者

第十一章　搜索及扣押

C 1. 檢察官依據刑事訴訟法第 131 條所為之逕行搜索，應於實施後幾日內陳報該管法院？（100 身障五）

A 24 小時　B 2 日　C 3 日　D 5 日

A 2. 下列敘述何者錯誤？（100 特司五）

A 司法警察官如係因受搜索人出於自願性同意搜索者，亦不得為無搜索票而實施搜索

B 檢察官對追訴權時效完成之案件，應為不起訴處分

C 法官對追訴權時效完成之案件，應為免訴之判決

D 檢察官於第一審辯論終結前，得就與本案相牽連之犯罪或本罪之誣告罪，追加起訴

C 3. 在有相當理由可信情況急迫，若不逕行搜索，證據有湮滅之虞的前提下，檢察官指揮警察搜索某候選人樁腳甲之住所，並扣押預備進行買票之用

的賄款及名冊等證據。關於檢察官之搜索，下列敘述，何者正確？（100 專高律）

A 檢察官之搜索不合法，因搜索已採令狀原則，而檢察官不屬中立客觀之司法官員，有恣意侵害人民基本權利之虞，故無依職權發動搜索之權限

B 檢察官於發動搜索後 3 日內，必須立即陳報法院，由其審查搜索之合法性，但是甲不得就檢察官之搜索聲明不服

C 除了檢察官應於搜索後 3 日內陳報法院外，甲亦得就檢察官之搜索，向法院聲請撤銷或變更

D 於本案之情形中，除了得由檢察官逕行搜索外，亦得由司法警察官逕行發動無令狀之搜索，惟仍應於搜索後 3 日內陳報檢察官及法院

A 4. 審判中，應由誰指揮押票的執行？（100 特原五）

A 審判長　B 檢察官　C 書記官　D 法警

第十二章　證據

D 1. 下列關於證據之敘述，何者錯誤？（100 身障五）

A 公眾周知之事實，無庸舉證

B 事實於法院已顯著，或為其職務上所已知者，無庸舉證

C 被告以外之人於審判外之言詞或書面陳述，除法律有規定者外，不得作為證據

D 違反夜間訊問禁止之規定，所取得犯罪嫌疑人不利之陳述，一律不得作為證據

C 2. 調查證據完畢後，依刑事訴訟法規定，應命依下列何種次序就事實及法律進行辯論？（100 身障五）

A 辯護人、檢察官、被告　B 檢察官、辯護人、被告

C 檢察官、被告、辯護人　D 被告、檢察官、辯護人

A 3. 有關傳聞法則之規定，依刑事訴訟法第 159 條規定，下列訴訟程序何者不適用？（100 身障五）

A 簡式審判程序　B 準備程序　C 言詞辯論程序　D 交付審判程序

D 4. 依刑事訴訟法規定，下列有關交互詰問的敘述，何者是錯誤的？（100 身障五）

A 行主詰問時，原則上不得誘導詰問

B 對假設性事項，不得詰問

C 證人對詰問者顯示反感時，得為誘導詰問

D 行反詰問時，不得誘導詰問

A 5. 下列敘述，何者錯誤？（100 特司五）

A 公眾周知之事實，仍應舉證

B 被告未經自白，又無證據，不得僅因其拒絕陳述或保持緘默，而推斷其罪行

C 無證據能力、未經合法調查之證據，不得作為判斷之依據

D 證人、鑑定人依法應具結而未具結者，其證言或鑑定意見，不得作為證據

C 6. 證人應命具結，但年齡未滿幾歲之人，不得令其具結？（100 特司五）

　　A12 歲　B14 歲　C16 歲　D18 歲

D 7. 下列敘述，何者錯誤？（100 特司五）

　　A 證人經合法傳喚，無正當理由而不到場者，得科以新臺幣三萬元以下之罰鍰，並得拘提之；再傳不到者，亦同

　　B 以公務員或曾為公務員之人為證人，而就其職務上應守秘密之事項訊問者，應得該管監督機關或公務員之允許

　　C 檢察官或法官訊問證人，在證人具結前，應告以具結之義務及偽證之處罰

　　D 鑑定人，經合法傳喚，無正當理由而不到場者，得拘提

D 8. 下列何人無調查證據聲請權？（100 特司五）

　　A 當事人　B 輔佐人　C 辯護人　D 告訴人

C 9. 某縣警察局員警甲、乙、丙合法搜索犯罪嫌疑人張三涉嫌販賣安非他命之案件，於未查獲任何可得扣押之物後，提出檢察官簽發之身體檢查許可書，要求向張三採尿，該尿液後經鑑定有陽性反應。有關該採樣之檢查身體處分，下列敘述，何者錯誤？（100 專高律）

　　A 採樣之檢查身體處分，乃為便利執行鑑定，以判別、推論犯罪相關事實，而對人之身體進行觀察、採集或檢驗之取證行為，乃強制處分之一種

　　B 偵查中之檢察官、審判中之審判長或受命法官，有許可採樣之權

　　C 檢察官無權許可鑑定人進行採樣處分

　　D 採樣處分包括採取指紋、腳印、尿液、血液

C 10. 下列何者不得直接詰問證人？（100 特司五）

　　A 當事人　B 辯護人　C 輔佐人　D 代理人

D 11. 證人甲於警察調查時陳述：「乙和丙發生口角後，一怒之下推丙下樓」，但於乙被訴殺人案件審判中，甲卻又在法庭上供述：「乙和丙發生口角，互相拉扯，丙自己不小心墜樓」。問：該「警詢供述」和「當庭供述」，何者具有證據能力？（100 專高律）

　　A 因「警詢供述」為證明犯罪事實存否所必要，故具有證據能力

　　B 因「當庭供述」具有較高之證明力，故具有證據能力

　　C 因二者內容矛盾，故均不具有證據能力

　　D 警詢供述有無證據能力，應適用刑事訴訟法第 159 條之 2 以下規定而為判斷

A 12. 甲涉嫌犯有重傷害之案件，而被拘提至地檢署接受檢察官訊問。於訊問中，甲並不否認其傷害被害人，但是同時主張其係因為患有精神疾病，無法控制自己行為。檢察官為了解甲之精神狀況，以決定後續之程序應如何進行，擬將甲送至某教學醫院，請精神科醫師診斷並提供專業意見。下列敘述，何者正確？（100 專高律）

　　A 必須有鑑定留置票，方得將甲送入教學醫院。但是若鑑定留置之時間不超過 24

　　　小時者，則不在此限

　B 必須有鑑定留置票，方得將甲送入教學醫院，以確認其心神狀態。又因爲鑑定留置屬於鑑定處分之一種，與羈押有其本質上之不同，故鑑定留置票於偵查中由檢察官簽名，於審判中由法院簽名

　C 爲避免人民之人身自由及其他權益受到過度侵害，鑑定留置之期間不得逾 7 日。又爲防止偵查機關以鑑定留置之名，行羈押之實，鑑定留置之期間不得延長之

　D 若犯罪嫌疑人甲不服送入教學醫院之決定，只得附隨於本案審理中聲明不服，無法單獨提起救濟

B 13. 下列何種傳聞證據，依刑事訴訟法第 159 條之 4 之規定不得作爲證據？（100 專高律）

　A 銀行之歷次存款紀錄　B 調查局之案件移送書

　C 戶政機關之戶籍謄本　D 醫院之診斷書

C 14. 關於傳喚證人的敘述，以下何者錯誤？（100 特原五）

　A 偵查中，由檢察官簽發傳票

　B 審判中，應由法官簽發傳票

　C 偵查中，檢察官得對經合法傳喚無故不到場之證人科以 3 萬元以下之罰鍰

　D 審判中，法院得對經合法傳喚無故不到場之證人科以 3 萬元以下之罰鍰

C 15. 在審判中，下列何者不得聲請調查證據？（100 特原五）

　A 檢察官　B 輔佐人　C 鑑定人　D 辯護人

B 16. 關於被告之訊問，何者錯誤？（100 特原五）

　A 訊問被告，應先告知被告其擁有緘默權與受律師協助權

　B 訊問被告，若未全程錄影錄音，被告之自白將不具證據能力

　C 訊問被告，應先詢問其姓名、年齡、籍貫、職業、住所或居所，以查驗其人有無錯誤

　D 被告或犯罪嫌疑人因拘提或逮捕到場者，應即時訊問

B 17. 以下何者非實行勘驗時得爲之處分？（100 特原五）

　A 發掘墳墓　B 訊問證人　C 檢查身體　D 解剖屍體

第十三章　裁判

C 1. 被告甲經法院宣示判決竊盜有罪，處有期徒刑 1 年，併宣告緩刑 3 年。之後，法官將記載無誤之判決書原本交付書記官製作正本，惟書記官於製作正本時，主文中漏未記載緩刑之諭知及其期間，即將判決書正本送達被告。被告發覺有誤，應如何救濟？（100 專高律）

　A 應由被告依法提起上訴，由上訴審糾正錯誤

　B 應由法官重新宣示判決即可，毋庸由書記官重新製作判決書正本後，送達被告

　C 應由書記官依判決書原本重新製作判決書正本後，送達被告。上訴期間重行起算

　D 以經宣示之判決爲主，故由書記官逕行更正已送達於被告之判決書即可

第二編　第一審

第一章　公訴

B 1. 張三與李四共同行竊，惟檢察官只將張三列為被告起訴而未起訴李四，法院不得對李四為審判，此稱為何種原則？（100 身障五）

A 直接審理原則　B 不告不理原則

C 言詞審理原則　D 集中審理原則

A 2. 案件有下列何種情形時，檢察官應為不起訴之處分？（100 身障五）

A 曾經判決確定

B 曾經不受理判決確定

C 曾經管轄錯誤判決確定

D 曾經駁回羈押聲請裁定確定

A 3. 遲誤下述何種期間，不得聲請回復原狀？（100 身障五）

A 告訴期間　B 上訴期間　C 抗告期間　D 聲請再議期間

B 4. 檢察官起訴後，被告死亡，法院應如何處理？（100 身障五）

A 為免訴判決　B 為不受理判決　C 為免刑判決　D 為無罪判決

C 5. 第一次審判期日之傳票，至遲應於幾日前送達？（100 身障五）

A 3 日　　B 5 日　　C 7 日　　D 10 日

B 6. 依刑事訴訟法第 302 條規定，案件有下列何種情形者，應諭知免訴判決？

（100 身障五）

A 法院無管轄權　　　B 時效已完成者

C 對被告無審判權者　D 告訴乃論之罪，未經合法告訴者

C 7. 下列何者屬於司法警察官之職權？（100 特司五）

A 簽發搜索票　　　　　　　　B 簽發押票

C 知有犯罪嫌疑者，應即開始調查犯罪嫌疑　D 簽發拘票

C 8. 依刑事訴訟法規定，被告犯下列何種罪名之案件，其第一審管轄權不屬於高等法院？（100 特司五）

A 內亂罪　B 外患罪　C 妨害公務罪　D 妨害國交罪

A 9. 被告經檢察官撤銷緩起訴處分書後，依刑事訴訟法規定，其法律救濟程序為：（100 特司五）

A 聲請再議　B 聲請再審　C 提起上訴　D 提起抗告

B 10. 有關告訴乃論之罪，下列敘述，何者錯誤？（100 特司五）

A 告訴乃論之罪，其告訴應自得為告訴之人知悉犯人之時起，於六個月內為之

B 撤回告訴之人，得再行告訴

C 告訴乃論之罪，告訴人於第一審辯論終結前，得撤回其告訴

D 犯罪之被害人，得為告訴

A 11.審判期日，於下列何種情形，被告得委任代理人到庭？（100特司五）

   A 被告所犯最重本刑為拘役或專科罰金之案件

   B 被告因疾病不能到庭

   C 被告心神喪失

   D 被告顯有應諭知無罪判決之情形

B 12.關於檢察官之追加起訴，下列何者正確？（100特司五）

   A 得就裁判上一罪之案件追加起訴

   B 須於第一審辯論終結前追加起訴

   C 於準備程序期日得以言詞追加起訴

   D 不同種程序之案件亦得追加起訴

A 13.甲、乙二人共同殺害丙，甲逃亡海外，警方循線逮捕乙，起訴書被告欄列乙姓名，犯罪事實欄記載甲、乙共同犯罪經過，則起訴效力，下列敘述，何者正確？（100特司五）

   A 起訴效力僅及於乙

   B 起訴效力及於甲、乙

   C 若甲已到案，起訴效力及於甲

   D 甲在第一審判決前已到案，始為起訴效力所及

D 14.甲駕連違規超速，不慎撞擊行人乙，導致乙成為植物人。下列敘述，何者錯誤？（100專高律）

   A 乙之配偶丙有獨立之告訴權，且不受乙之拘束，得自由決定是否提起告訴、撤回告訴，縱使與乙之意願相反亦可

   B 若乙無配偶及法定代理人，檢察官得依職權指定代行告訴人

   C 乙欠缺意思能力，無法自行提起告訴，亦不得由其親屬代為委任告訴代理人，以乙之名義提起告訴

   D 倘若檢察官依利害關係人之聲請指定代行告訴人丁，因丁不克開庭，丁可再行委任告訴代理人

A 15.檢察官於偵查中，遇有程序之障礙，致使無法順利進行偵查程序時，試問檢察官下列何種處置方式有誤？（100專高律）

   A 檢察官遇有偵查程序之障礙時，即應停止偵查

   B 檢察官對於犯罪是否成立以民事法律關係為斷者，於民事法律關係確認前，應停止偵查

   C 檢察官遇有被告心神喪失的情形，仍得予以起訴

   D 檢察官知有證據即將被湮滅時，應即為必要的證據保全

B 16.下列何者非起訴書應記載之事項？（100特原五）

   A 被告　B 辯護人　C 證人　D 所犯法條

B 17.甲因為竊盜罪被提起公訴，檢察官丙在第一審審判中發現，被列為證人的乙有協助甲銷售所竊得的物品且對其來歷完全知情。請問，丙可否在

甲的案件中將乙追加起訴及其理由，以下何者正確？（100 特原五）

A 可以。因甲乙在同一處所個別犯罪

B 可以。乙涉及的是與甲案件有關的贓物罪

C 不可以。甲並沒有與乙共同實行竊盜罪

D 不可以。乙在本案並沒有實行數個犯罪

B 18. 下列那個案件的第一審管轄權不屬於高等法院？（100 特原五）

A 刑法第 101 條暴動內亂罪

B 刑法第 126 條凌虐人犯罪

C 刑法第 118 條污辱外國國旗國章罪

D 刑法第 113 條私與外國訂約罪

A 19. 以下關於免訴判決之敘述，何者正確？（100 特原五）

A 曾經判決確定者，應諭知免訴判決

B 對於被告無審判權者，應諭知免訴判決

C 被告死亡或為被告之法人已不存續者，應諭知免訴判決

D 依第 8 條之規定不得為審判者，應諭知免訴判決

A 20. 依據刑事訴訟法第 289 條之規定，證據調查完畢後，對於事實及法律之辯論的順序，何者正確？（100 特原五）

A 檢察官→被告→辯護人　B 辯護人→被告→檢察官

C 辯護人→檢察官→被告　D 檢察官→辯護人→被告

C 21. 以下關於緩起訴之描述，何者錯誤？（100 特原五）

A 緩起訴期間自緩起訴處分確定之日起算

B 檢察官撤銷緩起訴之處分時，被告不可請求返還先前履行之緩起訴處分金

C 追訴權之時效，於緩起訴處分確定日起，停止進行

D 被告於緩起訴期間內，故意更犯有期徒刑以上刑之罪，經檢察官提起公訴者，檢察官得依職權撤銷原處分起訴

第二章　自訴

B 1. 下列關於自訴之敘述，何者正確？（100 身障五）

A 駁回自訴之裁定確定後，雖無刑事訴訟法第 260 條各款情形之一，仍得對於同一案件，再行自訴

B 不得對岳父母提起自訴

C 告訴乃論之罪，已逾告訴期間者，仍得再行自訴

D 自訴人得隨時撤回自訴，不限於告訴乃論之罪

C 2. 甲在高速公路上超速行駛，不慎同時同地撞傷乙、丙二人。下列敘述，依實務見解，何者正確？（100 專高律）

A 乙先向警察局告訴甲犯過失傷害罪嫌後傷重死亡，丙仍得向法院自訴甲過失傷害

B 乙先向法院自訴甲犯過失傷害罪嫌後，丙仍得向檢察官告訴甲犯過失傷害罪嫌

C 丙先向檢察官告訴甲犯過失傷害罪嫌後，乙於檢察官尚未終結偵查前仍得向法院自訴甲犯過失傷害罪嫌

D 丙先向法院自訴甲犯過失傷害罪嫌後，乙尚未死亡前仍得向法院自訴甲犯過失傷害罪嫌

D 3. 甲幫助乙女與丙男通姦，丙男之妻丁向檢察官提出通姦告訴後，復向地方法院對丙提起自訴，其自訴之效力如何？（100 專高律）

A 因檢察官已開始偵查，本件自訴不合法

B 因本件係告訴乃論之罪，檢察官尚未偵查終結，本件自訴合法

C 若乙提出告訴後，尚得自訴，本件自訴合法

D 因丙丁係配偶，本件自訴不合法

B 4. 甲與乙發生口角，甲盛怒之下以拳頭毆擊乙，乙嗣後持驗傷單向檢察官提出告訴，檢察官起訴甲犯普通傷害罪，第一審法院判決甲有期徒刑 6 月併宣告緩刑，甲不服而提起上訴，檢察官則未提上訴，第二審撤銷原判決，仍論以普通傷害罪判處有期徒刑 6 月，但考量甲拒絕與乙和解，亦拒絕道歉或賠償等情事，因而不諭知緩刑。下列敘述，依現行實務見解，何者正確？（100 專高律）

A 二審判決違反不利益變更禁止之規定，判決違法，甲得上訴第三審

B 二審判決違反不利益變更禁止之規定，判決違法，但甲僅得請求檢察總長提起非常上訴

C 撤銷緩刑宣告不涉及不利益變更禁止原則，二審判決合法，甲若不服，仍可指出具體理由上訴至第三審

D 撤銷緩刑宣告不涉及不利益變更禁止原則，二審判決合法，惟甲不得上訴

A 5. 關於自訴之律師強制代理制度，下列敘述何者錯誤？（100 專高律）

A 自訴代理人得為協商之聲請

B 自訴代理人應負舉證責任

C 自訴代理人得對證人進行交互詰問

D 自訴代理人得代自訴人聲請調查證據

C 6. 甲之妹乙與丙結婚，嗣因個性不合而離婚，惟乙與丙仍維持良好的關係。某日甲前往丙住處，在丙家中遇到丙之新歡女友丁，兩人卻發生口角，丁持刀刺甲，丙在場目睹全部過程。甲經急救未死，爾後甲對丁之傷害行為委任律師戊為自訴人代理人提起自訴，於該自訴之審判中，自訴人代理人戊聲請丙為證人，下列敘述，何者正確？（100 專高律）

A 丙已與甲不再有姻親關係，為發現真實，不得拒絕證言，且須具結而真實陳述

B 丙已與甲不再有姻親關係，為發現真實，不得拒絕證言，但無須具結

C 丙因為曾為自訴人甲二親等之姻親，得主張拒絕證言

D 法官得自由裁量丙是否得拒絕證言

A 7.在自訴程序，關於法院實行通知審判期日到場義務的方式，下列何者錯誤？（100 特原五）

A 應傳喚自訴代理人到場　　B 應傳喚自訴人到場

C 應通知檢察官到場　　　　D 應通知辯護人到場

第三編　上訴

第一章　通則

C 1.有關上訴之敘述，下列何者錯誤？（100 特司五）

A 被告對於下級法院之判決有不服者，得上訴於上級法院

B 檢察官對於下級法院之判決有不服者，得上訴於上級法院

C 檢察官不得為被告之利益提起上訴

D 宣告死刑或無期徒刑之案件，原審法院應不待上訴依職權逕送該管上級法院審判

C 2.依刑事訴訟法規定，上訴期間為：（100 特司五）

A 5 日　B 7 日　C 10 日　D 20 日

B 3.檢察官起訴甲犯詐欺既遂罪，一審法院於 1 月 5 日宣判，判處 1 年有期徒刑，1 月 7 日送達至甲，甲自認無罪，1 月 8 日因氣憤難平而死亡。乙為甲之妻，下列敘述，何者正確？（100 專高律）

A 乙不得以自己名義上訴

B 乙若於 1 月 7 日以自己名義上訴，該上訴係屬合法上訴

C 乙若於 1 月 9 日以甲之名義上訴，該上訴係屬合法上訴

D 乙若於 1 月 9 日以自己名義上訴，該上訴係屬合法上訴

A 4.刑事上訴期間應如何起算？（100 特原五）

A 自送達判決後起算　　　　B 自法院宣判日起算

C 自法院公告判決文起算　　D 自檢察官簽收判決文起算

第三章　第三審

A 1.被告犯下列何種罪名，得上訴第三審？（100 特司五）

A 刑法第 325 條第 1 項之搶奪罪

B 刑法第 339 條之詐欺罪

C 刑法第 342 條之背信罪

D 刑法第 321 條之竊盜罪

D 2.以下的案件，何者得上訴第三審法院？（100 特原五）

A 刑法第 165 條湮滅刑事證據罪

B 刑法第 341 條詐欺罪

C 刑法第 346 條恐嚇罪

D 刑法第 185 條妨礙交通往來安全罪

第四編　抗告

第一章　抗告

C 1.有關抗告之敘述，下列何者錯誤？（100特司五）
A 抗告係對法院裁定不服之救濟程序
B 抗告法院認為抗告無理由者，應以裁定駁回之
C 抗告原則上有停止執行裁判之效力
D 不得上訴於第三審法院之案件，其第二審法院所為裁定，不得抗告

A 2.抗告期間如何計算？（100特原五）
A 抗告期間，除有特別規定外，為5日，自送達裁定後起算
B 抗告期間，除有特別規定外，為5日，自下達裁定後起算
C 抗告期間，除有特別規定外，為7日，自送達裁定後起算
D 抗告期間，除有特別規定外，為7日，自下達裁定後起算

第五編　再審

A 1.甲女向檢察官提出告訴，聲稱乙男對其犯強制性交罪，並提出沾有乙精液之底褲作為證據，檢察官偵查後，以乙犯強制性交罪而提起公訴，第一審法院判決乙有罪，科處有期徒刑8年，乙隨即提出上訴，但接連被第二審及第三審法院駁回而告確定，乙因而入監服刑。2年後，甲於某個私人場合，向其友人丙坦誠：「甲、乙係合意為性行為，該底褲之精液並非強制性交後所得，而係甲用乙之精液自行塗抹」，丙返家後主動向檢察官報告此事，檢察官從而提起再審聲請。下列敘述，依實務見解何者錯誤？（100專高律）
A 本案底褲係原已存在，而嗣後發現且足以動搖判決之新證據，故檢察官之再審聲請係為有理由
B 法院裁定許可再審聲請後，另得裁定停止乙有期徒刑之執行
C 若再審法院重新審理後，發現乙未對甲強制性交，再審法院得諭知無罪判決
D 若再審法院重新審理中，乙已因不堪經年累訟而死亡，再審裁判應不行言詞辯論，直接由檢察官以書狀陳述意見而判決

第六編　非常上訴

第一章　非常上訴概說

D 1.有關非常上訴，下列敘述，何者錯誤？（100特司五）
A 非常上訴由最高法院檢察署檢察總長提起
B 非常上訴由最高法院審理
C 以案件之審判係違背法令者才可以提起非常上訴
D 非常上訴之判決，應經言詞辯論

第二章　非常上訴之提起

D 1.提起非常上訴之期間？（100 身障五）

A 10 日　　B 20 日

C 30 日　　D 無時間之限制

B 2.同一案件經臺北地方法院及臺中地方法院分別為有罪判決後發現其競
合。臺北地方法院在 2 月 11 日訴訟繫屬，3 月 18 日判決，4 月 12 日確
定；臺中地方法院在 2 月 25 日訴訟繫屬，3 月 5 日判決，4 月 13 日確定。
則：（100 專高律）

A 應對臺中地方法院之判決提起上訴，改判不受理判決

B 應對臺中地方法院之判決提起非常上訴，改判不受理判決

C 應對臺北地方法院之判決提起上訴，改判不受理判決

D 應對臺北地方法院之判決提起非常上訴，改判不受理判決

第七編　簡易程序

第一章　簡易程序概說

C 1.我國刑事訴訟簡易程序所採行的審級救濟制度，係屬：（100 身障五）

A 三級三審　　B 二級二審

C 一級二審　　D 三級二審

第七編之一　協商程序

A 1.甲已年逾六十，在菜市場販售乾貨營生，因生意不佳，乃在磅秤上動手
腳，以達偷斤減兩、增加收入之效果，嗣被熟客發現，怒以甲犯詐欺罪
報警處理，甲於檢察官偵訊中坦承不諱，惟以年事已高，又為初犯為由，
請求檢察官從輕發落，下列何者，非檢察官所得為之處分？（100 專高律）

A 於徵詢被害人意見後，即逕與甲進行認罪協商

B 向法院聲請簡易判決處刑

C 將甲以緩起訴處分，得甲同意，並可要求其於一定期間內，定時協助維護菜市
場清潔

D 依照通常訴訟程序，將甲提起公訴

B 2.檢察官聲請法院改依協商程序而為判決，法院應於接受聲請後幾日內，
訊問被告並告以所認罪名、法定刑及所喪失之權利？（100 特原五）

A 7 日內　　B 10 日內

C 15 日內　　D 20 日內

第八編　執行

第一章　執行之概念

C 1.以下關於死刑執行的描述何者錯誤？（100 特原五）

A 死刑，應經司法行政最高機關令准，於令到 3 日內執行之

B 執行死刑，應由檢察官蒞視，並命書記官在場

C 受死刑之諭知者，如在心神喪失中，由原終審法院法官命令停止執行

D 執行死刑，應由在場之書記官制作筆錄

第四章　各種裁判之執行

B 1.受刑人受徒刑或拘役之諭知，下列何種情形，依檢察官之指揮，於其痊癒或該事故消滅前，不屬於停止執行之情形（原因）？（100 特司五）

A 懷胎五月以上者

B 出國工作者

C 生產未滿二月者

D 現罹疾病，恐因執行而不能保其生命者

附錄三：101 年高普特考測驗題

公務人員特種考試關務人員、移民行政人員及國軍上校以上　簡稱（101 移三）
　軍官轉任公務人員考試（三等移民行政人員）

公務人員特種考試關務人員、移民行政人員及國軍上校以上　簡稱（101 移四）
　軍官轉任公務人員考試（四等移民行政人員）

公務人員特種考試身心障礙人員考試（五等錄事、庭務員）　簡稱（101 身障五）

第一編　總則

第二章　法院之管轄

B 1. 法院對於由檢察官起訴無管轄權之案件，除應諭知管轄錯誤之判決外，
　　並應爲下述何項處理？（101 移四）
　　A 退回檢察官命補正
　　B 諭知移送於管轄法院
　　C 移送於上級法院決定管轄法院
　　D 停止審判

B 2. 甲犯竊盜罪先經桃園地檢署向桃園地院起訴，後因同一案件又由臺北地
　　檢署向臺北地院起訴。試問本案原則上該由何法院審判？（101 移四）
　　A 臺北地院
　　B 桃園地院
　　C 兩法院協調後決定審判法院
　　D 由高等法院裁定指定審判法院

D 3. 張三在新北市犯下列何罪，其第一審管轄權屬於臺灣高等法院？（101 移
　　四）
　　A 對於執行職務之公務員施強暴脅迫致死罪
　　B 強盜殺人罪
　　C 擄人勒贖故意殺人罪
　　D 普通內亂罪

A 4. 甲殺乙於高雄，乙被急送臺北某大醫院急救，不治死亡。案件經由臺北
　　地方法院先受理繫屬，高雄地方法院爲調查證據之便，欲爲本案實質審
　　理。試問應經何法院之裁定？（101 身障五）
　　A 由最高法院裁定
　　B 由臺灣高等法院裁定
　　C 由高雄地方法院裁定
　　D 由臺北地方法院裁定

第三章　法院職員之迴避

D 1.居住高雄市之甲某日竊取居住同市乙之財物，經乙向高雄地方法院檢察署按鈴申告，案經分發至曾與乙訂有婚約之丙檢察官偵辦後向管轄法院提起公訴，經法官戊、庚、辛審理論知有罪判刑，經書記官丁製作裁判書送達後，甲不服該判決上訴第二審，案經分發臺灣高等法院高雄分院刑二庭，由法官子、丑及已調至高雄高分院之戊法官審理，如書記官丁亦調至該庭，且法官子爲甲配偶已妻弟之配偶時，下列敘述何者正確？（101移三）

A 法官戊不必迴避

B 法官子不必迴避

C 檢察官丙不必迴避

D 書記官丁不必迴避

第四章　辯護人、輔佐人及代理人

C 1.下列何種情況，於偵查中被告未選任辯護人，檢察官應指定律師爲被告辯護？（101身障五）

A 最輕本刑在 3 年以上有期徒刑之案件

B 高等法院管轄第一審之案件

C 被告因智能障礙無法爲完全陳述

D 被告爲低收入戶

第六章　送達

B 1.檢察官對甲以強盜罪向管轄法院提起公訴，經法院審理後諭知有罪判決，下列敘述何者屬於得將裁判書正本公示送達之原因？（101移三）

A 被告因他案確定判決被關在監獄受刑

B 被告因居住於法權所不及之地，不能以其他方法送達者

C 被告未陳明住所，惟法院書記官知其住所

D 以一般信件郵寄而不能送達者

B 2.刑法第 61 條所列之罪的案件，第一次審判期日之傳票，至遲應於幾日前送達？（101身障五）

A 3日　B 5日　C 7日　D 10日

B 3.被告、自訴人、告訴人或附帶民事訴訟當事人，有下列情形之一者，不得爲公示送達？（101身障五）

A 掛號郵寄而不能達到者

B 在監服刑

C 住、居所、事務所及所在地不明者

D 因住居於境外，不能以其他方法送達者

第八章　被告之傳喚及拘提

A 1. 甲涉嫌強盜殺人，於偵查階段檢察官得為下列何者令狀之簽發？（101 移三）
　　A 偵查中檢察官得簽發拘票
　　B 偵查中檢察官得簽發搜索票
　　C 偵查中檢察官得簽發押票
　　D 偵查中檢察官得簽發鑑定留置票

B 2. 司法警察（官）逮捕現行犯，該現行犯所犯之罪為侵入住宅罪（最重本刑為 1 年以下有期徒刑之罪），依照刑事訴訟法規定須經何種程序，得不予解送？（101 身障五）
　　A 向該管檢察官報備
　　B 經該管檢察官許可
　　C 經該管檢察官，向該管法院陳報
　　D 經該管檢察官，層報檢察長

B 3. 刑事訴訟之公務員實施或執行拘提被告應注意之事項，下列敘述何者不正確？（101 身障五）
　　A 被告拘提到案者，應即時訊問
　　B 拘提被告，得逕行使用強制力
　　C 執行拘提，應注意被告之身體及名譽
　　D 拘提之被告，應即解送到指定的處所

第九章　被告之訊問

C 1. 甲因涉嫌強盜罪，檢察官於訊問甲時，應先行告知下列何者事項？（101 移三）
　　A 得聲明異議　　　　　　B 得請求與證人對質
　　C 得請求調查有利之證據　D 得請求詰問鑑定人

C 2. 內政部入出國及移民署專勤隊隊員王五於處理有關違反人口販運防制法案件時，逕行拘提犯罪嫌疑人甲，並隨即進行偵訊。甲不願回答，並揚言待其辯護人乙到達後再說。乙抵達偵訊處所後，甲與乙在偵訊過程中依法不得主張之事項為何？（101 移四）
　　A 甲不願回答有關對其不利之詢問
　　B 甲要求與乙先行溝通
　　C 乙在偵訊現場與甲商量一小時後要求延長時間
　　D 乙在偵訊現場表示對甲有利之意見

B 3. 內政部入出國及移民署專勤隊隊員於查察非法僱用大陸地區人民案件時，於專勤隊內取得僱主之自白筆錄，但僱主於法院審理時翻供，稱該

筆錄乃隊員自行製作並因自己受脅迫不得已而簽字。有關該自白筆錄是否具有證據能力之問題，下列所述何者爲眞？（101移四）

A 若雇主無法證明隊員脅迫，則應認其具有證據能力

B 法院應勘驗專勤隊所移送偵訊時之錄音錄影等證據調查後，決定是否具有證據能力

C 該筆錄爲傳聞證據，不具證據能力

D 爲防止刑求逼供，法院應逕行認定自白筆錄不具證據能力

C 4.檢察官於訊問被告時，下列敘述何者非屬告知的範圍？（101身障五）

A 被告所犯之所有罪名　　B 得保持緘默

C 被告前科資料　　　　　D 得選任辯護人

D 5.訊問被告、自訴人、證人、鑑定人及通譯，當場制作筆錄時，下列何者得不予記載？（101身障五）

A 受訊問人之陳述　　　　B 訊問之處所

C 對於受訊問人之訊問　　D 訊問人之年籍資料

第十章　被告之羈押

A 1.甲於偵查中遭羈押，後經檢察官對甲之該案爲不起訴處分，此時對仍在羈押之甲該如何處置？（101移四）

A 視爲撤銷該羈押，檢察官應將甲釋放

B 甲應聲請法院撤銷羈押，獲准後立即釋放

C 視爲停止羈押，法院應立即釋放甲

D 等該不起訴處分確定後，檢察官應將甲釋放

第十一章　搜索及扣押

C 1.警察逮捕通緝犯甲後，沒有搜索票即強行搜索甲身上之背包，試問關於此行爲之描述，下列何者正確？（101移四）

A 違法，因爲沒有取得搜索票

B 違法，因爲未取得甲之同意

C 合法，法律允許警察得附帶搜索甲之背包

D 合法，警察對於搜索本有逕行決定權

A 2.內政部入國及移民署專勤隊隊員甲於查察非法僱用大陸地區人民從事陪酒行爲時，於雇主事務所內順手打開抽屜，發現改造之槍枝，乃予扣押，經鑑定具有殺傷力，檢察官因而據以起訴。法院於審理時，雇主主張該改造槍枝乃非法搜索所得之證物。法院關於該改造槍枝是否具有證據能力之判斷，下列敘述何者爲是？（101移四）

A 應審酌隊員之查獲槍枝行爲是否重大侵害被告人權

B 應審酌被告是否聲明異議，若無，則具有證據能力

C 因違法搜索所得證物絕對無證據能力，故應直接認定該改造槍枝無證據能力
D 因持有改造槍枝嚴重危害治安，故應直接認定具有證據能力

C 3. 下列何者，為司法警察搜索時不得扣押之物？（101 身障五）

A 實施搜索時，發現另案應扣押之物
B 本案應扣押之物而為搜索票所未記載者
C 公務員職務上應守秘密之文書而尚未經該管公務員允許扣押者
D 可為證據之物

第十二章　證據

C 1. 下列何人於刑事訴訟程序中得拒絕證言？（101 移三）

A 共同被告中一人僅就他共同被告之事項為證人者，得拒絕證言
B 藥商基於業務知悉有關他人秘密者，得拒絕證言
C 證人恐因陳述致其前妻受刑事處罰者，得拒絕證言
D 被告以外之人於反詰問時，就主詰問所陳述有關被告本人之事項，得拒絕證言

D 2. 下列何者屬於司法警察（官）得依職權進行之措施？（101 移四）

A 羈押被告
B 勘驗犯罪現場
C 強制採取犯罪嫌疑人體內分泌物進行化驗
D 封鎖犯罪現場後即時勘查

C 3. 檢察官駁回告訴人聲請之保全處分，告訴人對此不服時，可採取之法律
途徑是何者？（101 移四）

A 向上級檢察機關聲請再議　B 向所屬法院提起準抗告
C 向該管法院聲請保全證據　D 委請律師提起自訴

B 4. 法院於進行調查證據程序時，關於被告及其自白，下列何者應優先調查？
（101 身障五）

A 自白是否須要補強證據　B 自白是否具有證據能力
C 被告的前科資料　　　　D 自白是否具有證據證明力

C 5. 於下列何種情形中，司法警察無搜索票，不得逕行搜索住宅或其他處所？
（101 身障五）

A 因執行羈押，有事實足認被告或犯罪嫌疑人確實在內者
B 因追躡現行犯，有事實足認現行犯確實在內者
C 拘提證人
D 有明顯事實足信為有人在內犯罪而情形急迫者

C 6. 下列何種情形，非屬當事人得拒卻鑑定人之事由？（101 身障五）

A 鑑定人於該案件為告訴人
B 鑑定人與該案件被害人有婚姻關係
C 鑑定人於該案件曾為證人
D 鑑定人於該案件曾執行檢察官職務

第十三章　裁判

D 1.關於宣示判決，下列敘述何者正確？（101 移三）

　　A 應自辯論終結之日起 15 日內為之

　　B 被告須在庭始得為之

　　C 須由參與審判之法官為之

　　D 如判決得為上訴者，其上訴期間及提出上訴狀之法院，應於宣示時一併告知

第二編　第一審

第一章　公訴

D 1.訴訟條件包括形式訴訟條件及實體訴訟條件，下列應不起訴之原因，何者屬於欠缺形式訴訟條件之情形？（101 移三）

　　A 曾經判決確定

　　B 曾經大赦

　　C 追訴權時效已完成

　　D 告訴或請求乃論之罪，其告訴或請求已經撤回或已逾告訴期間

C 2.下列何者不屬於法定之準備程序得處理之事項？（101 移四）

　　A 案件及證據之重要爭點整理

　　B 有關證據能力之意見

　　C 可為證據文書之朗讀，進行本案之調查

　　D 證據調查之範圍、次序及方法

C 3.告訴人對於遭駁回之再議向法院聲請交付審判，當法院為交付審判之裁定時，發生何種法律效果？（101 移四）

　　A 原公訴案件轉為自訴案件處理

　　B 由裁定法院之上級法院審理

　　C 視為該案件已提起公訴

　　D 檢察官應對該案件重新偵查

D 4.有關告訴與公訴，下列敘述何者不正確？（101 身障五）

　　A 公訴權專屬檢察官

　　B 受理告訴的機關包括警察機關

　　C 公訴是追訴權之一種

　　D 任何告訴案件，均不得撤回

D 5.交付審判制度，是針對何者之救濟手段？（101 身障五）

　　A 駁回聲明異議　　B 駁回起訴

　　C 駁回抗告　　　　D 駁回再議

B 6.下列何種情形，檢察官仍得向該管法院起訴？（101 身障五）

　　A 犯人不明者　　B 被告之所在不明者

　　C 被告死亡者　　D 被告犯罪嫌疑不足者

D 7.下列有關告訴乃論之敘述，何者有錯誤？（101 身障五）

　　A 告訴乃論之罪，告訴人於第一審辯論終結前，得撤回其告訴

　　B 告訴乃論之罪，其告訴應自得爲告訴之人知悉犯人之時起，於 6 個月內爲之

　　C 告訴經撤回者，法院應諭知不受理之判決

　　D 偵查中，經撤回告訴者，檢察官應爲緩起訴之處分

C 8.下列何罪，檢察官開始偵查，不受同一案件「不得再行自訴」之限制？

　　（101 身障五）

　　A 強盜罪　B 搶奪罪　C 告訴乃論之罪　D 殺人罪

B 9.偵查中，爲限制辯護人與羈押之被告接見或互通書信，應用限制書，此

　　限制書由何人核發？（101 身障五）

　　A 檢察官　B 該管法院之法官　C 監所長官　D 檢察長

B 10.「告訴乃論之罪，對於共犯之一人告訴或撤回告訴者，其效力及於其他

　　共犯」屬於下列何種概念？（101 身障五）

　　A 起訴不可分　B 告訴不可分　C 自訴不可分　D 審判不可分

B 11.審判期日調查證據完畢後，法院不須命何人就事實及法律分別辯論之：

　　（101 身障五）

　　A 被告　B 被害人　C 辯護人　D 公訴人

D 12.下列有關審判筆錄之事項，依照刑事訴訟法規定，何者敘述不正確？（101

　　身障五）

　　A 審判期日應由書記官製作審判筆錄

　　B 審判筆錄應由審判長簽名

　　C 審判期日之訴訟程序，專以審判筆錄爲證

　　D 受訊問人須在審判筆錄簽名

第二章　自訴

D 1.下列敘述，何者非屬相牽連之案件？（101 身障五）

　　A 甲偷乙物，由丙收受該贓物

　　B 甲、乙二人於同時同地，各自竊盜

　　C 甲殺乙後，又竊取丙之財物

　　D 甲開車行經路口，當場撞死乙、丙二人

第三編　上訴

第一章　通則

D 1.某案件之自訴人與被告對於第一審法院判決皆不服，均上訴至管轄第二

　　審之高等法院，但於言詞辯論終結後，判決之前，被告以書狀向該法院

　　撤回上訴。關於前述情形，下列敘述何者正確？（101 移三）

A 該法院應立即以裁定駁回上訴，使案件因而確定，不必再為判決
B 如該法院仍予以判決，為無效判決
C 此時已不得撤回上訴
D 該法院仍應依法為判決

第四編　抗告

第一章　抗告

B 1.被告對於判決前，下列何項裁定得提起抗告？（101 移三）
A 對同一案件由繫屬在後之法院審判之裁定
B 限制辯護人與被告互通書信之裁定
C 駁回被告聲請調查證據之裁定
D 再開辯論之裁定

第六編　非常上訴

第二章　非常上訴之提起

D 1.判決確定後，發見該案件之審判係違背法令者，何人得向最高法院提起
非常上訴？（101 身障五）
A 檢察官　B 主任檢察官　C 檢察長　D 檢察總長

第七編　簡易程序

第一章　簡易程序概說

A 1.被告於偵查中向檢察官自白有通姦犯行，表示願受緩刑之宣告，經檢察
官同意，記明筆錄，並即以被告之表示為基礎，向法院為緩刑宣告之請
求。關於前述情形，下列敘述何者正確？（101 移三）
A 第一審法院得因檢察官之聲請，不經通常審判程序且不需訊問被告，逕以簡易
判決處刑
B 如第一審法院於審理後，認為與通姦罪之構成要件不該當，應由簡易庭為無罪
之簡易判決
C 被告如對第一審法院之簡易判決有不服者，得上訴於管轄之第二審地方法院合
議庭
D 因係簡易處刑案件，管轄之第二審法院亦應不經通常審判程序，逕為簡易判決

第二章　檢察官之求刑與法院之量刑

A 1.法院於下列何者情形得依簡易程序判決？（101 身障五）
A 宣告緩刑　B 宣告免刑　C 宣告無罪　D 不受理判決

索引－人名部分

索引－名詞部分

法律叢書

刑事訴訟法概論

著作者◆謝瑞智

發行人◆施嘉明

總編輯◆方鵬程

主編◆葉幗英

文字編校◆黃素珠

美術設計◆吳郁婷

出版發行：臺灣商務印書館股份有限公司

臺北市重慶南路一段三十七號

電話：(02) 2371-3712

讀者服務專線：0800056196

郵撥：0000165-1

網路書店：www.cptw.com.tw

E-mial：ecptw@cptw.com.tw

網址：www.cptw.com.tw

局版北市業字第993號

初版一刷：2012年10月

定價：新台幣420元

刑事訴訟法概論/謝瑞智著. --初版. -- 臺北市：
臺灣商務. 2012.10
　　面　；　公分. --（法律叢書）
含索引
ISBN 978-957-05-2751-3(平裝)

　1. 刑事訴訟法

586.2　　　　　　　　　　　101018679

謝瑞智

維也納大學法政學博士、早稻田大學法學碩士、明治大學法學士、日本警察大學本科&律師及公務人員甲等考試及格。日本文化獎章，教育部技術名人獎章，警察大學傑出校友

經歷：中央警察大學校長、國民大會代表，國家安全會議及監察院諮詢委員，銓敘部政務次長，台灣師範大學公訓系主任、訓導長，台大國家發展研究所兼任講座教授，政治、中興、東吳大學教授，實踐大學、致遠管理學院、稻江科技暨管理學院講座教授

現任：中華學術文教基金會董事長、日本研究學會副理事長

著作：單行本

一、**百科全書**：法律百科全書（10卷,2008），警察百科全書（12卷,2000）。

二、**辭典**：世界憲法事典（2001），活用憲法大辭典（2000），警察大辭典（1976）。

三、**一般法學類**：法學概論(2012,增修3版)，日常生活與法律（2008），法學概要（2012,3版），法學入門（2007,3版），法學緒論（2006,17版），法學大意（2004），公正的審判（1995,2版），公法上之理念與現實（1982），法學論叢（1981），法律之價值考察及其界限（1972）。

四、**憲法類**：中華民國憲法（2011,2版），憲法概要（2012,16版），民主與法治（2012,3版），憲政體制與民主政治（2010,7版），中華民國憲法精義與立國精神（2007,25版），政治變遷與國家發展（2010,2版），理念與現實─憲政與生活（2005），憲法新視界（2001），憲法新論（2000,2版），憲政改革（1998），邁向21世紀的憲法（1996），中華民國憲法（1995），修憲春秋（1994,2版），比較憲法（1995,3版）。

五、**行政法類**：行政法概論（2009）。

六、**選罷法類**：民主政治與選舉罷免法（1989），我國選舉罷免法與外國法制之比較（1987），選舉罷免法論（1981），選戰標竿（1980）。

七、**民法類**：民法概論(2011,增修2版)，民法總則（2001,3版），民法親屬（2001,4版），自力救濟問題之探討（1989）。

八、**商事法類**：商事法概論（2010）。

九、**刑法類**：刑法概論I刑法總則（2011），刑法概論II刑法分則（2011），刑法總論（2006,4版），醫療紛爭與法律（2005），中國歷代刑法志(一)（2002），犯罪學與刑事政策（2002），晉書刑法志（1995），漢書刑法志（1993,3版），犯罪徵候（1987,2版），中外刑事政策之比較研究（1987），刑事政策原論（1978,2版）。

十、**刑事訴訟法**：刑事訴訟法概論（2012）。

十一、**教育法類**：教育法學（1996,2版），加強各級學校民主法治教育（任總主持人─五卷,1992），我國憲法上教育之規定與各國法制之比較（1991）。

十二、**社會類**：翹翹板上的台灣（2012,3版），法律與社會（2001），警政改革建議書（1999），社會變遷與法律（1990），社會人（1989），飆車處理問題之研究（1987），現代社會與法（1984,2版），社會學概要（1977）。

十三、**語文類**：大學實用日語（2003），德語入門（1995,6版），德國童話精選（1993,2版）。

十四、**心靈重建類**：當孔子遇上當代─為《論語》作見證（2012,增修1版），道德經‧清靜經釋義（2009），藥師經‧觀音經釋義（2008），般若心經的澈悟（2010,修訂5版），平凡中的睿智(2000)，善惡之間（1997），少年知識手冊（1985），少女知識手冊（1985）。

臺灣商務印書館出版

	法學概論 （增修三版） （圖表說明）	本書介紹法學原理，參考歷年高普特考試題而編纂，並配合圖表說明，附 2011、2012 年高普特考測驗題一千餘題參考用。全書五百餘頁，25 開本，定價 340 元。
	中華民國憲法 （增修版） （圖表說明）	本書將抽象複雜之憲法規定，按憲法條文順序，分析歷年來高普特考之命題內容，**依章節配合圖表論述**。並附 2009、2010 年高普特考測驗題七百餘題，分章列述。全書三百餘頁，25 開本，定價 280 元。
	行政法概論 （圖表說明）	本書是依據行政法有關規定，參考考試院高普特考試題及其趨勢。並以簡易之文體配合圖表說明。附 2008 年高普特考測驗題共三百餘題參考用。全書四百餘頁，25 開本，定價 340 元。
	民法概論 （增修二版） （圖表說明）	本書係就民法條文，**依最新修正之民法規定而撰寫**。並用簡易之文字配合圖表說明。書後附 2010、2011 年高普特考測驗題五百餘題，分章列述。全書八百頁，25 開本，定價 520 元。
	商事法概論 （圖表說明）	本書配合圖表說明，使讀者得輕易進入商事法之法學體系，**內容包括公司法、票據法、海商法及保險法**。全書六百餘頁，25 開本，定價 460 元。
	國際法概論 （圖表說明）	本書包括國際法原理、海洋法、國際環境法、國際經濟法及國際爭端法等。全書五百餘頁，25 開本，定價 420 元。
	刑法概論 I －刑法總則 （圖表說明）	本書將**文體結構通俗化**，並以圖表舉適例說明，再針對高普特考試題之內容編纂而成，是易懂之大學及一般法學用書。全書五百餘頁，25 開本，定價 420 元。
	刑法概論 II －刑法分則 （圖表說明）	本書依刑法分則條文順序，針對犯罪之**構成要件、學說、用語解釋、處罰之種類**及各種**判例實例參考**。全書四百餘頁，25 開本，定價 390 元。
	刑事訴訟法概論 （圖表說明）	本書以解釋刑事訴訟法條文之重要內容，並從**統一性及體系性**的方向，從本質上加以說明，其編章順序，均依條文次序，分章節配合圖表簡明論述。全書五百餘頁，25 開本，定價 420 元。

臺灣商務印書館總經銷

道德經
清靜經 釋義
初版
謝瑞智 博士注譯

《道德經》是道教的重要經典,為老子所著。本書的另一經典為《清靜經》。因《清靜經》與《道德經》互有連貫,乃將兩經合編為一冊,並以簡易之文字解釋析義。全書二百餘頁,定價 180 元。臺灣商務印書館總經銷。

般若心經 的
澈悟
人生修養系列1

佛教基本教義是什麼?我們的苦惱在那裏?如何脫離苦海,創造幸福的人生?宇宙的原理是什麼?何謂萬物無常?本書是正確人生觀最好的指引。全書二百餘頁。定價 180 元。臺灣商務印書館總經銷。

當孔子遇上當代
－為《論語》作見證
增修版
謝瑞智 博士注譯

2011 年推薦閱讀好書

《論語》係針對人們修身、齊家、交友、擇偶、待人接物、創業與從政,所應秉持的原則與方法。是一部對全民教育的聖典。得以啓迪其良知良能,開創光明的人生。全書五百餘頁,定價 380 元。臺灣商務印書館總經銷。

100台北市重慶南路一段37號

臺灣商務印書館　收

對摺寄回，謝謝！

傳統現代　並翼而翔

Flying with the wings of tradtion and modernity.

讀者回函卡

感謝您對本館的支持，為加強對您的服務，請填妥此卡，免付郵資寄回，可隨時收到本館最新出版訊息，及享受各種優惠。

姓名：＿＿＿＿＿＿＿＿＿＿＿＿＿＿　　性別：□ 男 □ 女

出生日期：＿＿＿＿＿＿年＿＿＿＿＿月＿＿＿＿＿日

職業：□學生　□公務(含軍警）□家管　□服務　□金融　□製造
　　　□資訊　□大眾傳播　□自由業　□農漁牧　□退休　□其他

學歷：□高中以下（含高中）□大專　□研究所（含以上）

地址：＿＿＿＿＿＿＿＿＿＿＿＿＿＿＿＿＿＿＿＿＿＿＿＿＿＿
　　　＿＿＿＿＿＿＿＿＿＿＿＿＿＿＿＿＿＿＿＿＿＿＿＿＿＿

電話：(H)＿＿＿＿＿＿＿＿＿＿＿　(O)＿＿＿＿＿＿＿＿＿＿

E-mail：＿＿＿＿＿＿＿＿＿＿＿＿＿＿＿＿＿＿＿＿＿＿＿＿

購買書名：＿＿＿＿＿＿＿＿＿＿＿＿＿＿＿＿＿＿＿＿＿＿＿＿

您從何處得知本書？

　　□網路　□DM廣告　　□報紙廣告　　□報紙專欄　　□傳單
　　□書店　□親友介紹　　□電視廣播　　□雜誌廣告　　□其他

您喜歡閱讀哪一類別的書籍？

　　□哲學・宗教　　□藝術・心靈　　□人文・科普　　□商業・投資
　　□社會・文化　　□親子・學習　　□生活・休閒　　□醫學・養生
　　□文學・小說　　□歷史・傳記

您對本書的意見？（A/滿意　B/尚可　C/須改進）

　　內容＿＿＿＿＿＿＿編輯＿＿＿＿＿校對＿＿＿＿＿翻譯＿＿＿＿＿
　　封面設計＿＿＿＿＿價格＿＿＿＿＿其他＿＿＿＿＿＿＿＿＿＿
　　您的建議：＿＿＿＿＿＿＿＿＿＿＿＿＿＿＿＿＿＿＿＿＿＿＿＿

※ 歡迎您隨時至本館網路書店發表書評及留下任何意見

臺灣商務印書館　The Commercial Press, Ltd.

台北市100重慶南路一段三十七號　電話：(02)23115538
讀者服務專線：0800056196　傳真：(02)23710274
郵撥：0000165-1號　E-mail：ecptw@cptw.com.tw
網路書店網址：http://www.cptw.com.tw　部落格：http://blog.yam.com/ecptw
臉書：http://facebook.com/ecptw